Ferrocarriles argentinos: crónica del saqueo y la resistencia

ISBN 978-987-33-2578-6

Ferrocarriles argentinos: crónica del saqueo y la resistencia

Roberto Manuel Vecchi

Con el auspicio de:

Vecchi, Roberto Manuel

Ferrocarriles argentinos: crónica del saqueo y la resistencia.

1a ed. - Villa Luzuriaga : el autor, 2012.

288 p. : il. ; 21x15 cm.

ISBN 978-987-33-2578-6

1. Investigación Histórica. I. Título

CDD 907.2

Hecho el depósito que marca la Ley 11.723

Diseño gráfico: Roberto Manuel Vecchi

Impreso en Argentina

Para contactar al autor: rmvecchi@hotmail.com

www.facebook.com/Ferrocarrilescronicadelsaqueo

El autor:

Roberto Manuel Vecchi nació en Roberts, provincia de Buenos Aires. Nieto, hijo y hermano de ferroviarios, también fue empleado del ferrocarril, personal de conducción de trenes en la línea Sarmiento, cumpliendo funciones en General Pico, Darregueira y Haedo. En este último destino desarrolló además tareas sindicales, siendo vocal y secretario de la Comisión Ejecutiva de la seccional Haedo de La Fraternidad entre 1988 y 1992. Fue responsable de la publicación del boletín seccional "Punto 8" y del libro "Compendio de leyes y reglamentos laborales". Activo protagonista de las luchas, con absoluta ilegalidad fue suspendido indefinidamente en 1992 y cesanteado en 1994, en el transcurso del proceso de privatización, por integrar las listas negras hechas por la burocracia sindical. Padre de cinco hijos, debió soportar la persecución, la discriminación y la desocupación, como tantos otros miles de ferroviarios honestos, "verdaderos desaparecidos en democracia".

Actualmente es docente en Formación Profesional y Educación Técnica, y Técnico Superior en Administración con especialización en Economía Social.

> *"La historia no la escriben los que ganan,*
> *la pierden los que no la escriben"*
>
> Luis Eduardo Betancor

Dedicado:

A la memoria de mi compañera Susy,
de mis padres Shirley y Celso,
y de los compañeros ferroviarios
Julio Lombardero y Ricardo Pulero.

A mis queridos hijos y hermanos.

A todos los trabajadores que fueron
leales protagonistas de las luchas
y a los que continúen ese camino.

Agradecimiento:

A Fernando "Pino" Solanas y Elido Veschi, que
tuvieron la deferencia de escribir los prólogos.

Al intelectual ferroviario Eduardo Lucita
y al historiador Pablo Pozzi por sus consejos
y aporte documental.

A Mario Mazzitelli, Martín Scalabrini Ortiz,
Jorge Ceballos y Roberto Perdía, por su
solidaridad y colaboración.

A los ex dirigentes ferroviarios Luis Betancor,
Luis Peralta y Daniel Tronconi, por sus
testimonios y aporte documental.

A los ferroviarios Dante Miranda, Silvio Muñiz,
Julio Rivadeneira y Ramón Duarte, por su
apoyo, testimonios, sugerencias y gestión.

A Anahi Vecchi, Gloria Varrone, Karina Galván,
Liliana Borgiallo y Natalia Inguanti, por su
colaboración en el tipeo de los borradores.

SF...LEROS

Por las palabras
     que el hombre maleducadamente déje
          escritas en la pared
     sabremos de qué tamaño fue su grito
          y su furia.
Por la fuerza de su pisada
     de su sabor amargo
          que quede como huella en la arena
     sabremos hasta dónde llegó su arquitectura
          su grandeza
               su nombre.
Por el tono del eco
     que quedará grabado
          en los papeles sucios
     sabremos de sus manos
          de sus desvelos
               de su temblor de noches
          de la profundidad de su alma
               de su dolor de bestia.
Por las gotas de rocío
     que caigan una mañana
          al paso del primer tren
     sabremos de su llanto
          de su amor
               de su mirada triste
          de su madre.

Marco Antonio Flores
(Guatemala)

ÍNDICE

Cuarta parte: La nueva década infame.

Quinta parte: En Pampa y la vía.

La refundación ética. Por Fernando "Pino" Solanas *

En todo el mundo se siguió desarrollando el ferrocarril porque es el más económico de todos los medios de transporte, el más seguro, el menos contaminante y el único que puede funcionar bajo cualquier condición climática.

En nuestro país el camino fue al revés. De poseer una de las redes más importantes y fabricar todo tipo de material ferroviario, pasamos a tener un sistema ruinoso. En la década del 90, con la privatización, se eliminaron el 80 por ciento de los ferrocarriles. La medida más salvaje fue sacarle a los pueblos los trenes interurbanos que unían las provincias. Nada golpeó más a las poblaciones, los productores y las economías. Ochocientas estaciones cerraron, un millón de habitantes emigró hacia las capitales y sus pueblos se transformaron en fantasmas. Su real objetivo fue debilitar las economías regionales y la industria nacional. De 36.000 km de vías y 95.000 trabajadores ferroviarios que había en el 1989, hoy tenemos 7.000 km y 14.000 ferroviarios y no se puede circular a más de 40 km/hora.

El valioso patrimonio fue entregado a los operadores privados que, con la complicidad de funcionarios, son responsables del vaciamiento impune de los 37 talleres-fábricas ferroviarios con sus miles de máquinas y repuestos, más el destrozo y robo de miles de vagones y locomotoras.

Pese a la eliminación de trenes, ramales, estaciones, talleres, playas de maniobras, propiedades y empleados, hoy pagamos mucho más por los ferrocarriles que antes, y los servicios son pésimos. El Estado paga todos los sueldos, inversiones y reparaciones ferroviarias; y además subsidia el gasoil de autos, colectivos y camiones.

Argentina paga uno de los sistemas de transporte más caros del mundo, que además es uno de los más inseguros, con catastróficas consecuencias humanas y económicas. El último año el transporte vial le ocasionó al país la mayor cantidad de accidentes de su historia, con más de 8.000 muertos y miles de heridos. Es el colapso del sistema a raíz de la drástica reducción del ferrocarril y las privatizaciones, que demostraron ser incapaces de dar mejor servicio que el transporte público.

Esta obra de Roberto Manuel Vecchi constituye un importante aporte para conocer y comprender ese proceso, y como, a pesar de la necedad de los funcionarios y los dirigentes gremiales, los trabajadores y usuarios con absoluta hidalguía lucharon para defender sus derechos, sus fuentes de trabajo y el patrimonio nacional. La obra tiene un valor adicional, fue escrita por uno de los protagonistas y además indaga sobre soluciones posibles.

Argentina no es viable sin ferrocarril. Es imperativo restituirle al pueblo su derecho al transporte. El tren debe volver a ser una cultura de la comunicación que integre a la Nación. "Argentina necesita una refundación ética" que reinstale la defensa de los bienes comunes.

Los trenes volverán para el renacer de una cultura y una Nación más solidaria.

*** Fernando "Pino" Solanas** es un prestigioso cineasta y actual diputado nacional. A lo largo de mas de 50 años su militancia y compromiso político están íntimamente ligados a su actividad artística. En 1962 realizó su primer cortometraje de ficción *Seguir andando*. En 1968 realiza en forma clandestina su primer largometraje *La Hora de los Hornos.*. En 1975 termina *Los Hijos de Fierro*. Meses antes, había sido amenazado de muerte por la Triple A y en 1976 un comando de la Marina intenta secuestrarlo. Parte al exilio hacia España y se establece finalmente en Francia, donde realiza, en 1980, el documental *La mirada de los otros*. Durante su exilio participa en varias organizaciones de solidaridad con los organismos de defensa de los derechos humanos, denunciando internacionalmente la situación argentina. Regresa al país en 1983 y en 1985 filma *Tangos... El Exilio de Gardel*. En 1988 termina *Sur*. Fue una de las primeras voces denunciantes de la traición de Menem a los contenidos del voto y la Ley de Reforma del Estado. En marzo de 1991, en un reportaje, acusa a Carlos Menem de estar al frente de una *"banda de delincuentes que está saqueando el patrimonio público"*. El ex presidente le respondió con una denuncia por "calumnias e injurias". Solanas reafirma su acusación ante el juez Federal Martín Iruzun. Al día siguiente Solanas es víctima de un atentado de grupos comando ligados a la seguridad del Estado, por el que recibió seis disparos de arma de fuego en las piernas. Debe postergar la terminación del film *El Viaje*, que logrará concluir en 1992. En 1993 se funda el Frente Grande que lo lleva a ser electo Diputado Nacional por la provincia de Buenos Aires hasta 1997. Durante su gestión integra las comisiones de Cultura, Energía, Comunicaciones, y Medio Ambiente desde las que elabora más de 160 proyectos. Desde la Comisión de Energía encabeza el movimiento por la defensa de Yacyretá y Salto Grande, que frusta su privatización. En 1998 termina *La Nube*. En abril de 2002 propone fundar el grupo Moreno en defensa y recuperación de las fuentes de energía. Paralelamente encabeza la formación del espacio político Proyecto SUR. Desde entonces, recorre el país para testimoniar su crisis y sus posibilidades. En 2004 presenta el documental *Memoria del Saqueo*. En septiembre de 2005 estrena *La Dignidad de los Nadies*. En mayo de 2007 estrena *Argentina Latente*, su documental sobre las potencialidades científicas del país. En el 2008 estrena una de sus obras maestras, *La Próxima Estación* que investiga la privatización de los ferrocarriles y denuncia la corrupción en el sistema. En el 2009 es elegido nuevamente Diputado Nacional por el movimiento Proyecto Sur y estrena el documental *Tierra Sublevada 1ª: Oro Impuro*, sobre los daños ambientales. La mayoría de sus obras recibieron importantes premios internacionales.

Símbolo de la patria sublevada: Por Elido Veschi *

Esta "Crónica del saqueo y la resistencia", referida a los ferrocarriles argentinos, realizada con sorprendente minuciosidad por el autor Roberto Manuel Vecchi, es un aporte valiosísimo para interpretar la historia desarrollada en la denominada, con justicia, "La segunda década infame".

El despojo sufrido por los argentinos de los recursos naturales y las empresas estratégicas aún no ha sido analizado en toda sus implicancias.

Crónica como la presentada por Vecchi ilustra una etapa donde el poder real, instalado en nuestro país a partir de la dictadura genocida, aprovecha la derrota cultural infligida en la sociedad argentina, para diseñar un nuevo modelo social y económico.

El relato aporta claridad sobre actitudes de dirigentes gremiales y funcionarios gubernamentales respecto al compromiso de defender, (o no defender), el patrimonio público, la fuente de trabajo y los derechos que proveen dignidad a los trabajadores, sus instituciones representativas y sus familias.

Queda como testimonio el coraje y el ingenio puesto de manifiesto por los "huelguistas" para sortear el poder coaligado de algunos dirigentes nacionales y funcionarios.

La larga lucha, más de 40 jornadas, con escasísimos recursos y en un contexto social, económico y político desfavorables, deberá ser puesta en el haber de las grandes luchas obreras de nuestra historia y sin duda será reivindicada cuando nuestro pueblo y sus gobernantes desarrollen el "proyecto nacional y popular" que de cuando en cuando asomó como el "símbolo de la patria sublevada".

***Elido Veschi:** es uno de los más reconocidos especialistas en temas ferroviarios del país. Es ingeniero mecánico recibido en la Universidad Nacional de La Plata. Trabajó en los talleres La Plata del ferrocarril Belgrano como técnico y luego jefe de Producción y jefe Departamento Mecánica. Ex secretario general de la Asociación del Personal de Dirección de Ferrocarriles Argentinos. (APDFA). Creador del Centro de Investigaciones Ferroviarias y del Transporte. Participe en el diseño y gestión de Servicios Ferroviarios Patagónicos (Constitución-Viedma-Bariloche). Autor de innumerables trabajos sobre transporte, ferrocarriles y gestión de talleres ferroviarios. Ha dictado cursos y conferencias en diversas Universidades e Instituciones. Es cofundador de la CTA (Central de los Trabajadores Argentinos). Es coautor del proyecto de ley de la "Empresa Nacional Ferroviaria" para la recuperación del Sistema Ferroviario Nacional.

Primera parte: Una larga tradición

1: El duro trajín inicial (1857-1937)

El domingo 30 de agosto de 1857, la primera línea férrea argentina, el Ferrocarril Oeste, fue inaugurada solemnemente en la ciudad de Buenos Aires, con la asistencia de las autoridades, los hombres prominentes y numerosos vecinos. Es ésta una fecha que debe ser fastuosa. Marca la iniciación de un rumbo que, desgraciadamente para la Nación, se extravió poco después. Una parte siquiera mínima de la riqueza excedente argentina, particular y estadual, se consolidaba a sí misma en una inversión, no solo perenne, sino reproductiva.

La historia de esta empresa reconforta, asombra e indigna.

Reconforta, porque la suma de esfuerzos ordenados que se aúnan en su construcción, en su dirección y en su administración, disipa la vil leyenda que presupone a los argentinos incapaces de toda tarea constructiva, directiva y administrativa.

Asombra, que la diplomacia extranjera, tan diligente para prevenir cuanto progreso pueda llegar a constituir una amenaza a su hegemonía, no pudiera ahogar el germen de esta empresa. El Ferrocarril Oeste primero e YPF después, son demostraciones incontrovertibles de cuanto puede la inteligencia argentina cuando no está maniatada por la corrupción de los dirigentes y las intrigas extranjeras.

Finalmente indigna, asistir a una conclusión desastrosa, en que tanta energía argentina, tanto tesón honrado, tanta perseverancia, tanta esperanza y tanta riqueza van, (de la mano de los sicarios), a consolidar el asiento de la dominación extranjera en el país.

Este breve párrafo en el prólogo del libro "Historia de los Ferrocarriles Argentinos" sirve para comprender los desvelos que sacudieron nuestra Nación. Raúl Scalabrini Ortiz, su autor, enorme pensador y defensor de lo nacional, tuvo la grandeza de develarnos las verdades ocultas detrás de las prácticas colonialistas o imperialistas en términos modernos.

El Ferrocarril Oeste nació como iniciativa de un grupo de comerciantes porteños, a los que se asoció el Estado de la provincia de Buenos Aires. Inicialmente tenía una extensión de 10 kilómetros, desde la estación del Parque, donde hoy está el Teatro Colón, hasta Floresta. En 1858 llega a Ramos, en el 59 a Morón, y en el 60 a Moreno.

En 1862 toma posesión de la totalidad del mismo el Estado de la provincia de Buenos Aires que lo sigue extendiendo. En 1864 esta en Mercedes, en el 66 en Chivilcoy, y en 1868 una ley ordena que siga hacia el oeste para llegar a Chile atravesando Los Andes por el paso del Planchón.

En 1872 el ferrocarril funda una escuela de artes mecánicos en sus talleres para formar técnicos especializados argentinos. En 1877 llega a Bragado. En 1885 ya esta en 9 de Julio por la línea principal, teniendo 13 ramales más, a La Plata, Pergamino y San Nicolás entre otros, siendo un modelo de organización, con los mejores servicios, los más cómodos y eficientes y también los más económicos, orgullo del país y envidia de las compañías ferrocarrileras extranjeras radicadas en el país años después de su inauguración.

Los ferrocarriles habían llegado para transformar un país en plena etapa de consolidación. Argentina había experimentado un profundo cambio político y económico. Olvidados ya definitivamente los ideales revolucionarios de Mayo y derrotada la vocación nacionalista sustentada por los caudillos federales; se impuso una suerte de afición de sometimiento al hegemonismo británico bajo la capa del liberalismo, doctrina que ya había sido abandonada en sus preceptos fundamentales en los países centrales debido a la feroz competencia entre las potencias, pero que sin embargo era utilizado como una mercancía más de exportación, que servía para lograr la influencia económica en los países periféricos o subdesarrollados como el nuestro.

Con la sangrienta conquista de la Pampa, la Patagonia y el Chaco, perversamente denominados "desiertos" por la generación del 80, junto al brutal genocidio de los paisanos originarios, llamados salvajes, y la persecución de los paisanos gauchos, tildados vagos y malentretenidos; aparecen los especuladores foráneos que se adueñan sistemáticamente de la tierra, la riqueza y la voluntad política del país, forjando así el perfil agroexportador dependiente que ostentaría Argentina por siempre.

El ferrocarril, que encuentra inmejorables condiciones para su radicación, tierras fértiles, llanas, sin grandes accidentes geográficos, un clima suave durante todo el año, abundante provisión de agua y todos los beneficios inimaginables por parte de las autoridades, acelera ese proceso; convirtiéndose pronto en una formidable herramienta de dominación extranjera. Esto se perfecciona con la vil privatización de las líneas del Estado entre 1887 y 1890. En el último año, el presidente de la República Miguel Juárez Celman, junto al gobernador de la provincia de Buenos Aires, completan "la obra" con la ignominiosa enajenación del ilustre Ferrocarril Oeste, cuya vía principal llegaba a Trenque Lauquen. En el proyecto de venta del ferrocarril, firmado por el gobernador Máximo Paz y su ministro de Obras Públicas Manuel Gonet, entre otros fundamentos dice que: "Es por demás evidente que el favor acordado a los productores de la zona que recorre la línea del Estado, se traduce en una injusticia notoria desde que perjudica a los productores de las demás zonas que no pueden competir porque tienen que pagar fletes más caros". Es decir, se lo vende, (en realidad se lo regala), a una empresa británica porque es más eficiente y tiene tarifas más bajas que los ferrocarriles extranjeros. Así se hace patria.

Por esa época se radican algunos establecimientos industriales, principalmente frigoríficos, también de capital gringo. Así comienza a incrementarse el número de asalariados.

Pero no solo comerciantes inescrupulosos llegan de la vieja Europa, también vienen esperanzados inmigrantes pobres que se radican en el campo o pasan a engrosar las filas obreras y los barrios suburbanos. Éstos traen consigo las doctrinas proletarias basadas en la solidaridad: socialismo, anarquismo, cooperativismo, mutualismo y sindicalismo.

No tardan en aparecer las luchas obreras en procura de revertir el estado de injusticia reinante y a formarse las primeras organizaciones de trabajadores, entre ellas, una de los ferroviarios de características distintivas. Esta es La Fraternidad (LF), Sociedad del Personal Ferroviario de Locomotoras, fundada el 20 de junio de 1887 merced a una suerte de influencia efectuada en un grupo de conductores del ferrocarril Oeste por parte de un delegado de "The Brottherhood" (La Fraternidad), organización masónica–sindical de los ferroviarios norteamericanos, la primera en el mundo en conseguir la jornada laboral de 8 horas.

La Fraternidad argentina no asumió características masónicas como su hermana del norte, pero tampoco abrazó las doctrinas anarquistas o socialistas como sus contemporáneas nacionales, sino que su postura, celosamente resguardada durante más de un siglo, fue de un sindicalismo puro, manteniendo una rigurosa independencia política y total prescindencia partidaria y religiosa. Por otra parte fue la primera constituida por activistas formados en el país y que observó neto carácter gremial desde su origen, y además la primera que obtuvo la habilitación legal gracias a la astucia conque redactó sus estatutos.

En 1888 la red ferroviaria ya alcanzaba los 6.689 km. La Fraternidad realizaba su prístina protesta en defensa de un conductor detenido a raíz de un accidente ocurrido en la estación San Martin, lográndose la liberación del trabajador después de tres días de paro. Con tal convicción se efectúo esta primera huelga, que la Empresa se vio obligada a fletar un tren especial a Rosario para transportar al obrero involucrado que pertenecía a esa, ya que sus camaradas se negaban a volver al trabajo hasta verlo en persona.

El exitoso bautismo de lucha dio pié para que La Fraternidad encare el mismo año una nueva medida, ésta vez por reclamos salariales. Durante su transcurso los obreros realizaron una ruidosa manifestación en la plaza Herrera, barrio de Barracas, en la Capital Federal; que fue brutalmente reprimida por la policía resultando 160 trabajadores heridos. Esta era la primera vez que se reprimía un acto obrero en el país. Miguel Juárez Celman el presidente que lo ordenó.

Concluía drásticamente la protesta por ese hecho, se siguió adelante con los reclamos durante varios años sin obtenerse progresos. Ello decidió al gremio a implementar medidas de fuerza en 1895. El paro se prolongó por 120 días, siendo el más extenso de que se tenga memoria. Sin embargo resultó un duro contraste para la organización, ya que las compañías contrataron personal en el exterior que suplieron a los huelguistas, contaron para ello con el aval del Gobierno Nacional presidido por José Evaristo Uriburu. Al retornar al trabajo, los obreros que pudieron hacerlo, debieron soportar todo tipo de reprimendas y humillaciones. Ello produjo una aguda crisis institucional que, con mucho esfuerzo, pudo ser superada.

Ya fortalecida nuevamente, La Fraternidad volvió a la carga con las demandas económicas. La falta de respuestas por parte de la patronal condujo a la aplicación de nuevas medidas en el transcurso de 1907, solucionándose el conflicto gracias a la oportuna mediación del presidente de la República, José Figueroa Alcorta, logrando los trabajadores la reincorporación de los cesanteados en el conflicto anterior y una recomposición salarial importante. Esto permitió el definitivo despegue del gremio que comenzó a crecer en organización, número de afiliados y prestigio, hasta llegar a ser la primera sociedad obrera con alcance nacional.

Aparecen por esta época otras organizaciones proletarias en el ámbito del riel que tienen en general una vida efímera. Algunas, conocidas como "amarillas", eran impulsadas por las mismas empresas como modo de contrarrestar la influencia que La Fraternidad tenia en los obreros.

En 1910 estalla en Pirané, provincia de Formosa, una de las huelgas más sangrientas. En este caso no eran los afiliados fraternales sus protagonistas, sino que se trataba de los obreros de la cuadrillas de obras, conocidos como "catangos" en la jerga del riel, que trabajaban en el tendido de la línea de Embarcación a Formosa. Estos obreros tenían una particularidad, todos eran "orejudos", nombre con que se conocía a los indios Wichis, mal llamados Matacos que, cansados de esperar el pago de sus bien ganados jornales, resolvieron abandonar las tareas siendo, más que reprimidos, masacrados por las tropas nacionales.

La longitud de la red ferroviaria había alcanzado los 27.994 km.

Un afiliado de La Fraternidad de Haedo, Víctor Bassi, presentó una propuesta de Reglamento de Trabajo para terminar con las arbitrariedades de las empresas, que inmediatamente fue tomado por el sindicato como un reclamo central. Agotadas todas las instancias reclamatorias sin éxito, el gremio accede a aplicar medidas de acción directa en 1912, ante la indiferencia del Gobierno nacional a cargo de Roque Sáenz Peña. El paro se prolongó durante 52 días. Las empresas se vieron impedidas de contratar trabajadores en el extranjero debido a la férrea solidaridad dispuesta por las organizaciones obreras europeas, sin embargo el Gobierno nacional mediante decreto habilitó la contratación de trabajadores no calificados para conducir trenes, lo que produjo numerosos accidentes.

Fue esta la primera huelga argentina que tuvo alcance nacional y repercusión mundial. Sin embargo el gremio no pudo alcanzar sus objetivos debido al aislamiento con que se desarrolló la lucha respecto a los demás trabajadores del país, principalmente ferroviarios. Esto sería tenido muy en cuenta en adelante. Así La Fraternidad apoya la organización de obreros de otras especialidades del riel, constituyéndose en 1914 la Federación Obrera Ferrocarrilera (FOF) de tendencia anarquista, que empieza a coordinar acciones con la sociedad de los maquinistas.

En 1916 asume la presidencia de la nación el líder del partido radical Hipólito Yrigoyen, el primero electo mediante el sufragio universal y secreto, que contaba además con un importante consenso popular. Otro era el clima político y social que se vivía en el país entonces.

Los gremios ferroviarios analizaron que era el momento oportuno para profundizar la demanda del tan ansiado Reglamento de Trabajo. Pero las empresas se mostraban intransigentes, y el Gobierno no podía, o no sabía cómo modificar esa actitud. Se produce entonces el conflicto de 1917. Esta vez estaban juntas LF, la FOF y la FORA V° congreso, central obrera anarquista.

El movimiento empezó con paros parciales en diversos lugares, hasta que, con la entrada de La Fraternidad, se declara la huelga general por tiempo indeterminado. Tras 23 dramáticas jornadas de lucha el Gobierno decidió actuar poniendo fin a la huelga al emitir un decreto que obligaba a las compañías a acordar un Reglamento de Trabajo, que adquirió carácter de Escalafón, que contemplaba la jornada laboral de entre 6 y 9 horas según la tarea, un día de descanso semanal y vacaciones anuales pagas de 15 días, entre otros beneficios. Un gran logro de los ferroviarios. Pero no fue gratis, durante el conflicto se realizaron numerosas manifestaciones que fueron, en la mayoría de los casos, cruelmente reprimidas por la policía. De estos enfrentamientos resultaron muertas dos mujeres, esposas de conductores, en Mendoza; un obrero en Villa Mercedes, tres en Tafí Viejo, y otros dos en Tolosa.

En realidad el decreto presidencial incorporaba a las negociaciones solo a La Fraternidad por ser el sindicato más organizado, homogéneo y estratégico. Esto provocó el enfrentamiento entre los maquinistas y la FOF que, con razón, se sintió desplazada.

El mismo año el Gobierno decretó la caducidad de algunas concesiones ferroviarias. En total 10.000Km. de vías pasaron a manos del Estado.

En 1919 se tomó otra medida importante con los ferrocarriles al limitar la Cuenta Capital en las compañías privadas. De acuerdo a los contratos, el Estado sólo podía intervenir en la fijación de tarifas cuando los beneficios económicos de las empresas superaran el 17 por ciento. Las empresas aumentaban ficticiamente el capital teórico y de esa manera evitaban la intervención estatal y se aseguraban productivas ganancias.

En Julio de 1919 los ferroviarios consiguen que el Congreso Nacional apruebe el primer régimen jubilatorio para el sector y obtienen el primer jubilado.

Hacia fines de ese año LF concluye con las empresas la negociación del Reglamento de Trabajo, pero no se desentendió de sus camaradas del riel, influyendo sobre la FOF para que adopte su método organizativo. Esto llevó a que al año siguiente aquella modifique sus estatutos dando forma a dos sindicatos centralizados a semejanza del de los conductores, el de Tráfico y el de Talleres. Esto produjo la reconciliación de los gremios del riel, formándose entre los tres la Confraternidad Ferroviaria. Pero aun así las compañías se resistían a acordar nuevos reglamentos de trabajo.

El 21/11/21 el Congreso Nacional da fuerza de ley al Reglamento logrado por La Fraternidad, quedando jurídicamente aprobado el primer Escalafón o Convenio Colectivo de Trabajo del país.

En octubre de 1922, los sindicatos de Talleres y de Tráfico se fusionan en una sola organización que pasó a denominarse para siempre Unión Ferroviaria, obteniendo su personería gremial el 02/07/23, con lo que alcanzaba el mismo status legal que la sociedad de los maquinistas. Ahora si las compañías acceden a acordar con ésta Reglamentos de Trabajo para las para las distintas especialidades, aunque con muchas reservas.

El escalafón conseguido por La Fraternidad expiraba al 31/12/26, fecha a partir de la cual debía volver a negociarse, pero las empresas se mostraban renuentes. Los fraternales aspiraban a lograr reducción en las jornadas laborales y aumento de salarios. Ante la actitud de las compañías amenazaron con medidas de fuerzas.

En virtud del conflicto eminente, interviene el Ejecutivo Nacional encabezado entonces por Torcuato de Alvear, que luego de evaluar la situación, dio la razón a los trabajadores obligando la aprobación de un nuevo escalafón bajo esos términos.

En octubre de 1928 asume su segunda presidencia Hipólito Yrigoyen. Un año después, en noviembre de 1929, La Unión Ferroviaria implementa paros en varias líneas debido a que las empresas se negaban a atender sus reclamos. El sindicato exigía el establecimiento de un salario mínimo único para todos los ferroviarios, es decir una equiparación con el que recibían los fraternales ampliamente superior. Además reclamaba la revisión de los escalafones, licencia con goce de sueldo y el escalafonamiento de los empleados administrativos y los jefes de estación. La Fraternidad no apoyó estas medidas en desacuerdo con el salario común, lo que volvió a producir dispirreces entre las organizaciones.

El Gobierno resolvió por decreto el otorgamiento de las licencias e intimó a las compañías para que traten con los obreros las otras reivindicaciones. Las empresas desoyeron la intimación, por lo que el sindicato decidió disponer a partir del 12 de marzo de 1930 paro de una hora y luego trabajo a reglamento por tiempo indefinido.

Ante la presión de grupos económicos que se veían perjudicados, el Gobierno firma un decreto que pone fin al conflicto. En el mismo obligaba a las partes a conformar una comisión negociadora, presidida por un funcionario público, el director general de Ferrocarriles. La comisión sesionó entre el 31 de marzo y el 19 de mayo, y sus conclusiones, en principio favorable a los trabajadores, debían ser estudiadas y publicadas por el Gobierno. Pero antes que pudiera hacerlo, un golpe de estado traicionero encabezado por el general José Uriburu terminó con él. La autoridad de facto dio a publicidad el informe sobre la negociación ferroviaria modificando sus términos y favoreciendo abiertamente a las empresas, lo que desató nuevas agitaciones en la Unión Ferroviaria.

En 1932, Uriburu dejó el lugar al general Agustín P. Justo, ungido presidente de la República a través del fraude. Fueron los años del pacto Roca-Ruciman, de la entrega ruidosa del país, del monopolio en la comercialización de carnes, de los negociados del trust eléctrico, de las estafas al fisco de poderosos grupos económicos, de la persecución ideológica generalizada, de los crímenes políticos. La época que con toda justeza se conoce como "la década infame".

En 1936, por primera vez el movimiento obrero argentino logra confluir en una central única que nucleaba a todos los sindicatos, al efectuarse una reforma institucional en la CGT (Confederación General de Trabajadores), que había sido constituida en 1930.

En 1937 La Fraternidad festejó con bombos y platillos sus primeros 50 años de vida. Como parte del mismo editó un extraordinario libro escrito por los afiliados Juan Chiti y Francisco Agnelli. No era para menos, constituía la organización gremial decana, considerada una referencia por todas las demás.

Meses después la Unión conmemoraba sus 15 años y se consolidaba como uno de los sindicatos más fuertes y numerosos.

Alcanzaba la madurez organizativa, el duro trajín inicial había concluido para los ferroviarios, pero la historia no se detenía.

La red ferrovial poseía 40.193 kilómetros. El 40 por ciento pertenecía al Estado, en general líneas marginales de fomento. El resto a empresas privadas extranjeras que gozaban de todo tipo de beneficios fiscales y ganancias aseguradas por la Nación.

2: Cambio de patrón (1939-1983)

Mientras transcurría el tremendo drama de la segunda guerra mundial, nuestro país, que acertadamente permaneció neutral, ingresaba a una etapa muy particular de su historia. Subía al escenario político el coronel Juan Domingo Perón quién, paradójicamente había conseguido el reconocimiento popular siendo funcionario de los Gobiernos de facto de Pedro Ramírez y de Edelmiro Farrell (1943-1946).

Esta dictadura había combatido a los sindicatos, deteniendo dirigentes e interviniendo organizaciones como la Unión Ferroviaria y La Fraternidad.

Posteriormente fue designado Juan Domingo Perón en la Secretaria de Trabajo que dejó sin efecto esas intervenciones.

Perón, otorgó a los trabajadores en general una serie de beneficios que estos supieron agradecer rescatándolo de la cárcel, donde lo había puesto el propio régimen, llevándolo al frente de la Nación.

El coronel asumió su primera presidencia en 1946, bajo condiciones económicas sumamente favorables para nuestro país debido a la crisis europea de la pos guerra que produjo el incremento de las exportaciones.

Basó su programa de Gobierno en tres premisas básicas: "justicia social, independencia económica y soberanía política ", planteando una política económica estatista y nacionalista que contemplaba la protección de la industria, la instauración de fuertes organismos de control y la estatización de las empresas de servicios públicos.

En el plano internacional fomentó la tercera posición equidistante de los imperialismos, la defensa de la autodeterminación de los pueblos y la solidaridad con los países latinoamericanos.

La abundancia de recursos permitió al Gobierno el desarrollo de una política populista, a la vez que se ejecutaron numerosas obras públicas.

La situación financiera permitió también el desarrollo industrial, aunque las empresas se radicaron principalmente en Buenos Aires y pocas ciudades del interior, agudizándose el desequilibrio poblacional entre las regiones. Creció en gran medida la industria liviana tendiente a suplir las importaciones europeas. La industria pesada en cambio tuvo un florecimiento menor. Con todo, se llegaron a fabricar en los talleres Liniers las dos únicas locomotoras diesel-eléctricas de origen nacional a cargo del ingeniero Pedro Sacaggio, mientras que el ingeniero Livio Dante Porta perfeccionaba al máximo la tracción a vapor llegando a construir una maravilla como fue la locomotora "La Argentina".

En 1947 se organizó el partido Justicialista o Peronista, dentro de una rígida verticalidad, que incluía como uno de sus pilares al movimiento obrero alineado en la CGT, con lo que esta organización obrera perdía independencia política.

La necesidad de recursos llevó a las potencias europeas a tener que desprenderse de sus empresas radicadas en el exterior. Esto favoreció las políticas del Gobierno argentino que tuvo la oportunidad de estatizarlas.

El 1º de marzo de 1948 el propio jefe de Estado presidió el acto de nacionalización de los ferrocarriles. Renacionalización en algunos casos, como el viejo ferrocarril Oeste que ahora pasaba a llamarse Sarmiento. Esa fecha quedó sellada para siempre como el día del trabajador ferroviario, conmemorado rigurosamente año tras año. Es que el hecho significaba la realización de un prolongado anhelo de los sindicatos del riel y de muchos argentinos que creían, con total conocimiento de causa, que así se ponía al servicio de la patria un elemento vital para su desarrollo.

Pero a pesar de todo, se produce el enfrentamiento entre el Gobierno y los trabajadores ferroviarios que se negaban tenazmente a renunciar a su independencia gremial. Las autoridades respondieron con amenazas y presiones, mientras relegaban la atención de los reclamos laborales. Las posiciones se fueron endureciendo hasta que se producen los conflictos entre marzo de 1950 y enero de 1951, y luego en mayo y agosto del último año. Comenta el historiador Félix Luna (revista Gente Nº 1341): *El primer movimiento empezó con paros parciales en sectores de la Unión Ferroviaria del ferrocarril Roca en marzo del 50, en demanda de mejoras salariales. La torpeza del secretario General de la CGT, José Espejo, hizo imposible un acuerdo, y después de marchas y contramarchas, el gremio dejó de trabajar.*

La mismísima Evita recorrió infructuosamente las estaciones de Constitución y Retiro.

El 14 de diciembre afiliados de la Unión y La Fraternidad de las líneas Mitre, Roca, San Martín, Sarmiento, Urquiza y Provincial, retoman la huelga. Realizan una numerosa asamblea conjunta designando una Comisión Consultiva de Emergencia con representantes de los diferentes ferrocarriles. En tanto la CGT intervino ilegalmente la Unión Ferroviaria.

Dice Luna: *El conflicto le costó la renuncia al ministro de Transportes, Tte. Cnel. Juan Castro, acusado de dialogar con los huelguistas, y el 25 de enero Perón, después de un furioso discurso, colocó a todos los trabajadores del riel "bajo estado militar".*

Hubo centenares de detenidos. Algunos permanecieron presos sin proceso durante casi un año.

Meses después, a principios de agosto de 1951, los maquinistas sindicados en La Fraternidad se lanzaron a un conato de huelga que fue reprimido muy pronto. En este caso estallaron algunas bombas en diversas estaciones, lo que dio motivo al Gobierno para asegurar que sus autores eran "comunistas infiltrados". En realidad se trataba de una protesta de los fraternales por el copamiento de su viejo sindicato por elementos minoritarios, que obligaron

Después de esos hechos, los dirigentes y activistas que zafaron de la cárcel, debido a la persecución de la que eran objeto, tuvieron que exiliarse en el exterior.

El 1º de mayo, día del trabajador, de 1949, se había aprobado por impulso del Gobierno la reforma de la Constitución Nacional que incorporó entre otros beneficios para los trabajadores "el derecho de afiliación, de huelga y de un salario digno".

El 11 de noviembre del 51, Perón inicia su segundo mandato, y aunque centralizaba todo el poder, debió afrontar graves problemas. La economía se había deteriorado y el régimen sostenía un desgaste general. Esto, sumado al reacomodamiento de las potencias mundiales, cuyos intereses se contraponían con la política argentina, produjo su derrocamiento en 1955 mediante un golpe militar que terminó con el Gobierno, pero no con el peronismo. La mayoría de los sindicatos siguieron respondiendo a esa idea.

La Fraternidad, luego del regreso de los exiliados, retomó su tradición independiente.

Las locomotoras argentinas diesel-eléctrica fueron radiadas y depositadas en los talleres Tolosa, para ser luego desguazadas. La del ingeniero Porta fue confinada inicialmente en los talleres de Tafí Viejo y luego abandonada para siempre en la playa Mate de Luna, Tucumán, donde fue salvajemente saqueada. Sus restos aún esperan ser rescatados.

La red ferroviaria argentina había alcanzado su máximo desarrollo, totalizando 46.000 kilómetros, que la ubicaba en el quinto lugar mundial detrás de Estados Unidos, la ex Unión Soviética, Canadá y la India, todos países más extensos que Argentina.

La crisis provocada por la guerra y el régimen peronista, significaron una herida de muerte para el hegemonismo británico en nuestro país. Pero a partir del 55 otra potencia imperialista ocuparía ese lugar, los Estados Unidos de Norteamérica.

La dictadura instaurada ese año, encabezada por Pedro Aramburu, aplicó políticas enmarcadas en ese lineamiento, que fueron resistidas por los trabajadores. Los ferroviarios, junto a otros sectores gremiales, llevaron adelante duras luchas en el transcurso de 1957. Un año después cayó el régimen.

Resulta electo presidente de la República el radical disidente Arturo Frondizi, con el apoyo del peronismo que estaba proscripto. Sin embargo, este Gobierno plantea la reprivatización de las empresas públicas y de los recursos naturales. Facilita la radicación de monopolios internacionales e incentiva el desarrollo de la industria automotriz en desmedro de los ferrocarriles; incrementa la red de carreteras, pero no como parte de un plan integral de transportes, sino por el contrario, la mayoría de las rutas se construyeron siguiendo el trazado de las vías férreas, formando así dos sistemas superpuestos e ineficientes.

Por esta época se forman otras dos organizaciones sindicales ferroviarias, la Asociación del Personal de Dirección de Ferrocarriles (APDFA) y la Asociación de Señaleros (ASFA).

Luego el Gobierno intentó poner en práctica el plan de reestructuración ferroviaria elaborado por un general norteamericano, funcionario del Banco Mundial, de apellido Larkin. Esto desató el conflicto a fines de octubre de 1961, llevado adelante por la Unión Ferroviaria y La Fraternidad.

La huelga duró 42 días, siendo uno de los capítulos más heroicos de las luchas ferroviarias. Por segunda vez se dispuso la movilización militar de los trabajadores. El relato en el libro "Rieles de Lucha", es conmovedor: *Había que escapar, irse al monte, refugiarse en orillas y andurriales, dejar la familia, los amigos, afrontar el riesgo de pelear y no preguntarse si por querer a los ferrocarriles y defender las conquistas gremiales se era un delincuente, porque como a un delincuente lo corrían, lo buscaban, le tiraban los perros a campo traviesa, le allanaban la casa, atormentaban a los suyos y olfateaban sus pasos a punta de fusil.*

Bebió agua en los ríos, comió raíces en los bosques, se fue a la zafra, resistió refugiado donde pudo o cayó a la cárcel, su destino, al tropezar con una patrulla.

Los pueblos ferroviarios, esos hijos de los rieles y el vapor, se quedaron sin hombres por el éxodo de los perseguidos. Estuvieron todos: conductores, foguistas, empleados y obreros. Salvo los pocos que hicieron señales en sentido contrario, es decir los "carneros", "lanudos" o también llamados "krumiros".

Los ferroviarios no pueden olvidar. Ellos lucharon, se plantaron con firmeza, confiaron en su conducción. Los directivos siguieron paso a paso la evolución del conflicto desde la clandestinidad y plasmaron cada jornada en "boletines de huelga" distribuidos como alimento al combatiente.

Muchos fueron los detenidos, alojados en buques de la Armada, en la isla Martín García, o en la cárcel de avenida Las Heras, a medio derruir, rehabilitada casi exclusivamente para los ferroviarios.

Así era Buenos Aires, la gran ciudad. En el interior todo resultaba más notorio y por lo tanto más peligroso. Pese a ello hubo acciones frontales llenas de patetismo, danzas de mujeres y niños frente a locomotoras cargadas de soldados, movilizaciones de repudio duramente reprimidas. En fin la lucha. Una lucha respaldada por la CGT y por los ferroviarios de todo el mundo.

Esos hombres pelearon, y vieron con dolor como la seguridad pública y el prestigio de los ferroviarios eran puestos en serio riesgo cuando inex-pertos maquinistas de la Marina y de otras fuerzas se ponían al mando de las locomotoras. Las páginas de los diarios dan muestra de esos accidentes, que en realidad semejaban atentados de parte de quienes, sin capacidad ni merecimiento técnico, pensaban llevar a destino algunos trenes fuera de todo horario. No solo militares estuvieron en tal servicio, también improvisados de diferente ralea.

En 1961, los ferroviarios ganaron la huelga con los puños apretados y los ojos llenos de lágrimas; porque nada, nunca, volvió a ser como aquellos días.

Fallecieron cuatro trabajadores por la represión, dos en Laguna Paiva y uno en Tafí Viejo, afiliados de la Unión Ferroviaria y Manuel Roca de La Fraternidad en Rufino.

La CGT llegó a declarar paro general en apoyo a los trabajadores del riel. Finalmente la mediación del cardenal Antonio Caggiano logró la resolución del conflicto.

El Gobierno tuvo que desistir de la aplicación del plan Larkin. Pero de una u otra manera sería ejecutado sistemáticamente mediante el abandono de la Empresa, la desinversión, el endeudamiento injustificado, la clausura de servicios y ramales, el despido de personal y la corrupción administrativa. Esto comenzó con el propio Frondizi que clausuró 12.000 km. de vías y despidió 60.000 ferroviarios mediante el retiro voluntario, previa rebaja masiva de categorías.

A Frondizi prosiguió el breve mandato de Guido y luego la ejemplar presidencia del ferroviario doctor Arturo Illia, que frenó la inflación, pagó la deuda externa, mejoró los salarios y canceló los contratos petroleros, entre otras importantes medidas; que llevó adelante a pesar de la salvaje oposición de la oligarquía, el peronismo y el poder económico internacional.

En 1966 un golpe de estado instauró la dictadura de Onganía, quien retoma la política liberal y el designio de disciplinamiento obrero. En marzo del 67 es intervenida la Unión Ferroviaria. En repudio, sus afiliados, con una conducción clandestina, efectúan medidas de fuerza dos meses después. A raíz de esto fueron sancionados 130.000 trabajadores con 30 días de suspensión y rebajas de categoría por un año. Muchos activistas fueron despedidos.

El Gobierno fue endureciendo cada vez más su política, lo que produjo una ola de resistencia popular en 1969 que abarcó las principales ciudades del interior, siendo Corrientes, Rosario y Córdoba donde se desarrollaron los principales hechos. En la última, entre el 29 y 30 de mayo aconteció una de las gestas más heroicas, conocida como "El Cordobazo", donde obreros y estudiantes toman la ciudad, siendo reprimidos brutalmente por el ejército. Hubo 30 muertos y cientos de heridos.

La regional Rosario de la CGT había decretado huelga los días 23 y 30 de mayo, con un acatamiento masivo. A raíz de ello las autoridades dispusieron sanciones a los trabajadores de la Unión Ferroviaria de esa ciudad; lo que motivó que esa seccional, junto a sus similares Casilda, Pérez, Cañada de Gómez y Villa Diego, dispongan desde el 8 de setiembre paro por tiempo indeterminado; al que fueron adhiriendo otras seccionales de Capital Federal, Buenos Aires y Córdoba, y luego los gremios de Señaleros y La Fraternidad.

El 16, la CGT Rosario decreta paro por 48 horas en solidaridad con los ferroviarios, con movilización. Lo que derivó en una jornada convulsionada, conocida como "el Rosariazo" donde columnas sindicales, apoyadas por estudiantes y otros sectores sociales realizaron marchas y manifestaciones, siendo finalmente reprimidas por el ejército con lo que concluyó la huelga de la CGT y también de los ferroviarios.

Ese clima de agitación popular prolongado tuvo como consecuencia el reemplazo de Onganía por Levingston, luego por Lanusse, y finalmente la reapertura democrática en el 73 con el triunfo peronista.

El nuevo Gobierno en tres años cambió reiteradamente de titular, Cámpora, Lastiri, Perón, y a su muerte Isabel Perón. Esta última totalmente incompetente e influenciada por "el brujo" José López Rega, ejecutó medidas económicas y sociales contrarias a los intereses obreros, lo que motivó la resistencia sindical que tuvo, como tantas otras veces, a los trabajadores del riel como protagonistas, efectuando en 1975 huelgas y protestas.

Los ferroviarios nunca cejaron en la defensa de sus derechos y fuente laboral, incluso durante los sombríos años de la dictadura instalada en el país el 24 de marzo de 1976, la más sanguinaria y cobarde de todas.

El régimen de facto dio un nuevo impulso a las políticas liberales, a las que incorporó la liberación de la importación, un desmedido en endeudamiento externo y el desmantelamiento compulsivo de cooperativas y mutuales; y como resultado de todo ello, el quiebre de empresas y la desocupación.

En el plano social desarrolló una tremenda represión popular, con el secuestro de compatriotas que eran alojados en centros clandestinos de detención donde se aplicaban los peores tormentos, y luego asesinados salvajemente o arrojados al mar.

También se intervinieron numerosos sindicatos, entre ellos la Unión Ferroviaria. Pero todo ese clima de terror y represión, tortura y muerte, no impidió que los trabajadores resistan estoicamente, a pesar que muchos líderes sindicales se tornaron "colaboracionistas" con el régimen. Otra vez fueron los ferroviarios uno de los sectores obreros que hicieron punta en ese sentido.

En octubre del 77, las "Circunvecinas" impulsan medidas de fuerza en protesta contra la política salarial, los despidos masivos y el desmantelamiento de la Empresa. Se conoce con el nombre de "Circunvecinas" a las seccionales de La Fraternidad de la Capital Federal y zonas aledañas, de los diferentes ferrocarriles. Esta superestructura estaba contemplada en el estatuto social bajo la concesión de órgano de consulta al cual podía recurrir la dirección del gremio en caso de emergencia para tratar temas específicos. El accionar de las Circunvecinas en esta etapa constituye toda una proeza. Se realizaron asambleas disimuladas en los lugares de trabajo y reuniones clandestinas de dirigentes seccionales. Así se pudo coordinar la protesta que consistía en paros cortos, de una o dos horas, escalonados por línea y reiterados a intervalos muy irregulares; lo que creaba un verdadero caos en el transporte de pasajeros de la región metropolitana.

Los militares quedaron más desconcertados por lo sorpresivo, atrevido y contundente de las medidas, y porque no podían detectar a los supuestos cabecillas. Como es habitual, optaron por la represión indiscriminada. Casi todos los dirigentes seccionales fueron detenidos junto a otros tantos trabajadores. Alberto Pantaleón murió cuando era torturado y otro ferroviario fue fusilado en la estación Constitución, acusado de instigación a la huelga. El presidente de La Fraternidad, Luis Etchezar, fue citado a una dependencia militar y duramente indagado. Pero las medidas de fuerza no cesaron, sino que se profundizaron hasta amenazar convertirse en un paro general. Ante esto, la dictadura de Videla liberó a los obreros detenidos y concedió una recomposición salarial importante.

La inflación se comió pronto el ajuste, por lo que las Circunvecinas realizan nuevas protestas en noviembre del 78 con similar éxito.

En diciembre de 1979 se efectúa en Rosario un sorpresivo paro de transporte en demanda de reclamos salariales, impulsado por los cuatro gremios ferroviarios y los choferes de colectivos. La medida se realizó al margen de las conducciones orgánicas de los gremios y se vuelve a reiterar al año siguiente.

También en 1980, los trabajadores de Tafí Viejo (Tucumán), nucleados en la Unión Ferroviaria, encabezan una formidable protesta contra el anuncio del cierre de ese importante taller, con paros y movilizaciones, contando con el apoyo masivo de la población. Sin embargo no logran revertir la clausura del establecimiento.

En el 81 son las Circunvecinas las que protagonizan nuevas medidas de protesta por reclamos salariales.

Durante el régimen de facto hubo alrededor de 60.000 trabajadores del riel despedidos, la mayoría perteneciente a la UF y unos 4.000 fraternales. Se clausuraron ramales que totalizaban 8.000 km. y se suprimieron el 60 por ciento de los servicios de trenes.

La deuda externa había trepado de los 8.000 millones de dólares que había en el 76, a unos 36.000 millones; de la cual solo una mínima parte se invirtió en obras públicas y emprendimientos productivos. El grueso de la misma se dilapidó para financiar la terrible represión popular y enriquecer a sus cultores materiales e intelectuales, es decir, los altos jefes militares y sus socios empresariales. Se había hipotecado el país y cometido el más grave genocidio de la historia argentina, con 30.000 desaparecidos, la mayoría trabajadores, activistas y dirigentes gremiales. Oficialmente hay registrados 83 casos de trabajadores ferroviarios desaparecidos. Medio millón de compatriotas debieron abandonar el país. Todo para consolidar la acumulación de la oligarquía y la dependencia extranjera.

La desdichada aventura de Malvinas en el 82 y otros miles de muchachitos muertos o mutilados, la movilización popular aumento, el rotundo fracaso de la política económica y la pérdida de apoyo internacional, fue el final para la dictadura, pero sus consecuencias quedarían como una humillación en el seno de la sociedad argentina que se juramenta "nunca más".

Locomotora "La Argentina" del ingeniero Livio Dante Porta.

Segunda parte: Los prolegómenos

3: Camino de la timocracia (10/12/83–31/07/89)

El 10 de diciembre de 1983 se reinicia el proceso democrático en el país. Asume como presidente el radical Raúl Alfonsín en un clima de popularidad y de sano alivio social. Se revalidaron las leyes suprimidas por el régimen de facto. Se formó la CONADEP que investigó la violación de los derechos humanos durante la dictadura y se realizó el juicio y condena a las juntas militares. Se dispusieron interesantes medidas sociales. En el ferrocarril, la restitución de algunos trenes, la reapertura del ingreso y ascensos del personal, congelados desde el 76; y la normalización de la Unión Ferroviaria, asumiendo como secretario general el hasta entonces humilde y progresista José Pedraza.

Sin embargo Alfonsín debió gobernar con una terca oposición del peronismo y no acertaba con los planes económicos. Ante la fuerte presión de la CGT, el presidente debió apoyarse en los pocos sectores gremiales que le respondían, entre estos, el más poderoso era la cúpula directiva de La Fraternidad liderada por Luis Etchezar.

Alfonsín y Etchezar acordaron secretamente una especie de tregua social que los afiliados fraternales denominaron sarcásticamente "el Pacto de Caballeros". El gremio no efectuaría reclamos ni protestas, a cambio de lo cual se irían restituyendo paulatinamente las cláusulas del Convenio Colectivo de Trabajo borradas por la dictadura. La consecuencia directa de ese acuerdo era una permanente pérdida de poder adquisitivo de los salarios y jubilaciones debido a la alta inflación. Esto, por supuesto, no fue tomado con simpatía por las seccionales que encontraron en las Circunvecinas el medio para motorizar las protestas. Así llevan a cabo varias acciones, llegando incluso a aplicar medidas de fuerzas entre los años 1986 y 1987, consiguiendo algunos éxitos notables como la importante mejora en los haberes jubilatorios conocida como el "coeficiente 2.9". Pero el mayor logro de estos movimientos fue el de permitir la combinación del activismo y la base alrededor de cuestiones concretas y una organización incipiente, pero dinámica, al margen de la burocracia.

Etchezar abandona la dirección del gremio por vencimiento del mandato y es designado por el Gobierno para hacerse cargo de la intervención del PAMI, obra social de los jubilados

El 20 de junio de 1987, La Fraternidad pausea los desencuentros y "festeja con todo" su siglo de vida. Como en el cincuentenario, ahora también publica un libro, "Rieles de lucha", cuya autoría corresponde a los escritores Julio Larroca y Armando Vidal, convocados para la ocasión.

Ya la democracia argentina había comenzado a sufrir los sacudones de viejos males. Alfonsín fue cediendo paulatinamente a la presión de las Fuerzas Armadas, los capitalistas locales y la banca acreedora internacional, mientras perdía consenso popular y se endurecía con los trabajadores. Cambió el ejemplar enjuiciamiento a los genocidas militares por amnistías encubiertas mediante el impulso de las leyes de "Obediencia debida" y de "Punto final", y terminó llamando "héroes" a los sediciosos carapintadas.

Firmó la "estatización de la deuda externa privada "cargando sobre las sufridas espaldas de la población el peso de esa obligación que usufructuaron las grandes empresas; faena ésta que algunos años antes había comenzado a perfilar concienzudamente un oscuro funcionario de la dictadura recién llegado de los Estados Unidos, Domingo Felipe Cavallo, en aquel momento presidente del Banco Central.

En 1988 el Gobierno asesta un duro golpe a los ferroviarios al aprobar la fraudulenta reforma del estatuto del gremio más numeroso, la Unión Ferroviaria, que eliminaba virtualmente la democracia interna de esa institución y eternizaba en sus sillones la conducción encabezada por Pedraza. Esto tenía por objeto congraciarse con esa poderosa organización para meter el plan de descuartizamiento y privatización de los ferrocarriles, mentado por el temible Rodolfo Terragno, ministro de Obras y Servicios Públicos, dado a conocer en julio de ese año. Seccionales ferroviarias de los cuatro gremios, frente a esa amenaza y la quietud de las cúpulas sindicales, resuelven organizarse para resistir conformando el MIF, Movimiento Intersindical Ferroviario, que no pasó de la etapa deliberativa porque el proyecto oficial quedó congelado al poco tiempo, ante la propia incapacidad de las autoridades por imponerlo.

En 1989, el Ejecutivo Nacional acuerda con los gremios del riel un mecanismo de actualización salarial mensual que, sin ser el ideal, permitía seguirle los pasos a la elevada inflación; no obstante arrastrar un marcado desfasaje producto de la implementación de los planes económicos "Austral" y "Primavera", que se basaron fundamentalmente en un salvaje tijeretazo de los salarios.

Por esta época ya se había largado una feroz campaña proselitista en procura de la presidencia de la Nación. El candidato del partido Peronista, Carlos Saúl Menem, hizo casi toda su campaña en tren, recorriendo el país de palmo a palmo. En Laguna Paiva, pueblo netamente ferroviario al norte de Santa Fe, Menem tuvo la oportunidad de hablar para una tribuna del riel: *Hoy se habla mucho de privatizar las empresas estatales, yo diría que hay una fiebre de privatización; si seguimos así, con todo respeto lo digo al señor presidente de la Nación y al ministro empresario, nos van a privatizar hasta el Gobierno. Yo creo que esto hay que tomarlo con mucho cuidado, porque por ahí, en las privatizaciones va también la entrega de lo que es la soberanía nacional y estamos mutilando el derecho de aquello que es fundamental, la defensa nacional. Yo creo que si los ferrocarriles no funcionan como corresponde, y se están levantando ramales y talleres ferroviarios, con el daño que ustedes saben, porque los ferrocarriles son fundamentales, sino ponemos atención en todo esto, es muy posible que lleguemos a situaciones límites, a situaciones muy difíciles de solucionar. Yo entiendo que un proceso privatizador significa disponer bienes del Estado, que son bienes que nos pertenecen a todos; y en un régimen democrático, ni el señor presidente, ni mucho menos el ministro, por sí solos, pueden mediante decreto entregar lo que nos pertenece a todos.*

Nadie sospechaba aún que este discurso de Menem frente a los ferroviarios, se iba a convertir con el correr de los tiempos en uno de los más tremendos ejemplos de cinismo político de la historia.

A esta altura, la situación ya se le había ido de las manos al presidente Alfonsín, conflictos gremiales, saqueos a supermercados, hiperinflación, especulación económica, desabastecimiento. El presidente puso como ministro de Economía al legendario dirigente radical Juan Carlos Pugliese, tratando de reencauzar las cosas, pero fue inútil. El caos financiero impidió a la administración alfonsinista hacer frente al pago de los compromisos de la deuda externa, que se había duplicado, llegando a los 64.000 millones de dólares, y ese fue su certificado de defunción. La pérdida de popularidad dio pié para que "el poder económico pusiera en marcha el recambio de figuritas", provocando el desmoronamiento del Gobierno y su alejamiento prematuro.

Seis meses antes de lo previsto, el 8 de julio de 1989, tomó la posta presidencial el electo candidato del partido Peronista Carlos Saúl Menem, en medio de gran expectativa de la población que mayoritariamente seguía cultivando esa tendencia política. Expectativa ésta que pronto que pronto se vio defraudada, ya que las primeras medidas del nuevo mandatario poco tenían que ver con las promesas electorales y menos aún con una postura histórica del peronismo.

Menem cedió el Ministerio de Economía al grupo económico Bunge y Born, después que este hubiera aportado varios millones de dólares para la campaña electoral. Esto develaba de entrada cual sería la orientación económica del nuevo Gobierno, donde los intereses populares no tendrían cabida, es decir, sería una auténtica "timocracia" o Gobierno de los ricos.

El Ministerio de Trabajo cayó en manos de Jorge Triaca, uno de los principales sindicalistas colaboracionistas que tuvo la dictadura.

Pero para los trabajadores del riel las cosas iban más allá. El flamante asesor económico del presidente era, ni más ni menos, que "el Chancho" Álvaro Alzogaray, habitué de todo Gobierno impopular o de facto que exista y enemigo acérrimo de los ferroviarios, quienes todavía recuerdan sus "tétricos bonos" y sus "inviernos impasables" cuando era ministro de Hacienda durante la presidencia de Frondizi, reemplazado cuando se desató la gloriosa huelga del ferroviaria del 61 por otro archiconocido, Roberto Alemán, quien se desempeñó como asesor financiero de Alfonsín después de haber sido funcionario de la dictadura. El pasado y el futuro se daban la mano y no era nada bueno.

El Gobierno de Menem se apresuró a desconocer el mecanismo de negociación salarial con los ferroviarios y congeló viáticos y otras bonificaciones, lo que produjo un drástico achicamiento de los sueldos. Luego suspendió el ingreso, capacitación, vacantes y ascensos del personal, igual que la dictadura.

Pero esas no eran las únicas agresiones que se descargaban sobre los obreros del riel. Aferrado de las flamantes leyes de "Reforma del Estado" y de "Emergencia Económica", de dudosa legalidad, aprobadas en tiempo record con el consenso de los diferentes bloques; el ministro de Obras y Servicios Públicos, Roberto Dromi, abogado especialista en juicios contra en el Estado en representación de los grandes grupos económicos y ex intendente de Mendoza durante la dictadura militar, daba a conocer el proyecto de reestructuración y privatización de los ferrocarriles elaborado por la consultora yanqui Booz-Allen y Hamilton, con la bendición del Fondo Monetario Internacional; al que el ministro pondría su toque personal o el de los intereses que representaba.

"Si hubiera dicho lo que iba a hacer no me votaba nadie" declararía el propio presidente en un programa televisivo. Menem se apoyaría para llevar adelante sus políticas, en oscuros y cuestionados personajes de distintos ámbitos, entre ellos los burócratas sindicales, que ahora tenían luz verde para sus andanzas. Los ferroviarios comprobaron esto desde el primer momento, ya que importantes dirigentes gremiales pasaron, de la noche a la mañana, a ser funcionarios menores de la empresa, sin más mérito que haber apoyado la campaña electoral de Menem con recursos de los propios trabajadores. El ejemplo más claro, aunque no el único, lo constituía "el inefable" Víctor Salvador Donadío; quien había ocupado desde el 88 hasta la asunción de Menem la presidencia de La Fraternidad, y desde ese puesto había intentado embarcar a la organización, a pesar de que estaba inhibido por el Estatuto Social, en la "Mesa de Enlace Gremial Menem presidente", agrupación obvia liderada por el sindicalista Luis Barrionuevo.

En este marco, totalmente desfavorable para los trabajadores, los ferroviarios serían uno de los sectores que más temprano y decididamente abordarían el tren de la resistencia.

4: Primeros enfrentamientos (01/08/89–08/10/89)

El trovador ferroviario Martín Frutos cantaba, y su canto era una sentencia: *"Sube el pan y es fatal / que si sube ya no baja, / solo baja el jornal / de la gente que trabaja. / Si se queja el doctor / y protesta el empresario, / como estará el peón / y el obrero ferroviario..."*

A principios de agosto de 1989, apenas a un mes de la asunción del nuevo Gobierno, los ferroviarios habían visto reducirse a la mitad sus pobres haberes a pesar del "salariazo" prometido por Menem. Al eliminarse el mecanismo de actualización salarial acordado durante el Gobierno de Alfonsín, no se restituyeron los desfasajes producidos por la elevadísima inflación de junio y julio del 90,4 y 190,1 por ciento respectivamente.

Ante este cuadro, las 11 seccionales de La Fraternidad del ferrocarril Sarmiento elevaron un petitorio a la dirección del gremio solicitando la profundización del reclamo salarial. Esta presentación se daba en el marco institucional que sustentaba la organización, ya que este sindicato no solo era uno de los más antiguos, sino también uno de los más democráticos. Mantenía un sistema que garantizaba la participación y decisión de los afiliados, la rotación permanente de los dirigentes, elecciones anuales secretas y obligatorias para renovar la mitad de ellos, la elección nominal y no por listas, la proposición de candidatos libremente en asambleas de base y la prohibición estricta de efectuar propaganda electoral y de la existencia de agrupaciones políticas sindicales.

Todo esto, además de asegurar el funcionamiento democrático, permitía que casi la mitad de los afiliados tuviera algún tipo de experiencia representativa. Aunque, en algunas seccionales copadas por la burocracia, los estatutos eran burlados sistemáticamente.

Estas diferencias entre filiales democráticas y seudoburocratizadas se haría muy notable durante la gestión de Carlos Menem al frente de la Nación, en parte por la acción del propio Gobierno.

A los pocos días de la presentación del petitorio de las filiales del Sarmiento y ante la intransigencia de las autoridades, la Comisión Directiva de La Fraternidad dispone la implementación de un quite de colaboración a realizarse los días 5 y 6 de setiembre, casi un mes después.

Las seccionales del Sarmiento interpretaron como muy demorada y poco firme la medida dispuesta por el cuerpo directivo, ya que se pronosticaba para agosto un índice inflacionario muy elevado, que de sumarse a los anteriores, resultaría muy difícil de recuperar. Por ello resolvieron aplicar su propio plan de lucha, realizando un quite de colaboración el 25 de agosto, que dejó a esa línea paralizada por completo.

Ese mismo día y sin ningún tipo de coordinación con ésta, igual actitud asumen las cuatro seccionales de la tracción eléctrica de La Fraternidad, Castelar (S), Va. Lynch E. (U), Suárez (M) y Latinoamérica E. (M).

Sin embargo, los móviles que perseguían ambas medidas eran totalmente diferentes. Las filiales del Sarmiento, caracterizadas por mantener un alto nivel democrático, tenían por objeto conmover a las autoridades y a la dirección del gremio ante la grave situación salarial.

El fin que perseguían las seccionales eléctricas, lideradas por "el Negro" Carlos Roberto Zamora, lugarteniente de Donadío, miembro de la Comisión de Reclamos y secreto funcionario de la Empresa; era, ni más ni menos, que fraccionar La Fraternidad para encolumnar esas estratégicas filiales en la Mesa de Enlace Gremial menemista, y de esa manera restar fuerza política al sindicato. La simultaneidad casual de ambas acciones les quitó a los últimos efecto publicitario, resultándole en consecuencia contraproducente ya que aparecía ante la opinión pública como motivada por las mismas razones que la otra, reforzando su posición. Esto decidió a los zamoristas suspenderla a media tarde, distribuyendo el propio Zamora un comunicado de prensa, totalmente descolgado, pregonando la ruptura de La Fraternidad.

La actitud del Sarmiento había provocado, sin proponérselo, el aborto del infame plan de la burocracia, que quedó desorientada y mal parada ante el Gobierno con quien, supuestamente, había consensuado la estrategia.

Debe haber existido "un tirón de orejas" desde el poder, porque los burócratas reaccionaron con desesperación, casi irracionalmente. Dos días después, el 27 de agosto, envían al "Inefable" Donadío con algunos matones a retomar intempestivamente la presidencia de La Fraternidad, lo que produjo un tremendo revuelo. A la resistencia de los directivos que ya se habían acomodado a sus asientos, se sumó el repudio inmediato y generalizado de las seccionales que se declararon en estado de alerta. Esto obligó a Donadío a desistir de su propósito, pero antes firma como titular del gremio una solicitada declarando la adhesión del gremio a la agrupación sindical menemista; que desmintieron luego los verdaderos directivos mediante una contrasolicitada.

Evidentemente ese hecho obedecía a un plan orquestado desde el poder para avasallar las organizaciones gremiales e imponer las políticas neoliberales.

El 1° de septiembre el Ejecutivo nacional publica el decreto 666/89 que preveía la supresión de algunos servicios ferroviarios y la participación privada en el sector.

Ante "una promesa de negociación salarial" de las autoridades, la dirección de La Fraternidad suspende el quite de colaboración programado para el 5 y 6, apenas unas horas antes de que diera comienzo, lo que es comunicado a las filiales inusualmente con llamados telefónicos.

Las seccionales del Sarmiento no se habían equivocado respecto a la poca firmeza de la medida, por lo que resuelven avanzar al segundo paso de su plan de lucha "no acatando la suspensión de la misma". Así, a la cero hora del día 5 queda totalmente paralizada la línea, acción prevista por 48 horas.

Pero luego se produce un hecho, que no fue debidamente considerado en su momento y que develaba la verdadera personalidad de un siniestro personaje llamado Horacio Oscar Caminos, conocido entre los ferroviarios como "el Maula", que ocupaba en ese entonces la Secretaría de la Comisión de Reclamos de La Fraternidad del ferrocarril Sarmiento.

A las 14 horas del día 5, en momentos que el quite de colaboración se cumplía con total éxito, Caminos recibe un llamado telefónico. A partir de ahí se obsesionó por desactivar la medida. Lo primero que hizo fue tratar de convencer a quien estaba a cargo de la Comisión Ejecutiva de la seccional Haedo, su secretario, a la sazón el autor. La respuesta fue contundente, había un mandato de asamblea y un compromiso con las demás seccionales que se debía cumplir; y que además no existían razones para no hacerlo puesto que la medida era un éxito y cabía la posibilidad que adhirieran seccionales de otros ferrocarriles. Enojado, Caminos se retiró, pero no cejó en su intento. Comenzó a llamar a seccionales del Roca y el San Martin que estaban sesionando en asambleas, sugiriéndoles que no resuelvan la adhesión a la medida porque el Sarmiento había decidido dejarla sin efecto. Luego llamó a filiales de esta línea diciéndoles que Haedo estaba analizando la suspensión de la protesta por no haberse logrado la adhesión de otros ferrocarriles. Finalmente comienza a reunir a grupos de afiliados de Haedo incitándolos a levantar la medida con argumentos similares y hasta intenta convocar a una asamblea seccional sin tener atribuciones para hacerlo.

La Comisión Ejecutiva no pudo neutralizar la vertiginosa tarea de Caminos, y a esta altura realmente la lucha se había debilitado debido al grado de confusión reinante, por lo que se cita a sesionar a las 21 horas donde, con la presencia de 80 afiliados, se resuelve suspender el quite de colaboración desde las 24 horas. Así había empezado "el Maula" Caminos una carrera de traiciones que llegaría a niveles inauditos.

La promesa de negociación salarial de las autoridades nunca se hizo realidad. La inquietud de las seccionales se manifestó de inmediato, lo que obligó a la Comisión Directiva a reprogramar el quite de colaboración para los días 12 y 13 que esta vez se cumplió. Pero las seccionales de la tracción eléctrica, en un nuevo intento por romper la unidad del gremio, no adhieren. Esto constituía un hecho inédito en la historia de La Fraternidad y demostraba hasta qué punto se había prostituido la burocracia del gremio. Las autoridades ignoraron olímpicamente la protesta y el plan de lucha no tuvo continuidad; por lo que queda claro que su implementación obedeció sólo a la intención de desinflar el malestar de la base.

Pero todas esas tramoyas no serían suficientes para frenar la locomotora de la protesta frente a un salario que ya tenía el sabor amargo de la miseria.

La posta de la lucha fue tomada por otro sector del riel, el gremio de Señaleros, que había experimentado un profundo cambio institucional. Se había desplazado de la dirección del sindicato a la anquilosada burocracia encabezada por Mauro Mondragón, reemplazándola por una lista pluralista que había implantado la dinámica democrática en la institución, aunque en la cúpula aún convivían elementos burocráticos.

El 29 de setiembre los señaleros cumplieron un paro de 24 horas por reclamos salariales resuelto por la Asamblea General del gremio. A raíz de ello, la Empresa, como represalia, cesanteó ilegalmente a Jorge Rosales, secretario de la seccional 12 de Octubre de la línea Sarmiento. Los trabajadores contraatacaron decretando paro sin límite de tiempo hasta lograr la reincorporación del dirigente, con la ocupación física de las cabinas de señales para impedir su manipulación por personal jerárquico. Durante los tres días que duró el conflicto se vivieron situaciones dramáticas. La policía intentó en reiteradas oportunidades tomar las cabinas por la fuerza siendo resistido por los trabajadores, con éxito en la mayoría de los casos. Finalmente la Empresa aceptó reincorporar al trabajador con lo que concluyó la huelga, pero el tratamiento de la cuestión salarial quedó relegado.

Esto constituía otra novedad en las relaciones entre Gobierno y trabajadores. Estas autoridades no dudaban en disponer medidas extremas, como cesantías, aunque fueran ilegales, para cambiar el eje del reclamo; lo cual hacía presagiar la proximidad de tiempos fragosos.

Fotografía Alfredo González

5: Desenfado y traiciones (09/10/89–20/12/89)

Un evento acaparaba la atención pública en la tarde del 9 de octubre de 1989. En el teatro San Martín de Buenos Aires se realizaba el Congreso de la CGT, que había estado precedido por un clima de nada sano enfrentamiento entre las diferentes facciones sindicales. Allí se produce la tan temida fractura de la central obrera. Una fracción, la CGT San Martín, dirigida por Guerino Andreoni, se declara abiertamente oficialista. La otra, la CGT Azopardo, liderada por Saúl Ubaldini, se dice opositora y combativa, pero en los hechos jamás se distinguiría de la anterior. Ahora los trabajadores quedaban más desprotegidos que nunca para hacer frente a la topadora neoliberal que timoneaba el presidente Menem.

Comentan los historiadores Pablo Pozzi y Alejandro Schneider en su libro "Combatiendo al Capital": *Ubaldini aún retenía un apoyo importante. En particular contaba con la simpatía de la base gremial al margen de la postura de sus dirigentes. Esto complejizaba la situación puesto que se debilitaba el control de las direcciones sobre la base gremial que miraba azorada la lucha entre las cúpulas. Lo más importante para los trabajadores era la apremiante situación económica. Testimonio de esto último fue la oleada de conflictos que surgieron en el mes de octubre. Se llevaron a cabo medidas de fuerza en la empresa Techint, Subterráneos, la Cristalería Cattorini, Petroquímica Argentina (PASA) y Autolatina (Ford Volkswagen). Docentes, UOM y otros sectores gremiales amenazaron con entrar en conflicto. El diario Sur estimó que los distintos tipos de medidas gremiales abarcaban cerca de un millón de trabajadores. También hubo choques violentos entre los gremios públicos de Córdoba (SEP, Obras Sanitarias y Luz y Fuerza) y la policía. La causa fue la nueva ley provincial de Emergencia Económica que implicaba la reducción salarial, la pérdida de beneficios y la privatización de las empresas estatales. El enfrentamiento rebasó la dirección gremial y los trabajadores se enfrentaron a las fuerzas del orden dejando por lo menos 10 heridos en sus filas.*

En este marco surgió el conflicto de los conductores de colectivos de corta y larga distancia. Desde el principio de octubre los choferes venían realizando medidas en demanda de mejoras de haberes. Estas habían sido desarrolladas de manera desigual, con quite de colaboración en el gran Buenos Aires, paros de 48 horas en Córdoba y medidas menores en Mar del Plata y La Plata. De igual manera, la situación no daba para más. Por un lado, el incremento en el ritmo de trabajo había aumentado la tasa de accidentes y las enfermedades nerviosas entre los conductores. Y por otro, había casos de choferes que a fin de mes quedaban debiendo a la empresa cuando deducían los vales que habían retirado. A esto se sumaba la permanente actitud del sindicato (UTA) de levantar las medidas y aceptar la conciliación obligatoria.

Ante este panorama, el conflicto explotó el martes 7 de noviembre con los cortes de los puentes de acceso a la Capital. Las agrupaciones de base comenzaron un paro al cual adhirieron 75.000 choferes a nivel nacional. Rebasada la conducción de la UTA, ésta declaró paro por 36 horas ante las manifestaciones e insulto por parte de los afiliados que se concentraron frente a sede del sindicato.

El miércoles 8 el Ministerio de Trabajo decretó el arbitraje obligatorio rechazado por el gremio que respondió declarando el paro por tiempo indeterminado hasta lograr la recuperación salarial.

El conflicto continuaba avanzando por debajo, mediante la organización de ollas populares en la cabecera de las líneas, donde los conductores de micros se organizaban para impedir que tanto los carneros como los dueños de los coches sacaran los colectivos a circular. La necesidad de garantizar estas medidas hizo que la organización se fuera extendiendo a todo el conurbano, coordinándose las líneas del sur, norte y oeste. Así, el puente de Liniers se transformó en un centro permanente de asambleas.

Por la noche, el presidente Menem se dirigió al país declarando a los choferes como "salvajes", a la vez que advertía contra el peligro "ultraizquierdista" que paralizaba el transporte. La referencia política se centralizaba contra la agrupación "interlineas" (peronistas combativos y de la izquierda unida) que organizó la protesta a partir de las comisiones internas. Preocupado por la posibilidad de que el conflicto se extendiera a otros gremios en deliberación, Menem amenazó duramente a los ferroviarios.

El panorama tendió a agudizarse el jueves 9 cuando la Gendarmería comenzó a operar unidades en Capital y el gran Buenos Aires, a la vez intimaba a levantar las ollas organizada en la línea 170 de San Miguel y en la 182 de Haedo. Por otro lado, la Infantería Policial golpeaba a una veintena de choferes que montaban guardia frente a los talleres de la línea 96 en La Matanza. Como resultado, el jueves por la noche había 100 trabajadores presos.

El viernes 10, 1.500 choferes se movilizaban, insultando al Gobierno, desde el Ministerio de Trabajo a la Plaza de Mayo y luego a la CGT Azopardo De esta forma, con un acatamiento de casi el 100 por ciento, se paralizó el transporte público durante 3 días. Ante las amenazas del Gobierno de intervenir con mayor represión para romper la huelga y las vacilaciones de los dirigentes, el paro comenzó a debilitarse el 11 de noviembre, aunque esa jornada tuvo una adhesión del 50 por ciento. Los días siguientes los conductores comenzaron a negociar acuerdos por líneas.

El conflicto fue notable por una serie de factores. Si bien en Capital Federal los sectores medios manifestaron malestar ante la medida y la incomodidad que generaba, en el cordón industrial de Buenos Aires se percibió como un hito importante y como un cambio en la relación Gobierno-trabajador. Hubo numerosas muestras de simpatía y el nivel de acatamiento en particular generó gran impacto. A su vez el conflicto se caracterizó por la combatividad y el descontento expresado por los obreros.

Al entrar a la huelga los choferes abandonaron las unidades con los neumáticos pinchados bloqueando los accesos, que tuvieron que ser remolcados por la Policía Federal para habilitar el tránsito. Grupo de conductores se desplazaron convenciendo a sus colegas para que adhirieran al paro. Durante la noche era sumamente peligroso circular en micros rompehuelgas. La dirección de la UTA fue apedreada y repudiada en varios actos, incluso en salón Felipe Vallese de la CGT.

Sin duda, el conflicto protagonizado por los choferes fue un importante triunfo ya que logró romper la pauta salarial establecida por el Gobierno sin que se generase un aumento de tarifas. En otro sentido, esta victoria también se confirma por el hecho de que un mes después, aquellas empresas que no habían liquidado los haberes de acuerdo a la nueva pauta salarial, volvían a sufrir medidas de fuerza, tales como los chóferes de la línea 67 y los de larga distancia, quienes semanas más tarde obtendrían un plus de 16.000 australes.

Mientras se desarrollaba el conflicto de los choferes de micros y a pesar de las amenazas de Menen, otros conductores, los ferroviarios, deliberaban sobre la difícil situación salarial y los planes de privatización.

El nuevo ministro de Economía, Antonio Erman González, de amplia experiencia en ese puesto en el Gobierno riojano de la familia Menen, implementó la metodología de pagar "sumas fijas no remunerativas" como manera de incrementar los sueldos. Ello significaba oficializar el pago en negro, ya que no se efectuaban los descuentos y contribuciones legales sobre las mismas, lo que provocaba además una suerte de vaciamiento de las Obras Sociales y la Caja de Jubilaciones, y la angustia de los trabajadores que nunca sabían lo que iban a cobrar a fin de mes.

La directiva de La Fraternidad, mientras se debatía en la mayor desorientación y percibía la efervescencia cada vez más manifiesta de las bases, convocó a los presidentes seccionales a una Junta Consultiva. Este organismo, la Junta Consultiva, había sido incorporado al estatuto social en reemplazo de las eliminadas Circunvecinas y tenía el mismo carácter consultivo de aquella, pero al constituirse con delegados de todas las seccionales del país resultaba más difícil de organizar y su funcionamiento muy engorroso. Este reemplazo había obedecido al intento de la burocracia por desactivar el dinamismo e influencia que habían alcanzado las Circunvecinas. Intento vano, ya que las seccionales la habían institucionalizado en su seno como algo propio al que no estaban dispuestas a renunciar.

Los días 8, 9 y 10 de noviembre, en la sede central del gremio había funcionado la Junta dejando resoluciones clarísimas. Sobre política ferroviaria aconsejó rechazar la ley 23696 de Reforma del Estado y sus decretos complementarios. Y efectuar una intensa campaña pública de esclarecimiento e implementar a la brevedad un plan de lucha.

Sobre la situación salarial sugirió intensificar las gestiones reclamatorias y disponer un plan de lucha inmediato para reforzar las demandas, previendo que "en caso de producirse detenciones o cesantías se debería decretar paro por tiempo indeterminado" hasta revertir la situación.

En tanto, en los rieles, el panorama se complicaba cada día más. El 20 de noviembre el ahora influyente Citibank norteamericano daba a publicidad un plan para ferrocarriles que proponía la reducción de la red de 32.000 a 12.000 kilómetros y del personal de 92.000 a 18.000 agentes. De los 20 talleres existentes se deberían clausurar 15 y se liquidarían los bienes desafectados. Por supuesto el plan apuntaba a redondear un gran negocio, por lo que la institución se reservaba el papel de "magnagement y financiamiento" de la operación, inclusive para la formación de las 19 sociedades anónimas que se constituirían para atender el funcionamiento de lo que quedaba, los servicios metropolitanos de pasajeros y la parte más rentable de la carga.

El cuerpo directivo de La Fraternidad hizo caso omiso a las recomendaciones de la Junta Consultiva y convocó a las 66º Asamblea General de Delegados (AGD), máximo órgano estatutario del gremio, que, reunido una vez por año tiene por función juzgar el accionar de la Comisión Directiva en ese periodo, dictaminar las políticas que ésta debe seguir y aprobar memoria y balance.

El 27 de noviembre se reúne el congreso en la sede central. Apenas iniciadas las deliberaciones se producen encontrados debates entre los delegados. Los representantes del ferrocarril Belgrano y de la tracción eléctrica, identificados con la burocracia, intentan por medios ilegítimos modificar el funcionamiento de la Asamblea. El clima del congreso se torna muy tenso. Por casualidad o no, en esos días la Empresa hace llegar al gremio una propuesta salarial ridícula. La asamblea efectúa una contraoferta que es rechazada.

El congreso debate ásperamente el tema y finalmente el 5 de diciembre se da por fracasada la negociación y se resuelve la aplicación de un quite de colaboración por 24 horas el día 7.

La medida se realiza con éxito, aunque algunas seccionales del Belgrano y eléctricos, presionadas y mal informadas por los delegados burócratas, no la acatan. Mientras, el Ministerio de Trabajo declara ilegal la medida.

El viernes 8, por orden del Gobierno, la dirección de Ferrocarriles ataca con aguda crudeza, envía 300 telegramas de cesantías a trabajadores que habían cumplido la medida.

La AGD no puede sesionar por ausencia de delegados krumiros que impedía la conformación del quórum necesario.

Numerosas seccionales de las líneas Urquiza, San Martín, Mitre, Roca y Sarmiento acuerdan, por mandato de las asambleas de base, paralizar las tareas por tiempo indeterminado de acuerdo a la resolución dejada por Junta Consultiva.

El sábado 9, cientos de afiliados de las Circunvecinas se movilizan a la sede central y tras durísimo debate con los directivos, los convencen de ponerse al frente de la lucha y declarar la huelga sin límite para todo el gremio a partir del primer minuto del domingo 10.

Esto produce la reacción de algunas seccionales que habían trabajado, las que cuestionan duramente a sus delegados en la asamblea imponiéndoles la renuncia en la mayoría de los casos.

El presidente de la Nación amenaza e inscribe una más en su particular antología de frases célebres, dice "ramal que para, ramal que cierra" tan suelto de lengua como si se tratara de un kiosquito en cualquier esquina de Buenos Aires, en lugar de la empresa de transporte más importante del país. "Debe ser porque por Anillaco nunca pasaron los trenes" dijo con sorna un ferroviario en referencia al pueblo natal del presidente.

El lunes 11, con el encarrilamiento de las filiales díscolas, el congreso logra sesionar. Se ratifica la medida dispuesta por las seccionales y la directiva, y se aprueba una movilización inmediata con los delegados y afiliados presentes a la CGT Azopardo para exigir su intervención en el conflicto. Ante la presencia enfervorizada de la barra fraternal, el titular de esa central, Saúl Ubaldini, accede a mediar en la contienda y se dirige a entrevistarse con funcionarios del Ministerio de Trabajo y de Ferrocarriles Argentinos.

La tenaz guardia de los ferroviarios se prolongó por más de 6 horas, que se hizo más larga por el intenso calor reinante y la angustia que se vivía. Los directivos, que no participaron de la manifestación, habían prometido alimentos y refrescos que nunca llegaron. En el transcurso de la espera, los obreros recibieron la solidaridad de camaradas de numerosos sindicatos y de políticos de izquierda.

Ya entrada la noche regresa Ubaldini y comunica a los trabajadores que las autoridades aceptan reincorporar a todos los cesantes a cambio del levantamiento del paro, y que el tema salarial sería discutido en los días inmediatos posteriores.

La Asamblea vuelve a reunirse y resuelve la finalización de la medida. Los despedidos son reincorporados y toman servicios antes que nadie, como es costumbre en el gremio.

El Congreso en tanto siguió su ajetreado trámite, evalúa el reciente conflicto y decreta la intervención a las seccionales que habían trabajado y el juzgamiento de los dirigentes carneros, entre ellos a Carlos Roberto Zamora y a alguien que luego iba a tener trascendencia en La Fraternidad, Omar Maturano, ambos de la seccional José León Suárez.

En tanto sectores de la burocracia comienzan a provocar hechos tendientes a entorpecer la marcha de la asamblea. Los afiliados de las Circunvecinas se movilizan diariamente para asegurar el funcionamiento transparente del Congreso.

Los directivos también se movilizan, pero para impedir la presencia de las bases en la asamblea. Se sigue deliberando "a puertas cerradas". Sin el control de los afiliados, algunos delegados "transan". Se resuelve por ínfima mayoría aceptar el ofrecimiento salarial de la Empresa que había sido rechazada al principio originando el conflicto.

Las bases reaccionan ante semejante patraña produciéndose entonces algunas escaramuzas entre afiliados de ambos bandos, lo que es usado como excusa por la Comisión Directiva para, mediante un procedimiento ilegítimo, acordar con algunos presidentes de bloques la suspensión del Congreso alegando "falta de seguridad".

Días después se comenzaron a suprimir los primeros trenes, medida que carecía de algún estudio que le diera sustento técnico, social o meramente económico. Su implementación por lo tanto obedecía solo a objetivos políticos espurios que resultaba bochornoso para los argentinos criados alrededor de los trenes y tendría su correlato en una formidable respuesta de los trabajadores ferroviarios y amplios sectores de la población.

Foto Satélite Ferroviario.

6: La hora de las coordinadoras (21/12/89–21/03/90)

Un profundo amor por los ferrocarriles y una prolongada historia de lucha pesaban, pesaban e inspiraban. Las bases del riel no estaban dispuestas a soportar mansamente el avasallamiento. La bronca afloraba y necesitaba canalizarse. Las vías crujían, también crujirían las calles y las plazas.

Comenta el intelectual ferroviario Eduardo Lucita en el libro "La patria en el riel": *Contra todas las suposiciones en boga en ese momento, fundadas en las dificultades que presenta la privatización del servicio ferroviario (que por esa época era mayoritariamente estatal en todo el mundo, aún en los países centrales), fue allí donde el Gobierno Justicialista apuntó sus mayores esfuerzos, suscribiendo el decreto 666/89 que, entre otras pautas, disponía la concesión de algunos ramales, la racionalización de servicios suburbanos de pasajeros y la disminución de los aportes del tesoro con los que se afrontaba una parte sustancial de los sueldos del personal.*

En la última semana del 89 se conoció la disposición de la Empresa de transferir 1.500 agentes representados por APDFA a la DGI, lo que generó una sorpresiva y formidable respuesta del gremio que reaccionó con asambleas, movilizaciones y corte de tránsito frente a la sede central de Ferrocarriles, culminando 11/01/90 con la marcha de 1.000 ferroviarios desde el Congreso de la Nación a Plaza de Mayo, de las que participaron además de los afiliados de APDFA, dirigentes, activistas y afiliados de los otros gremios del riel.

De allí surgió la idea de acordar acciones conjuntas, ya que ínterin se había conocido la firma de los decretos 44, 45, 46 y 47 del 90 que preveía las siguientes medidas:

- *Licenciamiento hasta la edad jubilatoria (efecto similar a una suspensión por tiempo indefinido) a todo el personal ferroviario que había superado la edad mínima para jubilarse.*
- *Despido compulsivo de otros 1.500 empleados.*
- *Eliminación de numerosos servicios interurbanos de pasajeros.*

Convocada por esos dirigentes, el 22/01/90 se realiza una marcha peticionando la derogación de los decretos referidos, desde el Ministerio de Obras y Servicios Públicos al Congreso de la Nación y luego a Plaza de Mayo, congregando a unos 2.000 manifestantes en lo que puede considerarse como el germen de la "Coordinadora Interseccional Ferroviaria", constituía formalmente el 25/01/90 en Santos Lugares por numerosas filiales de los cuatro gremios, entre las que se destacan: Victoria (M) y Temperley (R) de la UF, Haedo (S), Oficinas Centrales (B) y Organismo Central de APDFA, 17 de Marzo (R) y 12 de Octubre (S) de ASFA, San Martín (M), Latinoamérica Au (M),

Haedo (S), Kilo 1 (R), Remedios de Escalada (R) y la anfitriona, Retiro (SM) de La Fraternidad. Todas estas seccionales tenían en común su carácter democrático y de oposición a las respectivas Comisiones Directivas.

La siguiente medida que impulsó la Coordinadora fue la corrida de los "Trenes de la Resistencia", a Bolívar (R) el 2 de febrero, a Cuenca (S) el 3, a Pergamino (M) el 11, a Villa Mercedes (SM) el 18, y con posterioridad a los más diversos puntos de la red que, realizando actos en cada estación del itinerario con la presencia de legisladores, dirigentes políticos, gremiales, sociales y la asistencia de poblaciones entera, aun en altas horas de la madrugada, se manifestó el descontento a las medidas del Gobierno.

Todo esto tuvo gran repercusión y constituyó una experiencia importantísima. La gente del interior rápidamente tomó conciencia y comenzó a presionar a sus representantes locales. Esto llevo a que en diversos lugares como Bragado (Buenos Aires) y General Pico (La Pampa), se reunieran los intendentes de varios distritos y emitieran declaraciones y petitorios al Ejecutivo Nacional bregando por la continuidad de los servicios. También legislaturas provinciales se manifestaron en igual sentido.

En función de la capacidad de convocatoria comprobada en estas actividades, (sostiene Lucita), la coordinadora se propuso avanzar en sus planteos y llamó a una concentración en Plaza de Mayo el 22 de febrero para lo que emitió una cantidad de tareas (afiches, volantes, circulares, etc.), a la vez que realizó contacto con sectores políticos y trabajadores de otros gremios, principalmente estatales, que comenzaban a cuestionar la política del Gobierno hacia sus empresas, (ENTEL, Aerolíneas, bancos oficiales, etcétera). La dinámica que este proceso iba dando a la militancia nucleada alrededor de la conducciones seccionales no podía pasar desapercibida por las Comisiones Directivas de LF, ASFA y APDFA que, en un intento por retomar la iniciativa, hacen un llamado a una concentración en la misma Plaza de Mayo el martes 20, dos días antes de la fecha fijada por la Coordinadora.

En el seno de ésta se genera un profundo debate alrededor de tres posturas: realizar su "propio acto" el 22, concurrir a ambos o realizar el acto en conjunto con las directivas. Discutidas hacia dentro y con las propias conducciones nacionales, para aprovechar el soporte económico que podían aportar éstas, fundamental para lograr la difusión deseada, se optó por el llamado a un acto único el martes 20, (lo que se dio a llamar "la gran marcha de los ferroviarios"), que resultó ser la primera demostración de rechazo a los planes del Gobierno de carácter masiva.

Ese día, las estaciones terminales, Once, Retiro y Constitución se poblaron con miles de ferroviarios y usuarios del ferrocarril proveniente de los más diversos lugares, trabajadores de otros gremios y militantes políticos. Con bombos redoblantes y matracas; carteles, pancartas y banderas; con las gargantas aceitadas y toda la polenta, a la hora señalada las diferentes columnas dejaron las estaciones y se encaminaron hacia el Congreso de la Nación.

Allí se saludaron mutuamente con un nutrido grupo de jubilados que se manifestaban por primera vez por sus reclamos, en lo que constituiría después la tradicional marcha de los pasivos.

También estaba la cúpula sindical de La Fraternidad que miraba asolada el impresionante despliegue de sus representados. Breves minutos bastaron para que las tres columnas de la Coordinadora se juntaran y la emprendieran hacia la Plaza de Mayo.

Un trencito habitado por niños y mujeres marcaba el camino al inmenso rio humano que se desplazaba por Hipólito Yrigoyen, 9 de Julio y Avenida de Mayo, recibiendo en el camino el entusiasta saludo de las Madres de Plaza de Mayo.

En cercanías del Cabildo un nutrido grupo de trabajadores bancarios y de otros gremios estatales brindaron un cálido recibimiento a manera de entrada triunfal.

Luego la histórica plaza. 40.000 manifestantes le dieron fuerza y brillo al acto. Desde el palco montado en una camioneta se leían las numerosísimas solidaridades que iban llegando, mientras que representantes de la Coordinadora y de las Directivas se turnaban en el uso de la palabra.

Las barras ferroviarias reaccionan cada tanto con aplausos y cánticos. Algunos francamente cuestionadores, como el dedicado a la CGT Azopardo que había adherido a la convocatoria. Los manifestantes se preguntaron a viva voz "donde está, que no se ve, esa famosa CGT".

"Menem traidor", rezaba el estandarte que esgrimía un obrero con el torso desnudo subido a lo alto del monumento a Belgrano, mientras un niño atrevidamente pasó las vallas y el cordón policial y plantó en la misma puerta de la casa de Gobierno un cartel con un significativo "si al tren," siendo inmortalizado por decenas de fotógrafos.

Se entregaron dos petitorios en la Casa Rosada. Las directivas el suyo pidiendo participación en el proceso de privatización. La Coordinadora y los usuarios, en el otro, exigieron "la derogación de los decretos, la continuidad de los servicios y la suspensión definitiva de los planes de privatización".

Los presentes se dedicaron luego a entonar consignas durísimas contra el ministro Dromi, el asesor Alzogaray y el presidente Menem, a quien invitaron con alegre ritmo a "que salga, que salga ahora al balcón, que el pueblo quiere saludarlo, la p… que lo p…". Y el doctor salió… después de que se hubieran desconcentrado los manifestantes… a la opinión pública, para declarar que "fue una marcha insignificante".

Esta era la primera manifestación masiva contra el Gobierno de Carlos Menen. En adelante la plaza se llenaría casi a diario con una, dos y hasta tres manifestaciones de la inmensa cantidad de argentinos que el presidente definiría como "de la vereda de enfrente".

Ya los ferroviarios tenían el tren de la protesta a toda marcha. Pocos días después, el primero de marzo, se cumplían 42 años de la nacionalización de los ferrocarriles efectuada durante el primer Gobierno peronista. Justamente ese día se realizaría una sesión especial en la cámara de diputados de la Nación para tratar un proyecto de varios legisladores opositores que proponía exigir al último Gobierno peronista la suspensión del programa de supresión de trenes y privatización de los ferrocarriles.

Ese día temprano por la mañana, varios miles de ferroviarios se fueron congregando frente al Congreso. Algunos empezaron los preparativos para la realización de un festival artístico allí mismo, en la plaza, para conmemorar el día del trabajador ferroviario.

Otros esperaban impacientes sobre avenida Rivadavia que les permitieran ingresar al edificio para presenciar la sesión donde sentían que se jugaba su trabajo, su futuro y el de la patria.

Las horas pasaban y los legisladores no daban muestras de tener la intención de presentarse en el recinto, y mucho menos de dejar entrar a los trabajadores. Pero es difícil frenar una locomotora lanzada a la carrera. Al grito de "vamos compañero, hay que poner un poco más de huevo", la custodia del Congreso no fue suficiente para contener el ímpetu de los ferroviarios que la desbordaron, ingresando al hall y haciendo temblar el edificio con sus cánticos, ante el estupor de los guardias. Estos extrajeron sus armas, produciéndose entonces una situación tremendamente tensa y peligrosa. Pero la presencia de la prensa y la oportuna intervención del diputado socialista Luís Zamora evitaron que las cosas pasen a mayores y permitió que el presidente del cuerpo, Alberto Pierri, autorice el ingreso de los obreros a los palcos del recinto. Entonces los legisladores se vieron como empujados por el fervor de los trabajadores a ocupar sus bancas y brindar el bendito quórum, el que se alcanzó después de un impresionante silencio de las barras que amenazaba convertirse en un terremoto devastador.

Empezó entonces lo que sería un larguísimo debate, mientras afuera se ponía en marcha el festival con la participación de integrantes del Sindicato de Músicos Populares que se habían acercado solidariamente a brindar su solidaridad. Bajo el calor de las consignas ferroviarias, uno a uno los legisladores fueron cuestionando la política del Gobierno, a excepción de unos pocos que la defendieron con muy débiles argumentos.

En la plaza, en tanto, como una paradoja, el cantautor Fernando Porta interpretaba su canción llamando a "Las cosas por su nombre": *Eso que dice la gente con pocas palabras y tanto respeto, andando caminos, a veces inciertos, y siempre adelante naciendo y muriendo. Eso que inunda las calles con cada mirada, con cada silencio, del hombre que lucha y construye su sueño, a veces ganando y a veces perdiendo. Eso que algunos regalan o venden en cuotas a muy bajo precio, sintiéndose luego vacíos por dentro, buscando excusas, negando mintiendo. Eso que ronda en el aire en todos los tiempos, en todos los pueblos, sembrando la tierra, golpeando el acero, buscando horizontes, pensando y sintiendo. Eso se llama libertad".*

En cámara el debate siguió ante los ojos ya cansados de los ferroviarios. Entrada la madrugada se levantó la sesión sin resolverse absolutamente nada. La bancada oficialista liderada por el controvertido José Luís Manzano, se había retirado restando el quórum necesario para que se pudiera votar. Un centenar de obreros, que todavía permanecían en las gradas, se fueron en silencio, masticando bronca, un sabor amargo en la garganta y un concepto muy diferente sobre la dirigencia política argentina.

La firme actitud de los trabajadores dio mucho que hablar, a favor en la mayoría de los casos, pero también en contra. "Son unos forajidos", dijo con tono muy seguro el diputado Álvaro Alzogaray, que no estuvo en la sesión pero seguramente cobró los haberes. Forajido es un delincuente que huye de la justicia y no puede haber definición más pifiada que ésa del santo protector del liberalismo, no servía ni para insulto, que seguramente era el fin que perseguía. Los ferroviarios lejos de huir entraron al Congreso justamente a reclamar justicia, y nunca podrían ser delincuentes por presenciar una sesión pública de los representantes del pueblo, o por utilizar el derecho constitucional de peticionar a las autoridades. En todo caso los delincuentes eran otros.

Los obreros del riel volverían otra vez a la carga en esa misma plaza Congreso el 21 de marzo, ahora junto a todos los gremios estatales reunidos en la CONAGRES (Coordinadora Nacional de Gremios Estatales) de la CGT Azopardo, una de las convocatorias más multitudinarias que se hayan visto.

Era un momento histórico, perentorio, una de esas circunstancias donde todo se conjuga para que de un golpe se defina el destino de una nación. La unión de la lucha de todos los gremios estatales, amparados por la CGT Azopardo y el apoyo popular latente; otorgaba un potencial enorme, impresionante, capaz de revertir el curso de los acontecimientos, de frenar la infame destrucción del país que se estaba operando, de evitar terribles males y sufrimiento al pueblo argentino, de asestar una estocada letal al régimen neoliberal.

El "plan de lucha, plan de lucha" coreando al unísono una y otra vez a garganta llena por los mas de 100.000 trabajadores presentes, conmovió la fibra de todos, y hasta parecía que la del mismo Ubaldini, único orador, que, después de cantar la marcha peronista, abrió su discurso diciendo que "este es el inicio" y que "la lucha será con los dirigentes a la cabeza o con la cabeza de los dirigentes". Prosaísmo puro, nada concreto. Ubaldini tuvo como nunca la oportunidad de catapultarse como líder indiscutido de la Nación y pasar a la posteridad como un prócer. Pero "Saúl querido" prefirió ser fiel a oscuras componendas políticas que al deber patriótico que el marcaba el momento, y se inclinó. ¡Ningún plan de lucha! La CONAGRES era un monstruo enorme que quemaba las manos y fue disuelta más rápido de lo que se formó, sin que nadie diera explicaciones, ni rodara cabeza alguna, y por supuesto sin que se plateara el mínimo amague de resistencia y lucha.

Por rara combinación, quizás nada casual, la Coordinadora Interseccional Ferroviaria había comenzado a disolverse en vísperas de esa fecha por obra de otro felón, Horacio Caminos, quien, en una actitud claramente premeditada, había provocado discusiones estériles en un plenario originando el enfrentamiento entre los delegados de los diferentes gremios.

Triste epílogo, verdaderamente triste, para este logro de las bases ferroviarias que tuvo el más elevado propósito y se había constituido en un claro ejemplo para el conjunto de la sociedad.

Dice Lucita: *De este proceso se pueden sacar algunas conclusiones que gravitarían en los sucesos posteriores: Surgió un modelo organizativo independiente, al margen de las Comisiones Directivas, pero incapaz en esta instancia de superarlas.*

Mostró un desarrollo desigual del activismo por línea, mayor fortaleza en el Roca y el Sarmiento, con más problemas en el Mitre y San Martín y casi nulo en el Urquiza y el Belgrano; lo que se evidencio en la facilidad e inconvenientes para organizar los trenes de la resistencia y la convocatoria a las marchas.

Generó, en base a los resultados obtenidos, distinta sensaciones entre los ferroviarios: Desmoralización en la gente de APDFA al no poder evitar el traslado de 1.500 empleados a la DGI, ni el licenciamiento de más de 4.000 trabajadores, la mayoría de la UF y unos 600 jerárquicos. Cierto sabor a victoria entre conductores y señaleros, pues el Gobierno suspendió momentáneamente la aplicación del decreto 46/90 de reducción de servicios, que más los afectaba, y el decreto 47/90 que preveía el despido de 1.500 trabajadores.

Constituyó en general una experiencia inédita tanto porque expresaba nuevas formas de lucha, como porque permitió la confluencia de intereses de los trabajadores y usuarios.

Así había pasado este ensayo que, a pesar de los sinsabores finales, no habría de caer en saco roto.

7: Almas sin remedio (21/03/90–30/09/90)

Después del acto de la CONAGRES, aquel jueves 21 de marzo de 1990, justo cuando se iniciaba el otoño y empezaban a caer las hojas de los árboles, cuando ya se habían acallado las voces de los trabajadores estatales, las palomas iban retomando lentamente el piso de la plaza Congreso y el sol se filtraba todavía por entre los edificios más altos. Allí en esa plaza, sobre el pavimento aún caliente, algunos centenares de afiliados fraternales de las seccionales Circunvecinas que habían concurrido a la concentración desahuciados por los inconvenientes de la Coordinadora Ferroviaria, y que más desahuciados habían quedado después de ese acto cuasi partidario carente de contenido y respuestas, sintieron que no podían irse así. Fieles a un estilo, improvisaron una asamblea allí mismo, ante la mirada intrigada de los transeúntes y el gesto comprensivo de las palomas. Fue breve, no había mucho para discutir entre ellos, coincidieron en marchar a la sede central del gremio distante apenas dos cuadras del lugar, debían hablar "a calzón quitado" con los directivos, la situación no daba para más.

Tuvieron que vencer primero la negativa de los dirigentes a recibirlos. Luego si, el diálogo fue áspero, vibrante y concluyente, "o había un arreglo salarial digno o debía haber plan de lucha", el lunes 25 volverían a buscar la respuesta.

El lunes volvieron. No había arreglo, había plan de lucha, paro por 24 horas el 3 de abril, por 24 el 11 y por 48 los días 18 y 19. Además La Fraternidad había formado con APDFA y ASFA la "Intersindical Ferroviaria" para implementar las medidas en conjunto.

El martes 3 de abril se realiza el paro con un acatamiento total. Menem reacciona como es su costumbre, con amenazas, dice que "aplicará su propio plan de lucha contra los gremios".

El miércoles 4 se suceden algunas reuniones entre los dirigentes sindicales con funcionarios de la Empresa y el Ministerio de Trabajo. Aunque no trasciende lo tratado, lo cierto es que no se llega a ningún arreglo, por lo que el plan de lucha sigue en pie.

El jueves 5 parecen cambiar las cosas. "Ante la buena predisposición de las autoridades", la Intersindical resuelve suspender la continuidad de las medidas de protesta.

El viernes 6 se realiza la única concentración en apoyo a Menem durante su gestión, convocada por el periodista ultraderechista Bernardo Neustadt y la no menos extremista UCeDe de Alzogaray.

Militantes peronistas mezclados con componentes de la oligarquía, creaban un cuadro espeluznante de contrastes, mitad ciencia ficción y mitad comedia satírica. Por supuesto no faltaron "los famosos de toda laya", y "los sindicalistas neoliberales", una nueva clase de monstruos surgidos de la imaginación sin límite de la sociedad argentina. Y todos juntos, en esa Plaza de Mayo que fue testigo de los grandes desvelos de la vida nacional, coincidiendo en aclamar un repetido "si" en referencia al proyecto neoliberal del FMI que sustentaba Menem.

El presidente tuvo por única vez la oportunidad de asomarse al balcón de La Rosada y ser aclamado. Eso lo hizo sentir bien, reconfortado, y hasta agrandado. ¿Y qué hace un presidente de estas características agrandado? !Ah... si... los ferroviarios!...

Al día siguiente "se termina la buena predisposición de las autoridades". Sorpresivamente llueve telegramas de cesantías a trabajadores ferroviarios de los tres gremios "por haber efectuado medidas de fuerza el día 3".

Luego de superado el desconcierto inicial y de haber confirmado que no se trataba de una equivocación sino de una agresión alevosa, los ferroviarios comienzan a reaccionar.

En la seccional Olavarría de La Fraternidad (R), se plantea en una asamblea parar por tiempo indeterminado hasta lograr la reincorporación de los cesanteados de acuerdo al mandato dejado por la Asamblea General del gremio. Pero antes de votar se resuelve pasar a cuarto intermedio a la espera del cuerpo directivo que había anunciado su arribo desde Buenos Aires. Simultáneamente se realizan asambleas en las principales filiales fraternales de casi todos los ferrocarriles, habiendo una coincidencia generalizada en esperar la resolución de Olavarría para que las acciones sean conjuntas.

En esta seccional, luego de recriminar duramente a los directivos que intentaron echar baldes de agua fría, se aprueba por amplísima mayoría aplicar la medida de fuerza de inmediato.

A las pocas horas quedan totalmente paralizadas las líneas Roca y Sarmiento y parcialmente el Mitre, San Martín y Urquiza. También adhirió Castelar (S) de la tracción eléctrica, que había expulsado a la burocracia de la Comisión Ejecutiva seccional luego del conflicto anterior.

El domingo 8 se pliegan a la protesta más seccionales y se efectúa una reunión de las Circunvecinas para evaluar la situación de la medida y decidir los pasos a seguir.

El lunes 9 unos trescientos afiliados de éstas prácticamente toman la sede central del sindicato y exigen a la directiva que declare la huelga sin límite. Hay reticencia por parte de los dirigentes. Se producen entonces discusiones muy duras y después de algunas maniobras dilatorias, la Directiva decreta la medida de fuerza.

Aquí se perdió una oportunidad única de expulsar a la burocracia de la dirección del gremio o "tirar a los directivos por la ventana" como se llegó a plantear. Pero la falta de una decisión consensuada al no haberse evaluado previamente esa posibilidad y la mentalidad fraternal de ser en extremo respetuoso de los estatutos, terminaron frustrando la ocasión, lo que sería luego largamente lamentado.

El martes 10, las autoridades acuerdan con los dirigentes de ASFA y APDFA la reincorporación de sus cesantes. Se rompe la Intersindical. La división de las cúpulas se proyecta a las bases. Para La Fraternidad se cierran todas las puertas, todas, el aislamiento es total.

El ministro de Trabajo, Jorge Triaca, desbordante de actividad, declara ilegal el paro, prepara a la Gendarmería para reprimir, convoca a maquinistas jubilados para correr los trenes y promueve la proscripción gremial de La Fraternidad.

Los medios de comunicación inician una campaña devastadora contra los conductores, a la que se suman los legisladores nacionales Hugo Varela Cid (peronista) y Adelina Dalesio de Viola (liberal) y hasta el mismísimo interventor de Ferrocarriles, Alberto Trezza, quienes sostienen sin ningún pudor que los fraternales ganan sueldos siderales, superior incluso al del presidente de la Nación.

El presidente no podía quedarse atrás, el miércoles 11 declara a la prensa que "que la medida de los ferroviarios constituye una patoteada al pueblo y un chantaje al Gobierno", sin detenerse a explicar, quizás por inexplicable, los fundamentos de tan grave acusación.

Los propagandistas oficiales se maravillan de la firme actitud del jefe de Estado. Pero a pesar de todo la huelga era contundente y amenazaba con movilizar a las bases de los otros gremios.

Dentro de la Comisión Directiva de La Fraternidad se produce entonces una especie de golpe de estado. El presidente del cuerpo, Antonio Baena es acusado de "ser influenciable a la presión de la base" y para desplazarlo lo patotean, obligándolo a pedir licencia por enfermedad. Quedan al frente del cuerpo el vicepresidente Tomás Guerrero del San Martín, el tesorero Ernesto Jaime del Mitre y el protesorero Eduardo Astiz del Sarmiento.

El jueves 12, visto el cambio operado en la dirección de La Fraternidad, el Gobierno accede a dialogar con los sindicalistas. Allí van los tres dirigentes con gesto servil. Las autoridades proponen reincorporar a los cesantes a cambio del levantamiento del paro e iniciar una ronda de negociación a partir del lunes 16.

Se levanta la huelga. Los cesantes son reincorporados. Pero los dirigentes habían acordado además secretamente un pacto de silencio para hacer aparecer al gremio como rendido incondicionalmente con los cesantes afuera, y evitarle de esa manera el costo político al agrandado primer mandatario.

Esto produjo el enfrentamiento entre la cúpula y las bases, ya que algunos dirigentes seccionales salen, por mandato de las asambleas, a aclarar ante los medios que los despedidos había sido reincorporados, por lo que reciben amenazas de parte de los directivos que incluía la expulsión.

Pero la cosa no termina ahí. Los dirigentes, en la ronda de negociación, acuerdan además una tregua de 90 días durante los cuales se comprometían a no efectuar medidas de protesta. Pero por si eso fuera poco, aceptan que los afiliados que habían sido despedidos y reincorporados, sean ahora suspendidos sin el cobro de haberes por el término que dure la tregua y luego nuevamente reincorporados con una suspensión de 25 días en su foja de servicios y la prevención de despido; y que a todos los demás se les aplique un apercibimiento masivo. Pero de la recomposición salarial ni noticias a pesar de firmarse un "acta formal" que nunca fue cumplida por la Empresa ni reclamada por el gremio.

Nada pudieron hacer las seccionales ante la posibilidad que los suspendidos sean nuevamente despedidos y la protesta reactivada con muy pocas probabilidades de éxito.

Este conflicto develaba un aspecto novedoso para los trabajadores. A diferencia de administraciones anteriores, ésta prefería ahondar en el enfrentamiento, inclusive "inflando conflictos" como en este caso, en la estrategia de desgastar a los obreros en la lucha para destruir su resistencia. Para eso contaba con la complicidad dela burocracia gremial, el apoyo incondicional del poder económico y de los medios de comunicación, pero por sobre todo la procaz determinación de volcar a esos fines no santos una cantidad extraordinaria de recursos, que en cambio se mezquinaba para otorgar merecidas recomposiciones salariales.

Semejante desfile de siniestras traiciones calaron muy hondo en las bases fraternales que no pudieron recomponerse en los largos meses posteriores. Pero esta gente sabe que los rieles no se corroen aunque parezcan oxidados y que a la sombra de la adversidad es cuando más se aprende; solo hay que saber comprender. Y los fraternales comprendieron, vaya si comprendieron, que el vaticinio de Almafuerte es muy cierto *"Es imposible meter la dignidad en el pecho del que ella se ha despedido. Las almas envilecidas ya no tienen remedio"*. Estos trabajadores, ese Gobierno y aquellos dirigentes, cruzarían otra historia, totalmente diferente por cierto.

El conflicto de La Fraternidad fue más significativo de lo que se supuso por una serie de razones. El Gobierno, en aras de dar una imagen de firmeza que le permitiera llevar adelante sus políticas, había querido propinar una paliza a un gremio histórico, combativo, estratégico y estatal para que sirviera de amedrentamiento a los trabajadores en general y a los del Estado en particular.

Por eso las usinas propagandistas habían amplificado la huelga como una derrota nítida de los trabajadores. Pero al margen de lo que dijeran los medios y la pesada sensación de haber sido traicionados por los directivos y las autoridades, los trabajadores comprendieron que podían y debían pelear por sus intereses y desde ese punto, la reversión de las cesantías y la firma del acta de recomposición salarial se veían como auténticos logros y era un ejemplo para todos los trabajadores.

La necesidad de firmeza del Gobierno obedecía al designio de responder a las presiones internacionales para avanzar en la privatización de las áreas estaduales. Pero los trabajadores no estaban en venta. La resistencia a los proyectos liberales fue tomada por los empleados telefónicos.

Menem había designado al frente de la empresa estatal de teléfonos (Entel), como interventora, nada menos que a la hija del Chancho Alzogaray, María Julia.

Algunos meses antes se habían realizado elecciones en el gremio de los trabajadores del sector, FOETRA, filial Buenos Aires, donde la lista oficialista liderada por Julio Guillán, alineado al menemismo y designado subsecretario de Comunicaciones, sufrió una aplastante derrota, asumiendo una conducción opositora encabezada por el ubaldinista Héctor Esquivel. El sindicato de Buenos Aires nucleaba alrededor de la mitad de los afiliados de la Federación que a nivel nacional dirigía Rogelio Rodríguez, alineado a la CGT San Martín y al menemismo.

Estaba claro que ante este cuadro de situación, el enfrentamiento entre la dirección de Entel y los empleados era inevitable. Comentan Pozzi y Schneider:

El conflicto telefónico era endémico desde 1989. La discusión en torno a la posible privatización de Entel se venía dando desde hacía tiempo. A nivel nacional los telefónicos encararon un plan de lucha durante el mes de julio de 1990 sin lograr mucho más que el Ministerio de Trabajo aplique la conciliación obligatoria el 8 de agosto.

Presionada y respaldada por la base, y mientras los otros gremios telefónicos deliberaban, el sindicato de Buenos Aires continúo la lucha con una huelga de brazos caídos. Las causas de las mismas eran la defensa de la fuente de trabajo, la oposición a la privatización de Entel, la caída de los salarios y para que la Federación "se ponga al frente de las demandas".

Los huelguistas tenían coincidencias y la simpatía de los gremios de La Plata, La Pampa y Mar del Plata. Hacia fines de agosto esos gremios junto con los de Santa Fe, Rosario, Tucumán y Mendoza amenazaron con sumarse al conflicto. Sin embargo esto no ocurrió, con lo que los porteños quedaron solos.

El 29 de agosto el Gobierno declaró ilegal el paro, pero una asamblea con más de 3.000 trabajadores dispuso la continuidad. Al mismo tiempo la asamblea reclamo a la CGT Azopardo un paro general que quedó sin respuesta. En este sentido, el gran paro telefónico comenzó formalmente el 31 de agosto.

La respuesta del Gobierno fue como se esperaba. Menem amenazó con despidos masivos puesto que la medida "tiene un claro sentido político".

La interventora de ENTEL solicitó la intervención de las Fuerzas Armadas y las tropas ingresaron a los lugares de trabajo el 7 de septiembre. A las tropas se agregaron grupos paramilitares comandados por Máximo García Huidobro, jefe de seguridad de María Julia Alzogaray. Al mismo tiempo, el secretario general de FOETRA, Rogelio Rodríguez, reclamó que se levante el paro "para poder dialogar con la Empresa". Mientras tanto, la Iglesia Católica llamó a conciliación.

Después de 11 días de lucha, presionados por el Gobierno, la Empresa, la Federación y la Iglesia, con las Fuerzas Armadas ocupando los puestos de trabajo, los dirigentes del sindicato levantaron el paro el 10 de septiembre ante el descontento y la confusión de los afiliados. La decisión fue confirmada en una asamblea después de una reñida y dudosa votación el 14 de septiembre. La asamblea, realizada en el estadio de Atlanta, fue un acontecimiento a nivel nacional. Muchos trabajadores siguieron el debate a través de la radio y televisión. Asimismo distintos gremios enviaron delegados a la asamblea expresando su solidaridad. La decisión fue tomada a mano alzada y si bien, a ojos vistas era muy pareja, la conducción dio el triunfo a la postura de "no continuar".

Dado lo reñido de la votación, es dudoso que de haber triunfado la postura de continuar el paro, esto hubiera sido posible.

El resultado inicial fue de 437 trabajadores despedidos. Aunque en los meses siguientes se reincorporaron muchos, varias decenas quedaron definitivamente afuera.

Si bien el conflicto telefónico fue una derrota coyuntural, también dejó importantes experiencias y lecciones. Por un lado reflejó la conciencia y combatividad, con todas sus limitaciones, de un gremio estatal e inclusive de sus sectores tradicionalmente más reacios a la lucha. Por otro lado resaltó la importancia del vínculo entre los trabajadores y la comunidad en general. Y por último dejó claro que, a pesar de la complejidad de la sociedad argentina y sus instituciones, esta se articula aún hoy en torno a la contradicción burguesía-proletariado. Así los telefónicos se ubicaron de un lado junto con la simpatía generalizada de los trabajadores y usuarios; mientras que el Estado, la Iglesia, las Fuerzas Armadas, el Parlamento y las direcciones sindicales se alinearon del otro.

La lucha telefónica tuvo gran importancia para los ferroviarios que tenían con esos trabajadores muchos puntos en común. Que su solidaridad no se haya expresado de manera mas activa obedeció a la difícil encrucijada que atravesaban luego de haber protagonizado un conflicto muy duro pocos meses antes, pero asumirían esa experiencia levantando sus banderas, la gran batalla se estaba acercando.

Tercera parte: La gran batalla

8: La eclosión de la bronca (01/10/90–11/02/91)

"Cada hombre del riel hace su cueva en cualquier rincón, tiene una ensoñación con su lugar y en eso que es su habitad hay una foto de Gardel, de un tren, una espiga de trigo, una ramita de olivo, la virgencita de Lujan, almanaques de mujeres, el sartén, la parrilla... Su vida es fantástica, son poetas, grandes asadores, excelentes cocineros. Yo vivo con ellos. Como sus guisos. Hice un cuadro, los moñitos, por los fideos; lo expuse en el Paláis de Glace, fueron todos a ver la muestra".

Casi dos mil cuadros exhiben el mundo ferroviario que Carlos Alberto Regazzoni, de 46 años, 4 hijos, a sol abierto, paleta en mano, rescata entre hombre y trenes. Cuando no, echa mano a la sierra y el soplete, y con partes de locomotoras en desuso da forma a esculturas sorprendentes.

En cada estación Regazzoni también tiene su cueva: un viejo vagón donde muda sus bártulos y se pasa las noches escribiendo historias y poesías. Hay que verlo, entre dos canastos de mimbre, sentado en una mesa blanca, con fondos de rojos y verdes intensos, camisa a cuadros, chaleco amarillo, sus rulos revueltos y sus manos llenas de pintura negra y blanca. Habla con voz ronca, franca, potente. Sus obras van de pueblo en pueblo. En su vida hay hechos donde la ficción y la realidad se dan la mano para urdir una trama que asombra. "Elijo a veces esas estaciones abandonadas y antes de exponer las pinto. Hasta hice una exhibición para los pájaros y los pasajeros que pasaban en el rápido a Mar del Plata. "Inaugurar una muestra y ver llegar a los ferroviarios, así como están en sus trabajos, se acercan a los cuadros y con solo verles la cara me siento feliz". (Clarín revista, 14/10/90).

Es parte esencial del paisaje urbano y rural, para muchos constituye una fuente inagotable de inspiración y afectos; pero para otros, el ferrocarril, no era más que una poderosa oportunidad de enriquecimiento ilícito. En octubre de 1990 salió a la luz el tema de la corrupción en los juicios contra la empresa estatal donde una asociación ilícita encabezada por el juez federal Alberto Nicosia, y compuesta por peritos, abogados y funcionarios, defraudaron a Ferrocarriles Argentinos en más de novecientos millones de dólares. El juez por si solo embolsó varios palitos antes de abandonar clandestinamente el país para radicarse en una lujosa finca de Punta del Este, donde sería detenido, profugado, nuevamente detenido, extraditado a la Argentina, juzgado, condenado y alojado en una cárcel VIP con televisión y aire acondicionado.

Por esos días, la Comisión Directiva de La Fraternidad convoca a una Asamblea General Extraordinaria. Una manera de evitar la discusión que se venía generando en el gremio, ya que ese congreso solo puede tratar temas específicos que por supuesto fijan los propios directivos. No obstante la Asamblea resuelve que se debía reanudar la 66º AGD suspendida fraudulentamente luego del conflicto de diciembre del 89, como así también convocar a la del año en curso.

Pocos días después sesiona la 66º AGD dejando la orden al cuerpo directivo para que implemente un plan de lucha por el logro de mejoras salariales antes del inicio de la 67º AGD previsto para la primera semana de enero. Pero la cúpula desobedece el mandato.

El Gobierno en tanto, en un nuevo intento de disciplinar a los trabajadores, firma el decreto de necesidad y urgencia 2184/90 de "Reglamentación del Derecho de Huelga", que en realidad más que reglamentarlo lo prohibía, ya que dentro de esa norma, por la cantidad de trámites burocráticos, si las autoridades quieren, es impracticable cualquier medida de protesta. En su soberbia, el Ejecutivo Nacional había borrado mediante decreto un preciado derecho constitucional de los trabajadores, sin embargo todo el espectro sindical argentino guardó un cerrado silencio. Solo Luís Barrionuevo, caliente con Menem que lo había desplazado de la dirección del ANSSAL, profetizó que "si los trabajadores quieren hacer huelga, la van hacer, por más decretos que se saquen".

El 7 de enero del 91 comienza sus deliberaciones la 67º AGD de La Fraternidad en el teatro Empire, perteneciente al gremio, ubicado en el edificio de la sede central. Los delegados y afiliados que se hicieron presentes quedaron más que sorprendidos. Todo parecía un campo de concentración. Guardias de civil con pinta de matones se hallaban distribuidos en los más diversos lugares del teatro, la sede y el hotel. Una tanqueta de la Policía Federal permanecía estacionada frente misma a la puerta del salón de deliberaciones y en ambas esquinas aledañas sendos patrulleros. Todo esto constituía otra degradante novedad en los 103 años de la organización e inyectaba tempranamente un toque de tensión en el Congreso.

En la primera sesión se produce un acalorado debate acerca del incumplimiento del plan de lucha y la necesidad de implementarlo de inmediato, que no prospera por la presentación de una serie de trabas burocráticas. La asamblea pasa luego a deliberar por bloques que se extendería anormalmente durante 23 días.

Por esa época el desfasaje salarial de los ferroviarios alcanzaba el 177 por ciento y se pronosticaba para enero una inflación del 8 por ciento. La caída estrepitosa de los salarios no era un hecho casual ni menor, era la clave de la estrategia política del Gobierno. Los salarios bajos tenía un doble propósito: por un lado reducir el déficit fiscal; pero por otro era el mecanismo ideado para despedir personal con el menor costo posible y así avanzar con los proyectos de privatización en el sector estatal, y de transferencia distributiva al capital en general. Por ende, la lucha por la recomposición salarial adquiría una significación trascendente, ya que de hecho constituía, no sólo el anhelo de una dignificación económica de los trabajadores, sino que directamente atacaba el corazón de las políticas neoliberales en toda su dimensión.

La Comisión Directiva de La Fraternidad acuerda con la Empresa, sin dar cuenta al Congreso, un ajuste salarial del 6 por ciento. Hecho no solo irregular, ya que mientras la Asamblea sesiona es el mayor órgano de la entidad, sino que además semejaba una broma macabra.

El presidente Menem había efectuado algunos cambios en su gabinete para tratar de revertir el descrédito que lo acuciaba. Se habían alejado los dos ministros más controvertidos, Triaca de Trabajo y Dromi de Obras y Servicios Públicos. El primero, en premio a sus servicios, fue nombrado interventor y liquidador de la siderúrgica SOMISA, de donde se tendría que ir acusado de defraudación, pero a cambio obtendría el carnet de socio del exclusivo Jockey Club por su calidad de nuevo acaudalado. El segundo tuvo menos suerte. Menem intentó nombrarlo embajador en España, donde el ex ministro había cosechado abundantes amistades por la venta de Entel y Aerolíneas, pero eran tan graves los procesos iniciados en su contra que las autoridades ibéricas no aprobaron la designación.

El nuevo titular de Trabajo era Jorge Díaz, un peronista tronchado al neoliberalismo.

El ideólogo de la estatización de la deuda externa privada, Domingo Cavallo, había pasado de la Cancillería al Ministerio de Economía, al que se le había anexado el de Obras y Servicios Públicos, por lo que el ex funcionario de la dictadura se había convertido en un auténtico "factótum", palabra derivada del término latino fac, imperativo de facere, hacer; y totum: todo. Es decir, individuo que ocupa varios ministerios; persona de confianza que despacha los negocios de otra e irónicamente el que se mete en todo. Cualquiera de las tres acepciones le venían bien al funcionario.

Contrariamente, Erman González había pasado de Hacienda al Ministerio de Defensa, después del fracaso de sus cinco "superplanes económicos" y de haber sembrado el país de bonos.

El Gobierno había avanzado, no sin tropiezos, en su política de reestructuración ferroviaria. Se habían eliminado cientos de trenes y se mantenía a la Empresa en total estado de abandono e indefensión al haberse suprimido los aportes del tesoro nacional para el sector, mientras se amenazaba con el retiro compulsivo de miles de trabajadores y se había comenzado a delinear la concesión de líneas férreas de manera totalmente vergonzosa.

Todo esto había generado en las bases ferroviarias un profundo malestar que se expresaría en una serie de hechos fortuitos. El 8 de enero, en la estación Morón de la línea Sarmiento, el tren 152 proveniente de Lincoln es virtualmente engañado por el sistema de señalización descompuesto y enviste una formación local estacionada en el andén. Solo se producen daños materiales menores y algunos contusos en el pasaje. Sin embargo, personal policial procede a detener al conductor y acompañante del tren general por orden de la Jefatura del ferrocarril, quedando a disposición del juez de feria. La Jefatura de Zona del ferrocarril pretendía tapar con esto su responsabilidad por no haber dispuesto un mantenimiento adecuado de las señales, todo el sistema en días de lluvia entraba en colapso.

El hecho provocó la indignación de sus camaradas que, reunidos en asamblea en la seccional Haedo de LF, resuelven paralizar las tareas hasta lograr la liberación de sus compañeros.

Al día siguiente se apersona en la sede de esa seccional, en momentos en que deliberaba una asamblea, un flamante funcionario de la Empresa y vecino de la localidad, el ingeniero Guillermo Crespo, quién comienza a arengar a los obreros diciéndoles que *"debían levantar la medida y dedicarse a trabajar"* entre otras cosas. *"Nadie nos dice lo que tenemos que hacer, eso lo resolvemos nosotros en asamblea. Sepa que si la Empresa funciona todavía en el estado que se encuentra es por el esfuerzo y sacrificio que ponemos todos los días los laburantes. Usted ocúpese de que nadie robe allá arriba"*. La gruesa voz del gordo Pulero resuena todavía en los oídos del asustado ingeniero y sus fornidos guardaespaldas. En la década del 70, Crespo era un ingeniero recién recibido. Ingresó a trabajar en los talleres Liniers de la línea Sarmiento, donde llegó a ocupar un puesto clave durante la dictadura en el Departamento de Compras, negociando contratos con los proveedores, puesto que abandonó con el advenimiento de la democracia. Entonces el grupo de proveedores más importantes de Ferrocarriles, Madanes, lo contrató para su sector de ventas a la compañía estatal en la empresa Materfer. En el 90 volvió a la Empresa de la mano del presidente de ese grupo, Eduardo Nava, designado por el Gobierno interventor de Ferrocarriles Argentinos. Al parecer Crespo había olvidado la idiosincrasia de los ferroviarios. Aquella tarde el ingeniero se fue indignado, con una espina en el pecho que nadie pudo sacarle.

Dos días después se produce la liberación de los trabajadores detenidos que son cálidamente recibidos por una asamblea. Se levanta el paro, pero la discusión sigue. Con mucha lógica los fraternales se preguntan si por los miserables sueldos que percibían valía la pena pasar tantas peripecias. Dan mandato entonces a los representantes seccionales para que traten con las demás filiales la posibilidad de revertir la situación, ya que como venía la mano difícilmente el congreso del gremio pudiera aportar alguna solución satisfactoria.

Días después, las seccionales Olavarría e Ingeniero White del ferrocarril Roca implementan quites de colaboración en reclamo de un ajuste en los viáticos.

El 17, en la estación Santos Lugares de la línea San Martín, en un confuso episodio, la policía detiene a dos trabajadores afiliados a La Fraternidad. La filial local del gremio, Retiro, resuelve cesar sus tareas de inmediato hasta lograr la liberación de los obreros, lo que se produce 10 horas después.

El 28, la seccional José León Suárez de LF (M) realiza un sorpresivo paro de 4 horas ante el no pago de haberes.

El mismo día, cinco filiales fraternales, kilo 1 y Temperley del Roca, Haedo y Castelar del Sarmiento y San Martín del Mitre, en lo que era una especie de reedición de las Circunvecinas, se reúnen en la sede de la primera en el barrio capitalino de Barracas, resolviendo después de un extenso debate enviar una carta abierta a todos los afiliados del gremio donde expresan: *"Visto: Que el salario de los fraternales se encuentra en el nivel más bajo de su historia. Que ya ni siquiera se nos garantiza el pago en fecha del mismo. Que la comisión Directiva no hace nada frente a esta situación y sigue tratando de dividir al gremio, impidiendo que pueda luchar en conjunto.*

Las seccionales firmantes, por mandatos de sus asambleas, definen:

Intimar al Congreso del gremio a votar un plan de lucha con paros escalonados de 24, 48 y 72 horas a iniciarse el 5/2/91.

Convocar al conjunto de los fraternales a la sede central el día que se realice el próximo plenario para expresar ésta exigencia.

Si el congreso no votase este plan de lucha, las seccionales firmantes impulsarán estas medidas a partir del 5/2/91 llamando al conjunto de las seccionales del gremio a sumarse a las mismas".

El 30 de enero comienza a sesionar nuevamente en plenario la AGD. El trámite es lento y no responde para nada a las expectativas de los afiliados.

El 1º de febrero vuelven a reunirse las cinco seccionales en kilo 1, a las que se suman Tolosa del Roca y Retiro del San Martín. Allí se ratifica el plan de lucha a iniciarse con un paro de 24 horas el día 5, fundamentando tal resolución en:

Que a los bajísimos salarios que cobramos, se suma el golpe inflacionario de los últimos días que torna insoportable la situación de nuestras familias.

Que la inoperancia a la Comisión Directiva se agrega que a un mes de funcionamiento del Congreso, éste aún no ha resuelto medidas para enfrentar la agobiante situación salarial.

Ratificamos el plan de lucha a iniciarse con un paro de 24 horas el 5/2/91.

La medida dispuesta solo será levantada en caso que la Asamblea General defina en su sesión del lunes 4 un verdadero plan de lucha, es decir sin aceptar el inconstitucional decreto que reglamenta el derecho de huelga, a iniciarse el febrero; en cuyo caso cumpliremos esa medida".

Exijamos un salario de dos millones de australes para la escala inicial ajustable por el costo de vida.

Llamamos al conjunto de las seccionales a sumarse a esta determinación".

En tanto el congreso siguió deliberando. Los delegados se dividen en dos posturas bien diferenciadas. Los sectores burocráticos rehuían la lucha, sin embargo debían contener a las bases, incluso de sus propias seccionales; por lo que proponen "una medida de fuerza dentro del marco del decreto de Reglamentación del Derecho de Huelga", sabiendo de antemano que no se llevaría a cabo.

Los representantes de las filiales democráticas en cambio estaban dispuestos a dar una respuesta efectiva al mandato de los afiliados, mocionan "un plan de lucha ignorado el referido decreto inconstitucional".

Es convocado el cuerpo jurídico del gremio que brinda un completísimo informe donde pone en duda la legalidad de la norma "por cuanto la Constitución Nacional especifica claramente que los derechos por ella reconocidos no pueden ser alterados o limitados por normas que los reglamenten" y demuestra que dentro del decreto es impracticable cualquier medida; por lo tanto, para hallar alguna satisfacción a las demandas, "los delegados tendrán que actuar con coraje y decisión, como lo hicieron los antecesores en los albores de La Fraternidad", concluía el informe.

Al mediodía del 4, mediante la votación secreta como marcan los estatutos, se aprueba la postura de la burocracia por 31 votos contra 30. Tan estrecha diferencia no definía nada en la práctica ya que no todos los delegados representaban a la misma cantidad de afiliados y por el contrario eran las seccionales más numerosas las que querían luchar. Por otro lado, si bien la burocracia había logrado su objetivo, en los hechos había reconocido el ánimo y la necesidad que tenían los fraternales de pelear por su salario.

Las cartas estaban echadas y cada sector había desarrollado su juego. Para las seccionales democráticas se ponía en marcha la cuenta regresiva de su plan de lucha.

A la hora 0 del martes 5 de febrero, 17 seccionales de La Fraternidad, a la que se suman 4 de señaleros, cesan las tareas por 24 horas. Quedan totalmente paralizados el Roca y Sarmiento y parcialmente el Mitre y el San Martín.

En horas de la mañana se realiza una reunión de las filiales paradas en Haedo para evaluar la marcha de la medida.

Las cúpulas sindicales repudian y minimizan el movimiento. La de La Fraternidad emite un comunicado donde expresa que ese cuerpo no apoya las medidas de fuerza que llevan adelante algunas "seccionales rebeldes". La definición de "seccionales rebeldes" se usaba por primera vez y desde la misma cúpula gremial; por eso, para las filiales ese mote paso a ser motivo de orgullo, "eran y se asumían rebeldes".

"Los quiero a todos en la calle" expresó públicamente el presidente Menem, mientras el Ministerio de Trabajo declaró ilegal la medida y amenazó con sanciones que podrían llegar a despidos.

Las seccionales responden: "de producirse cesantías se dispondrá paro por tiempo indeterminado".

Filiales de la Unión Ferroviaria anuncian que en ese caso se plegarían solidariamente a la medida.

El diputado nacional Luís Zamora presenta un proyecto de declaración para "repudiar las expresiones del presidente de la Nación por no corresponderse al régimen democrático que reina en el país", que no prospera por la negativa del bloque oficialista, que tenía mayoría en el congreso, a tratarlo.

A las 20 horas, los afiliados de la Unión Ferroviaria de Olavarría, ante la intransigencia de su Comisión Ejecutiva de brindar asamblea, se autoconvocan en el playón de la estación donde discuten sobre la grave situación salarial. A raíz de esto, la dirección gremial accede a convocar una asamblea extraordinaria para el día 7.

A medianoche concluye la huelga de conductores y señaleros.

El miércoles 6 los principales medios gráficos se ocupan del paro, resaltando que era el primer desafío importante a la reglamentación del derecho de huelga y porque se había desbordado a las conducciones orgánicas.

También el congreso fraternal discute sobre la medida, donde cada sector argumenta a favor o en contra según su postura, pero no se toma ninguna determinación, prosiguiéndose con el tratamiento de otros temas.

El jueves 7 se realiza la asamblea en la Unión de Olavarría donde se resuelve, después de un intenso debate, intimar a la Empresa a que en el término de 72 horas responda sobre lo siguiente:

1) Un haber mínimo para la escala inicial de 2.500.000 australes.
2) Una suma fija no remunerativa de 1.000.000 de australes para activos y pasivos.
3) Un haber mínimo de 2.000.000 de australes para jubilados.

También se aprueba citar a una nueva asamblea el 11 para definir un plan de lucha a iniciarse el 12 de no tener respuesta positiva.

En la primera semana de febrero el costo de vida había incrementado en un 33 por ciento, por lo que el desfasaje salarial de los ferroviarios superaba el 200 por ciento

El lunes 11 se cierra el congreso fraternal después de 33 días de funcionamiento, durante los cuales cada delegado recibió un viático diario de 500.000 australes, cobrando en total 18 millones; costando el congreso 1.361 millones, de los cuales 1.040 se fueron en viáticos. Cifra similar a la que cobró cada delegado es lo que percibía cada uno de los 15 directivos mensualmente por "gastos de representación", mientras que el sueldo de los afiliados oscilaba entre 1.200.000 y 1.900.00 australes por mes.

Ese mismo lunes 11, "las seccionales rebeldes" realizan un nuevo plenario en kilo 1, donde concurren por primera vez delegados de Señaleros y de la

Unión Ferroviaria en lo que era una reconciliación de las bases del riel después de los sucesos de la Coordinadora y la Intersindical.

En el plenario se produce un amplio debate, y aunque todos coinciden en avanzar a la segunda etapa del plan de lucha, había dos posturas diferenciadas. Los delegados del Roca plantean la realización del paro el día 18, fecha fijada por la directiva de LF para la "huelga legal", y no acatar el seguro levantamiento de la misma. En cambio los demás delegados proponen la realización del paro por 48 los días 13 y 14, "independientemente de lo que dispongan o dejen de disponer los directivos". Finalmente se aprueba lo último, por lo que quedaba definido el verdadero carácter del plan de lucha, "totalmente al margen de la burocracia".

Allí se ratifica también que en caso de que se produjeran cesantías se decretaría paro por tiempo indeterminado y se ratifica el reclamo de un salario básico de dos millones para la escala inicial y un anticipo de emergencia de un millón y medio.

Además se aprueba el nombramiento de una comisión de coordinación que sintetizaba al conjunto de las seccionales, que luego se llamaría Comisión de Enlace, compuesta por Alejandro Itzik de Temperley, Jorge Pérez de Haedo, Luís Peralta de San Martín y Daniel Tronconi de Castelar. También se formó otra comisión para cumplir las tareas de Prensa.

Se decidió crear un fondo de huelga conjunto para lo que "se debía recurrir a la solidaridad de la población", se aprueba incorporar como reclamo no condicionante del plan de lucha la solución a la desesperada situación de la Obra Social y de los jubilados y hacer un llamado a "todos los trabajadores del riel a sumarse a la lucha".

En horas de la tarde se efectúa la asamblea programada en la Unión de Olavarría, donde 130 trabajadores presentes resuelven, ante la ausencia de una respuesta de la Empresa, implementar un paro de actividades el día siguiente por 24 horas.

Con una fuerza impresionante se ponía nuevamente en movimiento la cuenta regresiva para las seccionales ferroviarias democráticas.

9: Estación "Lucha" (12/02/91–13/02/91)

Hay algo que para los ferroviarios es sagrado: el horario. Todo funciona bajo el imperio de un cronograma rígido. Los trenes, salvo inconvenientes insalvables, deben partir y llegar justo a la hora prevista, ni un minuto antes, ni un minuto después; y en torno a los trenes, todas las tareas. Para el ferroviario no hay día y noche, domingo o feriado. Si el servicio lo requiere allí debe estar, a cualquier hora, cualquier día, en cualquier lugar. Todo esto va forjando su personalidad, lo torna responsable, sacrificado y solidario. Años y años de injusticias y agresiones lo hicieron además un hombre de lucha. Los ferroviarios tendrían que hacer gala de esos atributos, la hora señalada se estaba acercando.

Pero el tren de la protesta llegó un día adelantado, casi como una profecía. El martes 12 de febrero la seccional Olavarría de la Unión Ferroviaria de la línea Roca para por 24 horas en cumplimiento de su propio plan de lucha por reivindicaciones salariales. A las 10 de la mañana asume idéntica actitud su similar Victoria del ferrocarril Mitre por los mismos motivos, luego que una numerosa asamblea así lo resolviera. No había entre ambas medidas, ni con conductores y señaleros algún tipo de coordinación.

A la tarde se realiza en La plaza central de Olavarría un acto convocado por la filial local de la Unión Ferroviaria, al que concurren afiliados de La Fraternidad y numerosos vecinos. Una concentración similar se lleva a cabo en Buenos Aires, en la estación Constitución, de la que participan afiliados de las seccionales Temperley (Unión Ferroviaria), 17 de Marzo (ASFA), Constitución (APDFA) y Kilo Uno, Remedios de Escalada y Temperley (La Fraternidad).

Todos estos movimientos no podían de ninguna manera pasar desapercibidos por las autoridades, que a esta altura ya debían tener conocimiento de la resolución del plenario de las Seccionales Rebeldes; por lo que el Ministerio de Trabajo intima a las cúpulas sindicales de los cuatro gremios del riel, para que estas a su vez intimen a sus filiales, a "que se abstengan de efectuar medidas de fuerza fuera de los mecanismos previstos en el decreto de reglamentación del derecho de huelga".

Las cúpulas obedecen, intiman, pero reciben la indiferencia total por parte de las seccionales.

Página/12 comentaba: *Con tono de desconsuelo, un prominente sindicalista de la Unión Ferroviaria se lamentó ante una consulta de este diario: "Esto es explosivo y puede salirse de cauce, hemos contenido el descontento por las privatizaciones, pero cuando el bolsillo se agota hay caldo de cautivo para que lo aproveche cualquiera".*

El ministro Cavallo anunció que para los ferroviarios no habrá otra recomposición salarial que el pago de la suma fija no remunerativa de 250.000

australes, prevista para todos los empleados del Estado; lo que en realidad no era una recomposición y en cambio semejaba a una limosna insultante.

Pero los trenes tienen que llegar, truene, llueva o caiga piedras. **En el primer minuto del miércoles 13,** 27 seccionales de La Fraternidad y 4 de señaleros abandonan sus trabajos por 48 horas, teniendo sumo cuidado como es costumbre, de arribar a destino las formaciones que se encuentren en trayecto, como así también de ingresar a galpones las locomotoras, coches motores y trenes eléctricos.

Las seccionales habían optado por no anunciar la implementación de la medida, por lo que ésta tenía cierto grado de sorpresa pública. Los medios rápidamente comenzaron a informar sobre la huelga. A primeras horas de la mañana ya se había convertido en el tema dominante. La actividad era normal en el Belgrano, irregular en el Urquiza, se mostraba muy disminuida en el Mitre y el San Martín y totalmente nula en el Sarmiento y el Roca.

En los talleres Pérez de la línea Mitre, a 7 kilómetros de Rosario, los obreros afiliados a la Unión Ferroviaria debaten en el lugar de trabajo resolviendo abandonar las tareas y marchar a Rosario para exigir una asamblea seccional. Luego de caminar por las vías, llegan a esa sede a las 10 horas. Inmediatamente se suman trabajadores de otras dependencias, por lo que la Comisión Ejecutiva se ve obligada acceder a la realización de la reunión. Con la presencia de 1.200 obreros se resuelve parar en forma inmediata por 48 horas y la realización de una nueva asamblea el viernes 15. Además se nombra una comisión de lucha integrada por 6 afiliados de base, aprobándose también la coordinación de la medida con la que realizaban seccionales de señaleros y conductores, y la creación de un fondo de huelga. Por último se manifiesta a favor de la expulsión del gremio de Pedraza y demás dirigentes nacionales.

Los diputados nacionales Simón Lázara, Matilde Fernández de Quarracino, Pascual Capelleri, Luis Zamora, Juan Pablo Cafiero, Pedro García, Ángel Basani, Guillermo Estévez Boero y Luis Osovnikar, presentan un proyecto de resolución para ordenarle a la presidencia del cuerpo que: *"Atento al conflicto laboral ferroviario existente en la fecha, dirigirse al Poder Ejecutivo de la Nación, a los efectos de solicitar arbitre los medios necesarios para que:*

Se respete el derecho de huelga de los trabajadores ferroviarios en función de lo dispuesto en la Constitución Nacional.

Se abstenga la empresa Ferrocarriles del Estado de perturbar el normal ejercicio del derecho referido, como así también de tomar medidas disciplinarias apresuradas que pueden causar grave perjuicio a los trabajadores.

Se adecuen los salarios a las necesidades básicas de los trabajadores ferroviarios, atento al enorme desfasaje operado entre el aumento del costo de vida y los jornales respectivo."

Lucita menciona: *Como datos significativos de esta primera jornada de huelga se puede puntualizar:*

- *La Subsecretaría de Transporte de la Nación, ¿previendo la continuidad de la medida?, acordó con los empresarios del autotransporte la implementación de refuerzos en los servicios de colectivos.*

- *El Gobierno declaró la ilegalidad del conflicto con los habilitó a la Empresa a tomar medidas disciplinarias.*

- *La intervención de Ferrocarriles Argentinos anunció que aplicará sanciones a los huelguistas.*

- *La Empresa citó a las comisiones directivas de los cuatro gremios para ofrecer formalmente la incorporación al salario de una suma fija no remunerativa de 250.000 australes. Los sindicalistas se retiraron visiblemente nerviosos según la apreciación del diario Clarín, pero en las palabras de uno de los asistentes, el secretario de la UF Jorge Argüello, encontramos la clave que pone de manifiesto una táctica recurrente de las burocracias nacidas y desarrolladas al amparo de la política de la conciliación de clases que consiste en presionar por izquierda (movilización y paros incluidos, aunque en este caso por cuenta de otros) y negociar "por derecha", acordando en la mesa de negociación sin rendir cuenta a la base. Argüello declaró al mismo medio "vamos a tratar de sacar algo más de aumento, pero no voy a decir nada más para no crear falsas expectativas".*

- *En el cuerpo social se destaca un comunicado de prensa de la CGT Azopardo solicitando que "no se sancione a ningún compañero ferroviario por haber reclamado legítimos derechos laborales". En tanto que, buscando reacomodar su posición luego de una fugaz actuación como subsecretario de Trabajo, el dirigente sindical de los tabacaleros, Roberto Digón, quizás recordando que le tocó desempeñarse en calidad de funcionario durante el conflicto ferroviario de abril del 90', advirtió al Gobierno " que actúe con sensibilidad ante esta situación porque se trata de un gremio con tradición combativa", agregando que "si no se da una esperanza de un futuro mejor para estos trabajadores, las bases terminaran sobrepasando a las conducciones orgánicas de los gremios".*

Página/12 comentaba: *La nota curiosa la ponen los perjudicados usuarios, aún los que quedan varados a la hora de iniciar o concluir sus vacaciones. A diferencia de años anteriores, las cámaras y los micrófonos no reflejaban insultos o diatribas contra los huelguistas, sino cierta actitud comprensiva. "Acá todos solucionan sus diferencias puteando al Gobierno" admitió un alto funcionario de la Cartera Laboral, cansado de insistir con la teoría de que la huelga sin aviso toma de rehenes a los pasajeros.*

Pero por si los desbarajustes fueran poco, los empleados del Policlínico Ferroviario Central tomaron las instalaciones con asamblea permanente.

Según los directivos, el colapso que demora el pago de los sueldos obedece a que "la Empresa no realizó los aportes correspondientes, por lo que peligra no solo el pago salarial, sino el funcionamiento integro de la Obra Social".

Con la terquedad que suelen tener las mulas, desoyendo toda recomendación de extraños y allegados, en horas de la tarde las autoridades cumplen su amenaza, llegan los primeros telegramas de cesantías, sumarían 32, todos fraternales. Esta arremetida tuvo la respuesta fulminante de las seccionales que, cumpliendo su resolución, decretan "paro por tiempo indeterminado para lograr la solución al reclamo salarial y la reincorporación de los cesantes."

Era la cuarta vez que la administración menemista tomaba este tipo de represalia contra los obreros del riel. Desde su asunción, 19 meses atrás, se habían producido mas de medio centenar de conflictos de distinta envergadura en empresas del Estado y dependencias públicas. Sin embargo los ferroviarios ostentaban casi en exclusividad ese triste privilegio, solo compartido con los telefónicos durante la intervención de María Julia Alzogaray.

Al finalizar el primer día de huelga, ésta no solo había cambiado de carácter, sino que además había adquirido proporción nacional ya que se habían sumado nuevas seccionales a la lucha durante todo el día a un ritmo febril, 2 de la Unión, 2 de Señaleros y 16 fraternales.

Marcha de la Coordinadora Interseccional Ferroviaria, 1990, Foto diario Sur.

10: Genética del riel (14/02/91–17/02/91)

El jueves 14, en el segundo día de paro, la Comisión Directiva de los maquinistas acata la conciliación obligatoria dispuesta por el Ministerio de Trabajo y depone la "huelga legal" resuelta por la Asamblea General del gremio, programada para el día 18.

El tren Luciérnaga, que salió de Mar del Plata con destino a Constitución es baleado en el camino, por lo que queda cancelado en Dolores. Los huelguistas niegan tener participación en el hecho, lo que es corroborado por el subsecretario de Trabajo, Enrique Rodríguez.

A la hora 10 se realiza una concurrida asamblea en la seccional Victoria de la Unión, donde se resuelve un paro inmediato hasta la medianoche y otro el día 18 por 24 horas.

Muy cerca de allí, en la seccional Latinoamérica Eléctrica (LF-M) sesiona otra asamblea donde resulta derrotada la burocracia aprobándose la adhesión a la huelga sin límite.

En la seccional José León Suárez de La Fraternidad de la línea Mitre, los afiliados consiguen vencer la negativa de la Comisión Ejecutiva y por un voto se impone la resolución de adherir a la huelga por tiempo indeterminado

A las 15, unos 200 ferroviarios de diferentes líneas realizan una ruidosa manifestación frente al Congreso de la Nación. Una comisión de huelguistas integrada por Daniel Tronconi de Castelar (LF-S), Luis Poeto de Remedios de Escalada (LF-R), Juan Vitale de Retiro (LF-SM) y Norberto Orlando de Victoria (UF-M), se entrevistan con los diferentes bloques de legisladores, a excepción del peronista que no los recibe.

Luego se efectúa una conferencia de prensa donde se informa que una delegación de diputados y ferroviarios irá a entrevistarse con el Ministro de Trabajo.

El ministro Díaz recibe solo a los legisladores, a los que propone que:

- Se levante la huelga acatando la conciliación obligatoria.
- Pasar a discutir la reincorporación de los cesantes notificados y solicitar a FA que no curse nuevos telegramas de despido.
- Que cuatro integrantes de las seccionales rebeldes de LF podrían sumarse a la discusión junto a la comisión directiva del gremio.
- Que el aumento salarial reclamado es competencia de la Empresa y no de esa cartera.

La propuesta tenía un punto interesante, la incorporación de los representantes seccionales a la mesa de discusión. Pero la falta de garantías sobre la recomposición salarial y la disposición de levantar la huelga obedeciendo al decreto respectivo y luego discutir el reintegro de los cesantes, resultaban puntos difíciles de aceptar por cuanto, si no fuera por la imposición de los despidos, la huelga estaría concluyendo. Los ferroviarios ya conocían ese mecanismo, se quería permutar el eje de la discusión, cesantes por salarios. Además, para disponer la conciliación obligatoria, es imperativo "exigir a ambas partes que depongan sus medidas, la huelga por parte de los trabajadores y los despidos por parte de la Empresa, y retrotraer la situación a la existente antes del desencadenamiento del conflicto", sino constituye claramente una arbitrariedad maliciosa. Eso sutilmente se le había pasado por alto al Ministerio. Pero antes que la propuesta pueda llegar a discutirse entre los huelguistas, la Empresa le puso un broche cáustico, cursando cien nuevos despidos.

El viernes 15, en la tercera jornada de lucha, antes de comenzar un retiro espiritual, que sin duda mucha falta le hacía, el presidente Menem se despachó públicamente conque "si para solucionar el conflicto ferroviario tenemos que apelar a la movilización militar de los trabajadores, lo vamos a hacer, como lo hizo Arturo Frondizi". El primer mandatario había tocado los sentimientos más íntimos de la familia ferroviaria que lejos de amilanarse por esa amenaza, se fortaleció aún más; y encima, la expresión desató una ola de repulsión en el conjunto de la sociedad.

Adhieren al paro nuevas seccionales de los diferentes ferrocarriles, entre ellas, la Unión Ferroviaria de Olavarría que decreta paro por tiempo indeterminado.

También en la Unión de Rosario se realiza una asamblea con 700 asistentes donde se aprueba un paro de 24 horas el lunes 18 y convocar a nueva asamblea el martes. Al concluir la sesión se efectúa una movilización por las calles de la ciudad que se detiene en la estación Rosario Norte, donde es improvisado un acto en el cual habla el secretario seccional. Pero los presentes reclaman la palabra de la Comisión de Lucha, hablando en nombre de ésta Héctor Gutiérrez. La movilización se dirige luego la Jefatura de Zona del ferrocarril donde reclaman la recomposición salarial y la reincorporación de los camaradas despedidos. La marcha tuvo amplia repercusión en los medios locales y entre los vecinos.

En Haedo, unos 200 afiliados de la Unión se dan cita en la sede seccional para realizar una asamblea, pero la encuentran cerrada, la Comisión Ejecutiva se había evaporado. Deciden entonces correrse hasta la sede de La Fraternidad donde se les facilita el local para que puedan sesionar. Por unanimidad resuelven adherir a la huelga sin límite. Igual determinación asumen los afiliados de Liniers (UF-S) y 18 de junio (ASFA-SM), mientras que Va. Lynch Eléctrico (LF-U) decreta paro por 24 horas. En este último ferrocarril, desconocidos disparan contra un tren de pasajeros sin consecuencias personales.

También sesionan las filiales de la Unión Ferroviaria de Temperley y Tolosa del Roca, Villa María, Villa Constitución y San Nicolás del Mitre, resolviendo todas parar por 24 horas el lunes 18.

La cúpula de La Fraternidad emite dos comunicados. En el primero solicita al Gobierno que "garantice la libertad de trabajo", aunque no aclara si para los carneros o movilizando a los trabajadores. En el segundo "se solidariza con los afiliados que quedaron cesantes", pero no propone defenderlos. Simultáneamente, contrariando esa postura, envía telegramas intimidatorios a los dirigentes seccionales que en su mayoría habían sido cesanteados, amenazándolos con la expulsión del gremio. El presidente del cuerpo, Ernesto Jaime, dice sentirse "la mortadela del sándwich".

En tanto, las seccionales democráticas se reúnen en la sede de la filial Kilo 1, donde resuelven "por unanimidad" rechazar la propuesta del Ministerio de Trabajo por falta de garantías firmes y de solución al tema salarial; y ratifican el paro por tiempo indeterminado, dejando claro que "no se canjean cesantes por salario, ni salarios por cesantes y la defensa de todos los despedidos sean del gremio que sean". También se plantea entrevistar y reclamar que se rodee la huelga por organizaciones sociales, gremiales, estudiantiles y políticas ante la amenaza de movilización y realizar colectas solidarias.

Página/12 comentaba: *Si la posición del Gobierno parece irreductible, la de los ferroviarios no le va en zaga. Se reunieron en asamblea plenaria para ratificar la continuidad de la protesta y repartir insultos contra "los carneros", "los vendidos que están en los sindicatos" o "el traidor que hace de presidente de la Nación". Ni siquiera las dos centrales obreras quedaron exentas de los cuestionamientos de la agitada deliberación.*

En el recinto de Constitución el periodismo pudo apreciar la magnitud de la rebelión. Estuvieron representadas 38 seccionales de La Fraternidad que según los coordinadores de la huelga contienen a unos 6.000 conductores y ayudantes o, lo que es lo mismo, casi el 70 por ciento del gremio. Cuatro filiales de la Asociación de Señaleros que suman un tercio de los obreros de ese gremio y cuatro seccionales más seis especialidades de la Unión Ferroviaria.

En ese panorama se basó también el propio presidente de la empresa, Eduardo Nava, para admitir que "nos han parado casi todo". Conocedor del paño, el funcionario desestimó que sea un movimiento liderado por izquierdistas, "es un gremio con tradición combativa y orgulloso de esta tradición que más de una vez incluyó medidas muy duras".

La dirigencia sindical mantiene en tanto una prudente distancia con el conflicto. En general, las declaraciones rescatan la legitimidad del reclamo, pero cuestionan su metodología. El único respaldo sin ambages que se conoció fue el de la docente Mary Sánchez, "con el respeto permanente que nos merecen las organizaciones sindicales, creemos que por sobre las formalidades debe primar sin vacilaciones la solidaridad con los obreros que legítimamente luchan por una vida digna".

Los trabajadores del riel habían entrado a la huelga impulsados por el hartazgo, con una tremenda fortaleza moral y un envidiable espíritu de lucha; pero materialmente no estaban preparados para un conflicto de la magnitud que se avizoraba éste; además estaban resignados a la impopularidad de sus medidas. Pero, para su suerte, equivocaron los cálculos. Nunca imaginaron encontrarse con tanta repercusión entre sus camaradas del riel y semejante solidaridad por parte de la población, lo que quedó demostrado desde el primer momento. Esa fue la base para que los ferroviarios en lucha puedan ir dándose el grado de organización necesario.

Enfrente el Gobierno perdía los primeros rounds. Contaba con mantener dominada la base ferroviaria a través de las burocracias sindicales y fracasaba. Se había jugado a imponer mediante decreto la eliminación del derecho de huelga y fracasaba. Dispuso las cesantías y la amenaza de militarizar como manera de desmoralizar a los obreros y fracasaba. Descartaba la manipulación de la opinión pública a su favor y fracasaba. Los tiempos habían cambiado. El conflicto ferroviario crecía y rompía todos los esquemas del liberalismo instalado en el poder.

Por la tarde se realizaba en la ciudad de Olavarría una formidable manifestación impulsada por las filiales locales de la Unión y La Fraternidad, donde participaban también trabajadores unionistas de la seccional Hinojo y cuatro concejales municipales de extracción peronistas. Allí los obreros reciben conmovedores muestras de solidaridad por parte de la población.

El sábado 16 al cumplirse cuatro días de protesta, la Empresa cursa 70 nuevos telegramas de despido, lo que era una especie de represalia por haber ratificado la medida el día anterior. Hasta ahora las cesantías habían sido disparadas cual misiles sobre los trabajadores que las autoridades suponían desde su soberbia que eran los promotores de la protesta. Esto se desprende desde que la mayoría de los despedidos ya lo habían sido en conflictos anteriores, donde se supo que los nombres fueron digitados por altos jefes de la empresa y las mismas cúpulas sindicales. Los funcionarios, inmensos en un cerrado fanatismo, no alcanzaban a comprender las profundas motivaciones que tenía el movimiento.

Por esta fecha los colectivos truchos habían proliferado por todo el país y principalmente en la zona metropolitana, con el beneplácito de las autoridades civiles y policiales. Estos bondis en general carecían de algún tipo de habilitación, muchos hacía años que no se usaban, y transportaban gente entre las estaciones sin las más mínimas garantías de seguridad.

Una asamblea de la seccional Rosario de señaleros resuelve un paro inmediato por 24 horas, y otro por igual lapso el lunes 18. Mientras que adhieren a la huelga sin límite las filiales fraternales de Concordia, Paraná, Basavilbaso,

Concepción del Uruguay, Monte Caseros, Santo Tomé, Posadas, Zárate y Rojas del ferrocarril Urquiza, y Cruz Alta, Corral de Bustos, Cañada de Gómez y Río Cuarto del Mitre. En esta última además, se declara "indeseable" a un afiliado de ésa, Ernesto Jaime, el presidente del cuerpo directivo.

El domingo 17, en la quinta jornada consecutiva de paro, Jaime niega en un reportaje que las seccionales estén manejadas por activistas políticos de izquierda, aseverando que "los compañeros son militantes del partido del hambre".

La prensa trataba de explicar el fenómeno de la huelga. En el diario Página/12", el periodista Gustavo Alfieri firma un artículo titulado "Genética del riel" donde comenta: *¿Por qué La Fraternidad sufre un desborde de base más acentuado que el resto de los gremios ferroviarios? "Será porque este es un sindicato que practica en serio la libertad, la democracia y la posibilidad de participación de todos en pluralismo, como marcan los estatutos. Por arriba y por abajo aquí va a encontrar peronistas, radicales, gente de izquierda, de todo". Arriesga su titular Ernesto Jaime. La respuesta contiene apenas una porción de cúmulo de causales más complejas, pero alcanza para reflejar unas de las tantas atipicidades de esta centenaria organización sindical, la primera con alcance nacional y la primera también en concretar una huelga en todo el país. Por ejemplo que el 90 por ciento de sus afiliados es ferroviario por tercera generación o que el promedio de edad se clave en los 35 años. El propio convenio colectivo de los fraternales establece que de cada 10 ingresantes a la carrera de conducción, 7 tienen que ser hijos de maquinistas, 2 pueden ser ferroviarios de otras especialidades y uno tan solo vástago de cualquier vecino. Si entre los años 1961 y 1971 el ingreso permaneció cerrado, a partir de la última fecha se comenzó a realizar el "trasvasamiento generacional" que explica el bajo promedio de edad. Los impulsores de la protesta de estos días son los mismos chicos que en la huelga del 61 cubrían la fuga de sus padres apedreando los trenes militares.*

Con tradición independiente y combativa no hubo Gobierno que no fuera desafiado por los fraternales. Hasta el mismo Perón en1951 cuando inició la práctica de militarizar las protestas del riel, como amplió luego Frondizi y amenaza ahora Menem. Pero no cualquiera maneja una locomotora. El curso de maquinista enseña, entre otras cosas, la correcta aplicación de complejos sistemas de frenos que, mal empleados, puede provocar el descarrilamiento de un convoy.

Lucita menciona: *El diario Clarín hacía hincapié en los problemas ocasionados a viajeros del interior del país, comentando que en algunos casos los propios huelguistas facilitaron comida a familia que no disponían de recursos, a la vez que se hace eco de un trascendido según el cual "el Gobierno apuesta a la prolongación del conflicto cuando la falta de trenes comience a crear un ambiente reactivo a la huelga, porque especulan con algunos errores clásicos de los sectores que se juegan al todo o nada en este tipo de conflicto".*

De este comentario resaltamos dos temas importantes: Por un lado se plantea que con la prolongación del conflicto se generaría una reacción negativa por parte del público usuario y la apuesta del Gobierno no podía ser otra, puesto que a esta altura ya era palpable que la gente, aún con los contratiempos ocasionados por la falta de trenes, acompañaban de buen grado el reclamo de los ferroviarios, viviendo casi como propio el desarrollo de la contienda.

Luego, la mención de "algunos errores clásicos de los sectores que se juegan a todo o nada..." lleva a pensar en la expectativa de provocar "hechos reprobables" e incluso algún sabotaje, perspectiva ésta que estaba más cerca del pensamiento o el deseo gubernamental, que del accionar de la dirigencia huelguista.

Durante el primer fin de semana sin trenes se suceden numerosas reuniones en el Gobierno para analizar la segura prolongación del paro, decidiéndose acordar un plan de emergencia con las empresas de colectivos para aumentar su servicio en el área Capital y Gran Buenos Aires; y paralelamente, en un acto más simbólico y propagandístico que efectivo, establece un puente aéreo entre Buenos y Mar del Plata para permitir el retorno de los pasajeros que se encontraban varados en la principal ciudad turística del país. A ese fin se dispone el uso de un avión de la Fuerza Aérea y el propio "avión presidencial".

También este fin de semana se realizan asambleas en varias seccionales que ratifican la medida de fuerza, siendo atípica la situación en las líneas Urquiza y Belgrano, donde muchos conductores cuestionan la no entrada en conflicto, pero no podían superar el temor o la desconfianza de la mayoría de sus compañeros y la intensa actividad en contrario que efectuaba la burocracia. En ambos casos se suceden reuniones o pequeñas asambleas para discutir la cuestión, imponiéndose medidas que a las horas eran revertidas o cambiaban de carácter (trabajo a reglamento, paros parciales, paros por razones de seguridad, etc.).

Mas allá de que adhirieran a no a las medidas, lo concreto es que el paro con su firmeza y el debate sobre el mismo cubría - dadas las características de la red ferroviaria - casi toda la geografía del país.

En vísperas de una semana laboral y de huelga, la devolución de pasajes era una de las dos actividades ferroviarias que se cumplían con insistencia en el país. La otra era el envío de telegramas de despido, ya sumaban 252.

11: Presentaciones y autoritarismo (18/02/91–19/02/91)

Pueden venir cuantos quieran, que serán tratados bien, los que estén en el camino, bienvenidos al tren. (Charly García).

El lunes 18, al comenzar la sexta jornada de lucha, los seis ferrocarriles estaban paralizados.

La Comisión de Prensa de las Seccionales en Lucha emite un comunicado donde solicita a la población que rodee las sedes sindicales ante la eventualidad de que se disponga la movilización, explicando que ello significaba llevar a trabajar a los empleados por la fuerza, resaltando lo peligroso que sería para trabajadores y usuarios.

El Ministerio de Trabajo declara por tercera vez la ilegalidad de la medida y amenaza con nuevas cesantías.

Numerosas afilados de la UF de Rosario se movilizan algunos kilómetros hasta Villa Diego, donde hablan con sus camaradas de ése taller, que se auto-convocan en asamblea resolviendo parar desde ese momento hasta las 24 hs. La Comisión Ejecutiva se niega a participar, por lo que se la destituye y se nombra una Comisión de Lucha. En Laguna Paiva, los trabajadores del mismo gremio del ferrocarril Belgrano, reunidos en asamblea aprueban un quite de colaboración de dos horas por turno.

El senador nacional por la provincia de San Luis, Oraldo Britos, del partido Peronista y ex dirigente gremial del riel, presenta un proyecto de comunicación para: *"Que el Ejecutivo Nacional, en el tratamiento del conflicto ferroviario extreme las medidas a fin de salvaguardar los intereses de los usuarios de este servicio sin lesionar los derechos constitucionales de los trabajadores del sector a reclamar justas reivindicaciones"*, que no prospera por la negativa de sus pares del mismo bloque a tratarlo.

No obstante Britos, junto al diputado nacional y también ex sindicalista ferroviario, Lorenzo Pepe, se entrevistan con funcionarios del Ejecutivo para tratar de lograr un acercamiento entre las partes.

Las seccionales de La Fraternidad que estaban paradas se reúnen en Castelar donde resuelven que la Comisión de Enlace que las representan envíe una nota a la Comisión Directiva, en la que le comunican:

Reafirmamos todo lo actuado hasta el momento, es decir, continuar con el paro por tiempo indeterminado hasta que se resuelva el tema salarial y el de los compañeros cesantes.

Elevaremos la petición por salario y cesantes al Sr. ministro de Trabajo donde le manifestamos que ésta Comisión de Enlace de las seccionales es la única representante de los compañeros en conflicto y que solicita ser recibida a la brevedad.

Recomendamos por el bien de la organización que ese cuerpo se abstenga de pronunciarse públicamente y con actos contra la medida que llevamos adelante. Debe tomar conciencia que los compañeros de la seccionales en lucha hemos dejado de sentirnos representados por el mismo.

Asimismo aprueban el envío de una nota al ministro de Trabajo donde le manifiestan:

"Elevamos a usted la presentación del reclamo de un ajuste salarial consistente en la fijación de un haber mínimo de 2.000.000 australes actualizable por variación del índice de costo de vida en forma mensual y un anticipo de emergencia de 1.500.000 australes en forma urgente.

La solicitud que realizamos no es de un aumento salarial, sino que se refiere al ajuste adeudado, producido desde el mes de junio de 1989 hasta la fecha, en el orden del 200 por ciento. Queremos dejar aclarado que la Empresa acordó varias veces con la gremial ajustar salarios mediante la firma de actas que luego no fueron cumplidas.

Esta presentación no se realizó antes pensando que nuestro cuerpo directivo así lo había hecho; aunque resulta de notorio conocimiento por parte de autoridades y la opinión pública.

Así grande fue nuestra sorpresa cuando usted manifestó a un grupo de legisladores que concurrieron al pasado 14 de febrero a ese Ministerio que no existía presentación de reclamo alguno.

La situación de emergencia llevó a que las bases ferroviarias, ante la pasividad de los cuerpos directivos, resuelvan en asambleas soberanas designar ésta Comisión para representar, gestionar y peticionar el reclamo.

Los afiliados han ejercido legítimamente derechos colectivos de jerarquía constitucional, no existiendo razón legal alguna para limitar esos derechos. Atento a ello, la Empresa ha procedido arbitraria e ilegítimamente al disponer cesantías masivas agravando el conflicto y avanzando en la vulneración, además de los derechos indicados, los individuales, laborales, de peticionar y la debida defensa.

Estas seccionales, conscientes de los graves perjuicios que esto ocasiona al país, de los cuales no somos responsables, apelamos a usted para que arbitre los medios para revertir la situación al 4 de febrero pasado y a la brevedad que el problema exige, la situación salarial.

Es nuestro deber informarle que, por resolución de las seccionales, no es causa suficiente para levantar la medida la reincorporación de todos los cesantes producidos en este conflicto, sino además, la solución al reclamo que originó la situación.

Por último comunicamos que, ante la desconfianza de los compañeros de base hacia los cuerpos directivos de los gremios en conflicto, hace de fundamental importancia la presencia de esta Comisión de Enlace elegida por las seccionales en la mesa de discusión.

Señor ministro, queda en usted y demás autoridades nacionales el darle una solución satisfactoria a este problema".

Una delegación de la Comisión de Enlace se llega hasta el Ministerio de Trabajo donde entregan el documento "en la Mesa de Entradas porque el ministro no puede recibirlos". Díaz estaba reunido con el líder de la poderosa Unión Obrera Metalúrgica (UOM), el legendario Lorenzo Miguel, quién a la salida, al ver a los muchachos del riel, se acercó a saludarlos declarando a los periodistas que " se solidarizaba con todas las organizaciones ferroviarias en conflicto" destacando que "tienen derecho a peticionar", ante la inocultable sorpresa de los funcionarios presentes, que jamás se hubieran esperado declaraciones de ese tenor del caudillo sindical considerado aliado del Gobierno.

Al mediodía comienzan a funcionar en forma condicional algunos ramales del ferrocarril Belgrano. Horas después resultan incendiados tres vagones, por lo que cesan nuevamente sus servicios ya que los trabajadores exigían medidas de seguridad extremas, imposibles de cumplimentar.

A las 20 horas, los afiliados de la seccional Rosario de LF, una de las más numerosas del gremio, luego de vencer la dura negativa de los dirigentes, logran sesionar aprobando adherir a la huelga sin límite por 168 votos contra 24.

El martes 19, en el séptimo día de paro, Ferrocarriles Argentinos abona la suma fija de 250.000 australes "solo a los trabajadores que no cumplían medidas de fuerza", en una actitud claramente discriminatoria e inconstitucional, lo que se vio agravado por el envío de una nueva tanda de telegramas de despido, incluyendo en esta ocasión a una decena de señaleros y al autor, sumando en total 440 los despedidos.

El ministro de Trabajo se reúne con las cúpulas sindicales ferroviarias, luego de la cual informa a la prensa que "no negociará con los huelguistas". Los sindicalistas por su parte, haciendo causa común, dicen que "se comprometieron a seguir trabajando para que las seccionales depongan su actitud".

Los trabajadores de la seccional Boulogne (LF-B), la más numerosa de la línea, luego de presionar a sus representantes logran que se les brinde asamblea, resolviendo adherir al paro por tiempo indeterminado.

Las filiales fraternales de Villa Lynch E, Monte Comán, Santo Tomé y Posadas, y 17 de Marzo de los señaleros, resuelven suspender la medida de fuerza por un día "para permitir un canal de negociación", mientras que los señaleros de Rosario cumplen un paro de 24 hs.

En la Unión Ferroviaria de la misma ciudad se efectúa una asamblea con 1.000 participantes y delegados de Villa Constitución, Villa Diego y San Nicolás, resolviendo un paro de 48 hs. los días 20 y 21.

En la filial Temperley (R) del mismo gremio se aprueba un quite de colaboración sin límite a partir del jueves 21.

El ministro de Defensa, Erman González, interrogado por los periodistas sobre la eventualidad que se disponga la corrida de trenes por personal ajeno a la especialidad, dijo que "los militares siempre están habilitados para conducir cualquier tipo de vehículo". Esto develaba que esa posibilidad estaba siendo evaluada firmemente por el Gobierno, aunque González no debe haber leído los desastres que causó esa determinación en la huelga ferroviaria del 61.

El presidente de la república en tanto, declara al diario Clarín que "su Gobierno no dará un paso atrás en la táctica de aplicar sanciones para cambiar el eje de la discusión del tema salarial por el de los despidos", a la vez que niega haber ordenado al ministro de Economía, Domingo Cavallo, que estudie la posibilidad de cerrar los ferrocarriles.

En el Centro Cultural Liberarte de la Capital Federal se realiza un encuentro de intelectuales y huelguista para analizar la proyección política del conflicto y los caminos para lograr su convergencia con el pueblo que resiste las políticas del Gobierno. Participan además de trabajadores en lucha, personal superior de ferrocarriles, y entre los intelectuales convocantes están presentes, Roberto Cossa, David Viñas, Ramón Plaza, Eduardo Lucita, Luis Rubio, Julio Gambina y Eduardo Kimel.

En la otra vereda, el interventor de Ferrocarriles, Eduardo Nava, declara a la prensa que "con estas huelgas la Empresa ahorra dinero porque no compra combustible". Este funcionario no sólo era un cínico, sino también un atrevido. A las 17, 05 en una actitud tan desafiante como temeraria, embarca en un tren con destino a Mar del Plata, donde viajan también otros altos funcionarios de la empresa, llevando una fuerte custodia de la Policía Federal.

Antes que partiera el convoy, las fuerzas de seguridad tuvieron que desactivar varios artefactos explosivos de bajo poder ubicados en diversos lugares de la estación , informaron las autoridades, lo cual resultaba difícil de creer considerando la fuerte custodia que tenía la estación.

El tren era conducido por un anciano, Mario F. Stehlik, de 75 años, ex jefe del Departamento de Mecánica del ferrocarril Belgrano, jubilado.

Para comprender la gravedad de este hecho basta mencionar que los conductores se jubilan a los 55 años (20 menos de los que contaba este improvisado), porque una persona normal luego de esa edad pierde parte de la capacidad psicomotriz que se requiere para la tarea. A ello se sumaba que este sujeto no tenía la habilitación correspondiente, con lo cual estaba incurriendo en un delito grave; y algo fundamental, no poseía el exhaustivo conocimiento técnico y topológico de las vías, sin los cuales, conducir un tren no es más que una aventura incierta.

Por todo esto, la determinación del interventor constituía un grave atentado a la seguridad pública y contra los bienes del Estado, delitos extremadamente graves. Pero la justicia, legisladores y funcionarios, que tenían la obligación de denunciar o juzgar los mismos, tuvieron en cambio un denominador común, los ojos vendados.

Con esta actitud Nava demostró tener muy poco respeto por las leyes, ni la más mínima intención de resguardar la seguridad y bienes de la empresa de la que era el máximo responsable, y mucho menos aportar alguna solución al conflicto. El interventor pasó a ser uno de los funcionarios más odiados del país, al menos para los ferroviarios.

¿Pero quién era este hombre que asumió semejante actitud?. En una entrevista radial así lo explicaba el congresal de APDFA por el Organismo Central, José Luis Fracchia, haciendo referencia a "un grupo de empresas privadas que se benefician irregularmente con el ferrocarril": *"El mecanismo de estas empresas es colocar a sus funcionarios en el ferrocarril, en puestos con poder de decisión, ya sea presidente o interventor, vicepresidente, miembro del Directorio, gerente, jefe de Departamento, etc., para lo cual negocian con los funcionarios gubernamentales. Entonces, la tarea de estos funcionarios no es la de desarrollar políticas correctas para el ferrocarril, sino la de beneficiar a la empresa que lo puso. Así se producen contratos, licitaciones o transporte a precios que son perjudiciales para la compañía estatal y altamente beneficiosos para esas empresas. Así, el ferrocarril y todo el pueblo están subvencionando a esos grupos que se enriquecen con esa subvención.*

La máxima expresión de esto la encontramos en los últimos tiempos donde asume directamente como interventor de Ferrocarriles el licenciado Nava, que es presidente y accionista del conjunto de firmas contratistas más importante que tiene el ferrocarril entre las que se incluyen Materfer, Grandes Motores Diesel (GMD), Centro de Asistencia Técnica (CAT) e IGESA, del grupo Madanes. Es tan demostrable esto como que hay una resolución interna donde el propio Nava dice que por haber pertenecido a esa serie de empresas delega todo contrato con ellas en el subinterventor, ingeniero Fernando Carlos Frediani.

Pero nos asombramos cuando vemos que Frediani, junto al gerente de Explotación Técnica, Luis Chiapori, están incluidos en el informe de un grupo de diputados nacionales que cita que estos dos funcionarios poseen a su vez una empresa de nombre Trasnoa, que se dedica a hacer de intermediaria de carga entre el ferrocarril y transportistas privados y consigue una serie de ventajas adicionales, donde hay una garantía por el transporte, una subvención por la cantidad de carga transportada y un canon que paga el ferrocarril se transporte o no. Pero por si todo eso fuera poco, el ferrocarril le transfirió a Trasnoa algunos de sus clientes más importantes. El propio jefe de Departamento Comercial de FA, José Galardi, renunció a su puesto en la empresa estatal y trabaja como gerente en Trasnoa.

Entonces, el interventor le delega una serie de tareas por incompetencia al subinterventor. Este a su vez tendría que delegar tareas al interventor. Este enroque representa una flagrante violación de la ley 18.360 de Ferrocarriles que prohíbe que el presidente y vicepresidente tengan cargos en empresas contratistas".

El ingeniero Frediani fue durante algún tiempo asesor de la Unión Ferroviaria y se desempeñó como gerente del ferrocarril Roca durante el gobierno de Alfonsin, siendo despedido e indemnizado por habérsele comprobado una serie de irregularidades. No obstante asume dos meses después, en julio del 89, casi desde el inicio del Gobierno de Menem, como subinterventor. En ese puesto sobrevivió las intervenciones de Trezza, Savón y Nava, protegido, vaya a saber, porqué intricada red de convenios y padrinazgos.

Autoritarismos y negociados al margen, las seccionales democráticas seguían firmes y con total honestidad su lucha con la fuerza que da la razón, la solidaridad, la dignidad y el derecho; palabras todas desconocidas para Nava, Frediani y amigos.

Votación en el Plenario de las Seccionales en Lucha. Foto diario Clarín.

12: La nueva conciencia (20/02/91–22/02/91)

El miércoles 20 de febrero, en el octavo día de la huelga, el bloque de la Unión Cívica Radical de la Cámara de Diputados de la Nación presenta un proyecto para debatir el conflicto ferroviario, que no se pudo tratar por la ausencia de los legisladores oficialistas. El titular de esa bancada, José Luis Manzano, manifestó que "no se presentaron porque el problema está en manos del Gobierno". Esta era la cuarta vez que legisladores peronistas boicoteaban el tratamiento de la huelga del riel en el Congreso.

El Gobierno extendió el puente aéreo militar a las ciudades de Córdoba y Tucumán.

La Comisión Directiva de Señaleros anunció la intervención a las seccionales 17 de Marzo y 12 de Octubre del gremio argumentando "infiltración política ".

La Asociación de Trabajadores del Estado (ATE) dispuso la realización de asambleas diarias de 15 minutos en todos los lugares de trabajo para informar sobre el conflicto ferroviario.

La Asociación Judicial Bonaerense aprobó el donativo de una hora de trabajo por afiliado para el Fondo de Huelga de las filiales del riel.

Mientras ascendían a 600 los despedidos, el periódico Página/12 testimoniaba el evento que nucleaba a los obreros en lucha: El *salón de actos de la seccional Haedo de La Fraternidad estaba colmado por alrededor de 250 delegados de las seccionales en conflicto, cuando uno de los miembros de la Comisión de Enlace pidió que se votara la continuidad de la huelga "ahora, porque los compañeros de la televisión se tienen que ir". Todos se pararon sobre sus sillas con las dos manos levantadas a las siete y cuarto de la tarde. El clima de respaldo se había percibido antes, cuando casi una docena de delegados expresó el mandato en tal sentido de las asambleas de base.*

En el fondo del salón sonaba el único bombo batido por un maquinista de galera azul y oro "Si en el 61 no pudieron, (recordando a Frondizi), en el 91 mucho menos". Es prácticamente el grito de guerra de este conflicto y los ferroviarios lo corearon durante un cuarto de hora.

El plenario congregó a unas 70 seccionales de la Unión Ferroviaria, La Fraternidad y Asociación de Señaleros, que reúnen aproximadamente a diez mil trabajadores del sector.

Después de haber dialogado con el senador Oraldo Britos y el diputado Lorenzo Pepe, la dirección de las seccionales informó que el Ministerio de Trabajo estaría dispuesto a reunirse con los dirigentes elegidos por los huelguistas, pero a condición de que participen también miembros de las direcciones oficiales de los gremios. Ese fue prácticamente el tema dominante de la asamblea.

Nosotros logramos que nos aceptaran en el Ministerio. Los directivos van como figuritas, para que se destrabe la cuestión legal. "Que nos importa que vaya Ernesto Jaime o Juan Pirulo, si nosotros vamos a negociar". Fue la argumentación de Luis Poeto, dirigente de La Fraternidad de Remedios de Escalada.

Hubo referencia para todos. El titular de la seccional Tolosa de La Fraternidad, Antonio Reda, se refirió al periodista Bernardo Neustadt, que en su programa televisivo había informado que Ferrocarriles Argentinos tenía 9.000 maquinistas para conducir solamente 600 locomotoras, calificando de tendenciosa y mentirosa esa información. "Hay solo 4.000 conductores para manejar 631 locomotoras, 59 locotractores, 50 coches motores y 190 trenes eléctricos. El resto del plantel está compuesto por ayudantes y aspirantes. Este personal tiene que distribuirse en tres turnos diarios y además cubrir los francos y las licencias por vacaciones y enfermedad, a lo que hay que agregarle el personal que debe permanecer disponible para caso de emergencia; todo para atender una red de 32.000 kilómetros extendida por todo el país con servicios permanentes de carga y pasajeros. Otro delegado mocionó que "se repudie a los partidos políticos que pretenden utilizar el conflicto".

El plenario resolvió ratificar el paro por tiempo indeterminado hasta lograr la reincorporación de todos los cesantes y la solución para el tema salarial.

"Los telefónicos levantaron la huelga y perdieron. A nosotros cada vez que aceptamos la propuesta del Gobierno nos arreglan con migajas", casi grita un delegado de la Unión Ferroviaria.

Decidieron reconocer solamente las negociaciones de la Comisión de Enlace y que "los cesantes no son negociables" y que "Todas las ofertas salariales que recibamos serán discutidas por las asambleas de base, las que sugerirán una postura de mínima".

Los ferroviarios se esperanzaban en que la Cartera Laboral reciba a sus dirigentes.

El plenario aprobó además incorporar a la Comisión de Enlace 4 representantes de la Unión Ferroviaria y 2 de Señaleros, que se sumaban a los 7 de La Fraternidad que existían hasta el momento. También decidió la realización de un acto público el viernes 22, "para lo que se debía efectuar una amplia convocatoria". Estuvieron presentes en la reunión brindando su solidaridad una delegación de las Madres de Plaza de Mayo y los diputados nacionales Luis Brunatti y Luis Zamora.

Un rato después, a las 22,25 arribaba a la estación Plaza Constitución de regreso desde Mar del Plata, el tren del interventor Nava.

El diario Crónica relató cómo había sido la partida del convoy desde la "ciudad feliz", que había dejado de serlo en aquellos momentos: *A las 15,45 horas, en un marco de corridas, escenas de pugilato e intercambio de gruesos insultos entre maquinistas en huelga y personal de la Inspectoría de Ferrocarriles Argentinos, partió de la estación norte de Mar del Plata el tren 316 llevando a bordo cerca de 1.000 turistas.*

Una treintena de efectivos fuertemente armados, pertenecientes a la Policía Federal, al mando del subcomisario Eduardo Dursi de la Superintendencia de Seguridad Ferroviaria, fueron los encargados de guardar el orden en la estación y luego abordaron el tren escoltando el pasaje hasta su punto de destino.

En el momento de la partida, unos veinte trabajadores de La Fraternidad, indignados por la decisión de la empresa estatal de hacerlo correr sin conductores idóneos, intentaron frenar la marcha del tren colocándose sobre las vías; pero fueron desalojados duramente por la fuerza de seguridad, permitiendo que el convoy, formado por once vagones, pudiera continuar.

Cercado por policías, los huelguistas comenzaron a vociferar contra los improvisados conductores a la vez que advertían a los pasajeros que no contaban con las mínimas condiciones de seguridad.

Esa misma advertencia formularon por separado las seccionales 17 de Marzo de Señaleros y Remedios de Escalada de La Fraternidad. Esta última recomendó a la población nos trasladarse en este tipo de trenes; mientras que el sindicalista Juan Beica de 17 de Marzo dijo que "es una barbaridad, las cabinas de señales son operadas por personas ajenas a ellas" y advirtió que "el público usuario corre serio riesgo".

Los pasajeros relataron que a la altura de Alejandro Korn se comenzaron a escuchar detonaciones". Entre las piedras que golpeaban las ventanillas y el techo, y los balazos que escuchábamos, usted se imagina la desesperación que teníamos, pero afortunadamente llegamos bien", relató un joven. Otro pasajero, en este caso mujer, dijo que "la policía repelió la agresión con piedras, haciendo disparos hacia el exterior del tren"; lo que luego fue desmentido por un oficial que no se identificó.

El jueves 21, en el noveno día de paro, la reunión entre la Comisión de Enlace de las seccionales y funcionarios del Ministerio de Trabajo, con la presencia de las cúpulas sindicales, que habían logrado con su gestión los legisladores Britos y Pepe, quedó frustrada debido a que los directivos de los gremios se negaron a compartir la reunión con los huelguistas. Es decir, las cúpulas sindicales se ponían en rebeldía ante el Ministerio de Trabajo y asumían una actitud de boicot contra obreros más dura que la de los funcionarios oficiales.

El Consejo Deliberante de la ciudad cordobesa de Villa María se pronuncia a favor de los ferroviarios en lucha y resuelve que si se moviliza a los huelguistas se convocará al conjunto de la población a un paro total de actividades en repudio. A 500 kilómetros de distancia, el mismo cuerpo de la ciudad de Junín, provincia de Buenos Aires, asumía idéntica determinación.

En Rufino, al sur de la provincia de Santa Fe, los vecinos presentaron un petitorio al intendente municipal solicitando que se defienda a los trabajadores del riel en huelga en caso de movilización y se les dé trabajo en el municipio si quedaran cesantes.

En el Hospital Ferroviario Central son dejados cesantes 13 trabajadores como represalia por haber participado de la toma pacífica del hospital durante 5 días reclamando el pago de sueldos atrasados. Estos trabajadores eran afiliados de la Unión Ferroviaria, y quienes votaron esa resolución fueron los propios delegados de ese gremio en la Obra Social.

En Olavarría, diferentes sectores de la sociedad organizan un festival popular de apoyo a los ferroviarios en huelga.

En Mecha se realiza una asamblea conjunta de los tres gremios donde participan 150 trabajadores. Allí se resuelva la organización de una olla popular y la realización de un festival artístico en la plaza central de Bragado esa misma noche, donde participan más de 1.500 personas.

Luego de frustrada la reunión de la mañana, el Gobierno y las cúpulas sindicales parecen recomponer sus relaciones. Mientras el primero endurece nuevamente su posición con los huelguistas y amenaza con disponer 1.200 despidos más, las cúpulas se movilizan por el interior del país tratando de quebrar el paro.

La Comisión de Enlace, en una conferencia de prensa, por mandato del plenario de Haedo hace una convocatoria a todos los ferroviarios organizaciones políticas, gremiales y sociales y al conjunto de la población, a participar del acto a realizarse el día siguiente al pie del obelisco, con tres consignas básicas: "El hambre no se derrota con palabras sino con lucha", "Esta vez no habrá traición, esta vez dirigen las bases" y "El triunfo de los ferroviarios es el triunfo de todos". Miles de afiches y volantes son distribuidos en la zona metropolitana.

El viernes 22, se cumplían 10 jornadas consecutivas de huelga. El más de medio millar de despedidos pertenecían a La Fraternidad y Señaleros, no había cesantes de la Unión Ferroviaria. En este último gremio, las seccionales que cumplían medidas de fuerza lo hacían en forma intermitente, paros parciales, quites de colaboración, trabajo a reglamento, asambleas y nuevas medidas. La excepción eran los afiliados de Liniers, Mecha, Haedo, Castelar y Olavarría que cumplían la huelga sin límite. Evidentemente el Gobierno y la burocracia confiaban que a través de los días podían dominar la situación, entonces disponer cesantías masivas en el sector podía resultar contraproducente para ese propósito. Pero once días de medida tras medida y la adhesión potencial de nuevas seccionales demostraba que los dirigentes eran impotentes para lograr ese cometido. Así, el Gobierno decide cambiar la estrategia con esos trabajadores.

La seccional Rosario de la UF en una asamblea donde participan 1.200 obreros resuelve adherir al paro por tiempo indeterminado al recibir 5 de sus afiliados el telegrama de despido. Igual determinación toma, luego de una acalorada sesión, la filial Victoria del mismo gremio, 19 trabajadores habían sido despedidos en esta. Llueven cesantías también sobre los afiliados unionistas de Haedo, Castelar y Villa Constitución.

Los obreros del galpón de locomotoras de Remedios de Escalada, del mismo sindicato, decretan paro por 24 horas.

La Comisión Directiva de La Fraternidad anuncia que ese cuerpo dispuso la intervención a las 69 seccionales y 21 delegaciones del gremio que cumplían el paro por tiempo indefinido, las que nucleaban a 7.000 de los 9.000 afiliados de la institución, un absurdo total.

En el Consejo Deliberante de la ciudad de Buenos Aires, el bloque de la Unidad Socialista presenta un proyecto de comunicación "para solicitar al Ejecutivo Nacional la solución del conflicto ferroviario atendiendo el justo reclamo de los trabajadores".

El líder de la CGT Azopardo, Saúl Ubaldini, se entrevista con el factótum Cavallo donde le presenta un petitorio de 14 puntos sobre la política económica, luego de lo cual declara a los periodistas que "todos los reclamos de los trabajadores ferroviarios que estén plenamente justificados se deben cumplir a través de sus conducciones orgánicas, como corresponde". O Ubaldini había sincerado su postura o había sido convencido por el factótum para que actuara así, lo cierto es que esta declaración difería mucho de la manifestada al comienzo del paro, cuando se solidarizó con los ferroviarios.

En la ciudad de La Plata, los ferroviarios en huelga, trabajadores estatales y de los astilleros, realizan un acto conjunto "de resistencia", que tuvo mucha fuerza y repercusión en la comunidad.

En la Capital Federal, en la Plaza de la República, al pie del Obelisco, justo a las 18, comenzó el festival artístico popular de "solidaridad con la lucha de los ferroviarios". Tres mil manifestantes pusieron calor al acto. Con las venas hinchadas desparramaron consignas a los cuatro vientos. Se acordaron con dureza de Menem, de Jaime, de Pedraza, de Ubaldini y hasta la reglamentación del derecho de huelga: "Que boludo, que boludo, el decreto se lo mete en el c...".

El locutor Ariel Delgado abrió el acto diciendo "Ferroviarios un gremio que no se rinde, si ellos ganan, ganamos todos", luego de lo cual comenzó a leer las solidaridades recibidas; de la Confederación de Trabajadores de Canadá; de las tres centrales sindicales de Milán, Italia; de la Central de Trabajadores de París, Francia; de la Central Anti-burocrática de Australia; de sindicatos nacionales, seccionales y comisiones internas que sumaban más de 200.

Después empezaron a desfilar los artistas que se habían acercado solidariamente, la actriz Cristina Banegas recitó un poema del mártir salvadoreño Roque Dalton, el poeta Arturo Vázquez, hijo y padre de ferroviarios, recitó su propio poema alusivo a la lucha de los trabajadores del riel y otro dedicado a Las Madres de Plaza de Mayo, presentes en el acto; la cantante chilena Ana María Miranda conmovió con su impresionante voz, sus combativas canciones trasandinas y una versión particular del tango cambalache.

Ariel Delgado siguió leyendo solidaridades: del premio Nobel de la Paz Adolfo Pérez Esquivel, de Centros de Estudiantes, de Asociaciones de Jubilados, de Sociedades de Fomento, de organizaciones de Derechos Humanos, de partidos políticos y muchas individuales.

Luego le tocó el turno a otros artistas. Carlos Andino demostró sus dotes de payador, Francisco Terragno desplegó con fuerza su repertorio contemporáneo. Después se hizo presente el hijo de un ferroviario de Rosario, muy famoso él, Juan Carlos Baglietto, que emocionó a todos con la canción de Roque Narvaja "Mienten". El profundo y respetuoso silencio permitió que la voz del cantor ocupe todo el espacio: *Miente, (cantaba el juglar) la sonrisa del adolescente, las pretensiones de los pretendientes, el feliz reflejo en espejo de la gente. Y miente, quien dice que no es urgente porque el fantasma del hambre se aparece entre la gente. Miente, esta agonía sobre mi pecho verde, la mala racha de un hombre valiente, las cuatro puñaladas de esos cuatro delincuentes. Y mienten, han sellado mi engaño, han marcado las barajas y me han robado la suerte. Y no me puedo enderezar, y estoy parado, nací para trabajar, nací para trabajar, y no hay trabajo".*

La ovación que desató la actuación de Baglietto fue impresionante. Largos minutos de aplausos y gritos surgían de lo más íntimo de esos valientes trabajadores, muchos de los cuales tenían los ojos brillosos por las lágrimas que no se podían contener.

Finalmente subieron al palco los integrantes de la Comisión de Enlace, quienes luego de agradecer la solidaridad de la población y de las personalidades presentes entre los que se encontraban el diputado nacional Carlos Chacho Álvarez y Néstor Vicente; a las Madres de Plaza de Mayo y al Sindicato de Músicos Populares por el apoyo brindado para el evento, procedieron a leer el documento de las seccionales en lucha titulado "Trenes parados y una nueva conciencia en marcha": *El apoyo sin precedentes de la población a los ferroviarios en conflicto demuestra que nuestra demanda de un salario digno traduce el anhelo de todo el pueblo argentino que ya no soporta la infinita sucesión de ajustes, y ve en la férrea determinación de los trabajadores del riel la esperanza de poner fin a la política económica que favorece a unos pocos y hunde en la desesperación a la inmensa mayoría.*

Nadie que actúe con honestidad puede acusarnos de apresuramiento, falta de voluntad negociadora o irresponsabilidad gremial. Antes de llegar a esta instancia el reclamo de los ferroviarios cumplió todos los pasos posibles. Mientras recorrimos ese camino nuestro salario cayó a tal punto que hoy no cubre ni la cuarta parte de la canasta familiar. Diecinueve meses de inútiles negociaciones. No hay argumento formal contra esta realidad dramática.

Los trabajadores no sólo tenemos en esta lucha la razón inapelable sino también el respaldo de las leyes. La prolongación del conflicto y la difícil encrucijada actual fueron provocadas por las conductas de la Empresa y el Gobierno que a nuestras justas demandas responden con amenazas y despidos.

El presidente de la Nación al amenazar con la movilización ataca los sentimientos más hondos de la población, harta de tanta frivolidad, corrupción y autoritarismo, y demuestra que desconoce a los trabajadores ferroviarios. No es con amenazas ni represión como se hallará una solución, sino atendiendo los justos reclamos.

El partido del hambre que puso en movimiento esta genuina y democrática lucha cuenta desgraciadamente con millones de afiliados en nuestra Argentina de hoy. No permitiremos que cunda la desesperación y la resignación. El hambre no será manipulada por nadie, por el contrario, será el motor para organizarnos y aprender a defender nuestros derechos en todos los terrenos.

Ratificamos la inalterable decisión de defender la reincorporación de todos los cesantes y reivindicar la recomposición salarial y sobre esa plataforma hacer los mayores esfuerzos para poner fin al conflicto.

A aquellos que nos comprenden y nos apoyan les hacemos llegar nuestro compromiso de ser fieles al mandato de las bases.

La manifestación había concluido y templado el ánimo de los huelguistas. *La realización del acto respondía obviamente a distintas necesidades, (comenta Lucita), encontrar un canal de participación a las bases en huelga, propagandizar el propio conflicto, generar un hecho que tuviera repercusión nacional e impactara sobre las seccionales del interior, presionar sobre las autoridades para lograr un canal de negociación y fortalecer la campaña de recaudación de aportes solidarios para el Fondo de Huelga. Todos estos objetivos fueron en gran medida alcanzados.*

Estas actividades tenían su correlato local con las que se realizaba a nivel seccionales; prácticamente no había ningún asentamiento ferroviario en conflicto donde no se hicieran actos, bailantas, festivales, recorridas, o volanteadas, en los que se recaudaban fondos y alimentos destinados a los huelguista, por lo que las actividades se multiplicaban jornada tras jornada y el número de activistas aumentaba con ellas.

La ejecución de estas tareas por las bases fue fundamental ya que además de constituir una fuente importante de ingresos, imprescindibles para mantener a las familias afectadas, eran actividades que al implicar ligazón con otros trabajadores, usuarios del ferrocarril, jubilados, amas de casa, en fin, con el pueblo trabajador en su conjunto; generaban discusiones e intercambio de ideas en los cuales las muestras de solidaridad y afectos eran constantes con su directo resultado de ascenso en la moral colectiva de lucha.

La buena respuesta entre la gente, captada involuntaria pero magistralmente por las cámaras de televisión, que en sus recorridas diarias por la congestionadas paradas de colectivos buscando reflejar broncas masivas contra los ferroviarios, encontraban en general cargos y denostaciones contra el propio Gobierno y solidaridad con los hombres del riel, daba ánimo a los piquetes de huelguistas para incursionar en las filas de los sufridos pasajeros, incluso hasta para ascender a los colectivos truchos en busca de los tan necesarios aportes económicos.

La participación en estas tareas, en las que colaboraban inclusive esposas e hijos de huelguistas y tenían carácter de inédito para muchos de ellos, fueron templando la voluntad y afirmando la convicción de continuar hasta el final.

El único que marchaba en sentido contrario era el Gobierno que volvía a atacar con medidas represivas cada vez más insolentes, ahora anunciaba el cierre de los talleres Victoria del ferrocarril Mitre, con lo que quedaban 500 trabajadores más en la calle.

Pero todo esto no desalentó a los ferroviarios en lucha, sino todo lo contrario; habiendo palpada la incondicional y enorme solidaridad del pueblo argentino, se sentían más fuertes y unidos que nunca; demostrando que "con los trenes parados, una nueva conciencia estaba en marcha".

Manifestación ferroviaria. Foto diario Página/12.

13: El susto de los déspotas (23/02/91–26/02/91)

El sábado 23 de febrero, cuando transcurrían 11 jornadas de protesta,
Página/12 comentaba la reunión que nucleaba a los ferroviarios en lucha en
la sede de la seccional Retiro de La Fraternidad, bajo el sugestivo título "El
susto de los déspotas": *Tres carteles con sendas leyendas, en fondo blanco
con letras negras, presidieron el plenario que los huelguistas realizaron a dos
cuadras de la estación Santos Lugares. Uno citaba a Agustín Tosco: "Es preferible honra sin sindicatos que sindicatos sin honra". Otro mentaba a Juan B.
Justo: "Reivindico para los obreros ferroviarios las libertades de agremiarse y
declararse en huelga". Y el restante se remontaba aún más en el tiempo: "Los
déspotas escuchan con susto la voz de los pueblos", escribió alguna vez el
secretario del primer Gobierno patrio, Mariano Moreno. Con esa Escenografía,
los delegados de seccionales en paro se entusiasmaron denostando a Menem,
"Te torcimos el brazo, te paramos de nuevo, vos no echas a ninguno" entonaron
repetidamente batiendo palmas.*

*A un costado, la cartelera para afiliados parecía una suerte de collage del
conflicto. Allí estaba la nómina de la cúpula del gremio de los maquinistas con
sus apellidos coloreados y una referencia lateral: "Traidores". Seguido el
anuncio de intervención a las filiales en huelga; la fórmula para contestar
telegramas de despido y la presentación al ministro de Trabajo con la demanda
de un básico de dos millones.*

*Un aviso hacía constar la nómina de radios zonales "que ponen sus micrófonos
a disposición" y la solidaridad de los médicos y enfermeros del Hospital Castex
que ofrecieron atención a familiares de huelguistas. Todo en menos de dos
metros cuadrados y bajo la invitación "Compañero, lea, tome conciencia,
luche y no tema".*

*Hasta que la asamblea resolvió los puntos en discusión, la comidilla fue el
ahorro de cuatro millones que hizo el Comité de huelga gracias al aporte del
ex asesor presidencial Alberto Samid. "Vino a preguntar si necesitábamos
algo. Le contestamos que ya que había fletado micros para rescatar turistas
en Mar del Plata, nos diera diez colectivos para trasladar compañeros al acto
del viernes en el Obelisco, y los puso. Acá aceptamos todas las ayudas, pero
con la aclaración de que el paro es nuestro y nadie se mete por mucha guita
que ponga", confió uno de los puntales de la protesta.*

El plenario resolvió: Reafirmar el paro por tiempo indeterminado por cesantes
y salario. Constituir un Fondo de Huelga Nacional y una Comisión de Finanzas
para administrarlo. Formar comisiones por línea para lograr la adhesión de
otras seccionales. Organizar una marcha a Plaza de Mayo el martes 26.
Centralizar una Comisión de Prensa y editar un Boletín de Huelga.

"En las vías solo corre el tiempo", titulaba Página/12 otra nota donde analizaba la situación del conflicto: *El Gobierno, la empresa Ferrocarriles Argentinos y las desbordadas cúpulas sindicales del riel, intensificarán esta semana la presión destinada a quebrar la huelga que ya cumplió la undécima jornada consecutiva con parálisis casi total de trenes.*

La clave del apuro oficial está en el almanaque. Si el paro consigue llegar a marzo, analizan algunos despachos ejecutivos, podría encadenarse con otros dos conflictos en germen: educación y salud. Ni pensar si las imprevisibles negociaciones paritarias, con fecha para los primeros días de marzo disparan otras protestas gremiales.

En sentido inverso, la asamblea de los huelguistas apuesta a la continuidad de la medida y una masiva marcha a Plaza de Mayo para forzar una negociación directa con el Gobierno.

Con cada jornada que se suma a la huelga, el ajedrez que se juega en cada conflicto tiende a simplificarse. Así lo entendió el plenario de Santos Lugares que reconoció como arma casi excluyente el sostenimiento del paro. "Las gestiones mediadoras sirven, pero no definen. Aquí lo que define es nuestra lucha", sentenció Juan Vitale de la línea San Martín. Los huelguistas dejan hacer a terceros (diputados, senadores, Ubaldini, Etchezar y hasta allegados a la dueña de Loma Negra, Amalita Fortabat, preocupados por la imposibilidad de transportar cemento) pero solo confían en su propia acción. No por casualidad el debate del plenario estuvo centrado en la organización del fondo de huelga para afrontar las sanciones económicas de la Empresa, que se negó a abonar la suma fija de 250.000 australes y ya anticipó que no pagará los haberes de febrero.

Mientras, activan en la interna del riel para sumar seccionales. Hasta el momento paran cinco seccionales de la Unión Ferroviaria y tres de Señaleros, recayendo el peso de la protesta en decenas de filiales de La Fraternidad. Con esas pocas piezas y la convicción de que ahora el Gobierno es mucho más débil que en el conflicto de abril del 90, mantienen el tablero equilibrado.

El Gobierno, en cambio, mueve más trebejos. Después de revertir la torpeza inicial que significó la amenaza de militarizar el conflicto, el oficialismo encaró una prolija tarea de aislamiento para los huelguistas. Con micros y aviones despejó los centros turísticos donde los que quedaron varados por el paro presionaban por su solución e insultaban al Ejecutivo. Luego inició la campaña destinada a probar el tinte izquierdista de la huelga, para los cual contó con el apoyo militante de las cúpulas sindicales que, a su vez, presionaron con la intervención a las seccionales díscolas. El operativo "asfixia" lo completó la Empresa remitiendo 600 telegramas de cesantías, suspendiendo a otros 4.000 huelguistas, sancionando económicamente y clausurando los talleres Victoria. No obstante, el paro continúa con fuerza. Por eso los huelguistas recelan de la reunión paritaria citada para el lunes 2 con las cúpulas de Unión Ferroviaria y Asociación de Señaleros. Con algunas concesiones en la mano esas conducciones hostigarían para reencausar a los rebeldes en la línea oficial de corroer y desgastar a los ferroviarios en paro.

El domingo 24, en el duodécimo día de huelga, las seccionales en lucha, luego de un denodado esfuerzo, logran imprimir el Boletín de Huelga Nº 1, que contenía un fuerte editorial, las resoluciones de los plenarios de Kilo 1, Haedo y Santos Lugares, y una agenda de la lucha conteniendo por orden cronológico los principales acontecimientos del conflicto. Finalmente se fundamentaba la creación del Fondo de Huelga Nacional para que "ningún compañero se quiebre por hambre" y se hacía una convocatoria a la marcha del día 26. "Esta vez no habrá traición, esta vez dirigen las bases" es la consigna que cerraba el boletín editado por la Comisión de Prensa.

El Boletín de Huelga (dice Lucita) al igual que el Fondo de Huelga, resultan herramientas indispensables en todo conflicto de cierta envergadura, más aún cuando se desarrolla al margen y aun en contra de las conducciones nacionales. Es particularmente importante en un gremio como el ferroviario, diseminado en todo el país, donde no solo cumplía funciones informativas o de financia- miento de actividades, sino un rol organizativo fundamental. La resolución que concretaba el Boletín de Huelga y su propia edición resultaba entonces un avance en la organización y buscaba contrarrestar la utilización que hacían las Directivas, la Empresa y el Gobierno de los acontecimientos.

En la Unión Ferroviaria de Rosario, la Comisión Ejecutiva, en complicidad con la Jefatura de la Empresa, efectúa una asamblea sin previo aviso con la intención de levantar el paro, pero la presencia espontánea de 400 afiliados en la misma ratificaron la huelga.

La seccional Villa Lynch Eléctrica de La Fraternidad de la Línea Urquiza, en una difícil asamblea, resuelve retomar la medida de fuerza.

El lunes 25, en la decimotercera jornada de paro, el Consejo Deliberante del partido de Morón, en el oeste del conurbano bonaerense, al que pertenecen las ciudades de Haedo y Castelar, en sesión extraordinaria aprueba el decreto 12/91 donde expresa:

1) La presidencia del Honorable Consejo se dirigirá a las autoridades de Ferrocarriles Argentinos y del Ministerio de Trabajo de la Nación a fin de hacerle conocer la inquietud con que este Cuerpo ve el despido de obreros ferroviarios por ejercer legítimos derechos de huelga.

2) Asimismo se dirigirá a las partes, invitándolas a que extremen los recursos para poder, mediante negociaciones, poner fin al conflicto.

El presidente de ese cuerpo, Alberto Descalzo, lleva la resolución a las seccionales en lucha y manifiesta su solidaridad con "la justa lucha que vienen desarrollando".

En la sede central de APDFA sesiona un Congreso de Presidentes Seccionales de ese gremio que resuelve: "Brindar la solidaridad de la Asociación a los ferroviarios en huelga e instrumentar recaudaciones voluntarias para constituir un fondo de ayuda solidaria para las familias de los camaradas en conflicto", asimismo aprueba "participar activamente en toda movilización que aquellos realicen".

La Comisión de Enlace efectúa una conferencia de prensa para informar a la opinión pública sobre la marcha del conflicto y sobre los detalles organizativos de la marcha convocada para el día siguiente.

En la seccional Victoria de la Unión Ferroviaria se ensaya una maniobra similar a la intentada el día anterior en Rosario por parte de la burocracia, pero 300 obreros avalando el paro la frustran de igual manera.

En la filial Rosario de LF también es derrotada una arremetida dela burocracia, que intentaron desactivar el paro sembrando confusión.

Cerca de allí, en Pérez, se realiza una formidable asamblea popular donde participan unos 200 ferroviarios y delegados de casi todas las organizaciones sociales y populares de la ciudad, donde se discute y se resuelve implementar una serie de medidas tendientes a apoyar la huelga del riel.

La CGT Azopardo emite un comunicado de prensa en el que sostiene que "compromete su voluntad para alcanzar una solución al conflicto".

El martes 26, al cumplirse 14 días de huelga, la manifestación ferroviaria ocupó un espacio preponderante en los medios de comunicación. "Ferroviarios, vía libre a la protesta" tituló Crónica su portada con letras gigantes, comentando en la página 2: *Miles de trabajadores ferroviarios en huelga, dirigentes y delegaciones de otros gremios en conflicto y sectores políticos, manifestaron en la Plaza de Mayo, concentrándose para reclamar un salario básico inicial de dos millones y la reincorporación de los cesantes por el conflicto, que mantiene totalmente paralizados los ferrocarriles desde hace dos semanas.*

El Boletín de Huelga Nº 2 de las seccionales aportaba otros detalles con el entusiasmo lógico: *Encabezada por la columna ferroviaria, compuesta por compañeros de los tres gremios en conflicto y numerosas delegaciones del interior, entró en la plaza como un torrente desbordante de vida y esperanza la marcha convocada por las seccionales en lucha.*

Los compañeros del interior eran los más entusiastas, allí se confundían junto a las de las seccionales locales, las pancartas de Olavarría, Las Flores, Mechita, Rosario, Junín, Córdoba, Tucumán, La Banda, etc. Mientras tronaban los bombos en competencia con las consignas que machacaban una y mil veces que esta lucha no se entrega.

Ya en la plaza era interminable la lista de adhesiones que se hacían conocer desde el palco, allí estaban los estatales, docentes, judiciales, papeleros, metalúrgicos, telefónicos , municipales, aeronáuticos, telepostales, de vialidad, de los astilleros, de APDFA, de la Interhospitalaria Bonaerense, bancarios, científicos del CONICET, estudiantes, jubilados, excombatientes de Malvinas, comisiones barriales, regionales de la CGT, Madres de Plaza de Mayo, y muchas otras organizaciones sociales, gremiales y de derechos humanos. También estaban los partidos políticos que adhirieron a la convocatoria con sus banderas y consignas. No faltaron legisladores que apoyan nuestra lucha: Carlos Chacho Álvarez, Franco Caviglia, José Conde Ramos, Juan Pablo Cafiero, Luis Brunatti, Pedro García, Carlos Raimundi, y Luis Zamora quien, al igual que el senador Oraldo Britos, anunció el donativo de su dieta legislativa para el Fondo de Huelga.

El mayor fervor se desató cuando subieron al palco los compañeros de la Comisión de Enlace: la voz de Daniel Tronconi transmitía el mensaje de las seccionales: "El pueblo está con los ferroviarios en lucha... más de uno debe estar temblando ahora mismo al comprobar el respaldo masivo conque contamos... no es nuestra culpa si los dirigentes de nuestros sindicatos en lugar de defender los intereses de los trabajadores juegan el triste papel de rompehuelgas y se acomodan a la voluntad de los gobernantes que, en vez de velar por intereses del pueblo, cumplen mansamente las órdenes del Fondo Monetario Internacional... estamos orgullosos de la metodología democrática con que las bases sostienen esta lucha... la responsabilidad por la prolongación del conflicto cae enteramente sobre las autoridades... que no se confundan, que no interpreten nuestra permanente predisposición al diálogo con debilidad ... esta vez no habrá traición, esta vez dirigen las bases".

Muchos se preguntaban al ver la marcha ¿por qué en medio de semejante conflicto parecía que estuviésemos festejando?, y algo de eso había, porque esta es la lucha de la esperanza, la firme decisión de los ferroviarios de no se pisoteados como trabajadores, de no ser relegados a ciudadanos de cuarta cuando nuestra función es fundamental en la vida del país. Esa es la razón, por eso nos acompaña el conjunto de los trabajadores que dicen " si los ferro-viarios ganan, ganamos todos".

En determinado momento se vivió el único hecho que perturbó un tanto la armonía. Subió al palco Mary Sánchez, titular de CTERA, quien se había hecho presente para acercar la solidaridad del gremio docente. Sánchez fue invitada a hablar pero no pudo hacerlo. Primero recibió un generalizado "Y donde está, que no se ve, esa famosa CGT" a cuyo consejo directivo pertenecía la dirigente. Luego un grupo de docentes comenzó una chiflatina que fue extendiéndose hasta hacerse abrumadora, lo que convenció a la Sánchez de suspender su arenga. Este hecho desataría después encontradas discusiones entre los huelguistas debido a diferentes interpretaciones, y porque se evaluaba firmemente la probabilidad de unir la lucha con la de los docentes.

Veinte mil personas según los organizadores, seis mil según la estimación policial; formaron parte del acto que comenzó con una concentración en Plaza de Mayo a las 18 horas, bajo una severa vigilancia policial que rodeaba la Casa de Gobierno; y continuó con una marcha por Avenida de Mayo hasta el Congreso, luego de lo cual, pasadas las 21, los manifestantes se desconcentraron sin que se produjeran incidentes ni hubiera intención. Esta es la manifestación de protesta más importante que hayan protagonizado los gremios ferroviarios en toda su historia. (Diario Crónica).

Los trabajadores del riel, con tal convicción para la lucha, habían conmovido nuevamente a la sociedad, de manera tal que los funcionarios y propagandistas oficiales, a diferencia de otras veces, se abstuvieron de efectuar comentarios degradantes sobre el acto, guardando por el contrario un hermético silencio, como si se hubieran quedado sin palabras... ¡Entonces era cierto... que los déspotas se asustan!

Manifestación ferroviaria en Plaza de Mayo 26/02/91. Foto diario Crónica.

14: Intimación, propuesta y amenaza (27/02/91–01/03/91)

El miércoles 27 de febrero, en la decimoquinta jornada de huelga, el Ministerio de Trabajo de la Nación lanza una propuesta a los gremios ferroviarios en conflicto, a la vez que los íntima y amenaza.

En primer lugar, la Cartera Laboral intima a los sindicatos a levantar la huelga en un plazo improrrogable de 48 horas a cumplirse exactamente a las cinco de la tarde del viernes 1° de marzo, mientras que intima a la Empresa a que se abstenga de disponer nuevas cesantías en ese transcurso. Asimismo amenaza con intervenir La Fraternidad sino cesan las medidas de fuerza. Por otro lado, el ministro llama a dialogar a los gremios, y en el caso de los maquinistas se debería formar una comisión "ad-hoc" entre directivos y representantes de las seccionales en conflicto, pero no se compromete a tratar un temario preestablecido, ni formula propuesta alguna sobre la reincorporación de los cesantes, ni sobre la recomposición salarial reclamada. De qué iban a hablar entonces era todo un misterio y un muy débil argumento como para contentar a los ferroviarios, y además nuevamente se obviaba la imposición a la Empresa de dejar sin efecto las cesantías y retrotraer la situación a la existente antes del desencadenamiento del conflicto.

Clarín, bajo el rótulo "El costo del diálogo", analizaba la cuestión: *Entre la sentencia "ramal que para, ramal que cierra" dictada por el presidente Menem cuando enfrentó uno de los primeros paros ferroviarios durante su gestión, y la invitación a negociar que evalúan los huelguistas, se apuntan cambios de criterios dictados por la realidad. Por un lado, aquella severa amenaza se respaldaba en un mayor oxigeno político. Por otro, se ha acumulado suficiente experiencia como para tomar nota que "clausurar líneas de trenes no sale gratis", por lo menos para los usuarios. Muchos de ellos, en estos días, gastan tres veces más de sus magros presupuestos para viajar a sus trabajos, mayormente con una incomodidad exasperante. Admitida la imposibilidad de clausurar líneas, pero trabado el conflicto ante la ausencia de diálogo, lo que hizo el Ministerio de Trabajo convidando a los dirigentes de la huelga a sentarse a la mesa fue generar el interlocutor que faltaba.*

Institucionalmente, la situación de La Fraternidad ante este paro es delicada. Su titular, el azopardista Jaime, no podía por si solo emprender el diálogo con sus seccionales levantiscas, para terminar asumiendo el rol de "mediador" entre los huelguistas y la Cartera Laboral. El ministro Díaz le ahorró "tan deslucido papel" convocando él a las seccionales en conflicto, si es que se suspenden las medidas de acción directa.

La operación se decidió en el Ministerio de Trabajo el martes a la noche, (luego de transcurrida la manifestación huelguista), y en todo momento el presidente Menem estuvo al tanto del camino a emprenderse.

Para arribar a esta propuesta, el Gobierno debió asumir un primer costo: "su lenguaje de dureza al despuntar el paro quedó desacomodado".

El otro costo lo comparte con los dirigentes sindicales: "Conversar con quienes enfrentaron a sus conducciones siempre fue tomado como un antecedente peligroso que había que salvar a cualquier precio". En Trabajo se accedía a una artimaña del lenguaje para digerir algo que días atrás se consideraba indigerible: "dialogar con los que rebasaron a sus jefes orgánicos no sería un precedente porque se trata de una situación particular".

En el Ministerio también se esperaban las primeras señales de las seccionales rebeldes. En éstas las cosas no están tan claras: "se habla de aceptar la cuerda tendida pero sin levantar el paro hasta que se formule una oferta concreta".

En tanto el presidente Menem se ocupaba personalmente del conflicto, no para solucionarlo, sino para terminar de aislar a los huelguistas. Se reúne con Juan Manuel Palacios, secretario general de la UTA, el gremio de conductores de colectivos y miembro del Consejo de la CGT Azopardo, para acordar una estrategia que permita arribar a un rápido arreglo en las paritarias del sector y evitar así otro posible conflicto de similares características.

El jueves 28, en el decimosexto día de huelga, Ferrocarriles abona el sueldo a todos los empleados que no cumplían medidas de fuerza, muchos de los cuales efectúan aportes al fondo de huelga de sus camaradas en conflicto.

La periodista Olga Viglieca comentaba en la revista El Porteño, los pormenores de un nuevo Plenario organizado por las seccionales en lucha en la filial San Martín de La Fraternidad: *"Menem, Menem, cobarde, la c...... de tu madre". Son alrededor de 300 ferroviarios, 53 con mandato seccionales, el resto con representaciones menores. Los divide un espacio desocupado "para que no haya suspicacias en los votos", votan sólo los primeros, pero ahora se han puesto de pie, se han parado en las sillas, agitan las camisas como en la cancha y gritan "Oh ferroviario, es un sentimiento..." todos juntos. Hay algunos que vienen de La Banda, Santiago del Estero, viajaron 1.000 kilómetros, no tutean a sus compañeros y muestran los papeles firmados por los que quedaron en la seccional como el documento más valioso. Otros todavía vienen de más lejos. Hay quienes tienen más suerte y llegaron desde Junín, Rosario, Villa Constitución o Mar del Plata, cerca, les parece.*

Como algunas seccionales no tienen plata para viajar, juntan entre varias un delegado que lleve todos los mandatos. Cantan, gritan y les brillan los ojos. No les gustan los discursos largos, "no nos arenguemos entre nosotros mismos", y cuando la mesa propone puntos tediosos, balance del festival, gestión de prensa, se aburren y quieren discutir los puntos en los que sienten que se juega la suerte del conflicto. El que preside la sesión insiste: "ya sé que todos queremos discutir como carajo pelear, pero esto también hay que tratarlo". Finalmente prevalece la ansiedad y hay que dar vuelta el orden del día.

Tienen un respeto religioso al "mandato de las bases", a tal punto que habrá delegados que se abstengan en la votación del Fondo de Huelga, "aunque por supuesto estoy de acuerdo compañeros", sólo porque no fue votado en la seccional. Y ese respeto es inversamente proporcional al odio que le merecen sus direcciones orgánicas, "traidoras, hijas de Menem".

El Plenario resolvió:

Continuar con el paro por tiempo indeterminado mientras no haya una propuestas firme sobre la recomposición salarial y la reincorporación de todos los cesantes.

Sobre los despedidos de la Obra Social, reivindicar sus demandas sin que ello constituya un condicionamiento al levantamiento del paro. Presionar a las cúpulas sindicales para lograr que sean reincorporados y prestarles la ayuda material posible a través del Fondo de Huelga.

Incluir como reclamo no condicionante del levantamiento de la medida la reapertura de los talleres Victoria y de cualquier otro taller o ramal que sea amenazado. Asimismo resistir cualquier clausura sobre la base que no quede ningún compañero cesante.

Sobre el pago de sueldos adeudados, que la Comisión de Enlace exija el pago total de los salarios y la suma fija, y que las seccionales realicen las acciones que se voten por línea para reforzar tal exigencia. Iniciar acciones legales correspondientes por la retención indebida de salarios. Si se pagara el 50 % cobrarlo sin que ello implique levantar la exigencia del pago completo ni ningún otro compromiso.

Ante la eventualidad de que el Gobierno quiera tomar los locales sindicales vencido el plazo del viernes, se convoque a todos los compañeros a permanecer en las sedes y llamar a la población a rodearlas para su defensa.

Que se haga un fondo común en cada seccional para pagarle el sueldo a los cesantes.

Se conforma una comisión para tratativas con la Empresa integrada por Jorge Rosales, Damián Guerrero, Jorge Pérez, Luis Peralta y Norberto Orlando.

Se designa para conformar la comisión Ad-hoc a Luis Peralta, Juan Vitale, Fabián Piccini, Daniel Tronconi y Luis Poeto.

Se conforma una Comisión de Finanzas con compañeros de todas las líneas que deberán dinamizar las tareas del Fondo de Huelga y abrir una cuenta solidaria en una entidad bancaria.

Se deberán conformar Comisión de Organización por línea para asegurar la movilización de los afiliados en caso de intervención.

Estuvieron presentes en la reunión dando su solidaridad una delegación de los trabajadores telefónicos. Una delegada de ellos fue invitada a hablar y sus palabras emocionadas inspiraron un respetuoso y profundo silencio: *"Como los respaldamos a muerte y no queremos que pierdan como nosotros el año pasado, le pedimos tres cosas: no permitan que se meta un cura... no dejen que intervenga Ubaldini... y no firmen jamás una tregua... así nos cagaron a nosotros".* Mientras los ojos de la delegada se llenaban de lágrimas, los ferroviarios no dejaban de ovacionarla.

El tradicional diario liberal La Nación comentaba sobre el Plenario: *Los huelguistas aceleraron el tren reivindicativo, como si la amenaza de intervención de La Fraternidad, si no se levantaba la huelga, hubiera sido una palada de carbón que activara las calderas, en lugar de un freno que detuviera su marcha. El Plenario decidió seguir con el paro mientras el Gobierno no efectúe una propuesta que atienda las demandas y advirtieron que si se disponía la intervención se tomarían las seccionales y eventualmente la sede del gremio, para resistir la medida. Ello significó redoblar la apuesta oficial que ofrecía a los rebeldes un sitio en la mesa de negociaciones a cambio de que se levante la medida sin promesas a la vista. Convencidos de que "si aflojamos perdemos", la decisión de continuar con el paro no solo no encontró oposiciones, sino que el mayor esfuerzo de la Comisión de Enlace debió centrarse en reiterar que "no habría claudicación", ante las insistentes demandas de algunos delegados que no parecían saciar sus ansias reivindicativas fácilmente.*

El ambiente alcanzó alta temperatura por la estrechez del lugar, que a duras penas podía contener a los centenares de asistentes, y por la demanda constante de los presentes que exigían una y otra vez que cualquier posibilidad de levantar el paro se decidiera en asambleas de base. Así, todas las resoluciones se adoptaron por unanimidad y aclamación. Solo algunas intervenciones de delegados de la Unión Ferroviaria y Asociación de Señaleros, que pedían elípticamente seguridad que se solicitaría por ellos si la Comisión Negociadora era recibida en la Cartera Laboral, exasperaron momentáneamente a los miembros de la Comisión de Enlace, ya que entendían que de esa manera se desconfiaba de su fidelidad.

Las deliberaciones, que duraron casi cuatro horas, y pudieron ser observadas por los periodistas siempre y cuando no exhibieran anotadores y grabadores, no alcanzó en ningún momento el tono de debate.

En los estribillos el presidente Menem y el titular de La Fraternidad tuvieron igual calificativo, "botón"; aunque para el primero hubo epítetos más duros. Los restantes cantos eran una incitación a seguir la lucha, como el que afirmaba que "si en el 61 no pudieron, ahora mucho menos", para lo cual contaron con la presencia de algunos maquinistas a punto de jubilarse que relataban a quienes quisieran escuchar, "su epopeya" de 42 días de huelga de 1961; y sostenían que "ahora hay más apoyo social que el que tuvimos nosotros".

El viernes primero de marzo, al cumplirse 17 días de paro, los ferroviarios festejaron mejor que nunca su día, "con lucha". En la mayoría de las seccionales en conflicto se organizaron chocolateadas para conmemorar el día del trabajador ferroviario. En algunas además, se realizaron asambleas, como en Rosario y Victoria de la Unión Ferroviaria, donde se ratificaron la adhesión a la huelga.

El diario La Nación volvía a analizar la situación del conflicto: *La decisión del Ministerio de Trabajo de dialogar con los huelguistas, más allá de representar un importante grado de flexibilización y de realismo, simbolizó una herida de muerte para el sindicalismo acostumbrado a ser socio privilegiado de las negociaciones, siempre superestructurales, con el Gobierno. Esta posibilidad alteró los nervios de las conducciones sindicales ferroviarias. En su óptica, les resta sustento político para encarrilar su explosiva situación interna.*

Acaso por primera vez ante una huelga de esta naturaleza, los funcionarios menemistas no cayeron en la tentación de adjudicarles motivaciones políticas. En el Gobierno se admite la justicia de los reclamos a raíz de promesas de recomposición salarial que, de tan añejas y olvidadas, tienen demasiadas telarañas. El gremio de los maquinistas, ante cualquier presunción que agite el factor ideológico como desencadenante de la huelga, es atípico. De no ser por el descontento de miles de trabajadores, sostenido en la disconformidad de sus ingresos tan alejados del prometido "salariazo", no habría activista que lograra mantener una medida de fuerza de ésta envergadura, durante tantos días y con tan elevado índice de acatamiento.

Por otro lado, los tiempos políticos del presidente no son los mismos que hace algunos meses atrás, durante el virulento conflicto telefónico. Por eso, el estancamiento en las negociaciones llevó al Ministerio de Trabajo a exigir a la cúpula de La Fraternidad que depusiera su intransigencia y aceptara compartir los intentos de conciliación con las seccionales huelguistas. La propuesta tuvo un matiz controvertido: la advertencia que el gremio sería intervenido si no cesa el paro ni consiguen arrimar al diálogo a los rebeldes. La ley sindical a la que acudió la Cartera Laboral para justificar su amenaza no incluye expresamente esa posibilidad en un gremio en crisis como La Fraternidad. Algunos memoriosos, sin embargo, recuerdan que la legislación tampoco preveía la suspensión de la inscripción gremial conque fueron castigados los telefónicos en su último conflicto, pero no le tembló la muñeca a ningún funcionario de Trabajo para decretar la medida, que en definitiva terminó siendo rechazada por la Justicia.

Pese a que la integración a las conversaciones oficiales era uno de los reclamos centrales, el Plenario de los huelguistas exigió propuestas concretas a sus demandas. Desde el Gobierno se asegura que la Cartera Laboral expuso la única variante de solución posible. Desde los huelguistas, que se justifica el pedido de oferta firme para desactivar la medida.

En una conversación informal, el subsecretario de Trabajo, Rodríguez, le manifestó a la Comisión de Enlace que "si se levantaba la huelga, se podría reubicar a algunos cesantes, incorporar al sueldo básico los 250.000 australes y pagar un anticipo de 500.000 a cuenta de lo que se acuerde en paritarias". Los huelguistas le respondieron que "la resolución del Plenario es que si no existe una propuesta firme, como un acta, que avale el ofrecimiento, y la garantía que serían reincorporados todos los cesantes y elevado el salario básico a dos millones, no había posibilidad de arreglo".

Rodríguez era amigo personal de Pedraza. Se habían conocido en la juventud cuando ambos militaban en las filas del comunismo. De la mano de Pedraza, Rodríguez fue asesor de la Unión Ferroviaria y luego ingresó al Ministerio de Trabajo. Este funcionario trataba a los huelguistas con cierta altanería. "Yo también fui revolucionario alguna vez" comentó, queriendo significar que los principios son desechables. "Peor que el que nunca tuvo conciencia, es el que la perdió", le respondió uno de los trabajadores. La cara del funcionario lo decía todo.

Después de varios días de silencio, apareció el presidente hablando del conflicto del riel. Ahora respondía a la inquisición de un programa radial desde Santa Rosa, provincia de La Pampa, manifestando: *"Lamento la situación de los compañeros, de los hermanos ferroviarios, pero la actitud del Gobierno también será de firmeza, ni hay posibilidad de ceder ante las presiones, las manifestaciones y los insultos de todos los días. Aquí no hay posibilidad de diálogo si no se levantan las medidas de fuerza. La actitud que asumirá nuestro Gobierno es la intervención de La Fraternidad y todas las medidas nesarias (sic) para terminar con esta situación"*.

En el Ministerio de Trabajo se realizó la primera reunión paritaria. En los primeros minutos, del primer día, de esa primera reunión paritaria, ("no llegaron ni a sentarse" dijo un ferroviario), Hernando Rubio, subdirector de la Dirección Nacional de Relaciones del Trabajo; Luis Canal, de la Federación Patronal de Transportadores Automotor de Pasajeros (FATAP) y los sindicalistas Juan Manuel Palacios y Roberto Fernández de la UTA, acordaron un aumento salarial para los choferes de colectivos del 27 por ciento retroactivo al 1° de febrero que elevaba el sueldo básico inicial de esos trabajadores a 2.800.000 australes. Simultáneamente se acordó un aumento en las tarifas del sector de igual porcentaje; por lo que "queda descartada cualquier medida de fuerza del gremio y de lock-out patronal" se apresuraron a asegurar a la prensa.

El ministro de Trabajo, con ansiedad contaba las horas y los minutos. Justo a las 17, como si fuera un homenaje siniestro hacia los trabajadores ferroviarios en su día, vencido el plazo intimidatorio impuesto a los huelguistas, recibe a los periodistas y hace pública la resolución N° 90 en la cual se decretaba la virtual intervención a La Fraternidad, al designarse delegado normalizador del gremio a Ricardo Fernández Amenábar, funcionario de esa cartera, luego de haber suspendido la reunión de la comisión ad-hoc por no haberse levantado la medida de fuerza.

El diario Crónica comentaba sobre la conferencia de Rodolfo Díaz: *El ministro no abundó en novedades y mayores precisiones sobre el conflicto, dijo que "el pedido de intervención se fundamentaba en el incumplimiento por parte de los dirigentes a lo dispuesto en los términos de la conciliación obligatoria". Denunció asimismo que "en las actuales circunstancias los trabajadores ferroviarios han visto conculcados sus derechos constitucionales de negociar colectivamente las condiciones salariales" a las que consideró "explicables".*

El ministro, quien en buena parte de su introducción previa a las preguntas y aún en esta instancia, se dedicó a historiar largamente el conflicto y sus orígenes, dijo que "los dirigentes de La Fraternidad no cumplieron o no pudieron cumplir con los emplazamientos vencidos". Agregó que "la actitud de los trabajadores en huelga compromete la salida institucional", con lo que dejó entender que el Gobierno no se apartará de esa vía. De todos modos, Díaz admitió que "disponer nuevos despidos podría tensar aún más la cuerda", pero se limitó a señalar que "esas medidas solo serán dejadas sin efecto si los ferroviarios levantan la huelga en un todo de acuerdo con la ley". Aseveró además que "el Gobierno no da por superado el conflicto", pero se esperanzó conque "con estos pasos que hemos dado se termine".

Luego de concluida la conferencia, el designado delegado normalizador y el subsecretario Rodríguez se dirigieron a la sede de La Fraternidad para asumir el primero sus nuevas funciones.

En las inmediaciones del gremio la Policía Federal había desplegado un impresionante dispositivo "para evitar que el edificio fuera tomado por los huelguistas", cosa que estaba muy lejos de sus intenciones, ya que éstos tenían como único propósito defender las seccionales.

El cuerpo directivo del sindicato no permite el ingreso de los funcionarios a la sede, pero los recibe en el aledaño hotel sindical. Allí les comunican que "resistirán la intervención". La reunión fue muy cordial, lo que creo suspicacias entre los huelguistas

Crónica rescataba el testimonio de un obrero del riel que sintetizaba el pensamiento y sentir de todos los demás. *"Tenemos el apoyo de la población y estamos junto a nuestras esposas e hijos. No nos van a poder sacar de acá. No nos van a derrotar. Esta huelga es justa y triunfará".*

La gente en tanto volvió a demostrar en los diferentes medios de comunicación una renovada ola de hostilidad hacia las autoridades que no reparaban en sus enflaquecidas cuentas familiares, el aumento en los pasajes de colectivos había caído como aceite hirviendo sobre la población trabajadora.

15: Tensa calma (02/03/91–03/03/91)

El sábado 2 de marzo, en la decimoctava jornada de huelga, el diario La Nación daba cuenta que: *"Tres vagones de la línea Roca fueron incendiados en los talleres Remedios de Escalada, lo que originó el cruce de acusaciones entre funcionarios de FA y los huelguistas, quienes se culparon mutuamente sobre la autoría del supuesto atentado."*

Las seccionales emiten un categórico comunicado donde sostienen que *"No somos responsables, ni avalamos, hechos vandálicos que atentan contra los bienes de la empresa, que es propiedad de todos los argentinos y además nuestras herramientas de trabajo. Repudiamos esos hechos, como repudiamos también a quienes pretenden responsabilizarnos por los mismos"*, agregando que *"es notorio que las instalaciones y los trabajadores ferroviarios cuentan en estos días con tanta vigilancia como nunca antes las han tenido"*, haciendo referencia tangencialmente a la observación permanente de la que eran objeto los huelguistas y las sedes sindicales.

La seccional fraternal José C. Paz de la línea San Martín, que venía cumpliendo paros parciales, resuelve adherir a la huelga sin límite.

"No podemos dar aumento en medio de un paro por tiempo indeterminado", aclaró, a cuanto medio se cruzara, el ministro Cavallo, sin explicar los motivos de esa aseveración, para luego definir la medida de protesta como "anarquista". Para el factótum era incomprensible que los trabajadores hubieran decidido dirigir su propia lucha.

Conociendo las características de la personalidad de Cavallo y considerando que era el funcionario responsable de los Servicios Públicos y de Economía, resultaba inexplicable que en 18 días de huelga no hubiera abierto la boca para referirse a ella. Que saliera al ruedo ahora, no auguraba nada bueno.

El senador Britos y el diputado Zamora, que habían donado sus dietas al fondo de huelga de las seccionales, piden a todos los legisladores que tomen la misma actitud. La única que respondió al llamado, fue la diputada de la provincia de Buenos Aires, la socialista Silvia Díaz. Los diputados nacionales de la oposición anunciaron que implementan un fondo común para ayudar a los hombres del riel. No tuvo la misma actitud el senador Lorenzo Pepe, que fue trabajador y dirigente sindical ferroviario, y percibía una jubilación de privilegio desde los 35 año.

"La hora de los reduros" titulaba Página/12 una nota donde puntualizaba: *La mutua desconfianza entre el Gobierno y los huelguistas trabó la posibilidad de un acuerdo. Por debajo de un discurso inflexibilizacion, el Ejecutivo volvió a tender puentes de negociación ofertando un adelanto salarial de 500 mil australes a cuenta de lo que se pacte en paritarias. Pero las seccionales en paro exigen garantías firmes que respalden el ofrecimiento antes de discutir la suspensión del paro.*

Por primera vez desde el inicio de la huelga, aparecieron entre los huelguistas posturas diferenciadas.

Fuentes oficiales especulan que el punto de no retorno al que llegó el diferendo fortalecerá el ala dura del Ejecutivo liderada por el propio presidente. En opinión de esos mismos voceros "de aquí en más los huelguistas solo pueden perder". Auguran que un eventual cierre de ramales enfrentara a los obreros en paro con los restantes empleados del ferrocarril y la sociedad en su conjunto.

Los huelguistas decreen de ese bumerang y calculan sobre la base de la parálisis de en los principales centros urbanos y el apuro del Gobierno por apagar el incendio antes de que se encienda la llama docente.

Algunos directivos de La Fraternidad se habían movilizado por la zona de Bahía Blanca, donde con falsas informaciones consiguen que una de las filiales más importantes del gremio, Ingeniero White, suspenda el paro por 72 horas. No obstante se resuelva respetar la vieja tradición del gremio de "no pasar trabajando por otra seccional que esté en conflicto".

Detrás de White, asumen la misma determinación Darwin, Río Colorado, San Antonio Oeste y Neuquén del mismo gremio, todas del Roca. Sin embargo mantienen la medida las dos filiales Darregueira, Villa Iris, Saavedra, Coronel Suárez; por lo que quedaba impedida la circulación de trenes cerealeros desde la región pampeana hacia el puerto, para lo cual presionaban tanto Bunge y Born y otras importantes firmas acopiadoras de granos. También ratificó la huelga Olavarría y adhirió al mismo Coronel Pringles, lo que imposibilitaba la corrida de convoyes con cemento que era lo que trataba de lograr la empresa Loma Negra.

La seccional Coronel Pringles merece un párrafo aparte. Ubicada a medio camino entre Olavarría y Bahía Blanca, compuesta por tan solo seis afiliados totalmente desinformados sobre la huelga, reciben sin embargo con simpatía la visita de los integrantes de la Comisión de Enlace, a quienes "conocían por la tele". Estos los interiorizan sobre el conflicto, luego de lo cual realizan una asamblea en la que resuelven declararse en paro por tiempo indeterminado. Los seis fueron a la estación a comunicar al jefe de la misma, la resolución. Éste los amenaza con que los haría despedir e incluso "encanutar" si no cumplían tareas laborales porque dijo "tenía banca para hacerlo" El jefe, además de ocupar ese puesto estatal, era Concejal Municipal del partido Peronista identificado con el menemismo. Sus pares de ese cuerpo deliberativo de la bancada radical reaccionaron inmediatamente contra tal actitud, aprobando una resolución del Consejo en defensa de los obreros ferroviarios, a la vez que organizamos una campaña de ayuda solidaria a los huelguistas.

Entrada la noche, en la cuidad de Morón, las filiales Haedo y Castelar de LF y UF y 12 de Octubre de Señaleros, realizaban un festival artístico y una bailanta popular en la calle 25 de Mayo, frente a la estación de ferrocarril, con una masiva participación de los vecinos.

Para cerrar el día, la Empresa le inyecta un nuevo toque de tensión al conflicto al anunciar que "todos los empleados que no se presenten a trabajar el lunes 4, serán cesanteados".

El domingo 3, al transcurrir 19 días de la huelga, el periodista Gustavo Alfieri comentaba en Página/12 "Quienes conducen el conflicto ferroviario": *Una mezcla de desconfianza generalizada hacia las actitudes de las conducciones orgánicas y a las propuestas que "sotto voce" ha efectuado el Gobierno para solucionar el conflicto, con un basismo bien anclado en las propias experiencias de la gente en otras huelgas anteriores, constituyen el ingrediente fundamental de las concepciones de la conducción ferroviaria que desde hace 19 días cumple con el paro sin límite. Aunque todo este proceder ha llevado al movimiento a un pronunciado aislamiento de las estructuras políticas y sindicales, hasta ahora esa debilidad es su principal fortaleza. Nadie podría dudar de la decisión de los protagonistas, de la simpatía que gozan entre los demás ferroviarios y el aceptable grado de comprensión que, inconvenientes al margen, poseen entre los usuarios. El movimiento tiene reminiscencias de la Coordinadora Interseccional Ferroviaria que combatió con protestas y movilizaciones el plan privatizador del menemismo. Si bien el diseño interseccional responde habitualmente a estrategias de izquierda, ese solo dato no alcanza para teñir de rojo a los huelguistas ferroviarios.*

En la base, en los delegados y en la Comisión de Enlace hay militantes peronistas, radicales y de la izquierda tradicional. Pero pesa también un arco de centro izquierda sin encuadramiento partidario, jóvenes que frustraron sus primeros votos en el partido Intransigente, distintas variantes socialistas o sufragando en blanco. "Eso nos importa muy poco, porque lo que nos une es el hambre y la conciencia de que las cúpulas sindicales no van a resolver nuestros problemas", grafica unos de los trece de la Comisión de Enlace. Ese fresco pluralista y la ausencia de un liderazgo definido se traduce en un especial cuidado por mantener la horizontalidad hasta en los mínimos detalles. Rotan en el uso de la palabra frente a la prensa, varían las sedes de los plenarios constantemente y preside siempre el titular de la filial anfitriona. Dirimen la representatividad por línea y cada vez que emiten un mensaje público hay casi obligación de leer documentos previamente consensuados. Son tan cuidadosos en este plano que todos los consultados para esta nota aportaron datos a condición de que no figuren unos pocos apellidos interpretando al conjunto. El rasgo que los vincula con más fuerza es la desconfianza. Desconfían de todo y de todos, del Gobierno, de la Empresa, de las CGT, de eventuales mediadores y hasta del periodismo, y por contraste, confían solo en sus fuerzas, o, si se quiere, en su huelga.

Atorado como está el Gobierno por los diferentes frentes de tormenta que enfrenta, cedió en más de una cuestión a lo largo de estos 19 días, hasta realizó ofertas que se acercaban a los reclamos de los ferroviarios, pero al no haber un papel escrito y una firma que avale el ofrecimiento, los huelguistas se resisten a conceder el armisticio. Esa desconfianza, explican, se sustentan en experiencias recientes: en diciembre del 89 y abril del 90 las cúpulas capitularon ante el Gobierno después de paros muy duros. El antecedente de los telefónicos enredados en sus dubitaciones y la mediación del obispo Bufano, acercado por Ubaldini, y derrotados tras conceder una tregua sin garantías escritas, también cuenta.

Al ser cuadros medios, los huelguistas ferroviarios no están atados a sillones o prebendas propias de la condición del dirigente sindical que suele incidir cuando las cúpulas orientan el conflicto. Sin esa rienda, con un profundo descontento en la base por los sueldos, la huelga brotó espontánea, casi sin estructuración de antemano. La espontaneidad del conflicto se comprueba con filiales que entran y salen todos los días del mismo. Los propios plenarios hablan de una construcción apurada, cuando discurren por larguísimos debates sobre puntos intrascendentes, hasta que las barra los corta incitando a "poner un poco más de huevo".

Entre los que conducen la huelga hay quienes encuentran el límite en la resolución del tema ferroviario. Otros se consideran "los fundadores de un quiebre" y aseguran que "con este conflicto asume una generación tronchada por la dictadura" y pronostican "una oleada de resistencia al ajuste menemista". Con deliberación y dudas permanente se juramentan cumplir la consigna desparramada en miles de volantes "esta vez no habrá traición, esta vez dirigen las bases". El tiempo dirá si hubo distancia entre el dicho y el hecho. Lo concreto, e inédito, es que se están jugando a un todo o nada, que ya ingreso en la fase decisiva.

Un ferroviario de Temperley, Alejandro Itzlk, "el primer cesanteado del conflicto", comentaba en el periódico Solidaridad Ferroviaria, "Los secretos de una gran huelga": *En nuestro paro, los ferroviarios retomamos los puntuales de la mejor tradición de lucha del movimiento obrero argentino; la democracia sindical a través de las asambleas seccionales y los plenarios de delegados con mandato; y la organización de los activistas y la base para llevar adelante las tareas de la huelga.*

Acercarse durante el paro a cualquier seccional ferroviaria en lucha es encontrarse con una actividad febril y en apariencia desordenada. Numerosos compañeros entran y salen a toda hora. Llega un grupo con alcancías de cartón y un megáfono, vienen de pedir dinero a la salida de una fábrica o en una avenida transitada de la zona. Cuentan la plata y se la entregan al responsable del Fondo de Huelga, que la anota en una planilla.

En otro escritorio, alguien trata de organizar las guardias nocturnas de la semana y los lugares donde deben ir al día siguiente con las alcancías o a difundir el conflicto.

Mientras tanto, varios ferroviarios, cantando consignas, acomodan bolsas de comida en una estantería o comienzan a preparar paquetes que se repartirán a todos los afiliados de la seccional y resuelven cual será el menú de la olla popular.

En un rincón, miembros de la Comisión Ejecutiva charlan con la delegación de un partido político, una comisión vecinal o algún sindicato que vienen a ver cómo anda la cosa y retirar bonos para vender.

El teléfono suena sin parar, llaman de otra seccional para coordinar una actividad en común, o es algún compañero que no puedo acercarse porque esta "changueando" y se informa sobre lo votado en la última asamblea. También puede ser una radio de la zona que pregunta si alguien puede ir a participar en un programa sobre la huelga ferroviaria.

Todo esto junto, en medio de gritos, discusiones y bromas. Pero el desorden es solo aparente. Es la organización viva de la lucha, es la "huelga activa" en el más amplio sentido de la palabra. En cada seccional se organizaron "comisiones o grupos" para encarar todas las tareas necesarias para garantizar la lucha. La más importante es sin duda la del "Fondo de huelga". Se imprimieron bonos para entregar a los partidos políticos, sociedades de fomento, sindicatos o canjear por ayuda en lugares de trabajo, de estudio o viviendas. Se sale con alcancías a las calles, las plazas, los barrios y hasta canchas de futbol. Se junta comida en los comercios, mercados o casa por casa. Cada austral es rigurosamente anotado por los responsables del Fondo, que luego rinden cuenta a la seccional.

Así, rodeados por la inmensa solidaridad de los trabajadores y el pueblo, se impide que el Gobierno pueda quebrar la huelga por hambre. Además, por acuerdo con los trabajadores de los hospitales, se aseguró la atención médica de urgencia y los medicamentos imprescindibles de forma gratuita, ya que la Obra Social se encuentra paralizada.

Otra tarea importante es la de "los grupos de convencimiento" integrados por compañeros jugados a fondo por el triunfo de la huelga. Son los encargados de ir a algunas seccionales débiles a contrarrestar la presión de la burocracia. Recorren los barrios para visitar a los compañeros a ver si necesitan algo y alentar a los que flaquean. Y cuando es necesario se topan con los carneros organizados por los directivos.

Las seccionales mejor organizadas formaron incluso "Comisiones de Prensa" que sacan comunicados e informan a los diarios y radios zonales sobre la marcha del conflicto. Otras tienen "Comités de Apoyo Permanente" integradas por sindicatos, partidos políticos, diversas asociaciones populares y vecinos, que colabora con los trabajadores en la tarea de conseguir fondos y alimentos.

Un lugar destacado merecen las heroicas mujeres de los ferroviarios que en varias seccionales armaron sus propias comisiones para respaldar a sus maridos huelguistas. Sacando tiempo del cuidado de la casa y los hijos, ayudan a hacer la comida, la limpieza, juntar dinero y alimentos... y todavía les sobra fuerzas para animar a todos a la lucha.

"Nunca pensé que pudieran hacer todo esto" dijo un compañero, expresando lo que sienten muchos. Así, junto a los activistas más experimentados, en los grupos y comisiones se soltaron numerosos "tapados", que en pocos días aprendieron a hacer las cosas que nunca habían hecho antes. Otros, quizás menos destacados, también son de "fierro" para todas las tareas.

Fueron miles en todo el país los ferroviarios que comprendieron que no alcanzaba con cumplir la huelga y había que ser protagonista activo de la misma. Organizados en las seccionales, ellos son los verdaderos héroes de esta lucha.

El boletín de huelga de las seccionales reflejaba otro aspecto: *Como expresión folclórica de la huelga, surgió "La Doce", representando a la barra que concurre a los plenarios. Organizaron su presencia. Consiguieron los bombos, la movilidad y hasta eligieron delegados que "trataron en paritarias" con la Comisión de Enlace las condiciones para la barra. Pero, como uno de los integrantes aclaró en un plenario, no solo tocan el bombo y alegran con su presencia y ritmo los actos y manifestaciones, sino que los compañeros de la doce se anotan en todas las tareas para sostener el paro.*

Con esta organización, no exenta de sacrificio, los obreros del riel llevaban adelante una huelga ejemplar, admirada por el resto de los trabajadores del país.

En otro artículo, Pagina 12 analizaba la marcha de la contienda bajo el rotulo "Pulseada en el andén", donde comentaba: *El tan gastado titular "tensa calma" bastaría para describir las horas que se viven en el conflicto ferroviario.*

La inactividad de Roca y el Sarmiento mantiene demorado el transporte de 32.000 toneladas de cereal en estaciones de La Pampa y el distrito bonaerense. La Sociedad de Acopiadores alertó sobre el eventual rechazo de la mercadería por parte de la Junta Nacional de Granos a raíz del deterioro que se produce en la calidad del trigo, y la imposibilidad de habilitar más espacio para la próxima cosecha gruesa.

El peso de la presión cayó este fin de semana sobre los huelguistas que se esfuerzan por mantener unidad de criterios. La prolongación del diferendo, la asfixia económica por el no pago de haberes y la amenaza oficial para mañana, los han sumido en una deliberación permanente. Sin embargo no modifican su intención de citar a plenario el martes. Si algo cuentan a su favor es que el paro no pierde contundencia.

La Comisión de Enlace se encontraba reunida en la seccional Haedo de La Fraternidad que había sido adoptada desde el inicio del paro como cuartel general. Allí analizaban las cuestiones de la huelga y planificaban los pasos a seguir, que oportunamente fue testimoniado por el diario Crónica: *Los representantes de las seccionales en lucha insistirán en ser recibidos el lunes por las autoridades del Ministerio del Trabajo, a pesar de que el Gobierno anunció que no quiere iniciar ningún tipo de negociación hasta tanto no se levante la medida de fuerza, pero según señalaron los huelguistas, "si no nos reciben, tendrán que explicar a la comunidad el porque de esa actitud". Dijeron además que "el Gobierno al condicionar su voluntad de dialogar a que nosotros reneguemos de nuestra lucha, nos está aplicando ideológicamente la doctrina de la seguridad nacional que implantó en Argentina la dictadura militar, que resulta incompatible con el régimen democrático". Recordaron al respecto que "no hay otra razón ni ley que condicionen el dialogo a la inexistencia de medidas de fuerza".*

El gabinete gubernamental también deliberaba sobre la huelga del riel en la quinta presidencial de Olivos. Allí resolvían su estrategia contra los trabajadores, mucho más dura que la de estos por cierto.

La "tensa calma", estaba por perder el furgón de cola, es decir la palabra "calma".

Manifestación ferroviaria durante la huelga. Foto Antonio Reda (Tolosa)

16: Todo un palo (04/03/91–05/03/91)

El futuro llegó hace rato, llegó como vos no lo esperabas, todo un palo, ya lo ves. Veámoslo con tus ojos, el futuro ya llegó… "Todo un palo" interpretaban los Redonditos de Ricota, y casualmente ese tema de los roqueros reflejaba el momento que estaban atravesando los huelguistas del riel.

El lunes 4 de marzo, al cumplirse la vigésima jornada de huelga, los ferroviarios en lucha hicieron sendas manifestaciones en las estaciones Once y Constitución, reclamando el pago de los salarios adeudados de acuerdo a la resolución del plenario de San Martín. Se presentaron petitorios escritos y también, dado el carácter masivo de las manifestaciones, se entonaron consignas muy duras contra el Gobierno y la burocracia, a la vez que invitaban a camaradas de la administración a plegarse a la lucha. Esto produjo confusión en la prensa, intencionada o no, que llegó a informar, incluso en los medios más serios, "que los huelguistas habían querido tomar las estaciones." No hubo en éstos tal intención, lo que quedó demostrado por el hecho de que las estaciones tenían una fuerte custodia policial y no se produjeron con estas incidente alguno. Infructuosamente los integrantes de la Comisión de Enlace intentaron ser recibidos en el Ministerio de Trabajo. Los funcionarios andaban en otra cosa.

La radio y la televisión transmitían en directo la conferencia de prensa. Los ferroviarios no lo podían creer. La Casa Rosada, sede del Ejecutivo Nacional, era el escenario. El llamado Salón Blanco y un flamante decorado, copia fiel del que usaba el presidente norteamericano para brindar conferencias, completaban el panorama. Allí, el funcionario, con el rostro y la calva iluminados por los flashes y sin que se observen en sus gestos algún atisbo de pudor, hablaba a los periodistas y a las cámaras con su acostumbrada manera vacilante y sobradora.

"El último tren" titulaba Página/12 su artículo donde daba cuenta del anuncio: *Haciendo realidad su vieja promesa, el Gobierno dispuso desde la medianoche "el cierre de la mayoría de los ramales del conurbano bonaerense hasta su privatización", en un desesperado intento por quebrar el conflicto ferroviario. La decisión fue anunciada por el ministro Cavallo, quien aseguró que se buscaran métodos alternativos para los usuarios que a diario requerían sus servicios.*

Cavallo dijo en la conferencia que "la privatización se realizará lo antes posible" y que "no quedará nada sin privatizar". Destacó asimismo que el déficit de Ferrocarriles alcanza los 40 millones dólares por mes, 30 de los cuales corresponden a erogaciones del Tesoro para el pago de salarios. Según lo expuesto por el funcionario, "el cierre permitiría un ahorro de 10 millones que demanda el mantenimiento de la Empresa".

De acuerdo al decreto presidencial, se procedió a la "clausura preventiva" disponiendo la suspensión del personal con pago de haberes, descuentos y aportes sociales por el plazo de 30 días, luego de lo cual volverá a replantearse la situación. La medida implica la suspensión de 13.900 trabajadores del riel.

Pero los efectos producidos parecen ser exactamente los contrarios a los deseados por el Gobierno, si es que éstos eran los de restablecer el tráfico: los cuatro gremios del riel, inclusive la decisiva Unión Ferroviaria, cuya conducción es oficialista, analizan medidas para hacer frente a la posición gubernamental.

Con esta determinación, indudablemente, el Gobierno trataba de asumir ante la sociedad en general y sus aliados políticos en particular, una actitud de firmeza; a la vez que buscaba enfrentar entre sí a los sectores que directa o indirectamente estaban implicados en el conflicto, huelguistas, usuarios y demás ferroviarios.

Por otro lado, el Ejecutivo ponía en el tablero un tema controvertido y muy caro al sentir de los ferroviarios, la privatización. Sin duda que ese era su objetivo final, pero plantear su principio de ejecución en medio de un conflicto semejante era, por lo menos, poco serio. Así se puede inferir que lo que se perseguía en definitiva era generar discusiones entre los huelguistas para fracturar su frente interno y facilitar de esa manera la tarea sucia de la burocracia. Pero, como varios medios comentaron, los propios funcionarios dudaban del resultado concreto de esa embestida, ya que resultaría difícil demostrar a la sociedad que se trataba de una medida legal y menos aún que estaba destinada a conseguir soluciones.

Más adelante Página/12 comentaba: *La drástica respuesta de Gobierno afecta básicamente a 1.200.000 usuarios que utilizan a diario el servicio de trenes. De acuerdo con las estadísticas proporcionadas por FA, la línea de Roca transportó en enero 4.380.000 trabajadores desde el enjambre de localidades del popular sur bonaerense, donde se encuentran bolsones de pobreza en permanente crecimiento. Desde el oeste, más de 150.000 se sumaran al atiborramiento que a diario ocupa las rutas de acceso a la Capital, Rivadavia y Gaona, en busca del colectivo. Los números de enero para este sector del Gran Buenos Aires indican que la línea Sarmiento transporto 3.830.000 pasajeros con boletos. Más alejados de los guarismos, siempre según datos de FA de enero, el San Martín condujo 2.448.000 ciudadanos y el Mitre, con sus ramales, transportó 2.816.000 personas.*

En cuanto a los trenes interurbanos, las estadísticas indican que quedarán a pie 438.000 usuarios del Roca, 310.000 del Mitre, 168.00 del San Martín y 165.000 del Sarmiento, y en estos casos, la distancia supera los 40 kilómetros de la Capital, con el consiguiente aumento de costos en transporte alternativos.

Lo que no mencionaron las autoridades sobre estos datos es que en enero, por ser el principal mes de vacaciones, Ferrocarriles transportaba un 40% menos de pasajeros que en el resto del año, por lo que a esta altura, con plena actividad, el número de personas perjudicadas por la medida ascendía a casi 2.000.000 por día, sin considerar las líneas Urquiza y Belgrano que habían sido excluidas en el decreto de clausura para seguir dividiendo. El mismo periódico comentaba en otro tramo "los que salen beneficiados": *La Subsecretaria de Transporte autorizó a las empresas de ómnibus de larga distancia a aplicar una tarifa reducida con motivo del conflicto ferroviario. Las firmas autorizadas son Carcoba, ABLO, Chevalier, General Urquiza, Costera Criolla, y Sierras de Córdoba.* Lo curioso es que apenas unos días atrás el Gobierno había autorizado un aumento de las tarifas del sector.

El mismo medio relataba la reacción suscitada en diversos ámbitos a raíz de la decisión gubernamental: *El anuncio del Gobierno provocó sorpresa inicial, lo que incluye al vicepresidente de la Nación, Eduardo Duhalde, y una andanada de rechazos políticos y gremiales. Los cuatro gremios ferroviarios dispusieron el estado de alerta y convocaron a sus conducciones para evaluar la urgencia de la situación. Duhalde dijo ser el primer sorprendido, al asegurar que se enteró por los medios periodísticos. Por el mismo canal se informaron el titular de la CGT San Martín, Raúl Amin, el del ANSSAL, Guerino Andreoni y otros dirigentes del sindicalismo menemista. El jefe de la central obrera afín al Gobierno convocó "con urgencia" a su consejo directivo. En igual sentido reaccionó la CGT Azopardo, cuyo secretario general Saúl Ubaldini, convocó a sus dirigidos para analizar el tema y sus consecuencias.*

El dirigente de la Unión Ferroviaria, José Pedraza, criticó abiertamente la determinación al señalar que "es una medida irracional", agregando que "está totalmente en contra de la misma porque se pone en riesgo la continuidad de los ferrocarriles" y porque "la medida no es solo contra los huelguistas sino contra todos los usuarios y los gremios que apoyaron la gestión del Gobierno y la restructuración del sistema ferroviario".

La Nación se hacía eco de las declaraciones que sobre el tema efectúo Oraldo Britos: *El senador por San Luis fue uno de los primeros en poner el grito en el cielo cuando se enteró de la decisión gubernamental. El legislador dijo que "no se puede esperar otra medida de una economía liberal carente de sensibilidad hacia las necesidades del pueblo" y sostuvo que "sabía que había mal olor, pero no pensé que iba a ser tan fuerte". Según su opinión "esta es una ligereza del ministro Cavallo, que demuestra una vez más la falta de sensibilidad". Britos sostuvo que la medida "es una irresponsabilidad, si se tiene conocimiento de cómo funciona el sistema" y considero que "le estamos haciendo mal al país".*

Clarín investigaba "las razones de Menem": *El domingo por la noche el presidente llamó a los ministros de Trabajo y de Economía a la residencia de Olivos para analizar el conflicto del riel y casi sin mediar explicación les preguntó: "¿Ya es factible cerrar los ramales parados?". Díaz dijo que la semana pasada se había logrado un acuerdo salarial con los choferes de colectivos, y*

Cavallo que también se había acordado el aumento de las tarifas con los empresarios del sector. "Entonces si ya está garantizado el funcionamiento de los otros medios de transporte, procedan", ordenó, palabras más o menos, el Jefe de Estado. Sus interlocutores rápidamente decodificaron al mensaje: había que cerrar los ramales paralizados por los huelguistas, tal como se venía proponiendo desde hacía varios días. La pregunta de Menem se refería a las medidas previas que los ministros habían sugerido antes de tomar una decisión tan drástica, para desarrollar una estrategia en la cual el Ejecutivo termine ganancioso.

En los despachos oficiales además se preguntaban con insistencia cual será la reacción del público usuario afectado por las medidas. También había interés en transmitir un mensaje a los ferroviarios: "la intención no es echar a nadie". Precisamente fuentes allegadas al ministro de Trabajo explicaban, a quien quería oír, que la clausura preventiva "es preferible a las cesantías masivas" que propiciaban los sectores más duros del Gobierno.

Uno de los negociadores oficiales dijo que "el problema más grave es que no había interlocutores válidos con los huelguistas. Entonces ante esta situación y luego de varios intentos negociadores, decidimos tomar la iniciativa para terminar con la anarquía e imponer el orden nosotros"

Lo que no reflejaban los diarios, y si parcialmente la radio y la televisión, era la oleada de indignación que la medida había desatado en la población. Las críticas tenían como principal destinatario la figura del primer mandatario, a quien, la mayoría de los casuales entrevistados no dudaban en calificarlo de "irracional" o usar términos más duros. La gente estaba esperanzada en el pronto retorno de los trenes y ahora, las propias autoridades prolongaban la angustia.

Ya entrada la noche, se reúnen en la sede de la CGT Azopardo, dirigentes de ese organismo, de la cúpula de La Fraternidad y la Comisión de Enlace de las seccionales, con el fin de analizar la situación planteada. Los huelguistas piden a la CGT "compromisos más firmes para con su lucha", pero solo consiguen que esa central "se comprometa a emitir un comunicado de prensa."

Martes 5 de marzo, a los 21 días de paro, Diario Popular comentaba respecto al pronunciamiento de la CGT Azopardo: *El Consejo Directivo de la Central Obrera fustigó la decisión de cerrar ramales a través de un duro documento, por entender que "atenta contra derechos constitucionales, convierte al Estado en prestador deficiente y arbitrario, paraliza fuentes de empleo y dificulta hasta el grado de la mortificación el cumplimiento de sus tareas al resto de la población de menores recursos".*

En el texto se puntualizó que "el Estado no puede abandonar la prestación de un servicio público esencial como el ferroviario, escudándose en su propia incapacidad para mantenerlo. La paralización de los servicios ferroviarios como represalia contra los trabajadores se incluye entre las prácticas desleales que son inadmisibles, especialmente cuando parten del Estado. También se señaló en el documento que "esta medida no ayuda de ninguna forma a la solución de las causas que motivaron el conflicto, sino que tiende a romper los puentes de negociación que, con la mejor intención, se tendieron para superar las diferencias".

Finalmente los máximos dirigentes de la CGT enfatizaron que "la reincorporación de todos los cesantes y la satisfacción de los legítimos reclamos salariales procurará la solución a los trabajadores, tanto ferroviarios como usuarios".

A su turno, a título personal, Ubaldini dijo a los periodistas que "los trabajadores ferroviarios quieren la solución del conflicto y los que no la quieren son las autoridades" agregando que "el Gobierno debe recapacitar la medida que tomó". Indicó además que "están fuera de lugar las declaraciones del ministro Cavallo de que con el cierre de los ferrocarriles se gana dinero, porque de ser así también ganaría dinero cerrando las escuelas y los hospitales." Ubaldini, quien aseguró que la CGT "se encuentra en estado de alerta por el conflicto del riel", y aclaró "que el Gobierno reconoce la justificada acción de los trabajadores para obtener una mejora salarial" y en consecuencia reclamo "la incorporación de todos los cesanteados y una justa y razonable recomposición salarial".

La CGT Azopardo nucleaba los sindicatos más poderosos, incluyendo a la mayoría de los gremios estatales cuyos afiliados se identificaban profundamente con la lucha ferroviaria. Sin duda estaba en condiciones de afrontar acciones más concretas para apoyar a los obreros del riel, como impulsar paros, movilizaciones, presionar a los dirigentes de La Fraternidad para que asuman el deber de defender a los afiliados, a los de la UTA para que no accedan a reforzar el servicio de los colectivos a costa de la sobreocupación de los trabajadores del sector, organizar la ayuda institucional a los huelguistas o campañas de aportes solidarios. En fin, eran muy amplias la cantidad de medidas que podía tomar, pero no paso de ahí, solo declaraciones a veces controvertidas; o intentos de mediación igualmente polémicos.

La Nación expresaba: *El partido Intransigente metropolitano sostuvo que "la actitud tomada por el Gobierno es propio de una dictadura, o cómo podemos hablar de este señor que gobierna a decretazo limpio, cierra fuentes de trabajo y realiza disparatadas y vergonzosas privatizaciones, mientras se pasea en una lujosa Ferrari regalada y tiene nombrado en el Senado a su peluquero personal."*

El dirigente radical y ex ministro de Obras y Servicios Públicos de Alfonsín, Rodolfo Terragno dijo "sea cierto o un bluff para ablandar al gremio, la decisión del Gobierno revela desaprensión e irresponsabilidad en el manejo de los servicios públicos".

Por su parte el dirigente de la Izquierda Unida, Néstor Vicente, declaró que "la lucha ferroviaria es un grito de protesta contra la impunidad del ajuste".

El dirigente del partido Comunista Patricio Echegaray, expreso "su solidaridad con la justa huelga" y opinó que Menem y Cavallo se bajan los pantalones con Bush y el FMI y se hacen los guapos con los trabajadores".

La CGT San Martín condenó tanto la medida gubernamental como el paro de los trabajadores, a través de un comunicado firmado por Raúl Amin y Lesio Romero, donde sostuvo que "lo que está ocurriendo afecta a la totalidad de la población trabajadora y por ello deben encontrase soluciones posibles dentro del marco de la racionalidad". La Central Obrera menemista expresó que "no puede continuar la huelga por tiempo indeterminado y no deben cerrarse ramales ferroviarios" ya que "estos dos extremos no pueden ser el marco de referencia que permita un acercamiento de las partes en conflicto". Llamó a la reflexión a los trabajadores "para que encausen sus justas reivindicaciones dentro del marco orgánico del sindicato" y solicitó al Gobierno "mesura y prudencia".

Página/12 mencionaba: El Comité Nacional de la UCR consideró que el cierre de ramales constituye "un acto de reacción autoritaria", en un documento que llevó la firma del titular partidario Raúl Alfonsin. En el mismo manifestó que "no puede admitirse esa actitud de irracionalidad permanente en los actos del Gobierno nacional, que importan tanto una violación flagrante al artículo 14 bis de la Constitución, como un atentado contra el patrimonio nacional". A la crítica orgánica del partido, se sumó la aislada del ex-ministro de Trabajo de Alfonsin, Ideler Tonelli, quien opino que la decisión gubernamental era "sumamente peligrosa" y que "respondía al intento de recomponer la autoridad presidencial" y por lo tanto tenía "un fuerte contenido político".

El desarrollista Rogelio Frigerio opino que "no se puede responder a un huelga con un lock-out de parte del Gobierno, porque con esto se deja de cumplir una función esencial del Estado que es la de asegurar la continuidad de los servicios públicos". Sostuvo además que "el modelo monetarista y liberal del que el Gobierno sigue sin desprenderse, tiene un límite, el estómago de la gente". En ese sentido agregó que el sueldo a los ferroviarios "no les alcanza para alimentarse ni para ir a sus lugares de trabajo."

Para el diputado Zamora del MAS, la medida constituyó una nueva provocación del Gobierno contra los trabajadores y el pueblo".

El precandidato a la gobernación bonaerense por la UCR, Luis Cabiron, culpó a las autoridades de "trasladar a más de un millos de usuario un problema de índole gremial".

Las secciones en lucha, al no tener tan fácil acceso a los medios recurrían a una comunicación más personal con su principal aliado, el pueblo, a través de un volante ampliamente distribuido que expresaba: *El Gobierno, en lugar de ofrecer una propuesta que contemple nuestros justos reclamos, anuncia el cierre de ramales. Con esto pretende presionar a los compañeros que estamos parados para que levantemos la medida, amedrentar al resto que todavía no se ha sumado a la lucha y modificar la simpatía que nuestro movimiento ha despertado en la población, mostrándonos responsables de la clausura.*

¿Por qué el Gobierno no da solución a los reclamos?: Es evidente que la política económica no tiene como meta final el bienestar de la clase trabajadora. Por lo contrario, se está buscando su total y absoluta rendición frente a la peor ofensiva de los grupos de poder político y económico. La tan mentada revolución productiva y el salariazo brillan por su ausencia y lo que si hemos recibido son ajustes salvajes. El Gobierno ha volcado al circuito financiero 250 millones de dólares para contrarrestar la subida de esa divisa. ¿Qué pasaría si esa suma se destinase a la salud, educación, servicios públicos?

La lucha de los ferroviarios es la lucha de todo el pueblo por su dignidad, es la voluntad irrenunciable de resistir los planes de hambre y miseria que el Gobierno pretende imponer desconociendo la Justicia, el Parlamento, los sindicatos y demás instituciones de la Sociedad.

Compañero usuario, hermano trabajador ¡Resistamos juntos!

En una columna de opinión en Página/12, el Dr. Raúl Fernández, secretario general de la Asociación de Abogados Laboristas, ponía una óptica profesional sobre el tema: *A pesar de haber incluido al transporte dentro de los servicios públicos esenciales en el decreto mediante el cual reglamentó el derecho de huelga, el Poder Ejecutivo clausuró los principales ramales ferroviarios. El interés del usuario, tantas veces invocado cuando de limitar el derecho de raigambre constitucional se trata, no fue tenido en cuenta. De esta manera el Gobierno por una parte cercenó el derecho de huelga, que es uno de los medios esenciales que se reconoce a los trabajadores para defender su interés laboral, económico y social: y por otra, se desentendió de su obligación de arbitrar los medios necesarios para asegurar el mantenimiento del servicio ferroviario. De su doble carácter de empleador y autoridad de aplicación encargada de dirimir el conflicto, el Estado privilegió su rol de empresario y no trepidó en recurrir a una medida de acción directa al decretar un virtual lock-out patronal ante la huelga ferroviaria. La forma en que el Gobierno pretendió solucionar el conflicto viola no solo a las disposiciones de Ley de Asociaciones Sindicales, sino también la Ley de Contrato de Trabajo, ya que la obligación del empleador no se agota en el pago de la remuneración, sino también debe garantizar al trabajador la ocupación efectiva.*

El presidente Menem no se presentó a trabajar a su despacho de la Casa Rosada. ¿Se había tomado en serio lo de la huelga patronal?. En realidad estaba apabullado por la adversa reacción que su determinación había desatado a lo ancho de la sociedad, por lo que prefirió permanecer recluido en la quinta de Olivos. Allí analizaba con sus colaboradores la manera de revertir la torpeza y recomponer su complicada red de alianzas políticas que en pocas horas se había resentido sensiblemente.

Así decide dar un vuelco en su postura, haciendo gala de lo que algunos llamaban su cintura política y otros definían como inconsistencia ideológica.

Por la mañana recibe a Pedraza, a quien le comunica las albricias: "A medida que se vaya levantando la huelga, se irán reabriendo los ramales", haciendo una vez más abuso del absurdo. Como antes, con la amenaza de movilización de los trabajadores y la intervención a La Fraternidad, la determinación de clausurar los ramales por 30 días había quedado desactivada antes de ponerse en práctica.

El jefe de Estado designa al sempiterno Pedraza como su delegado personal para tratar con los huelguistas ferroviarios. No podía haber elegido figura menos indicada para esta tarea, pero en onda de recomponer alianzas, decidió demostrarle confianza dándole protagonismo, aunque fuera solo formal.

Al mediodía el primer mandatario recibe, junto al factótum Cavallo, a los presidentes de los bancos norteamericanos, John Reed, del Citicorp; y Richard Handley del Citibank. Al término de la reunión, ninguno de los participantes accedió a explicar a la prensa los temas que se trataron, pero aclararon que no se habló de la cuestión ferroviaria aunque el último de los nombrados menciono que "su institución estaba interesada en la concesión de líneas férreas".

Durante la jornada los funcionarios gubernamentales estuvieron ocupados en retransmitir, por cuanto micrófono se cruzara, el mensaje presidencial de que "ramal que levanta el paro, ramal que reabre".

Pero existía "la otra cara", tal el oportuno título de la nota de Clarín donde expresaba: *Recostaba en una frazada, una nena mimaba dos gatitos blancos con pintitas negras. Su papá mientras, tocaba el bombo y gritaba con sus compañeros "soy ferroviario, es un sentimiento…". Su papá no era el único, cerca de 400 ferroviarios coreaban "soy rebelde, soy rebelde", con las remeras en sus manos y las venas hinchadas. El plenario de seccionales rebeldes estaba reunido, 43 filiales presentes. Desglosando: 11 representantes por el Roca, 10 por el Sarmiento y también 10 por el Mitre, 6 de San Martín y 6 del Urquiza. El lugar, local gremial de la seccional Remedios de Escalada de La Fraternidad. El motivo inicial, a las 16,45 cuando empezó, era ratificar el paro, repudiar las amenazas del Gobierno y convocar a una nueva marcha.*

Por turno, los huelguistas entraban y salían del salón. El calor era sofocante y el patio y los fondos de la casa sirvieron de aireo y distensión. Cuando la exaltación general se calmó unos minutos para comenzar el plenario, llegó la noticia de que la Empresa quería negociar. Los de la Comisión de Enlace salieron corriendo, por el camino aclararon lo conocido, "queremos un básico de dos millones y que se reincorporen a los cesantes, de no tener garantías sigue el paro".

Sobre una mesa de madera larga, en el patio, había un telegrama, era de Rubén Omar Raticas, fechado el 15 de febrero, cesanteado. A su lado, Enrique Palache, sin su telegrama encima, goza de la misma situación, después de conducir 10 años trenes; el último fue el eléctrico a Ezeiza. El sueldo de ambos es de 1.900.000 australes. La razón del telegrama es "por adherir a medidas de fuerza". Legajos impecables. "Elvira al principio se angustió. Tenemos dos chicos y ella no trabaja, esta es nuestra única entrada", comentó Rubén. "Después me entendió y empezó a apoyarme, igual que mi familia y los padres de ella".

Adentro la discusión seguía" ¿Qué hacer?". Se bajaron propuestas como "convocar a todos los gremios al apoyo y a la lucha y manifestar el repudio a la política económica del Gobierno". La tensión crecía a medida que no se tenían noticias de la negociación entre la Comisión ad-hoc y los directivos de Ferrocarriles.

Por su parte, Pagina 12 comentaba: *En una pared está la lista de cesanteados de Kilo 1, pero también, en otro rincón resalta la de "los carneros de Escalada". Como si fuera un refresco, de tiempo en tiempo reaparecen los bombos, y el indeclinable clima alentado por estos fogoneros enciende las calderas, la locomotora está en marcha y desde las ventanillas esos pasajeros imaginarios agitan sus brazos. ¿Saludos? ¡Qué va, amenazas!... "Si nos tiran este paro al bombo, va a haber quilombo, va a haber quilombo."*

Cada movimiento, cada acción, está respaldado por un canto. Se encienden las luces de la cámara de televisión y el coro dedica "A los carneros que lo miran por tevé". Las consignas exaltan a la unidad de las bases o vociferan a quien califican el Gitano, el del bombo de "la 12", que encabeza un elenco de nueve bombistas que manipulan su instrumento como si fuera una pluma, aunque pese entre diez y quince Kilos.

"Las mujeres y los hijos de los ferroviarios tenemos dos millones de salario" dice un pasacalle firmado por "las rebeldes". Las mujeres son importantes en el conflicto, apoyan, cocinan, pintan pancartas, juntan fondos y comida, y se quedan afónicas cuando, como éxtasis, acompañan el "vamos compañero, hay que poner un poco más de huevo" y bailan alrededor de los bombos que amenizan el "ole, ole, ola, soy ferroviario, es un sentimiento...".

Clarín, en tanto, mencionaba: *La espera se hizo larga y los micros tenían que partir rumbo a sus seccionales donde sesionaban las respectivas asambleas. Eran las ocho cuando decidieron votar. El resultado fue unánime, todas las manos se alzaron a favor de la continuidad del paro. Decisión que por su-puesto dependía de la negociación que se efectuaba en esos momentos en*

Maipú 1. Los muchachos salieron a la calle. La policía armada con metralletas, bastones y escudos, por las dudas bloqueo la calle. Pero no hizo falta actuar, los ferroviarios estaban tranquilos, el paro seguía.

El periodista Carlos Ulanowsky relataba en Página/12 como son "las asambleas en tiempo de la TV": *Es posible que si no hubiera cámaras, hasta las asambleas sindicales serían distintas. Las luces de la televisión, los micrófonos y la cara de los famosos producen una especie de sana perturbación cada vez que irrumpen trayendo consigo el mismísimo poder de los medios. "¿Por qué vuelven a largar la continuidad del paro si todavía no volvieron los compañeros de la negociación con la Empresa?", preguntaba más de un periodista a los ferroviarios en huelga. "Porque de ese modo las agencias y las radios que están aquí largan la información y al llegar a la mesa de negociación influye en las decisiones", responde un sindicalista de no más de 30 años, un joven que seguramente se crió con la televisión.*

Conscientes de lo que significa ser enfocados, los muchachos del bombo saltan, gritan, y, de algún modo, también lo hacen para la televisión. Como protagonistas, o de fondo, no se puede decir que lo hicieran mejor ante las cámaras, pero la presencia televisiva parece ser un aliciente poderoso.

Los móviles de la radio también son motivos de atracción, para los trabajadores y vecinos. Los periodistas se las arreglan como pueden, utilizan el baño como sala de enlace y edición de sus notas grabadas y ubican allí el teléfono porque es el sitio más protegido de bombos y cantos.

Esta es otra influencia de los medios: esta gente, predominantemente joven, que entona estribillos más o menos bien, podría estar (sería más justo) en un recital pidiendo "una más y no jodemos más" y no en una huelga por tiempo indeterminado.

"Se mezclaron durezas y flexibilizaciones en el conflicto ferroviario" rezaba el rótulo conque el periodista Ricardo Cárpena comentaba en La Nación la reunión entre funcionarios y la comisión ad-hoc: *La decisión más drástica del Gobierno desde el inicio del paro, el cierre de ramales, no tuvo el efecto esperado por sus impulsores, el ánimo de los huelguistas se mantiene inalterable. Aún más, el Ministerio de Trabajo había advertido que las negociaciones solo podrían reanudarse si se levantaba el paro. Sin embargo, pese al agravamiento de la pulseada oficial-sindical, la Cartera Laboral dio señales que permitió oficializar el diálogo con los trabajadores en conflicto sin que cediera la huelga. Las gestiones pudieron encausarse a través de la Comisión ad-hoc quienes mantuvieron formalmente su primer contacto con las autoridades laborales y de Ferrocarriles. "Es un comienzo, pero no somos optimistas" confió una alta fuente del Ministerio de Trabajo. Los primeros indicios de una postura contemporizadora surgieron precisamente de esa Cartera. Sus funcionarios triunfaron en la puja originada en el Gobierno por los alcances de la clausura de ramales.*

En algunos niveles oficiales inclusive, se alentó secretamente la intervención de Ubaldini, para fiscalizar toda la negociación y "ablandar" la intransigencia de los trabajadores en conflicto. Ubaldini aportó para esta reunión a su abogado Héctor Recalde, quien ahora asesora a la cúpula gremial y a los huelguistas. Trabajo estuvo representado por Fernández Amenazar y por su director de Asuntos Jurídicos Mario Grandolfi, mientras que la Empresa, por su titular Eduardo Nava. En ese contacto, sin embargo, ni siquiera llegó a esbozarse una propuesta salarial. El principal escollo es la reincorporación de los cesantes, para quienes el interventor de FA solo prometió revisar "caso a caso".

Fuentes oficiales admitieron que, en el contexto de la amplia negociación podría aceptarse el reintegro de "de la mayoría" de los despedidos, pero quedarían sin empleo los primeros 32 cesanteados entre los que al parecer habría activistas y delegados "indeseables" para la Empresa.

Tras infructuosas cuatro horas de reunión, se acordó establecer un compás de espera hasta las 18 del día siguiente.

Luego de concluida la reunión los representantes de las seccionales partieron raudamente hacia donde se realizaba el Plenario. Su llegada fue testimoniada por los periodistas de Página/12: *Pasadas las 21, regresan de las negociaciones los de la Comisión de Enlace. Los periodistas salen a correr sus notas. El pato Méndez de Telefe es el involuntario centro de una comparsa que le dedica al presidente "te torcimos el brazo, te rompimos el c…., te paramos de nuevo, vos no hechas a ninguno"*

El Plenario resolvió:

Ratificar el paro por tiempo indeterminado por salario y cesantes.

Convocar a todo el pueblo y a todos los ferroviarios a una marcha de Plaza de Mayo el 11 de marzo a las 18 en apoyo de nuestra lucha y a manifestar el repudio a las medidas del Gobierno.

Realizar un llamado a todos los ferroviarios a sumarse a la lucha.

Organizar Comisiones de Huelga para ir a las seccionales que no adhieren o hayan levantado a la medida. Exigir la CGT y a todos los gremios que se convoque a un paro general en apoyo a la lucha y en repudio a las medidas del Gobierno.

Adherir a la movilización de los gremios docentes CTERA, CONADU, FUA Y CJCOP el 14 de marzo del 91.

Impulsar asambleas de mujeres y familiares directos de ferroviarios para apoyar la lucha.

Se toma la sugerencia del delegado de Villa María de incorporar a compañeros jubilados con experiencia gremial para que ayuden a encontrar una solución al conflicto.

Durante la reunión, las seccionales ferroviarias recibieron la solidaridad del gobernador de la provincia de Entre Ríos, el peronista Jorge Busti.

En esos momentos, a 1.200 kilómetros de distancia, en San Miguel de Tucumán, se realizaba un festival popular de apoyo a la lucha de los ferroviarios, donde actuaron solidariamente reconocidos músicos locales y contó con gran concurrencia de público.

Los ferroviarios seguían marchando con fuerza en su tren reivindicativo, aunque los ramales permanecieron parados y cerrados... o semiclausurados... o reabiertos... o nunca tocados... o algo así.

"Yo voy en trenes, no tengo donde ir, (cantaban los Redonditos) algo me late, y no es mi corazón. Cómo no sentirme así, si ese perro sigue allí ¿Qué podría ser peor? Eso no me arregla, eso no me arregla a mí. El futuro llegó hace rato, todo un palo, ya lo ves".

Fotografía Alfredo González

17: La caída del interventor (06/03/91–08/03/91)

El miércoles 6, al transcurrir 22 jornadas de huelga, las seccionales en lucha se encuentran con una novedad que, en cierta manera, era esperada. El dirigente-funcionario Carlos Roberto Zamora, brindando falsas informaciones, había logrado que la seccional José León Suárez de la línea Mitre suspenda la medida de fuerza. Comenta Ramón Duarte, afiliado de esa seccional e integrante del MONAFE (Movimiento Nacional Ferroviario): *A 2 días de comenzada la huelga la seccional José León Suárez de la tracción eléctrica, después de una asamblea muy peleada, entra al paro por tiempo indeterminado aprobado por 19 votos contra 18. La seccional era presidida por Omar Maturano, y el negro Zamora estaba en la Comisión de Reclamos. Estos personajes no estuvieron en esa asamblea ya que se encontraban en el interior en ese momento. Desde entonces, ya con Maturano y Zamora en la seccional, se hacían asambleas todos los días para tratar de quebrar el paro.*

A los 22 días de huelga y después de mucha presión y boicot, logran que una asamblea muy dividida resuelva la suspensión de la medida. Esta asamblea tuvo todo tipo de presión, como por ejemplo se sesionó con la infantería y carros de asalto de la policía rodeando toda la cuadra del local seccional, para evitar de este modo la presencia de compañeros de la Comisión de Enlace. Los trenes comenzaron a circular solamente de día y con policías en la cabina para proteger supuestamente a los compañeros. Muchos nos negamos a conducir en esas circunstancias, ya que era claramente otra maniobra de presión impuesta por pedido de Zamora y Maturano. A la semana más o menos se convoca a una nueva asamblea para levantar definitivamente la medida. Desde nuestra agrupación teníamos expectativas de una asamblea peleada, pero un hecho inesperado volcó definitivamente la asamblea a favor de la burocracia. El hecho fue que en una actitud desesperada el compañero Carlos Sánchez, conductor de trenes eléctricos, fue sorprendido colocando aros rompepatin en las vías. Defendimos al compañero de todo tipo de acusación y tuvimos que sacarlo de la comisaria.

Durante el transcurso de la huelga y en una de las primeras asambleas votamos al compañero Casares como integrante de la Comisión de Enlace en representación de la seccional. También Zamora intento incorporar a Maturano a la misma, ya que hubo un pedido de su renuncia si no se ponía al frente de la lucha.

Nunca nos perdonaron meter a la seccional de Maturano y Zamora en la huelga mas importante de la historia ferroviaria. Pero como dice el dicho, la historia la escriben los que ganan. Hoy el precio de la traición tiene su premio y a la seccional José León Suárez le pusieron el nombre de Carlos Roberto Zamora, el carnero histórico del 89 en La Fraternidad.

En la seccional Victoria de la Unión Ferroviaria se realiza una asamblea con mucha discusión, donde el intento de otro burócrata, el secretario seccional Merlo, resulta derrotado, votándose la continuidad de la medida de fuerza, aunque con menor margen que las veces anteriores, 120 votos contra 80.

La huelga del riel mudo su epicentro al Congreso de la Nación, hasta allí habían llegado los coletazos de la decisión gubernamental de cerrar los ramales.

Comenta Página/12: *En lo que constituye una politización del conflicto ferroviario, el senado de la Nación "votó por unanimidad" una declaración pidiendo al Ejecutivo "la inmediata restitución de los ramales ferroviarios suspendidos".*

El proyecto aprobado surgió de presentaciones formuladas por los justicialistas Oraldo Britos y Eduardo Vaca, así como otras de los radicales Luis Brasesco y Luis León, que diferían escasamente entre sí. El presidente del bloque justicialista, Alberto Rodríguez Saá, propuso un cuarto intermedio para compatibilizar los proyectos, que fueron finalmente unificados en un texto aprobado sin objeciones.

En su primer punto, la iniciativa solicita la inmediata restitución de los servicios suspendidos "atento a las irreparables pérdidas materiales y a su impacto social, afectando sensiblemente a miles de trabajadores".

La declaración propicia luego "requerir a las partes en conflicto la superación de toda instancia confrontativa, procurando el diálogo que permita forjar en forma definitiva la solución que las partes afectadas y la población toda espera".

Finalmente, el proyecto de resolución advierte que "la situación planteada perjudica a los usuarios, destinatarios finales del servicio".

Cuando se planteó la iniciativa, presidía la sesión el senador Eduardo Menem, quien decidió abandonar el sitial para bajar a una banca desde la cual puntualizó que no se oponía al proyecto, pero marcó diferencias con los fundamentos expresado por los senadores radicales y peronistas. Fundamentalmente, Menem advirtió que no se trataba de una "clausura de ramales", ni de un "lock-out empresario", sino de una "suspensión transitoria". Con todo, el hermano del presidente votó favorablemente el texto final aprobado.

El secretario de la CGT Azopardo, Saúl Ubaldini, había dialogado con el Vicepresidente de la Nación, Eduardo Duhalde, y con el propio Eduardo Menem; para luego permanecer largamente con Oraldo Britos con quién trazó la estrategia tendiente a sacar el pronunciamiento de la Cámara Alta. En declaraciones posteriores a la sesión, el dirigente cegetista manifestó su satisfacción por la declaración, pero advirtió que la Central Obrera no solo reclama un acuerdo salarial, "sino también la reincorporación de todos los compañeros despedidos".

En cambio, los dirigentes de la Unión Ferroviaria, José Pedraza y Raúl Ravitti, apoyaron a José Luis Manzano para que el bloque justicialista de la Cámara Baja mantuviera un prudente silencio. Los diputados peronistas Héctor Dalmau,

Lorenzo Pepe, Alberto Iribarne, Gualberto Venezia y Antonio Guerrero, impulsaron inicialmente un proyecto que reclamaba la presencia del ministro Cavallo en el recinto para "explicar el cierre de ramales". Pero "los visitantes", apoyados por los "diputados de extracción sindical", Roberto García, Hugo Curto, Osvaldo Borda, y otros fieles menemistas, consiguieron que la bancada ni siquiera impulsara un proyecto "mucho más blando" que el aprobado en el Senado. Aunque carezcan de valor práctico, ambas situaciones, en especial la declaración, revelan diferencias dentro del partido gobernante sobre el manejo del paro de trenes que ya lleva 22 días y sigue sin que se avizore una solución. De algún modo esta politización ayuda a los huelguistas en momentos en que el Gobierno apuesta al desgaste de la medida.

Ahora el conflicto se trasladaba a Maipú 1 donde debía reunirse por segunda vez la comisión ad-hoc con los funcionarios. Clarín relataba lo sucedido: *En la tarde, a las 18 horas, se encontraron a la sede de Ferrocarriles Argentinos, Ernesto Jaime, Ricardo Fernández Amenabar, y los integrantes de la Comisión de Enlace, Luis Poeto, Damián Guerrero, Luis Peralta y Fabián Piccini. Pasada una hora de inútil espera, llega Mario Grandolfi del Ministerio de Trabajo, quien anunció que el Interventor Nava no concurriría ya que estaba realizando gestiones en esa Cartera. Los gremialistas se retiraron no sin antes anunciar que volverían al día siguiente.*

La huelga mudaba su centro al Ministerio de Trabajo, el mismo medio informaba: *Nava se encontraba entonces con el subsecretario de Trabajo Enrique Rodríguez. Cuando el titular de la Cartera, Rodolfo Díaz, volvió, (venía de dialogar con Menem), se realizó una reunión a la que también se agregó Pedraza. El cuarteto marchó luego hacia el Ministerio de Economía, donde Nava elevó su renuncia. Pedraza permaneció unos minutos en el palacio de Hacienda.*

Allí se realizó una extensa reunión de la que participaron además de Cavallo, Díaz y Rodríguez, el secretario de Planeamiento Vittorio Orsi, el Embajador Guillermo Selta y el subsecretario de Transporte Edmundo Soria, que saldría de ese encuentro con un cargo más, "interventor de Ferrocarriles Argentinos".

En el conclave se analizó la evolución del conflicto y el sistema de aprobación de actas para aquellos ramales, cuyas seccionales levanten la medida de fuerza. En tal sentido se acordó que además de concluir la huelga, las seccionales que retornen al trabajo deberán comprometerse a "respetar 120 días de paz social".

El ministro de Economía expresó su optimismo por la noticia que decía que el ferrocarril Mitre podría rehabilitar desde la medianoche en varios corredores por el levantamiento de José León Suárez. Poco después, el ministro de Trabajo informaba que se podía garantizar el servicio de carga hacia el norte argentino pese a que la seccional Rosario continuaba con la huelga, ya que los trenes podías desviarse por Cañada de Gómez, lo que no se pudo concretar porque esa seccional ratificó el paro.

En tanto, la conducción de la Unión Ferroviaria se reunió con delegados seccionales que le son leales. El sindicato exhortó a sus afiliados a "mantenerse unidos y organizados alrededor de las estructuras orgánicas" y amenazaron en "considerar con todo el rigor del estatuto social a aquel afiliado que por su propia cuenta haya realizado o intentado avalar supuestas representaciones paralelas e inorgánicas".

En otro artículo, Clarín analizaba "La Caída de Nava": *El reemplazo del interventor implica algo más que la asunción de una erosión generada por el conflicto. Su desplazamiento da cuenta del triunfo de los puntos de vista del Ministerio de Economía que prefiere ahondar en la línea de "quebrar el paro", antes que profundizar en la alternativa negociadora. Incluso, el reemplazante Soria fue mencionado como uno de los artífices del plan de cierre de ramales. Los dirigentes orgánicos de los gremios del riel, por su parte, nunca digirieron que la Empresa dialogara con los delegados de las seccionales y en todo momento no cejaron de presionar para que se abandonara ese criterio.*

Desde el Ministerio de Trabajo se puso énfasis en señalar que "no hay negociación" con los huelguistas, sino que se trata solo de "conversaciones". Este nuevo lenguaje dista mucho de los dos puentes tendidos en su momento por la Cartera Laboral: la invitación a negociar a una comisión integrada por huelguistas primero, y la designación del Delegado Normalizador "con las manos libres" para hablar con los representantes de los parados luego.

Es en este contexto que se fue Nava, pero sus consecuentes permanecieron en la Empresa, aún quedaban muchos potenciales negocios por concretar, entre ellos la privatización que los obsesionaba desde la época de Alfonsín.

El jueves 7, a los 23 días de paro, se aprueba en la Cámara de Diputados de la Nación el proyecto de ley que establecía "las convenciones colectivas para los docentes", lo que era un viejo anhelo de los trabajadores del sector. Sin embargo puede inferirse que su aprobación apresurada obedeció, más que al propósito de atender antiguos reclamos de los educadores, al intento de evitar que el Ejecutivo tuviera que afrontar un nuevo conflicto de alcance nacional que pudiera hacer frente común con los ferroviarios.

Los trabajadores telefónicos de Buenos Aires realizan una asamblea para tratar como único tema la huelga ferroviaria. Allí resuelven efectuar una amplia colecta de alimentos para ayudar a los cesantes del riel.

Ochocientos afiliados de la Unión de Rosario participan de una acalorada sesión, bajo un clima por demás tenso debido a una maniobra de la Comisión Ejecutiva que había repartido volantes con un llamamiento de Pedraza que incitaba a los afiliados a "presentarse a trabajar para salvar al ferrocarril de la clausura dispuesta por el Gobierno", lo que produjo confusión y miedo, y llevó a que se presentaran a cumplir tareas laborales un centenar de trabajadores. El debate fue durísimo. Finalmente los argumentos de la burocracia son rechazados, ratificándose la huelga.

En el otro extremo del país, en Ingeniero White, la seccional local de La Fraternidad que había levantado el paro el día 2 por 72 horas, convoca a una nueva asamblea donde se produce un enconado debate entre los afiliados, habiendo dos posturas bien diferenciadas. Una planteaba retomar la lucha junto a las demás seccionales. La otra, sostenida por la burocracia, preveía la suspensión definitiva de las medidas de fuerza. Finalmente triunfa la última postura por 78 votos contra 66, merced a una veintena de votos aportados por afiliados jubilados que habían sido convocados por la burocracia e influenciados por una campaña macartista contra la Comisión de Enlace.

El estatuto social contemplaba este derecho para los afiliados pasivos, pero por ética, éstos nunca lo empleaban en temas que comprometieran a los activos. Esta era una rara y desafortunada excepción.

Por la tarde la Comisión de Enlace concurre a la sede de FA para efectivizar la reunión suspendida el día anterior, lo que era testimoniado por los periodistas de Clarín: *El flamante interventor de Ferrocarriles, Edmundo Soria, no concurrió a la reunión con los huelguistas y los directivos de La Fraternidad, pero aclaró, (para sorpresa de todos) "en cuanto esté más informado me reuniré con ellos". Frustrado el encuentro, se especuló con que se trataría de un síntoma más de endurecimiento del Gobierno ante los parados.*

El conflicto tuvo por epicentros los Ministerios de Economía y de Trabajo. En este último estuvo el titular de la Empresa, Soria, analizando con técnicos de esa cartera el tema de los cesanteados.

También hubo actividad en la Dirección de Relaciones Laborales, por donde pasaron los jefes sindicales de la Unión Ferroviaria, Señaleros y Jerárquicos, para avanzar en las negociaciones paritarias.

La comunicación entre Relaciones del Trabajo y Economía fue fluida. Los funcionarios de la Cartera Laboral verificaron permanentemente con Hacienda hasta donde podían estirar la cuerda. Hubo una oferta en ese sentido para los gremios que ahora evaluarán las cúpulas sindicales.

Por la noche el ministro Cavallo anuncia el incremento del 47 por ciento en el sueldo de los empleados de la administración pública.

El viernes 8, en el transcurso de la vigésima cuarta jornada de lucha, Ferrocarriles Argentinos comienza a abonar el sueldo adeudado a los huelguistas, lo que por supuesto era un más que oportuno alivio económico para estos.

A las 11 horas, en la sede de la CGT Azopardo, se efectúa una conferencia de prensa convocada por la Comisión de Enlace de las Seccionales. Los huelguistas son acompañados por los dirigentes sindicales Micceli de ATE, Medina de FOETRA, otros de la Asociación de Trabajadores de Prensa, y los dirigentes políticos Echegaray, Vicente, Brunatti, Caviglia y Aramouni; pero curiosamente no se encontraba ningún integrante del Consejo Directivo de la Central Obrera. Es más, éstos habían ofrecido en la víspera la sede para la reunión, pero se habían borrado dejando colgado a los ferroviarios. No obstante la conferencia igual se pudo realizar gracias a la solidaridad de los sindicalistas presentes que brindaron las oficinas de ATE en esa Central para el evento. Los dirigentes huelguistas informaron sobre la marcha del conflicto, respecto de los pasos que se planeaban seguir, y realizaron un llamado a las autoridades para que retomen la línea del diálogo y la negociación.

Mientras, en la Dirección Nacional de Relaciones Laborales, los funcionarios de Trabajo y las cúpulas de la Unión Ferroviaria, jerárquicos y señaleros, arribaban a un principio de acuerdo que incluía la incorporación de los 250.000 australes al sueldo, y un anticipo de 500.000. El acta solo fue firmada por la Unión, mientras que los otros gremios resolvieron dejarla en suspenso hasta el lunes 11, para seguir discutiendo.

El senador Britos, en lo que fue considerado como "un inoportuno y lamentable cambio de postura" por los obreros del riel, declaró a la prensa que "Los compañeros ferroviarios han ganado gran parte del partido, pero ahora se dan cuenta que el método que tenían para trabajar no les hace bien, ya que no rectifica nada. Ellos tienen que conversar y ver la forma de salir de esta situación", y recordó que "hay dos millones de trabajadores como ellos que viajan en colectivos truchos y que han visto incrementados sus gastos de transporte".

En la sede central de La Fraternidad se reúnen la cúpula directiva del gremio, tres representantes de la Comisión de Enlace, el letrado Héctor Recalde de la CGT Azopardo y el delegado normalizador Amenábar. Este último entregó a las partes una propuesta de acuerdo.

El documento proponía el mismo acuerdo salarial ofertado a los otros gremios, y contemplaba vagamente la reincorporación de los cesantes, sin especificar si a todos, algunos, en forma inmediata o diferida, y de qué manera; porque, según el funcionario, "eso quedaba a criterio de la intervención de FA", es decir de Edmundo Soria. Asimismo deberían comprometerse a mantener una tregua social de 120 días. Pero, antes que nada, el levantamiento de la huelga, incluso previo a la firma del documento. La Comisión de Enlace se comprometió a poner a consideración de las seccionales la propuesta. El tema salarial podía considerarse aceptable para las seccionales, pero la falta de compromiso para el reintegro de todos los cesantes, la tregua de 120 días, y tener que desactivar la huelga antes de la firma del acuerdo resultaban puntos muy controversiales.

La ciudad de Victoria, al norte del gran Buenos Aires, debe su nombre a la estación ferroviaria, que fue denominada así en honor a la reina británica

Victoria I, nacida en Londres en 1819 y coronada soberana en 1838; que rigió los destinos de ese imperio hasta su muerte acaecida en 1901. Durante su reinado se cuenta como los hechos más trascendentes: la invasión a Nicaragua en 1841, el sangriento aplastamiento de la rebelión libertaria en la India en 1857, la invasión de México junto a Francia y España para imponer el trono de Maximiliano de Austria en 1861, la guerra de Crimea contra Rusia por la posesión de esa estratégica península del Mar Negro, la guerra de Transval en la actual República Sudafricana por la cual Gran Bretaña se apoderó de los yacimientos de diamantes más importantes del mundo; y la permanente negativa al reclamo argentino sobre la usurpación de Malvinas. Digna soberana pirata esta Victoria I.

En esa ciudad se situó el conflicto del riel. Por la mañana se realizó una asamblea en la seccional local de la Unión, donde se notó la tarea desplegada por la burocracia, imponiéndose por ínfimo margen la moción impulsada por el secretario Merlo que proponía el levantamiento de la huelga sin ningún tipo de arreglo ni condicionamiento, a pesar de haber 40 trabajadores cesantes, entre ellos Norberto Orlando, integrante de la Comisión de Enlace; y el taller, principal fuente de trabajo, estaba clausurado.

Las dos filiales de La Fraternidad del lugar troncharon sus nombres en 1982, durante la guerra de Malvinas, por el de "Latinoamérica", en homenaje a la solidaridad de los países hermanos del continente en ése conflicto bélico, todo un símbolo. La seccional Latinoamérica Eléctrica se encontraba profundamente dividida. Un sector respondía a Zamora y había abandonado la lucha junto a José León Suárez. En cambio, el sector democrático cumplía la huelga sin límite. La otra filial fraternal Latinoamérica Automotora, adhería en su totalidad al paro por tiempo indeterminado. Ambas compartían el mismo edificio.

Allí se dieron cita las Seccionales en Lucha para efectuar un nuevo Plenario de Delegados, el que era comentado por Clarín: *Mientras afuera llovía torrencialmente, adentro, en un salón llenos de carteles, al ser enfocados por las cámaras los muchachos se agrupaban, cantaban y saltaban al son de los bombos.*

En un pequeño cuarto alejado, los integrantes de la Comisión de Enlace se reunían para comprender cuál era la situación real. Algunos venían de la sede central de La Fraternidad, otros volvían de una charla con monseñor Novak, Obispo de Quilmes, quien se comprometió a tratar de obtener un canal de diálogo con el Ministerio de Economía y pidió que lo mantuvieran informado de la situación.

Al lado, mientras repartían 5.000 afiches que rezaban: "El hambre no se derrota con palabras, sino con lucha: Colabore con el Fondo de Huelga", los administradores de ese fondo le explicaban a algunos delegados que de los 34 millones que formaban el fondo, solo había 900.000 australes para cada seccional, menos de un sueldo ferroviario.

En una pequeña aula, junto a un simulador de manejo de locomotora, Juan Vitale y Jorge Rosales, ambos de la Comisión de Enlace, expresaron que el Plenario había resuelto continuar con la huelga y que no se iba a negociar ni salario ni despidos por separado. La posición era la misma que se había mantenido durante los veinticuatro días de conflicto, pero el clima de nervios y la bronca eran nuevos. Los destinatarios de las quejas eran el senador Britos, por sus declaraciones; el interventor Soria por no querer recibirlos; la Iglesia, por la posición que tomó en el conflicto de Entel; los sindicalistas oficiales por negociar durante la huelga y hasta el propio periodismo por tergiversar la información.

Al término de la reunión, uno de los integrantes de la Comisión de Enlace afirmó que "todos los compañeros están dispuestos a vivir del Fondo de Huelga hasta que el Gobierno se digne a negociar".

El Plenario resolvió: Reafirmar el paro por tiempo indeterminado por la reincorporación de todos los cesantes y la recomposición salarial.

Formar una Comisión de Huelga Nacional para reforzar el paro.

Cada seccional deberá enviar un representante para conformar la Comisión del Fondo de Huelga.

Con el fin de unificar la marcha a Plaza de Mayo con los demás gremios, se traslada ésta del día 11 al jueves 14 a las 18 horas, a iniciarse en el Congreso de la Nación.

En esos momentos se realizaba en Tucumán una nutrida marcha multitudinaria en apoyo a los huelguistas del riel, que recorre las calles de la ciudad recibiendo conmovedoras muestras de simpatía y solidaridad por parte de la población, que acercaba espontáneamente desde paquetes de fideos hasta dinero en efectivo.

En Junín, la filial local de La Fraternidad y la Comisión de Apoyo a los Ferroviarios en Lucha, organizaron un importante festival artístico popular en la calle, donde participan más de 1.500 personas y se reciben numerosísimas donaciones de alimentos.

Para cerrar el día, las autoridades hacen una vez más abuso del absurdo, lo que era comentado por Crónica: *En una sorprendente actitud que no deja de llamar la atención, en momentos que prácticamente están casi todas las líneas férreas paralizadas por el conflicto gremial que ya lleva 24 días, a lo que se suma el cierre patronal dispuesto por el Gobierno, Ferrocarriles Argentinos anunció oficialmente el aumento de las tarifas ferroviarias en un 25 por ciento promedio a partir de la medianoche.* El título de la nota era por demás expresivo: "Los trenes no corren, las tarifas si".

18: Impasse (09/03/91–13/03/91)

El sábado 9 de marzo se cumplían 25 jornadas de huelga. Esta seguía siendo contundente y ocupaba un lugar preponderante en la opinión pública; sin embargo, parecía que hubiese entrado en una especie de nebulosa.

En los huelguistas se notaba cierto cansancio, por la prolongación del diferendo sin que se avizore algún tipo de solución, por las presiones de todos los días, por la angustia económica, por la persistencia de la burocracia que atacaba por todos lados, por la intransigencia del Gobierno que procedía como si estuviera enfrentando a un ejército invasor, en lugar de a unos humildes trabajadores argentinos. Los ferroviarios estaban en esa encrucijada. La protesta se mantenía fuerte, lo que de ninguna manera justificaba una rendición incondicional; sin embargo, el cansancio de la gente y algunos desmembramientos generaban dudas y discusiones.

En el Gobierno, salvando las distancias, la situación en este tema era bastante similar. Había privilegiado la línea dura, pero no alcanzó para quebrar a los obreros, ni fracturar su simpatía popular. Las amenazas y presiones usadas sin piedad ni límite, no hacían mella en los trabajadores, y la tarea sucia de la burocracia tampoco servía demasiado. Los aumentos otorgados a otros sectores, "superiores a los previstos", logró gambetear enfrentamientos, pero no despejó la tormenta docente ni aseguraba el campo con otros sectores que se mantenían a la expectativa.

Daba la impresión que el Gobierno quería concluir el tema ferroviario cuanto antes, por eso las propuestas tendidas bajo cuerda; pero no estaba dispuesto a pagar más costos políticos, la imagen presidencial ya estaba bastante dañada.

Por otro lado, las cúpulas sindicales exigían fidelidad a sus servicios y presionaban para que se dejara de lado cualquier posibilidad de negociación. Estas sabían que el conflicto produciría, de una u otra manera, una recomposición salarial que contentaría a su tropa, y también a sus arcas. Pero su objetivo principal era preservar el espacio de poder que permitiera su subsistencia, y los compromisos tenían que ser correspondidos. Así como estaban las cosas, ni ferroviarios, ni Gobierno, podían avanzar más; ni cada uno, por sus razones, quería aflojar. El desenlace de este impasse era imprevisible.

Página/12 comentaba: *La búsqueda de una fórmula que permita superar la desconfianza de los huelguistas fue el resultado de reservados contactos realizado entre funcionarios gubernamentales, representantes de La Fraternidad y de las seccionales paradas; con la asistencia del laboralista Héctor Recalde, que goza de buena reputación tanto en el ámbito oficial como entre los ubaldinistas y en algunos sectores del basismo ferroviario.*

El Gobierno no da a torcer su posición de que los huelguistas deben levantar el paro sin precondiciones, pero admite la discusión abierta del tema. La función del letrado es encontrar la fórmula jurídica que de las garantías.

La comisión de huelga analiza la propuesta y el lunes próximo sus representantes volverán a reunirse para la negociación. Su situación, por cierto, es delicada, ya que el mantenimiento sine die del paro les resulta muy difícil y admiten que la negociación es indispensable.

Por otro lado, se trata de hacer comprender a su propia base la conveniencia del paso. Incluso, entre los huelguistas, aunque por lealtad ninguno lo dirá en público, están los que admiten que lo mejor hubiera sido aceptar la propuesta de integrarse a las negociaciones una semana antes. Lo que queda claro es que si el Gobierno quisiera una derrota nítida, todos se abroquelarán y la huelga podría durar algunas semanas más.

A su favor, los huelguistas pueden esgrimir el aumento dado a los otros trabajadores ferroviarios, que será el mismo para ellos, que seguramente sin su protesta no se hubiera decidido. La oferta global para la paritaria es de un 25 por ciento sobre la masa salarial, lo que da chances de que los peores pagos tengan mayores recuperos.

Raúl Ravitti, de la Unión Ferroviaria, confió que la tratativa ayude a resolver el conflicto. Aseguró que "su organización había planteado en ese ámbito la reincorporación de los despedidos", punto central en que está atascada la eventual solución al paro.

En la mayoría de las seccionales se realizan asambleas, destacándose la efectuada en la Unión Ferroviaria de Olavarría, donde participan unos 200 trabajadores, siendo la más concurrida desde el inicio del conflicto. Estaban presentes también los integrantes de la Comisión de Enlace, Héctor Gutiérrez y Marcelo Latorre. Allí se resuelve por unanimidad la ratificación del paro.

Otra asamblea importante se lleva a cabo en la ciudad de Avellaneda, donde la seccional 17 de Marzo de Señaleros, con la presencia de 50 trabajadores, el 80 por ciento de los afiliados, ratifica la medida de fuerza.

Por la noche se efectúa frente a la estación Santos Lugares un festival artístico y bailanta organizado por la local seccional Retiro de La Fraternidad, con el apoyo de señaleros y trabajadores de la Unión, que cuenta con gran concurrencia de público.

El domingo 10, a los 26 días de paro, mientras los huelguistas devoraban el único plato de fideos del día, el presidente Menem, en la otra punta de la Vía Láctea, declara que "no piensa aflojar así la huelga dure un año", mientras gozaba de un suculento asado en la estancia La Celia de la ciudad de Ezeiza, junto a un millar de mujeres justicialistas que lo homenajeaban.

Pero no todo era color de rosa para el primer mandatario, Página/12 daba cuenta que *"Diputados radicales, justicialistas y demócratas populares presentaron un pedido de juicio político contra el presidente Carlos Menem, a quien habrían encontrado veintitrés causales de "mal desempeño en el cargo", que justificaría la puesta en marcha de ese instrumento. Según la iniciativa legislativa, firmada entre otros por José Furqui, Juan Pablo Cafiero y Matilde Quarracino; Menem otorgó una amnistía encubierta, prorrogó leyes de emergencia, firmó un acuerdo con Gran Bretaña sin autorización parlamentaria y autorizó el envío de tropas al golfo Pérsico, entre otras causales de enjuiciamiento.*

En otra nota, el mismo medio daba a conocer una encuesta exclusiva donde mencionaba que: *Según la Consultora Micaela Perdomo, en la Capital Federal y el Gran Buenos Aires, 3 de cada 10 personas no comparten el paro de los trabajadores del riel, mientras que 7 lo aprueban en forma absoluta o parcializada.*

Las opiniones expresadas marcaron una clara correlación entre la aceptación a la huelga y la oposición al accionar del Gobierno en el conflicto. Interrogados sobre cuál hubiera sido la medida correcta que debió tomar el Ejecutivo, un 35 por ciento señaló que debió replantear la actual política económica, un 18 por ciento indicó que debió disponer una recomposición salarial y tan solo un 6 por ciento consideró acertada la decisión de despedir personal.

Paradójicamente, la mayoría de las amas de casa rechazaron la medida de los ferroviarios, mientras que quienes trabajan en relación de dependencia manifestaron su acuerdo en altos porcentajes.

Consultado sobre qué significa el paro ferroviario, las opiniones se dispersaron entre: un reclamo específico de los trabajadores del sector (33 por ciento), una advertencia al Gobierno, ya que se comenzaran a sumar otros sectores (27,6), una muestra de disconformidad de todos los asalariados (18 por ciento) y un manejo político de la oposición (16,5).

Considerando este interrogante según el voto de la población encuestada en los últimos comicios generales, casi el 45 por ciento de los justicialistas y cerca del 48 de los electores de partidos de izquierda optaron por el primer ítem, un porcentaje similar de los votantes radicales eligió el segundo, y la mitad de los ucedeístas respondió por la manipulación política.

Página/12 era uno de los medios que más objetivamente informaba sobre el conflicto del riel, sin embargo este día el periódico publicaba en doble página una doble entrevista efectuada por el periodista Rubén Furman, donde mostraba como las contracaras del conflicto a José Pedraza de la Unión Ferroviaria y Horacio Caminos de La Fraternidad, a quien el periodista definió como "uno de los cerebros de la huelga".

Pedraza y Caminos eran la contracara, pero de una misma moneda. Caminos había sido designado en los primeros días de la huelga por las seccionales como nexo entre ellas y la cúpula de La Fraternidad, siempre y cuando éste "se pronuncie a favor de la lucha de las bases", cosa que nunca hizo. Durante el conflicto, Caminos cumplió la tarea de emisario, por llamarlo de alguna manera, llevando y trayendo información entre los huelguistas y la burocracia, casi nunca fidedignas. Caminos trató de influenciar sobre algunos dirigentes seccionales con argumentos igual a los de la burocracia, pero tuvo nulo éxito.

Muy distinta fue la actitud de Ernesto Cabral, también directivo pero del gremio de los señaleros; que se jugó por entero y con total honestidad a favor de las seccionales rebeldes, recibiendo por ello todo tipo de presiones y reprimendas, llegando a ser fraudulentamente suspendido en sus funciones y posteriormente expulsado del gremio. Pero Cabral afrontó con la mayor hidalguía las adversidades, cosechando la admiración y el respeto de todos los trabajadores.

Por la noche se efectúa una asamblea en la filial Villa Lynch Eléctrica de La Fraternidad, en condiciones similares a la realizada en José León Suárez días atrás, aunque sin el despliegue policial de aquella. Allí van los directivos Jaime, Nuñez y Soria, que son apoyados por sus seguidores Zamora, Maturano, Hagen y Vera, entre otros, de las filiales Suárez y Latinoamérica Eléctrica; quienes intentan convencer a los afiliados para que levanten el paro "como lo hicieron Suárez y White". También llegan Betancor, Tronconi y Vitale, entre otros integrantes de la Comisión de Enlace, quienes comienzan a cuestionar uno a uno los débiles argumentos de la burocracia y a denunciar sus "actitudes canallas". Luego de un intenso debate se procede a la votación donde por amplísima mayoría, con dos abstenciones y seis votos en contra, se aprueba "continuar con el paro por tiempo indeterminado".

El lunes 11, al transcurrir el día 27 de la lucha, el presidente de la República amanece en Las Lomitas, provincia de Formosa, donde los dictadores, por él indultados, los mantuvieron "a la sombra" durante varios años, aunque no fue torturado y asesinado como tantos otros compatriotas, e incluso pudo tener una amante y un hijo.

Desde allí inaugura el ciclo lectivo nacional, dando muestras en la práctica de la necesidad de mejorar la educación. El primer mandatario en su discurso confunde a los formoseños con chaqueños. En realidad la apertura de clases no era más que una expresión de deseos de las autoridades, ya que ese día todos los docentes del país inician un paro de cinco días. Ahora existían dos conflictos gremiales con alcance nacional, lo que generaba enormes expectativas.

El Gobierno se apresura a atender otros reclamos gremiales como forma de evitar la propagación del clima de rebeldía obrera que se vivía. Los favorecidos en esta circunstancia fueron los empleados judiciales, que siempre se destacaron por su democracia y combatividad. Estos reciben un incremento salarial del 52,5 por ciento, "ampliamente superior al que esperaban recibir".

Al mismo acuerdo económico arribaron en paritarias el sindicato de los trabajadores de Sanidad. La categoría más baja del gremio tenía ahora un salario básico de 2.650.000 australes.

En la seccional Rosario de la Unión se realiza una masiva asamblea, y a pesar que la Comisión Ejecutiva lleva a un grupo de carneros que expresaron "los beneficios de trabajar", se aprueba por una amplísima mayoría, mil votos contra cien, la moción de continuar con la huelga y participar de la marcha el 14 junto a los docentes.

La Comisión de Enlace, representada por Juan Vitale y Damián Guerrero, se reúne en la sede central de La Fraternidad con los directivos del gremio, Fernández Amenábar y Grandolfi del Ministerio de Trabajo, y Recalde de la CGT. Este último entrega a las partes un proyecto de acta de acuerdo bastante similar al que hiciera llegar el Ministerio de Trabajo. La respuesta que reciben de los huelguistas es la misma, "llevaremos la propuesta a las seccionales para que resuelvan, pero aclaramos que, si no se dan garantías para el ingreso de todos los cesantes, y aquí no se dan, difícilmente sea aprobada".

Los huelguistas reciben una inyección de aliento al decretar otras siete filiales fraternales del San Martín su adhesión al paro por tiempo indeterminado.

El martes 12, en la jornada 28 de la huelga, el periódico Página/12, bajo el rótulo "A Gobierno duro, paro duro", informaba sobre el conflicto del riel: *Más de 60 seccionales ferroviarias ratificaron en un plenario y por unanimidad el paro por tiempo indeterminado. Además, exigieron la reincorporación inmediata de todos los cesanteados y reclamaron "propuestas serias" al Gobierno para solucionar el paro*

Los delegados al plenario que se realizó en la seccional Villa Lynch Vapor de La Fraternidad, rechazaron la propuesta del Gobierno de levantar la medida para comenzar a discutir las reincorporaciones y salarios porque, según consideraron, "no ha modificado su posición inicial que para nosotros es inaceptable".

Juan Vitale de la Comisión de Enlace manifestó que "es evidente que el Gobierno está apostando al desgaste y a quebrarnos por necesidad, pero no lo va a lograr porque tenemos la capacidad de resistir".

El Plenario ratificó además, su participación en la marcha de protesta convocada por CTERA, para el jueves próximo.

Por su parte en la paritaria del sector, la Asociación de Señaleros postergó hasta mañana su respuesta definitiva a la oferta salarial de Ferrocarriles Argentinos, ya que "faltan ajustar algunos detalles, como las bonificaciones y el problema de los cesantes", indicó Víctor Gallegos, tesorero de la entidad. La Unión Ferroviaria, por su lado, dilató hasta el martes próximo su definición, fecha en que elevará una contrapropuesta a la Empresa.

El conflicto del riel mantiene paralizadas las líneas San Martín, Roca y Sarmiento, mientras que los servicios urbanos, suburbanos y de larga distancia de las líneas Belgrano, Mitre y Urquiza circulan en forma condicional.

Dirigentes de la seccional José León Suárez denunciaron que trabajadores que no adhieren al paro "fueron atacados en sus lugares de trabajo y en sus domicilios particulares, mediante disparos de armas de fuego, bombas tipo Molotov, aros de acero rompepatines y obstáculos en las vías". La denuncia califica de "terroristas" a los ataques y responsabiliza de los mismos a "grupos minoritarios de ideología cipaya que no respetan la decisión democrática de las asambleas". Los ferroviarios se sorprendieron que justamente el grupo de Zamora defina como "cipayos" a otros, y hable de "asambleas democráticas".

El Plenario resolvió:

Ratificar el paro por tiempo indeterminado por la recomposición salarial y la reincorporación de todos los cesantes.

Reafirmar que son "las asambleas de base" las que evalúan y resuelven las propuestas y los pasos a seguir en el conflicto.

Cada seccional enviará representantes a fin de hallar medidas de acción para la extensión del conflicto en cada ferrocarril.

Rechazar la propuesta ofrecida por el Gobierno, al considerársela en extremo insignificante a nuestros justos reclamos.

Ratificar la participación a la marcha a Plaza de Mayo el día 14 a las 18 horas junto a los gremios docentes, como así también que cada seccional envíe a la misma dos compañeros con alcancías.

Que la Comisión de Enlace, junto a asesores legales, redacte un acta de contrapropuesta a la rechazada con el fin de lograr un avance en las negociaciones.

Convocar al próximo Plenario en Haedo el 16/03/91, a las 10 hs.

En otro artículo Página/12 daba cuenta que *La irrupción en el escenario de conflictos gremiales de los obreros textiles, el personal de la carne, y los trabajadores papeleros, cuyos gremios integran la conducción de la CGT oficialista, podría tomarse como parámetro del descontento social que se expande.*

Al convulsionado panorama en el terreno sindical, habría que sumar a la poderosa Unión Obrera Metalúrgica (UOM), gremio que tampoco puede tildarse como franco opositor a la gestión de Carlos Menem, que se encuentra al borde del conflicto.

Por su parte, la también oficialista Unión Obrera de la Construcción, lanzaría un plan de lucha en los próximos días.

El miércoles 13, al transcurrir el vigesimonoveno día de protesta, Ferrocarriles Argentinos publica en todos los diarios una solicitada emplazando "a todos los huelguistas a presentarse a trabajar en el término de 24 horas, bajo apercibimiento de ser cesanteados".

La Empresa solo puede despedir por causa justificada cuando median causas que lo ameriten, como faltas o irregularidades de parte de los trabajadores. Evidentemente una huelga, desde que está contemplado como derecho en la constitución nacional, como así también el derecho a un salario digno, nunca podría invocarse como justa causa de despido; menos viniendo del Estado nacional. Esta nueva embestida de la Empresa muy poco podía aportar como solución o amedrentamiento de los empleados a esta altura de las circunstancias. Sin embargo, puede inferirse que estaba destinada a servir como apoyo logístico a la tarea de la burocracia, o como antesala de medidas más duras. Como sea, esta intentona del Gobierno del salir del impasse, tuvo como primera consecuencia el fortalecimiento del ánimo de los huelguistas, lo que permitió que estos también puedan superar el impasse.

Después de entrevistarse con la dirección de CTERA, la Comisión de Enlace se reúne en Haedo para analizar la marcha a Plaza de Mayo del día siguiente, donde la postura de Mary Sánchez ocupa el centro de la discusión. La titular de CTERA, no escatimó esfuerzos en aclarar una y otra vez que "el acto es de los docentes", aunque se invitaba a participar a "todos los compañeros que están siendo afectados por la política neoliberal de Menem".

La convocatoria incluía un expreso pedido a los partidos políticos para que se abstengan de llevar carteles identificatorios. Esto chocaba con la actitud abierta que tenían los ferroviarios en sus manifestaciones donde, con acertado criterio, consideraban que si se invitaba a otros sectores a acompañarlos, lo lógico era que llevaran sus respectivas identificaciones. De lo contrario resultaría discriminatorio, turbio y sospechoso, y no se correspondía con el espíritu democrático que sustentaban en su lucha. Además, cultivaban un principio irrenunciable, "la intolerancia es una práctica que resta, no suma, por lo que hay que tratar de eludirla siempre".

La situación planteada entonces no era de fácil solución, ya que además de la cuestión de principios, existía también una razón práctica para los ferroviarios. Los partidos políticos, pero principalmente los de izquierda, (que era en definitiva lo que fastidiaba a la dirección de CTERA), colaboraban codo a codo con los huelguistas en la recolección de víveres y dinero, fundamental para sostener la huelga, por lo que marginarlos ahora, a esta altura del conflicto, no resultaba propicio ni productivo, no tenía razón de ser, provocaría una ruptura inútil y sería muy poco agradecido. Estos argumentos tan claros, fueron sin embargo desestimados de plano por la dirección docente. Como solución, los representantes ferroviarios acuerdan pedirle a los partidos políticos que lleguen a la plaza con sus banderas y allí las bajen; y a la vez "aceptan que el acto es de los docentes", pero solicitan un orador para la Comisión de Enlace, que en principio le es negado, pero finalmente la cúpula docente termina aceptando.

Mientras en las diferentes seccionales se realizan los preparativos para la marcha; en la ciudad de Córdoba se efectúa un festival popular de apoyo a la lucha de los ferroviarios, donde actúan solidariamente dos de los máximos valores de esa provincia, Los del Suquía y Sebastián, participando del evento miles de personas, cada una con su importantísimo aporte solidario.

19: Papeles erróneos (14/03/91)

El jueves 14 de marzo, al cumplirse 30 días de la huelga, se viviría una de las jornadas más intensas y controvertidas del conflicto, "el día de los papeles erróneos", que comenzó a la mañana justamente con un papel: *Una hoja con la trascendente firma de seis de los nueve miembros de la Corte Suprema de Justicia de la Nación iba de mano en mano, de oficina en oficina. Unos y otros no lo podían creer después de cada relectura. Allí, el más alto tribunal argentino, el custodio de la ley, el último recurso para quienes pretenden que las cosas estén lo más cerca posible de su lugar, cometía algunos de los errores más implacables para su prestigio.*

En esa resolución 1555/91 la Corte se ocupa de la huelga ferroviaria, no para considerar "su razón o sinrazón", sino para deducir que los empleados del Poder Judicial que habitualmente utilizan los trenes para trasladarse a sus oficinas se han perjudicado económicamente al tener que usar transportes opcionales, por lo que la Corte creyó oportuno pagarles un adicional de 450.000 australes por mes para que tuvieran una compensación.

Inmediatamente, esos seis miembros de la Corte le ordenan a la Subsecretaría de Justicia de la Nación que inicie acciones "ante los responsables de la medida de fuerza".

Cuando algo no está claro, suele ponerse oscuro. Si se le pide a alguien que inicie acciones, habría que explicar qué tipo de acciones: pueden ser legales o de buena voluntad, no es lo mismo. Aunque, y por simple deducción, debería inferirse que lo que se le puede pedir a un subsecretario de Justicia es que presente una demanda. Pero si fuera eso lo que exigió la Corte, mal puede hacerlo con una dependencia del Poder Ejecutivo, porque resultaría una invasión de poderes. Además, si la Corte alienta un juicio, surgiría la peregrina sospecha de que está prejuzgando, ya que en este y en todos los casos podría tener la última palabra.

Pero no todo es tan claro, quizás por ser tan oscuro. La Corte le ordena a la Subsecretaría de Justicia que inicie acciones "ante" los responsables de la huelga. No "contra", sino "ante". Con lo que el subsecretario León Carlos Arslanian debería gestionar delante de los huelguistas "el reintegro del gasto que demande la compensación dispuesta". Si ya es abusiva la tarea específica que el pobre Arslanian está desarrollando para recomponer algunas rémoras del Poder Judicial y sus relaciones con los otros poderes, esta sobrecarga de negociar con los ferroviarios, especialmente con el malhumor que encontrará entre los huelguistas, puede conducirlo a un fatal revés.

Por último, encomendarle a alguien que consiga dinero en un sector que hace un mes está de paro, y precisamente porque recibe salarios magros, es una misión imposible que no enaltece la piedad de los doctores Ricardo Levene,

Mariano Cavagna Martínez, Rodolfo Barra, Augusto Bellucio, Julio Nazareno y Carlos Fayt; quienes firmaron esta resolución cuyo texto pasará a ser codiciado por los coleccionistas y adoradores del absurdo. "Tus papeles erróneos", tal el significativo título de esta columna de opinión firmada por Jorge Llistosella y publicada en Página/12, que develaba la liviandad con que sus responsables manejan la Justicia; y la complicidad de los diferentes poderes para accionar contra los trabajadores, a veces, la mayoría, saltando por sobre leyes y estatutos, generalmente con torpeza. La Corte Suprema de Justicia de la Nación, a la que el Gobierno de Carlos Menem amplió en número de miembros para colocar sus consecuentes, era a esta altura, lamentablemente, uno de los organismos del Estado más cuestionados por la sociedad.

Los ferroviarios, lejos de esos manejos espurios de las magnas instituciones que hacían algunos, muchos, funcionarios; continuaban con absoluta honestidad ejerciendo su derecho constitucional de huelga, y compartiendo esa facultad con otros trabajadores y con el soberano, el pueblo.

La esperada marcha a Plaza de Mayo era el evento que acaparaba la atención pública, y ese evento iba a tener sus bemoles conflictivos. Uno de los análisis más logrados es el realizado por Eduardo Lucita (La patria en el riel) donde expresa: *Desde los orígenes de la organización obrera en nuestro país, a la par que aquella se consolidaba y expandía su influencia en la sociedad, albergaba en su seno bloques diferenciados que convivían en medio de discusiones internas y rivalidades de grupos, que se expresaban en un intenso debate ideológico. Sin embargo, esta discusión no alcanzaba a romper "el frente de clase". Ni en las viejas épocas donde disputaban la conducción obrera anarquistas y socialistas, ni en los años posteriores en que la hegemonía absoluta pasaba por el populismo nacional. Pero a medida que la crisis se fue agudizando, la burocracia encontró cada vez mayores dificultades para ejercer el control político de las masas obreras a cambio de la obtención de reivindicaciones económicas y sociales. Esto se agudizó a partir de 1976 con la inauguración del proceso de reestructuración capitalista, que puso en crisis la tradicional estructura sindical, que se fracturó una y otra vez. La política era ahora entendida como un simple mecanismo de transacciones.*

Es este proceso de fractura y de cada vez mayor compromiso con el poder, lo que provoca que en cada conflicto de envergadura surja una tendencia a la recuperación de la autonomía social de los trabajadores y su independencia política; y al mismo tiempo queda al descubierto las debilidades y flaquezas de las direcciones sindicales burocratizadas.

Esto hace que si bien los comunes intereses de clase acerquen naturalmente a los trabajadores de distintas actividades, no es menos cierto que las divisiones surjan a la hora de formular propuestas y trazar líneas de acción, que se corresponden directamente con las diferentes posiciones políticas de sus dirigentes.

Entre la dirigencia intermedia de los docentes coexistían diversas tendencias, aunque en la cúpula de CTERA sólo tenían cabida las corrientes identificadas con lo que podría llamarse "el peronismo tradicional", históricamente basado en concepciones estatistas y distribucioncitas, "respetuoso" de determinadas conquistas obreras, promotor del "pacto social". Con el apoyo de la mayoría de los delegados al Congreso General del gremio y de los restantes cuerpos orgánicos, esta conducción consiguió canalizar la bronca y la disposición a la lucha de la base en un sentido "posibilista" de la acción.

Por parte de los ferroviarios, estábamos frente a dirigentes de base que sobrepasando a sus conducciones nacionales, ideológicamente afines a la de CTERA, se posicionaban políticamente a la izquierda de estas expresiones.

El encuentro de estos dos ámbitos gremiales, docentes y ferroviarios, favorecido por la coyuntura del enfrentamiento común con el Gobierno, se complicaba por las ópticas distintas de sus dirigentes.

Por eso, CTERA y los restantes gremios docentes, prepararon "su acto", para lo cual erigieron un importante palco en el centro de la plaza, lejos de la casa de Gobierno, con su correspondiente sector para la prensa; vallaron el perímetro destinado a contener a su base; armaron un aceitado y riguroso esquema de seguridad y hasta distribuyeron entre los activistas papeles con las consignas que debían ser coreadas, abundantes menciones a Alzogaray, los liberales, Menem y sus ministros; pero nada respecto a la unidad de luchas ni cosas por el estilo. Era tan fuerte la decisión de la dirigencia de "separar la paja del trigo" que intentaron sobre la marcha adelantar el horario de llamado a concentración, aunque en los hechos no se plasmó.

Los ferroviarios, a pesar de las reuniones previas de coordinación con los organizadores, despertaban sentimientos encontrados; porque si bien todo el mundo los esperaba, nadie podía prever con qué se iban a descolgar teniendo en cuenta la chiflatina en el acto del 26 de febrero.

El ingreso de los ferroviarios a la plaza, entrando perfectamente encolumnados por Avenida de Mayo y seguido por las columnas de los partidos de izquierda con grandes pancartas y sus habituales banderas rojas fue todo un símbolo. Lo nutrido de la movilización, la imponencia de la marcha y la fuerza de sus consignas, rompieron la "tranquila armonía" que reinaba. Sus cánticos recorrían todas las expresiones: desde los ataques al Gobierno, hasta la burocracia sindical, pasando por el reclamo a la unidad de los que luchan y el de la huelga general. El esquema trabajosamente preparado por la dirección de los educadores comenzó a ser rebasado por estos "aportes", de forma tal que los organizadores apuraron primero la iniciación del acto; luego, a pesar de las reticencias que mostraron hasta último momento, aceptaron la presencia en el palco de un representante de la Comisión de Enlace, intentando así aplacar los ánimos. En la corta intervención, se le asignaron "no más de 5 minutos",

Daniel Tronconi, de la Comisión de Enlace, tuvo la oportunidad de plantear la necesidad de unir las luchas y hacer un llamado a la CGT para que se pusiera al frente de los reclamos obreros "convocando a un paro general".

Es en este contexto que toma la palabra Mary Sánchez, en un discurso que se prolongaría durante 45 minutos, pleno de lugares comunes, notoriamente enfocado a la cuestión docente, sin propuestas abarcadoras que llegaran al conjunto de los presentes.

La barra ferroviaria más concentrada fue levantando presión, hasta obligar a la oradora a hacer mención de "los dirigentes que deberían estar aquí y no lo están", lo que recibió como inmediata respuesta el "dónde está, que no se ve, esa famosa CGT". Es aquí donde se produce un brusco giro en el discurso de la oradora, que comenzó a fustigar a los ferroviarios, a quienes calificó de "inorgánicos sindicales", y a la izquierda, acusando a "algunos sectores que se encuentran en esta plaza" de "tratar de dividir la manifestación", concluyendo con notorias referencias a "Dios, la patria y la nacionalidad".

La explosión latente finalmente se produjo y la arremetida de la Sánchez obró como detonante. Una chiflatina demoledora llenó todos los espacios y, a pesar de los denodados esfuerzos en contrario de algunos dirigentes, la columna ferroviaria se despegó y comenzó a circundar la plaza pasando por detrás del palco, se detuvo frente a la Casa Rosada donde se desató con gruesos insultos al presidente, y luego continuó su recorrido por Avenida de Mayo hacia la 9 de Julio en una mezcla de ruidosa manifestación y anárquica asamblea en movimiento.

La retirada de aproximadamente la mitad de los 15.000 manifestantes que había congregado la convocatoria incluyó a todos los ferroviarios, los partidos políticos y una franja considerable de los propios docentes.

El sector de la Comisión de Enlace más proclive a una salida negociada quedaba así muy condicionado al perder una plataforma de gestión, teóricamente importante, como era la CGT Azopardo, para cualquier posibilidad de acercamiento con el poder; y los ferroviarios en su conjunto vieron esfumarse la posibilidad de coordinar la extensión de la lucha con otros gremios, lo cual, y a esta altura no quedaban dudas, era resistido por la dirigencia sindical, aun de los gremios que estaban en conflicto o de los que se depositaban expectativas como CTERA, FOETRA y ATE, entre otros.

Las diferencias internas existentes en la Comisión de Enlace dejaron un resquicio para que se distribuyera un comunicado de prensa donde se aducía que los hechos de Plaza de Mayo eran el resultado de una manipulación del MAS. Este comunicado sería reproducido por algunos medios, pero no por otros que no obstante comentaron su probable existencia. La forma en que fue emitido sin discusión ni consenso interno sería motivo de un denso debate en la dirigencia huelguista.

Con sus concordias y discordias, los obreros en lucha eran el punto central de la jornada, cosa que debe haber dolido a las autoridades. Debe ser por eso que también quisieron tener su protagonismo, lo que era comentado por Página/12: *"Antes se les tenía miedo a los sindicalistas, los despidos demuestran la firmeza en su posición del Gobierno", comentó el presidente Menem a poco de que el interventor de Ferrocarriles anunciara el despacho de mil nuevos telegramas de despido a los huelguistas que no se reincorporaron al trabajo al expirar el plazo de la intimación oficial. La sanción, que lleva el número de despedidos declarados a 1.450 desde el inicio del conflicto, está en el núcleo de la reestructuración de la Empresa también anunciada por Soria, que incluye la eminente formación de una gerencia metropolitana de trenes, que motiva el traslado de personal en diferentes líneas y su licitación en un plazo de tres meses.*

Pero nada de esto ha conseguido variar el panorama de paralización de los trenes, probando que hasta en las situaciones más dramáticas hay siempre una hebra cómica.

El subsecretario de Trabajo, Rodríguez, consideró en un reportaje radial que el tema salarial con los ferroviarios estaba solucionado y confió en que "un punto de reflexión pueda llegar a predominar, el paro sea levantado y se llegue a una negociación que resuelva el tema". La incógnita planteada es si los nuevos despidos contribuirán a ello por la única vía posible en este caso que es el quiebre de la voluntad huelguista. Un funcionario involucrado en la cuestión estimó que los huelguistas no perdían mucho con el endurecimiento oficial y que el Gobierno tampoco ganaba demasiado. Acaso por eso, los anuncios oficiales, una suerte de intento de retomar la iniciativa, fueron acogidos como un hecho más para negociar a la hora del arreglo. Aunque el presidente indicó en su miniconferencia que en un plazo no mayor de diez días "la empresa metropolitana de transporte estará funcionando", los comentarios recogidos en el ámbito sindical, y no solo huelguista, fueron escépticos. Un vocero de la Unión Ferroviaria, prefirió el anonimato para considerar que se trata de un anuncio "irresponsable" en virtud de su "imposible implementación". Pero como más que una pulseada técnica se trata de un gesto político, quizás las mejores explicaciones al proceder gubernamental deban buscarse en las expresiones de Menem sobre la pérdida de temor a los sindicatos. Hay algo que nadie puede pasar por alto: la huelga de los ferroviarios es la punta de un iceberg en la aceleración de conflictividad social a niveles inauditos dentro del periodo menemista.

Los papeles erróneos andaban por aquí y por allá, se habían quedado increpando en la plaza, emitían resoluciones bochornosas, firmaban despidos alegremente, anunciaban privatizaciones apresuradas o se vanagloriaban de tener coraje para avasallar a los trabajadores. Pero éstos nada sabían de papeles erróneos, consideraban que tenían derecho a una vida digna, a defender las conquistas sociales y el patrimonio nacional, y por eso peleaban.

En Junín, provincia de Buenos Aires, convocada por las esposas de los huelguistas, se realiza una manifestación por las calles de la ciudad con mucha fuerza, donde participan unos 300 niños y mujeres, que recibe numerosas muestras de simpatía de los vecinos. La marcha se detiene frente al Palacio Municipal donde entregan un petitorio.

Similares características tuvo otra manifestación realizada en Tucumán, por impulso de la seccional local de La Fraternidad, que recorrió el trayecto desde la estación de trenes a la plaza Independencia, atravesando el centro de la ciudad donde se plegaron a la marcha numerosos vecinos y tuvo el apoyo de varios sindicatos y partidos políticos.

Los huelguistas colocaron en la seccional Haedo de La Fraternidad un expresivo cartel donde se leía "en vez de echar ferroviarios, por qué no echás corruptos", lo que era una especie de simbólico repudio por la nueva ola de despidos, que había producido que seccionales enteras quedaran cesantes; pero además era una clara referencia al documento que los obispos del país habían emitido en la víspera, donde denunciaban la existencia de "corrupción generalizada" en los estamentos del estado. Había que ver si después del almuerzo a que los invitó el jefe de Estado para el día siguiente seguían pensando igual.

Como sea, con sus protagonistas y sus papeles, el día había concluido, pero la lucha seguía.

He marchado detrás de obreros lúcidos
y no me arrepiento.
Ellos saben lo que quiero,
y yo quiero lo que ellos quieren:
la libertad bien entendida.
(Raúl González Tuñón).

20: Los inmorales (15/03/91–17/03/91)

El viernes 15, a los 31 días de paro, los diferentes medios daban cuenta del clima de conflictividad que se vivía en el país. Además de docentes y ferroviarios, los bancarios del Nación efectuaban un sorpresivo paro de 24 horas, y el gremio en su conjunto dispuso paros de 3 horas por turno a partir del lunes 18 y rechazaron el ofrecimiento de recomposición del 50 por ciento e informaron que el jueves 21 definirán un plan de lucha.

Los textiles por su parte resolvieron paros de media hora cada dos de trabajo a partir del lunes 18, en este caso ni siquiera tuvieron una propuesta. Los empleados de la alimentación convocaron a los cuerpos orgánicos para resolver un plan de lucha. La misma actitud tomaron el sindicato de empleados de la carne y el gremio Luz y Fuerza. Este último rechazó la propuesta de un ajuste de salarios del 43 por ciento, exigiendo a cambio el 70.

El conflicto del riel sufría algunas bajas importantes, las que sin embargo no gravitarían sustancialmente en la situación de parálisis de los servicios. Enzo Caza, delegado al Plenario de Seccionales por la Unión Ferroviaria de Rosario, comentaba en el periódico Solidaridad Ferroviaria lo sucedido en esa seccional: *En todo momento la burocracia, aunque decía respetar las votaciones de asamblea, estuvo buscando quebrar la lucha con maniobras y desgastando la moral de los compañeros. Organizaron grupos de carneros. En colaboración con las autoridades de la Empresa, iban a buscar a los compañeros a sus casas para intimarlos y llevarlos a trabajar, diciéndoles que si no volvían a sus tareas iban a quedar en la calle.*

En este día, cuando una importante parte de los compañeros ya habían vuelto al trabajo, lograron que una asamblea minoritaria votara suspender la medida por 72 horas y llamar a una nueva asamblea tres días después, que nunca se realizaría.

Quedaban en esta seccional 22 obreros cesantes, entre ellos el propio Caza, Héctor Gutiérrez integrante de la Comisión de Enlace, y muchos de los afiliados más activos.

Similar situación se plantea en La Fraternidad de la misma ciudad, donde la Comisión Ejecutiva propone en una asamblea la suspensión de la medida hasta el 22, fundamentando su propuesta en que se conocen 30 cesantías y habría preparadas muchas más, por lo que "convenía levantar el paro para negociar unilateralmente la reincorporación de los cesantes", ya que "esa era la única manera de tener éxito". La sesión, poco concurrida debido a que no había sido convocada, aprueba la moción sin saber que las cesantías en realidad no existían, y de haber existido difícilmente se hubieran podido revertir de ésa manera, como ejemplo estaba la vecina Unión Ferroviaria.

En el punto cardinal opuesto, en Olavarría, la filial local de la Unión Ferroviaria, resuelve también suspender la huelga. Pero cuando los obreros se presentan a trabajar, a pesar de no haber cesantes, se impide tomar servicio a tres trabajadores entre los que se encontraba Marcelo Latorre, integrante de la Comisión de Enlace, trascendiendo además que estarían por llegar otros 12 telegramas de despido. Sin embargo la resolución no se revé.

Con esto habían abandonado la lucha las tres seccionales de la Unión Ferroviaria más importantes de las que habían participado de la huelga, Victoria, Rosario y Olavarría; pero permanecían parados pequeños sectores del gremio que en general habían decretado la medida de fuerza al margen de sus comisiones seccionales.

Las filiales de la Unión Ferroviaria estaban mucho más expuestas que la de los otros gremios a la presión de la burocracia; que por otra parte era en este sindicato mucho más fuerte. Además, al ser sectores muy numerosos, la tarea de responder adecuadamente con ayuda económica y de víveres a los afiliados resultaba extremadamente difícil, lo que produjo un desgaste más prematuro. Todo esto no habla en detrimento de este valiente sector de trabajadores, sino todo lo contrario; considerando la cantidad y magnitud de inconvenientes que debieron afrontar, la solidaridad y la predisposición para la lucha fueron más que elogiables.

Pero haciendo honor a lo inusitado de la protesta, los trabajadores de Temperley, ferrocarril Roca, afectados al suministro eléctrico y afiliados a la Unión Ferroviaria, realizan una asamblea en el lugar de trabajo donde resuelven por unanimidad parar por tiempo indeterminado. Esto era sumamente importante por cuanto abortaba el intento de la Empresa de hacer circular trenes eléctricos en esa línea conducidos por carneros.

En el programa televisivo "Almorzando con Mirtha Legrand", el factótum Cavallo dijo que el Gobierno "está dispuesto a cesantear a todos los huelguistas", y agregó en un arranque de sinceridad, "no podemos ceder a presiones así, porque sino tendríamos paros por todos lados". Habló también de la anunciada creación de la nueva empresa de trenes suburbanos y sostuvo que "vamos a invitar a incorporarse al personal de Ferrocarriles que quiera trabajar, pero que no haya adherido a la huelga".

Los integrantes de la Comisión de Enlace, Juan Vitale y Héctor Gutiérrez, en momentos que se aprestaban a viajar a Mendoza, son interceptados y detenidos por policías de civil en la autopista 25 de Mayo, y luego conducidos a la comisaría de Ciudadela, donde permanecen demorados por espacio de tres horas y posteriormente liberados merced a la rápida movilización de los demás trabajadores. Las autoridades policiacas se negaron a informar los motivos de la sospechosa detención y los supuestos cargos que se hacían contra los obreros.

A la noche, la seccional San Martin de La Fraternidad organiza una bailanta popular con gran concurrencia de público, para lo cual contaron con la inestimable solidaridad de los empleados judiciales que brindaron sus instalaciones para el evento.

En horas de la madrugada un grupo de facinerosos, utilizando la oscuridad para no ser reconocidos, rompieron los vidrios de las ventanas de esa seccional, a la vez que arrojaron volantes firmados por "fraternales leales", donde decían que la huelga era "promovida por zurdos" y llamaban a los afiliados a "levantar el paro". No aclararon a quién eran leales. Los mismos volantes son tirados en las inmediaciones de las filiales Retiro (SM) y Haedo (S).

El sábado 16, al cumplirse 32 jornadas de huelga, la Comisión de Enlace decide suspender el plenario programado para ese día en Haedo, debido a que la mayoría de los integrantes de ese cuerpo se encontraban viajando por el interior del país, trasladándolo para el día 18 en la sección Castelar. Asimismo convoca para el día siguiente a una reunión de delegados de La Fraternidad en Haedo.

En Mendoza se realiza una asamblea conjunta de las seccionales de La Fraternidad de la región de Cuyo, donde Vitale y Tronconi de la Comisión de Enlace brindan un detallado informe sobre el conflicto, ratificándose luego la huelga sin límite.

La filial 18 de Junio de señaleros de la Línea San Martin efectúa una asamblea con mucho debate donde se resuelve suspender la medida de fuerza por 11 votos contra 5.

Sobre el conflicto, Página/12 comentaba: *Oscar Ravitti, de la Unión Ferroviaria, rechazó la idea del ministro Cavallo de crear una nueva empresa que se denominaría Ferrocarriles Metropolitanos integrada por aquellos que no se plegaron a la huelga, para luego pasar a manos privadas "porque no hay ley que lo permita".*

Cavallo por su parte dijo que la nueva empresa recibirá "todos los equipos necesarios para brindar los servicios".

Ernesto Jaime, titular de La Fraternidad, se mostró optimista en la solución del conflicto que "necesariamente debe pasar por la reincorporación de los cesanteados", cuya cifra podría trepar a los 4.000 en la semana próxima.

Enrique Rodríguez, subsecretario de Trabajo, anunció que el lunes habrá una solución salarial para la Unión Ferroviaria, Señaleros y Jerárquicos, que negocian en paritarias los incrementos de marzo.

A últimas horas de la tarde se realiza una nueva asamblea en la filial Rosario de La Fraternidad, ante el pedido de numerosos afiliados para rever la resolución de la víspera de suspender la protesta. Allí se sucede una de las sesiones más calientes del conflicto. Estaban presentes miembros de la Comisión de Enlace que informaron sobre el conflicto. El debate que siguió fue durísimo, llegándose incluso a desatar una batalla campal. La Comisión Ejecutiva seccional es destituida y reemplazada por una Comisión de Lucha, resolviéndose por mayoría absoluta retomar la medida de fuerza junto a las demás seccionales.

El puntero local de la burocracia y secretario de la destituida comisión, Rubén Torres, debió huir desaforado del local luego de recibir una andanada de sillazos en el lomo.

Ya entrada la noche, se efectúa en la plaza central de la ciudad de Lanús, al sur del conurbano, un festival popular de solidaridad con los huelguistas del riel, concurriendo unas 800 personas, recibiendo la adhesión de los sindicatos de la zona como ATE y SUTEBA, personal no docente de la Universidad Tecnológica y de diversos partidos políticos; hablando en nombre de los ferroviarios en lucha Héctor Gutiérrez (UF), Juan Beica (Señaleros) y Jorge Ramaglia (fraternal), integrantes de la Comisión de Enlace.

En la localidad de San Miguel, al noroeste del gran Buenos Aires, se realiza otro festival convocado por la multinacional juvenil de la zona, donde participan huelguistas y gran cantidad de público, brindando su solidaridad los médicos y enfermeros del hospital Larcade y otros sectores sociales, gremiales y políticos de la zona.

El domingo 17, cuando transcurrían 33 días de paro, el presidente Menem se encontraba en Magdalena, provincia de Buenos Aires, participando de los actos de conmemoración del 76° aniversario de ese municipio. Allí pronuncia un discurso donde defiende su política económica y manifiesta que "los ferroviarios y los docentes son inmorales por hacer huelgas". Dijo que sentía el afecto de la gente y "la constante de decirme, presidente no afloje" y sentenció que "no voy a aflojar bajo ningún punto de vista". El primer mandatario afirmó además que "mientras algunos políticos se desvelan por las futuras elecciones, yo me estoy desvelando por las futuras generaciones". Y sin duda lo estaba haciendo, pero para que no les quede nada.

En Haedo en tanto, se efectúa la reunión de delegados de las seccionales fraternales en lucha, habiendo representantes de 38 filiales. Allí se discute ampliamente la situación del conflicto. En los delegados del interior se nota una mayor preocupación por la duración de la huelga sin que se avizore una solución. Preocupa también la situación de los otros gremios ferroviarios, ya casi no quedaban seccionales de ellos en conflicto. Finalmente hay concordancia que se debían provocar hechos políticos que tuvieran repercusión pública y sirvieran para presionar a las autoridades y estimular a las bases; siempre respetando el espíritu de la lucha y que sirvieran al fin de provocar una solución digna al conflicto. Así, se aprueba un documento de cuatro puntos que tendría que ser puesto a consideración en el plenario que se realizaría el día siguiente.

Los trabajadores de base en tanto, recorrían a diversos lugares con el fin de recaudar fondos. Un grupo se llega hasta el estadio de Boca, donde encuentran gran solidaridad entre la gente que concurría a ver el partido de fútbol. Los huelguistas se sorprendieron por la aparición de un billete de 100 dólares en las alcancías.

Similar suerte tuvieron los que fueron a la cancha de Independiente en Avellaneda, donde el Director Técnico del equipo local, José Pastoriza, al verlos los hizo pasar al vestuario para que reciban el saludo de los jugadores, quienes, encabezados por su capitán Ricardo Bochini, además de saludarlos, hicieron importantes aportes al fondo de huelga.

Lucita comenta: *El diario Clarín, en doble página central, publicaba una nota reflejando el padecimiento de la gente por la falta de trenes. Todo ella era un muestrario de situaciones risueñas, enojosas, inesperadas, por las nuevas costumbres adquiridas durante el conflicto. Sin embargo, como en la realidad, continuaban ausentes, salvo contadísimas excepciones, las muestras de bronca contra los obreros del riel. Esto era tan así que, por ejemplo, ya se había hecho costumbre que piquetes de huelguistas subieran a los propios colectivos truchos para solicitar la tan necesaria colaboración con el fondo de huelga, no registrándose más que en muy contados casos, discusiones suscitadas con la gente.*

Retirada de los ferroviarios de la Plaza de Mayo, 14/03/91.
Foto diario Clarín.

21: Política cruel (18/03/91–20/03/91)

El lunes 18 de marzo se cumplían 34 días de la protesta. Se había comenzado a notar cierto desentendimiento de la prensa respecto del conflicto. Las razones de esto solamente la podrían brindar sus responsables. Quizás obedeciera a razones puramente mercantilistas, abandonar temas consecuentes en pos de nuevas noticias; o tal vez obedeciera a una campaña orquestada desde el poder para terminar de aislar a los huelguistas.

Simultáneamente a esto, por parte del Gobierno y la burocracia se sucedían anuncios, medidas y presiones, que a veces se contradecían entre sí. Todo esto generaba un clima de confusión que hacía difícil una clara interpretación de la situación.

Lucita afirma: *Los distintos factores que jugaban algún papel en el conflicto presentaban el siguiente cuadro:*

El Gobierno, firme en su posición dual, mostrando dureza en las declaraciones públicas, pero urgido políticamente para arreglar sin aparecer claudicando.

Las grandes firmas usuarias del servicio de cargas, intentando formar alternativas para el transporte de los volúmenes más importantes (cereales, aceites, cemento, etc.). Trascendieron intentos de "arreglar" económicamente con determinadas seccionales, para que corrieran trenes liberando cargas que habían quedado detenidas por el paro.

El público usuario, inmerso en una suerte de "molesto acostumbramiento", es decir, gastando más dinero y tiempo para viajar, pero viviendo la situación como inevitable.

Los ferroviarios en paro, que comenzaban a sentir ciertos apremios económicos, que en algunos casos los llevó a realizar "changas" o trabajos en otras actividades para asegurar un ingreso mínimo; soportando la preocupación propia y la presión de sus familias; necesitando desentrañar los enigmas de la situación planteada.

La suma de estos distintos factores tenía una resultante incierta, que en un principio aparecía desalentadora. Pero la experiencia y serenidad de varios de los dirigentes huelguistas, favorecida por la práctica constante de la discusión democrática, horizontal, a través de asambleas y plenarios, comenzó a aclarar las cosas: había que generar hechos, que motivaran a la base y presionaran al Gobierno.

Las seccionales en lucha se reúnen en la seccional Castelar a efectos de realizar el plenario programado. Allí se discute básicamente la propuesta surgida de la reunión de Haedo, la que sufre modificaciones y ampliaciones. Se ratifica la huelga por tiempo indeterminado y las medidas adicionales.

Se propuso la huelga de hambre, (dice Lucita), medida resistida por la izquierda orgánica y los delegados más politizados; otros promovían cortes de ruta, y ante la posibilidad que comenzaran a correr algunos servicios con conductores quebrados que habían sido tentados a carnerear, formar cordones humanos para impedir el paso de los trenes.

Pese a las discusiones que se generaron alrededor de cada propuesta, como las necesidades eran muchas y el desarrollo individual y grupal disímil, no se desechó ninguna alternativa.

Por la tarde se efectúa en la seccional Retiro de La Fraternidad una numerosa asamblea donde se rechaza la moción presentada por algunos afiliados de levantar la huelga, ratificándose la medida. Los promotores de la moción, encabezados por el Inspector Rojas, son abucheados y se retiran del local.

Si en la contienda del riel la situación era difícil, no lo era menos en otros sectores laborales. Los trabajadores de los bancos Central y Nación, luego de una asamblea, se declaran en paro, aun desoyendo las directivas de la cúpula sindical.

Pero para alivio de las autoridades, los gremios docentes anunciaron la suspensión definitiva del plan de lucha al acordarse una recomposición salarial del cien por ciento, siendo el mayor de los pactados hasta ese momento.

El martes 19, en la trigésimaquinta jornada de huelga, mientras los ferroviarios seguían sin trabajar, otros tenían una actividad desbordante, la gente del Ministerio de Trabajo, tratando de apaciguar los ánimos gremiales y evitar de cualquier manera el esparcimiento de conflictos.

La Cartera Laboral, repartiendo baldes de agua a diestra y siniestra, recibe primero a las cúpulas gremiales ferroviarias de Señaleros, Jerárquicos y la Unión Ferroviaria, con quienes cierran las paritarias del riel, la más prolongada de todas hasta el momento. Se acordó la incorporación de los 250.000 australes al sueldo, con lo que el incremento de la masa salarial era del 25 por ciento promedio, casi de un 50 por ciento para las escalas más bajas. El mismo arreglo que las autoridades habían propuesto desde hacía un mes. La dilación de esta negociación se debe al resquemor de los sindicalistas de que el conflicto existente produzca una recomposición superior en el gremio de los maquinistas. La Empresa por su parte anunció que a partir del día siguiente comenzará a abonar un anticipo de 500.000 australes a todos los empleados que no adhieren a medidas de fuerza.

"Acá sólo viene la conducción orgánica. ¿O te creés que esto es La Fraternidad?" dijo gastador el abogado de la Asociación Bancaria al ingresar a la primera audiencia de conciliación convocada por Trabajo tras el paro del día anterior en los bancos Nación y Central, dispuesto por las Comisiones Internas y solo después acompañadas por los directivos sindicales, sabedores de que en estos casos es mejor ponerse a la cabeza.

El titular del gremio, Juan José Zanola, desestimó las gruesas críticas en la asamblea de los bancos y prefirió razonar que el gremio "no tolerará" una

*dilación en los reclamos. La parte oficial ofreció una recomposición del 43 por
ciento a pagar a fin de mes, pero el personal solicita un básico de 3 millones y
retroactivo a febrero.*

*Luego le tocó el turno a los estatales de la administración pública a quienes
los funcionarios laborales prometieron enviar a la brevedad al Congreso un
proyecto de ley de paritarias para el sector, y que no quedarán marginados de
la próxima ronda de negociaciones salariales.*

*Finalmente los funcionario de Trabajo se reunieron con la CGT oficialista,
con quien acuerdan la creación de una "Comisión Técnico Asesora" cuya función
será agilizar las negociaciones paritaria y evitar que los reclamos salariales
terminen en medidas de fuerza. El titular de esa central, Raúl Amin, responsabilizó
a los empresarios de "aplicar una política cruel contra los trabajadores", y de
"empujar a los asalariados al conflicto para chantajear al Gobierno" (Clarín).*

Lo que se le pasó por alto al sindicalista menemista es que la "política cruel"
que cuestionaba de los empresarios, era la misma que su jefe político,
Menem, aplicaba con los obreros del riel.

Por su parte el presidente aseguró en una conferencia de prensa, que "en
siete u ocho días estará funcionando la nueva empresa de trenes metropolitanos". Pero a su vez desestimó que se hubiera entrado en una fase de solución
del conflicto del riel.

Pero para enturbiar más las cosas, el presidente de La Fraternidad Jaime
anunció, después de reunirse con el interventor Soria, que se había llegado a
un acuerdo con ese funcionario mediante el cual se podía poner fin al diferendo.
Según Jaime, se proponía una acuerdo salarial que garantizaba a los trabajadores más bajos del escalafón un sueldo conformado de 2.300.000 australes,
y que los cesantes serían reincorporados automáticamente contra la presentación de "un recurso de amparo" ante la Empresa, e incluso, aseguró que esa
fórmula ya se había comenzado a aplicar.

El subsecretario de Trabajo, Rodríguez, negó la existencia de tal arreglo, y
dijo que "la condición sine qua non para que las cesantías se revisen, es el
levantamiento de toda medida de fuerza".

Por su parte la Comisión de Enlace de las seccionales desmintió categórica-
mente el anuncio de Jaime, calificando de "falsa y maliciosa esa información",
y aclaró que "está destinada a "confundir a los compañeros y quebrar la huelga".

El miércoles 20, a los 36 días de paro, se realiza en La Fraternidad de Olavarría
una asamblea donde participan los integrantes de la Comisión de Enlace,
Daniel Tronconi y Adolfo Grassi. Allí se informa que los cesantes de la seccional
suman 66, el 80 por ciento de los afiliados; y se ratifica la medida de protesta.

El subsecretario de Transporte e interventor de Ferrocarriles, Soria, anunció
que "el número de despedidos alcanzó la suma de 2.200 y que se completará
con la nómina de 4.000 oportunamente anunciados". El funcionario aseguró

que "tenemos pruebas fehacientes, evidentes, que es una minoría que está impidiendo que el personal asista al trabajo", lo que claramente se contradecía con la disposición de tantas cesantías. Afirmó además que "hay muchos obreros de La Fraternidad que quieren presentarse a trabajar y sin embargo todas las asambleas que se hacen son boicoteadas. Hay piquetes de huelga que prácticamente impiden que la gente pueda expresar su opinión en forma democrática. Estos señores que tanto hablan de democracia no la ejercen cuando llega el turno de hacerlo".

Pero más duras todavía fueron las declaraciones de Menem. El primer mandatario aseveró que "si la huelga es por tiempo indeterminado, la cesantías seguirán llegando por tiempo indeterminado". Consideró "descabellada" la modalidad de la protesta, y "que luego no haya despidos" y se preguntó "¿En qué país del mundo se hacen paros por tiempo indeterminado? Es un acto de total irresponsabilidad".

La empresa Ferrocarriles empezó a pagar el anticipo de 500.000 A a los empleados que no efectuaban medidas de fuerza. La mayoría lo primero que hicieron fue acercarse a los camaradas en lucha y efectuar su aporte solidario al fondo de huelga de éstos, sepultando en el lodo con ese sencillo acto las partituras de Menem y de Soria. La "política cruel" no enaltece a quienes la practican.

Manifestación ferroviaria durante la huelga. Foto Alberto Juárez, Haedo.

22: La huelga de hambre (21/03/91–22/03/91)

El jueves 21, a los 37 días de la medida de fuerza, el factótum Cavallo concurrió al Congreso de la Nación donde presentó en ambas cámaras un proyecto de plan económico, que requeriría la aprobación parlamentaria para ejecutarse. La gestión resultó favorable para el funcionario de Hacienda, ya que logró el compromiso de casi todos los bloques para que sea tratado con carácter de urgente.

En Ingeniero White, numeroso afiliados fraternales, apoyados por los integrantes de la Comisión de Enlace, Tronconi y Grassi, solicitan la realización de una asamblea para revisar la decisión que suspendió la adhesión a la huelga; pero son atacados a golpes por provocadores. Luego los miembros del comité huelguista viajan a Darregueira donde participan de otra asamblea.

Los ferroviarios no eran los únicos trabajadores agredidos. Página/12 informaba que: *Una docena de vehículos, con gente armada a bordo, participaron de un operativo de intimidación a un grupo de obreros que realizan una huelga de hambre en la localidad bonaerense de Zárate, en reclamo de la reincorporación de 229 despedidos de la firma Celulosa Argentina. La denuncia fue realizada por el secretario adjunto del sindicato, Juan Carlos Albornoz, quien aseguró que los ocupantes de los móviles hicieron ostentación de armas en la zona norte de la plaza Mitre de la localidad y amenazaron a los activistas agrupados en el lugar. En Celulosa y en la también papelera Witcel se han producido más de quinientos despidos y suspensiones, originándose un prolongado conflicto.*

Esto develaba el estado de indefensión en que se encontraban los trabajadores que luchaban por sus reivindicaciones y era un mal antecedente para los ferroviarios que habían decidido medidas similares.

La Comisión de Enlace de las seccionales en lucha se instaló en la sede del Partido Intransigente porteño, en el barrio de Congreso, abandonando el reducto de Haedo, para tener más rápido acceso a las informaciones, medios de comunicación y eventuales negociaciones.

El comité huelguista realiza una conferencia de prensa en la sede de Asociación de Trabajadores de Prensa, donde informa a los medios sobre el conflicto, comunica el inicio de la Huelga de Hambre en Plaza de Mayo desde ese día, y la realización de jornada de protesta en diversos lugares el día siguiente.

A las 14, un grupo de nueve ferroviarios compuesto por Miguel Vivas de Haedo, Oscar Juárez de San Martín, Dante Miranda de Retiro, Raúl Aguirre de Villa Lynch, Alfredo Piccone de Latinoamérica, Ricardo Lombardero de Rio III, Flavio Carabajal de Tucumán, Carlos Vogler de Cañada de Gómez y Eudoro Contreras de Ceres, comenzaron la huelga de hambre en Plaza de Mayo, a metros de la pirámide, en el centro neurálgico del país. Decenas de ferroviarios acompañaron el acto.

Pero no solo ferroviarios había en la plaza, el predio estaba repleto. Ese día las Madres de Plaza de Mayo no tenían un jueves más. Se cumplían 15 años del fatídico golpe de estado del 76 tres días después y en esa jornada hacían el acto de repudio.

Grandes carteles apoyados sobre atriles contenían fotos de los represores-torturadores-asesinos que estaban en libertad por obra y gracia del presidente Menem y su antecesor Alfonsín, y debajo de cada uno constaba detallado sus tenebrosos prontuarios.

Los locutores Liliana Daunes y Ariel Delgado coordinaban una radio abierta, en la cual se invitaba a todos aquellos que tuvieran algo que decir. La mayoría de los voluntarios que se acercaban al micrófono no solo reivindicaban a las Madres de Plaza de Mayo, sino también "la digna lucha de los compañeros ferroviarios presentes en la plaza".

"El diccionario da tres acepciones de basura: una, inmundicia, suciedad; otra, estiércol y la tercera, lo que repugna o es despreciable; que el presidente elija la que más le gusta, porque para mí las tres le caben" dijo la Presidenta de Madres, Hebe de Bonafini en su discurso, que terminó con "un abrazo fraterno a los hermanos ferroviarios que luchan por su dignidad".

La primera reacción oficial sobre la huelga de hambre de los ferroviarios fue la del subsecretario de Trabajo, Rodríguez, que interpretó el hecho como un "símbolo de debilidad" del movimiento y aseguró que era eminente la reanudación de algunos servicios, "dado que hay sectores que desean levantar la medida"

Pero los dichos del funcionario se estrellaron contra los hechos; porque los huelguistas de hambre comenzaron a recibir numerosísimas muestras de solidaridad que sorprendieron a los ferroviarios más optimistas, y con más razón a los funcionarios del Gobierno.

En la primera noche de ayuno, con la plaza ya despejada, recostados en sus mantas, los hombres del riel, desvelados, tratando de adaptarse a su nuevo ámbito y condición, recibían constantemente la visita de decenas de personas que se acercaban a saludarlos como si fueran héroes.

El viernes 22, se cumplían 38 días de huelga. Los diarios daban cuenta del clima de conflictividad obrera que imperaba, el que sin embargo, con esfuerzo, era campeado por las autoridades.

La ronda de negociaciones entre la UOM y la patronal del sector fracasó, por lo que el gremio dispuso un plan de lucha a iniciarse con un paro de 2 horas por turno el 8 de abril; continuando con medidas similares por 4 horas el 9, una huelga de 24 horas el 10 y después de esa fecha, si no hay arreglo, paro por tiempo indefinido. No obstante el secretario adjunto del sindicato, Luis Guerrero, afirmó que "tenemos disposición para seguir dialogando".

Por su parte, los textiles, liderados por el menemista Pedro Goyeneche, acataron la conciliación de 5 días dispuesta por el Ministerio de Trabajo, pero anunciaron que después de la misma, si no hay acuerdo, continuaran con las medidas de fuerza.

Los trabajadores de la carne, también dirigidos por sindicalistas oficialistas, de igual manera aceptaron la conciliación decretada por la autoridad de Trabajo.

El congreso de la Asociación Bancaria facultó a la dirección del gremio para que "acorte los plazos de la conciliación" iniciada a principios de la semana anterior.

En tanto continuaba el conflicto de los papeleros de Zarate y por supuesto, también el de los ferroviarios.

En el marco de la "jornada de protesta" resuelta por el Plenario de Castelar, se realizaron diversos actos. Los afiliados de las dos Latinoamérica, apoyados por algunos trabajadores de la Unión de Victoria y diversos partidos políticos y organizaciones sindicales, cortaron por espacio de una hora el puente Saavedra importante puerta de ingreso desde el norte a la Capital Federal y luego marcharon por las calles hasta la estación Mitre.

Las seccionales fraternales del Roca, Kilo 1, Escalada y Temperley; 17 de Marzo de señaleros y Temperley de la Unión, también con la presencia de trabajadores de otros gremios y militantes políticos, bloquearon la principal vía de acceso a la Capital desde el sur, el puente Pueyrredón, donde repartieron volantes provocando un verdadero caos de tránsito. Luego marcharon por avenida Mitre hasta la plaza de Avellaneda, donde se realizó un acto del que participaron unas 500 personas.

Las filiales fraternales de Retiro y San Martín, junto con otros sectores sindicales y políticos, se concentraron en la estación San Martín, colocándose sobre las vías para impedir el paso de dos trenes. Luego fueron a la plaza San Martín donde realizaron un potente acto. Al dirigirse a Santos Lugares para realizar otro acto y cruzar las vías del ferrocarril Urquiza, divisan un tren que se acercaba, por lo que se estacionan sobre las vías encendiendo una fogata, logrando impedir la continuidad del convoy.

También los trabajadores de Villa Lynch del Urquiza, efectúan una manifestación en la estación, logrando que la Empresa desista de la intención de fletar un tren, aduciendo "falta de seguridad".

Pero el acto más dramático se vivió en el oeste del gran Buenos Aires. Las seccionales del Sarmiento, Haedo y Castelar de LF y UF, y 12 de Octubre de señaleros, habían programado una manifestación conjunta en el cruce de las avenidas Rivadavia y 9 de Julio, en el centro de Morón, a iniciarse a las 15 horas.

Un joven trabajador que andaba por la estación de Once, advirtió que la Empresa se aprestaba a hacer correr el primer tren desde el inicio del conflicto. Rápidamente fue a un teléfono público y dio aviso a las seccionales, siendo sorprendido en ese momento por agentes de la Policía que lo detuvieron, con la acusación de "intimidación".

El tren salió de Once a las 14 horas conducido por un carnero, "el Vikingo" Sallese, y repleto de policías. Cuando llegó a Haedo, 45 minutos después, los huelguistas habían ocupado las vías, a los que se sumaron sus esposas e hijos, integrantes de la Comisión Permanente de Solidaridad con los Ferroviarios, militantes gremiales y políticos, y numerosos vecinos que no dejaban de arrimarse para solidarizarse con los trabajadores.

También llegó el "Grupo Halcón", cuerpo especial de la policía bonaerense, con varios móviles, fuertemente pertrechados, e indudables intensiones de reprimir. El Jefe del comando se dirigió a los huelguistas intimándolos para que desalojen el lugar, pero estos se negaron con firmeza. La situación se tornó entonces extremadamente tensa, pero la presencia de los vecinos, numerosos periodistas y el diputado nacional Luis Brunatti, evitaron que la policía pueda reprimir y la Empresa finalmente canceló el tren en la estación de Haedo.

Caída la tarde, los manifestantes se retiraron quedando algunos trabajadores de guardia en el lugar para evitar que el tren sea puesto en movimiento.

Después de los diferentes actos, los huelguistas fueron a sus seccionales, y algunos a Plaza de Mayo para apoyar a los compañeros ayunantes; los objetivos de conmover a la sociedad y a las autoridades se habían cumplido con solvencia.

La Plaza de Mayo era una fiesta de solidaridad. Comenta Lucita: *La huelga de hambre, llevada adelante por nueve trabajadores, de todas las líneas salvo del Roca, en su mayoría provenientes de seccionales del interior del país, aunque aparentemente su capacidad de presión sobre el Gobierno era relativa, se convirtió muy pronto en un impacto político de proporciones, que introdujo nuevos elementos en las relaciones entre los huelguistas y la gente.*

Continuamente rodeados de gestos solidarios, de cientos de personas que diariamente convertían el lugar en una verdadera asamblea popular, con la presencia de dirigentes políticos, de reconocidos intelectuales, artistas, trabajadores de la cultura e ignotos transeúntes que se acercaban para aportar su solidaridad moral y material.

Esta medida, resistida en principio por algunos sectores huelguistas por considerarla una acción desesperada y lastimosa, resultó un elemento de presión y difusión contundente. Los ferroviarios habían logrado meter el conflicto en las mismas barbas del Gobierno, y en la mayor vidriera nacional e internacional; tal es así que se vieron obligados a completar el cuadro de pancartas que los acompañaban, con carteles escritos en inglés, francés, portugués, italiano y alemán, para que los objetivos de la lucha puedan ser interpretados por los numerosos turistas y corresponsales extranjeros que se acercaban.

Evidentemente esta situación era intolerable para el Gobierno y su consecuencia lógica era la represión. Como es natural cuando se trata de efectuar acciones lidiadas con la legalidad, esperaron la noche, cuando había menor cantidad de personas y las sombras reducen notoriedad.

Comenta Página/12: *Arribaron a la plaza un patrullero de la Comisaría Segunda de la Policía Federal, un carro de asalto y un camión de fletes. Los efectivos, armados con largos bastones negros, rodearon a los huelguistas y los conminaron a retirarse porque tenían una "orden de desalojo de cumplimiento inmediato". Los ferroviarios dudaron un momento, pero ante la superioridad evidente de las fuerzas de seguridad, prefirieron negociar voluntariamente los términos de la retirada. Los colchones, las mantas y hasta el agua mineral fueron subidos al camión con la promesa que serían depositados en el lugar que los trabajadores indiquen. Uno de los huelguistas comentó "Desde que empezó el conflicto me han acusado de muchas cosas, pero ésta es la máxima" y exhibió la orden de desalojo por "ocupación indebida de espacio verde".*

Oportunos llamados alertaron a las seccionales y también a algunos medios como el programa "Protagonistas" de Radio Splendid y el noticiero de Liliana López Foressi de canal 13, los que inmediatamente informaron sobre la situación que se vivía en la plaza.

Mientras, los ayunantes y los trabajadores que los acompañaban, a pesar de la presión de la policía, en lugar de irse se acurrucaron en un banco, cubriéndose con banderas argentinas, esperando un nuevo avance de la policía, lo que efectivamente se produjo. Los trabajadores alegaban que "al abandonar el cantero y ubicarse en un banco, ya no estaban ocupando un espacio verde, sino un lugar destinado al uso público". Pero los policías insistían cada vez más firmes con reprimir, adoptando formación de ataque. Para esto, alertados por los llamados y los medios, comenzaron a llegar más trabajadores, militantes de los derechos humanos y de los partidos políticos, quienes formaron un cordón humano alrededor de los huelguistas para evitar la agresión.

También se hicieron presentes los diputados nacionales Zamora, Abdala, Álvarez, Aramouni y Cafiero; el juez Juan Ramón Padilla, y el diputado provincial Jorge Drkos, con lo que finalmente se logró evitar el desalojo. El juez y los legisladores presentes se dirigieron luego a la sede de la comisaría segunda a pedir explicaciones. Las autoridades de la misma informaron que cumplieron órdenes del Procurador del Tesoro de la Municipalidad de Buenos Aires, Juan Ortubey.

Las Madres de Plaza de Mayo y el partido Intransigente aportaron nuevos elementos para que los huelguistas de hambre pudieran continuar su cometido, e incluso una guardia médica permanente comandada por el mismo diputado provincial Dr. Jorge Drkos.

Con renovados bríos, los ferroviarios seguían plantados en su lucha y en la histórica plaza.

23: La nueva empresa (23/03/91–25/03/91)

Fue el 1° de octubre del año pasado. Esa tarde, como lo hacía habitualmente, Eduardo Rosales, de 55 años y con 30 en su oficio, a punto de jubilarse, conducía el tren de Tigre a Retiro, de la línea Mitre. Cuando terminaba la curva que precede a la estación Lisandro de la Torre, vio a un niño jugando en las vías. Impotente, desesperado, (porque por inercia el convoy no frena en menos de 300 metros), Rosales pasó su tren por sobre la criatura.

Unas horas más tarde, un agente de policía que hacía su recorrida de rutina por Retiro, vio a un hombre, aparentemente perdido, que deambulaba por los alrededores de la estación. Cuando lo interrogó se encontró ante un mutismo total y la mirada sin dirección. Revisó sus documentos, era Eduardo Rosales, maquinista del ferrocarril. Los médicos que lo asistieron en el Hospital Rivadavia diagnosticaron parálisis de las funciones hepáticas y amnesia total. No se recuperó del shock, tres meses después Eduardo Rosales murió. (Revista La Semana, 16/01/80).

Las muertes como consecuencia de accidentes en vehículos motorizados y accidentes ferroviarios, oscilan en nuestro país entre 4.300 y 4.600 por año, excluyendo los suicidios y otras muertes como efecto tardío de los mismos.

La red ferroviaria en las zonas de tráfico intenso y altísima densidad de población, con pasos a nivel, tanto de vehículos como peatones, generan accidentes que provocan daños y muertes claramente descriptos en la Clasificación Internacional de Enfermedades de la Organización Mundial de la Salud. Lo que no está descripto ni estudiado y sólo en algunos casos excepcionales atendido, es el efecto que éstos producen en los conductores de trenes y su grupo familiar.

El conductor de trenes, por la índole de su trabajo, está sometido al potencial o real accidente, lo que agrega a su área una sobredosis emocional, que de modo genérico llamamos estrés. Diversos estudios vinculan estrés y riesgo de enfermedad, aumentando dicho riesgo de dos a siete veces. Por lo tanto, en función del cuidado de la salud y dadas las condiciones de trabajo, consideramos necesario definir al conjunto de conductores ferroviarios como grupo de alto riesgo.

Sin duda nos encontramos frente a una situación sanitaria grave que ha sido negada por las instituciones pertinentes y que tiene su registro en la historia, y en la vida y muerte de conductores; no así en los anales sanitarios. La falta de criterio operativo por parte de la Empresa ha llevado a toda la estructura ferroviaria a un estado estrictamente obsoleto. Cada sector sobrevive en un caparazón confeccionado por sus mayores, donde el riesgo de muerte por el tipo de actividad es absoluto. (Centro de Estudios del Trabajo, N° 4, abril de 1990).

En mayor o menor medida, todas las tareas ferroviarias conllevan, por la magnitud de las fuerzas que se manejan y las condiciones en que se prestan, un alto riesgo físico y psicológico. Por eso la atención sanitaria es un factor primordial.

La Obra Social Ferroviaria era una de las primeras que se constituyeron en el país y por muchos años la más importante. Pero los tiempos habían cambiado, el Instituto de Servicios Sociales Ferroviario se hallaba en permanente decadencia. En 1987, una afortunada iniciativa había logrado aminorar el estado de colapso al constituirse PROSAFE (Programa de Salud Ferroviario), que con pocos recursos permitía brindar a una inmensa cantidad de afiliados activos y jubilados del gran Buenos Aires, una buena atención primaria, con el fundamental "médico de familia", un servicio de emergencia médica y talleres de atención psicológica a protagonistas de accidentes.

Ahora, la burocracia y el Gobierno, que compartían la dirección de la Obra Social, aprovechando la coyuntura del conflicto, habían dispuesto borrar de un plumazo PROSAFE, con lo que asestaban otro duro golpe a los trabajadores, uno más, **el sábado 23 de marzo, cuando se cumplían 39 jornadas de la huelga.**

Ese día, los diputados nacionales del Grupo de los Ocho, el radical Federico Storani, el escritor Ernesto Sábato, Graciela Fernández Meijide de la Asamblea Permanente por los Derechos Humanos y otros dirigentes políticos y sociales, firmaron un comunicado en el que denuncian el "proceder marcadamente autoritario del Poder Ejecutivo nacional que ha desconocido el derecho constitucional de huelga y ha cerrado unilateralmente toda posibilidad de negociación que permita alcanzar alguna solución al conflicto ferroviario" y se ofrecieron a oficiar de mediadores para iniciar conversaciones con los trabajadores "a fin de posibilitar el restablecimiento de los servicios atendiendo a la necesidad de un salario digno y a la reincorporación de los trabajadores despedidos".

Lejos de iniciar negociaciones, Soria, el interventor de Ferrocarriles, advirtió que "hay preparados 1.500 telegramas de despido más, que se sumarán a los 2.200 que existen hasta ahora". Soria sostuvo también que la empresa estatal piensa "iniciar juicios civiles por los daños que está causando al patrimonio nacional la huelga".

Los ferroviarios no podían ocultar el asombro ante las declaraciones de Soria preocupándose por el patrimonio nacional.

En tanto, volvió a funcionar el servicio en la línea Sarmiento desde el mediodía entre las estaciones Once y Liniers, con trenes que partieron cada 30 minutos conducidos por personal jerárquico y custodiados por una fuerte guardia policial, pero escasísimos pasajeros; la gente hacía causa común con los ferroviarios.

Una asamblea de trabajadores de Gas del Estado decretó un paro inmediato de actividades por tiempo indeterminado, en demanda de una recomposición salarial.

En Plaza de Mayo los huelguistas de hambre seguían recibiendo conmovedoras muestras de simpatía. Son visitados por Ernesto Sábato entre otras personalidades, y muchos compatriotas que desfilaron por la plaza brindando su solidaridad desde que salió el sol hasta entrada la noche.

Algunos miembros de la Comisión de Enlace habían resuelto suspender el plenario que debía realizarse ese día en la seccional Tolosa "porque había demasiadas actividades que cumplir y muchos delegados del interior no pudieron llegar". Esa decisión produjo el enojo de otros integrantes del comité que no habían sido consultados, por lo que la Comisión en pleno decide reunirse en la sede del partido Intransigente por la noche, donde debaten áspera pero reflexivamente lo actuado, donde prima el pragmatismo sin que se produzcan fracturas.

En esos momentos se realizaban varios festivales populares en solidaridad con los ferroviarios. En la plaza de la ciudad de Lanús, en el Club Sportivo Barracas de la Capital Federal y en la plaza central de la localidad de San Miguel, habiendo en todos gran presencia de ferroviarios y sus familias y numerosos público que aportó su más que necesaria solidaridad moral y material.

El domingo 24, a los 40 días de paro, el ambiente ferroviario amaneció convulsionado por el incendio de un tren eléctrico en los talleres de Castelar, ocurrido durante la madrugada. Esto, como tantas otras veces, desató encontradas interpretaciones por parte de los sectores involucrados en el conflicto, y comentado por los distintos medios.

La Empresa lo calificó como un grave atentado. Por su parte la Comisión de Enlace de las seccionales emitió un comunicado donde sostiene que "no son estos los métodos que utilizamos los que estamos en conflicto. Entre nuestros principios está el de cuidar la fuente de trabajo y los elementos que la componen (Clarín).

La Seccional Castelar de La Fraternidad lo consideró un "método ajeno a la justa lucha que tenemos los trabajadores".

En el comité huelguista se especuló conque su autoría corresponda a sectores carapintadas de la zona. Mientras que el dirigente fraternal Ernesto Jaime, desautorizado por los huelguistas, prefirió como blanco a la ultraizquierda, aunque admitió: "yo no tengo pruebas para demostrarlo".

Por su parte el subsecretario de Trabajo, Enrique Rodríguez manifestó: "yo creo que los trabajadores en huelga no tienen nada que ver con estos atentados". (Página/12).

No obstante, a raíz de este hecho, la Empresa suspendió la corrida esporádica de trenes entre Once y Liniers, que había iniciado el día anterior, alegando "razones de seguridad".

Por el mismo motivo canceló en Dolores un tren que había partido desde la estación Constitución con destino a Mar del Plata.

La seccional General Pico de La Fraternidad de la línea Sarmiento resolvió poner fin a la huelga por tiempo indeterminado. Esta filial probablemente fuera una de las que en mejores condiciones materiales se encontraba para continuar la huelga, ya que había recibido una inmensa ayuda de la población y de las autoridades municipales, y además su base era una de las más firmes. La asamblea habría sido manipulada para conseguir esa resolución brindando falsas informaciones y acusaciones de carácter macartista contra la Comisión de Enlace, bajo influencia del "maula" Caminos y el ex directivo de La Fraternidad y afiliado de ésa, Eduardo Astiz, quienes habrían acercado además promesas de beneficios de dos grandes grupos económicos interesados en la privatización del ferrocarril.

En realidad, el levantamiento de General Pico era más simbólico que efectivo, ya que los trabajadores de las filiales más pequeñas que la rodeaban Realicó, Lincoln, Pehuajó, Trenque Lauquen, Maza, Toay y Darregueira, no se prendieron en ésa, manteniendo la medida e impidiendo la circulación de trenes en toda la zona.

Mientras algunos abandonaban la lucha, en Plaza de Mayo, otros trabajadores, haciendo ayuno, ponían en riesgo sus vidas para el triunfo de la huelga; y encima tenían que soportar un nuevo intento de desalojo por parte de la fuerza policíaca. Esta vez "porque daba mal aspecto su permanencia en un lugar público". Pero la presencia de numerosos huelguistas y personas, más la movilización inmediata de muchos otros, logró evitar nuevamente que se concrete la intentona.

El lunes 25, en la jornada 41 de la protesta, en horas de la madrugada se produjeron ataques a viviendas de tres conductores carneros: *Los atentados fueron contra los maquinistas del Sarmiento Juan José Hernández y Hugo Paulicheni. El primero vive en el barrio Libertad de Merlo, sobre cuyo domicilio se arrojó una bomba Molotov y se dispararon varios balazos. La segunda intimidación, también con bomba incendiaria, ocurrió en Villa Tesei, partido de Morón. El tercero fue contra el titular de la seccional Empalme Lobos de la línea Roca, Walter Margariños. En todos los casos se produjeron daños en las viviendas sin consecuencias personales. La Fraternidad de Castelar repudió el atentado contra Hernández y simultáneamente descalificó la imputación de que los autores del atentado fueran trabajadores huelguistas. Del agredido dijo que "tomó su actitud de rompehuelgas aceptando un soborno de mil dólares".* (Página/12).

Pero el clima de convulsión obrera no era privativo del ferrocarril. En Córdoba, la firma Renault suspendió a unos 800 trabajadores; mientras que las empresas del ex interventor de Ferrocarriles Eduardo Nava, se encontraban en estado de conflicto. En GMD, los trabajadores tomaron las instalaciones para protestar por la suspensión de 172 operarios, mientras que en Materfer los suspendidos ascienden a 500. La huelga ferroviaria había afectado a este sector y no daba descanso al presuntuoso Nava.

En tanto que los papeleros de Zarate continuaban su dura lucha; en Buenos Aires el clima de agitación no era menor. La detención ilegal de 10 obreros de la carne, despedidos de los frigoríficos Yaguané y Antártico de La Matanza motivó el pedido de informes del diputado provincial Víctor de Paula. El hecho ocurrió en la comisaría de Virrey del Pino, cuando los trabajadores protestaban por los despidos y el pago del 50 por ciento de las indemnizaciones en cuotas.

Por su parte, el sindicato mercantil anunció que aplicará paros parciales a partir del jueves. Mientras que las tratativas entre la banca oficial y el gremio bancario volvieron a fracasar.

Los empleados de IPSA (Investigación de mercado) del sindicato de publicidad, iniciaron una huelga de hambre frente a la empresa en protesta por los bajos salarios.

En tanto, el Gobierno volvió a conjurar el conflicto de Gas del Estado, al otorgar un aumento salarial del 55 por ciento para el mes de marzo, sin perjuicio de seguir las tratativas paritarias. Lo notable de este hecho es que las autoridades dialogaron con el gremio y otorgaron una recomposición salarial en medio de un paro por tiempo indeterminado, cosa que con los ferroviarios se negaban a hacer.

La línea Sarmiento reanudó desde el mediodía el cronograma de emergencia con trenes que llegan hasta la estación Liniers, mientras que en el Mitre se hizo correr un tren hasta Baradero. Los ramales electrificados de esta línea Retiro-Tigre y Retiro-José León Suárez; y del Urquiza Lacroze-Lemos, así como el Belgrano, funcionaban en forma condicional durante el día, fuera de todo horario y con más policías que pasajeros.

El cuadro de parálisis de servicios seguía siendo contundente, sin embargo las autoridades habían montado alrededor de estos pocos trenes, una campaña amplificadora, y hablaban de "normalización de ramales", cuando la realidad distaba mucho de eso. Pero los medios se hacían eco de esas declaraciones y eso calaba negativamente en el ánimo de los huelguistas menos comprometidos.

A esa campaña, se sumó una nueva embestida del Gobierno: *La nueva empresa de ferrocarriles urbanos y suburbanos, Ferrocarriles Metropolitanos S. A., fue creada por decreto del presidente Menem, quien sin vueltas admitió que la nueva estructura, base de la posterior privatización, se adopta "en respuesta al paro ferroviario". El presidente aseguró que la semana próxima el nuevo organigrama estará en funcionamiento.*

El decreto prevé que cuente con "una dotación necesaria paro estrictamente suficiente para operar con eficiencia". En el palacio de Hacienda se adelantó que Luis Alberto Laguingue será su director. Lo que no resulta claro todavía es quienes operarán los trenes.

Menem volvió a ratificar que para los que no levanten el paro "con mucho dolor los telegramas seguirán llegando", ya que "impartí instrucciones precisas en ese sentido. La constitución es clara: existe el derecho de huelga, pero dentro de la ley deben entender que también existe el derecho de los que no quieren parar y cumplir con el convenio colectivo de trabajo".

El Gobierno ha trabajado en los últimos días para quebrar el paro, no solo por el agotamiento de los huelguistas - que tampoco cobran sus salarios - sino presionando con la actitud de los otros gremios del riel. José Pedraza de la Unión Ferroviaria, fue uno de los que asistió a la firma del decreto oficializando la nueva empresa.

En el ferrocarril Sarmiento, durante toda la jornada, trabajadores afiliados a esa organización hicieron revisión de vías entre Haedo y Liniers, lo que sugiere que habrá otra tentativa de normalizar el servicio a todo lo largo de la más transitada de las líneas metropolitanas. Otra vía para presionar al comité huelguista es el hostigamiento permanente a los nueve trabajadores que hacen ayuno en la Plaza de Mayo.

"Ferrocarriles Metropolitanos S. A." dicen los fundamentos de la nueva empresa, "tendrá efectos directos sobre el nivel de calidad de los servicios". (Página/12).

Pero más allá de la dureza del discurso, el Gobierno volvía a poner en práctica el proceder dual que implemento en gran parte del conflicto. A las 21,30, en la sede del Ministerio de Trabajo, se reúnen integrantes de la Comisión de Enlace con el subsecretario Rodríguez, quién ofrece una "propuesta para levantar el paro a cambio del compromiso verbal de reincorporar a los cesantes, previa solicitud de los mismos por medio de un recurso de amparo administrativo". Los ferroviarios sugieren que, ya que se propone un acuerdo de carácter verbal y dado la desconfianza de los trabajadores, llevar a figuras públicas que oficien de garantes del acuerdo, lo que para sorpresa de éstos, es aceptada por los funcionarios. La reunión se extiende hasta las 2 de la madrugada. Tanto huelguistas como funcionarios se esperanzaban que esta posibilidad produzca el fin al dilatado conflicto.

24: El número diez (26/03/91–27/03/91)

El martes 26 se cumplían 42 jornadas de paro. Era la misma cantidad de días que había durado la huelga del 61, y ese dato anecdótico constituía subjetivamente un factor de reafirmación de la moral de lucha. Todos sentían que se había igualado la proeza de los mayores, aunque las circunstancias concretas fueran diferentes.

La noche había estado fresca, pero el intenso sol y el cielo despejado atemperaron el clima. La mañana se mostraba hermosa en Plaza de Mayo lo que imantaba entusiasmo. Cientos de personas habían comenzado a atravesarla en todas direcciones, generalmente con paso apurado, pero un gesto implacable, la mirada curiosa, a veces cómplice, hacía los ferroviarios, y la lectura de sus numerosos carteles. Casi todas las seccionales habían llevado el suyo, para demostrar apoyo y dar fuerza a los compañeros en huelga de hambre. En estos se notaba cierto deterioro por los días de ayuno, por las incomodidades para descansar y asearse, y por las presiones constantes. Pero su ánimo se mantenía inalterable, más aún, habían sido invitados a ser reemplazados por otros, o que "no hicieran ayuno en serio"; se temía por su salud. Pero los nueve se negaron rotundamente, su dignidad los impulsaba a seguir adelante cumpliendo un ayuno estricto, y todavía tuvieron fuerzas para escribir una carta abierta a todos los compañeros donde los incitaban a permanecer firmes y unidos para el triunfo de la huelga, donde además ratificaban su compromiso de sacrificarse "hasta las últimas consecuencias". Esta determinación conmovió a todos, huelguistas y no huelguistas. No hubo asamblea donde no se mencionara con admiración y respeto ese gesto.

Los ayunantes estaban en la plaza desplegando sus actividades habituales, hablaban entre ellos, con el grupo de apoyo o con personas que se acercaban a brindar su solidaridad. Los tucumanos venían y preguntaban por el ferroviario de Tucumán, querían conocerlo, saludarlo y se quedaban largo rato charlando con él. Lo mismo con los delegados de Córdoba, Santiago y Santa Fe. Los de las seccionales locales mientras, atendían a la prensa y a los dirigentes y personalidades que se hacían presentes.

Cerca del mediodía, un hombre vino caminando lentamente desde la zona del Cabildo. Alto, delgado, de elegante sport y con un bolsito en la mano. Se acercó al grupo más nutrido. Todos lo miraron. Saludó y preguntó: ¿Me conocen? Por supuesto, le respondieron varios. "Vengo a hacer ayuno con ustedes... si me lo permiten". "Es un honor para nosotros" alcanzo a esbozar uno de los obreros después de unos segundos de zozobra. El hombre saludó uno a uno a los huelguistas de hambre con un apretón de manos, dejó el bolso a un costado, se acomodó en una banqueta y ahí se quedó, a cumplir la huelga de hambre como si fuera un obrero más. Se trataba de

Augusto Conte, reconocido militante de los derechos humanos que recientemente había dejado su cargo de diputado nacional debido a una grave enfermedad que lo aquejaba. Y ahí estaba, sobreponiéndose al mal y ejecutando el que sería su último gesto a favor de los derechos humanos, apoyando con humildad y con sus pocas fuerzas, la digna lucha de los ferroviarios. No era Alonso, ni Bochini, ni Maradona, pero los hombres del riel tenían su número diez que valía oro, cuyo desinterés y solidaridad nunca olvidarían.

En el ferrocarril Sarmiento la empresa hizo correr un tren hasta la estación Castelar, mientras suspendieron la huelga las seccionales fraternales de Concordia, Concepción del Uruguay, Paraná y Basavilbaso del Urquiza.

El subsecretario Rodríguez dijo a la prensa que "si la huelga se levanta, todo el tema ferroviario es resoluble en una negociación". En tanto asumió oficialmente el titular de la nueva empresa de trenes metropolitanos, Luis Laguingue.

En la seccional Tolosa de La Fraternidad se reúne el Plenario de las seccionales en lucha. Allí se discute la propuesta efectuada por el Gobierno. La Comisión de Enlace informa que: *"De acuerdo a lo que el Ministerio de Trabajo viene observando y analizando, dice que la posición de las seccionales en huelga no es la misma del inicio del conflicto, por el levantamiento de algunas filiales y la corrida de trenes conducidos por carneros; y que por lo tanto, por orden emanada del presidente Menem, no negociará con los huelguistas, y que no hay autoridad alguna que pueda firmar un acta que garantice la reincorporación de los compañeros cesantes. Ante esto, la única propuesta de las autoridades es realizar una conferencia en conjunto de la Comisión de Enlace, autoridades políticas y el Ministerio de Trabajo, en el cual se daría a conocer el levantamiento de la medida, con el compromiso verbal de parte del Gobierno que todos los compañeros cesantes serían reintegrados, los de todos los gremios, previo pedido de reconsideración jerárquica; y que además se reiniciarían las negociaciones salariales con participación de la Comisión de Enlace".*

El debate que continuó fue muy duro. Todos reconocían que si bien la huelga había sufrido desgastes, no se había quebrado ni mucho menos. El tema más controvertido era la falta efectiva de garantías respecto a la reincorporación de los cesanteados, y la desconfianza sobre la palabra que podían comprometer las autoridades.

Finalmente se aprueba:

Ratificar el paro por tiempo indeterminado.

Llevar la propuesta del Gobierno a las asambleas seccionales para aceptarla o rechazarla y realizar un plenario el jueves 28/03/91, en la seccional Retiro, a las 8,00 horas, para determinar la posición de las asambleas seccionales.

Implementar por línea reuniones de un compañero por sección para evaluar la situación de las seccionales y tener un conocimiento global para unificar criterios.

También se resuelve la realización de una movilización inmediata a Plaza de Mayo en apoyo de los compañeros en huelga de hambre que "son continuamente hostigados por la policía"

En el Congreso de la Nación se empezó a tratar el "plan de convertibilidad", trazado por el factótum Cavallo, que planteaba alcanzar la estabilidad monetaria anclando la moneda argentina al dólar, eliminando todo sistema de indexación y prohibiendo al propio Gobierno emitir moneda sin su respaldo en reservas federales.

Mientras, el clima de agitación obrera se mantenía ardiendo. En San Nicolás, unas diez mil personas, trabajadores metalúrgicos y pobladores, realizaron una marcha de silencio por las calles de la ciudad para repudiar el despido de 400 empleados de la siderúrgica SOMISA, fuente de trabajo de 11.000 trabajadores. La manifestación fue respaldada por los comerciantes que cerraron sus comercios, por dirigentes políticos, gremiales y sociales, no sólo de San Nicolás, sino también de las vecinas localidades de Pergamino, Ramallo, Rosario y Va. Constitución.

En Córdoba, la empresa Renault dejó sin efecto el programa de suspensiones de personal en el marco de la firma de un acta de concertación firmada por el Gobierno y los distintos sectores involucrados. Mediante la misma, el Gobierno hizo una quita de impuestos, las terminales automotrices redujeron los precios de los automotores y pactaron con los autopartistas rebajas de sus insumos, y los sindicatos acordaron moderar sus reclamos salariales a cambio de una garantía de estabilidad laboral hasta fin de año.

También en Córdoba se aguardaba la solución de los conflictos suscitados en Grandes Motores Diesel (GMD) y Materfer, ya que el Gobierno giraría alrededor de 15 millones de dólares de una deuda que Ferrocarriles mantenía con ambas empresas.

En Buenos Aires, los empleados de Gas del Estado, que habían recibido un aumento del 55 por ciento, volvieron a aplicar medidas de fuerza parciales debido a que se les quiere efectuar reformas en el convenio colectivo de trabajo.

También, con la misma modalidad y en forma sorpresiva, los recibidores de granos protestaron en repudio "al irrisorio aumento del 10 por ciento ofrecido para incrementar los sueldos".

El miércoles 27 transcurrían 43 días de paro, en Plaza de Mayo los huelguistas de hambre reciben la visita del cantautor popular León Gieco, del secretario del Partido Socialista Auténtico Mario Mazzitelli, entre otras personalidades.

Como nunca antes, casi todas las seccionales en lucha coincidieron en realizar asambleas simultáneamente para tratar un tema excluyente, la aceptación o rechazo de la propuesta del Ministerio de Trabajo.

Otras optaron por abandonar el plenario y suspender unilateralmente la medida, como Junín, Rufino, Laboulaye, Villa Mercedes y Mendoza, todas del San Martín. La filial Rosario de La Fraternidad en cambio, resolvió continuar con la medida hasta el día siguiente y luego suspenderla por 72 horas.

Afirma Lucita: *El síndrome del levantamiento, acicateado desde las usinas periodísticas, pero basado en elementos concretos aunque aislados y amplificados, comenzó a extenderse. A esta altura ya no se veían en los medios gráficos, radiales o televisivos, las opiniones de Jaime, ni de los representantes de la Empresa o del Ministerio de Trabajo. Todas las miradas se centraban en los huelguistas. ¿Qué harán? Era la pregunta que todos se hacían.*

Las cartas estaban echadas y cada parte había mostrado su juego: ni el Gobierno estaba en condiciones de hacer una nueva concesión, ni los ferroviarios podían obtener un triunfo contundente.

La última "oferta", formulada días atrás, consistía en un aumento de más del 100 por ciento con respecto a los sueldos de enero, a pesar de lo cual no se alcanzaba los dos millones reclamados para la categoría más baja, y un mecanismo administrativo consistente en la presentación de un recurso jerárquico ante la Empresa, que implicaba en la práctica la vuelta al trabajo de todos los huelguistas.

El problema era la falta de garantías. Frente a una clase dirigente que históricamente había mentido, frente a un presidente de la república (votado por la mayoría de los ferroviarios) que terminó haciendo todo lo contrario de lo que las expectativas prometían, frente a la burocracia sindical que hizo de las artimañas y la falta de respeto por sus representados un procedimiento normal; los rebeldes no sabían de qué forma iban a ser engañados en esta oportunidad.

Probablemente este era uno de los momentos más críticos de la huelga. Nadie estaba seguro de nada, nadie estaba conforme. Pero el desgaste de los últimos días había sido intenso y ponía en peligro el desenlace del conflicto, lo que sin duda aceleraba los tiempos.

Las asambleas seccionales habían deliberado y emitido sus resoluciones. Quedaba la nada sencilla tarea a los delegados al Plenario del día siguiente de tratar de consensuarlas con las demás y aprobar lo más conveniente.

Esa noche fueron pocos los ferroviarios que pudieron conciliar el sueño .

25: En vías distintas (28/03/91)

El jueves 28 de marzo se cumplían 44 días de la que ya era la huelga ferroviaria más importante de la historia. Desde cada seccional en lucha, esos valientes trabajadores que habían aguantado estoicamente las presiones, el hambre y el cansancio; esperaban angustiados el desenlace de los hechos. No menos inquietos estaban los delegados, activistas y miembros de la Comisión de Enlace que se hicieron presentes en Santos Lugares para realizar el que quizás fuera el último plenario de la huelga.

Allí estaban centradas todas las miradas, la de los ferroviarios, de la prensa, de los funcionarios gubernamentales, de los usuarios y la de todos los trabajadores que simpatizaban con el movimiento.

El plenario comenzó con un intenso debate. No era el mismo clima de los anteriores, tenía una carga emotiva extra. Se mezclaban los sentimientos. Haber llegado a esta instancia con bastante fuerza, con una medida de lucha ejemplar resuelta desde las bases, era todo un triunfo; que se contraponía, lógicamente, con la impotencia de no poder avanzar más en las reivindicaciones. La solidaridad y unión entre las seccionales que permanecían paradas se mezclaban con el dolor por el desgaste de los que quedaron en el camino. La emoción de sentirse apreciados por la sociedad se contraponía con la bronca que despertaban los funcionarios y los dirigentes sindicales corruptos y traidores.

Objetivamente se sabía que no se podía lograr un arreglo mejor, y que continuar con la medida podía resultar contraproducente. Pero existía el temor de ser nuevamente traicionados, aunque quedaba todavía una reserva de fuerzas para reaccionar en ese caso. Había que tomar una determinación, y para eso estaban los delegados de 44 seccionales, cada uno con un mandato definido, ampliamente discutido en las asambleas de base.

La mayoría se expresaron a favor de la aceptación de la propuesta del Gobierno. Los representantes del Roca plantearon su oposición, pero indicando que acatarían la resolución final del plenario. Sostenían que las autoridades no iban a respetar el acuerdo, recordando los numerosos casos al respecto. En realidad ese era el temor de la mayoría.

En todos los casos las intervenciones de los delegados fueron profundamente emotivas, con un alto espíritu, habiendo una coincidencia generalizada que si no se reintegraba a todos los cesantes la lucha continuaría.

Luego se procedió a la votación, 35 delegados apoyaron la moción de levantar la huelga, 9 se opusieron.

Concluida la votación, un profundo silencio invadió el recinto. Algunos lloraban, otros abrazaron las sillas o los bombos mascullando toda su impotencia. Luego todos cantaron el himno nacional, después el aplauso y la barra que cortó el aire con el "vamos compañero...".

Se dispuso que la Comisión de Enlace brinde una conferencia de prensa en el edificio del Congreso de la Nación, junto a los dirigentes políticos que oficiarían como garantes del acuerdo, y hacía allí se encaminaron.

En el Congreso la Comisión de Enlace pudo reunirse con las figuras políticas, pero no se les permitió el ingreso al edificio porque, según dijeron los de seguridad, "había sido fumigado".

La comitiva se dirigió luego al Ministerio de Trabajo donde son recibidos por el subsecretario Rodríguez y otros funcionarios del área. Los representantes huelguistas, con la presencia de dos aliados incondicionales, Ernesto Sábato y Augusto Conte, mas el diputado socialista Simón Lázara, los legisladores radicales Federico Storani, Carlos Raimundi y Marco Di Caprio, y el ex vicecanciller Raúl Alconda Sempé en representación de Raúl Alfonsín que no pudo llegar; acuerdan con los funcionarios laborales las condiciones del levantamiento de la huelga que incluía la reincorporación de los cesantes previa presentación de un recurso administrativo; y el reconocimiento formal de la Comisión de Enlace al prever la participación de un representantes por línea en la "comisión ad-hoc" junto a la directiva del gremio para comenzar la paritaria del sector a partir del 1° de abril.

Quedaba el último paso, la Plaza de Mayo. Allí los compañeros ayunantes sobreponiéndose a sus fuerzas, cientos de afiliados de las seccionales, los delegados al Plenario de Santos Lugares, las Madres de Plaza de Mayo que se habían quedado después de su habitual ronda, militantes políticos, gremiales y sociales, y decenas de periodistas de todos los medios, creaban un clima especial, tenso y convulsionado.

A las 18 llegan los de la Comisión de Enlace y tratan de convencer a los compañeros ayunantes que la huelga había concluido.

Los sentimientos contenidos se desataron como un huracán. Llanto, abrazos, las voces tonadas por la emoción y todos juntos confundidos en un "ohhh ferroviario, es un sentimiento, no puedo parar..."

Las Madres entregaron a cada huelguista de hambre un pañuelo firmado que fue recibido como un trofeo.

Una mujer joven, de tez morena, que luego se identificó frente a los periodistas como "portera de la zona", comenzó a increpar a los ferroviarios gritando varias veces "vayan a trabajar", desatando una corrida que terminó en las escalinatas de la Catedral, donde algunos policías y el cordón formado por los propios dirigentes huelguistas le permitió que se retirara sin más consecuencia que una crisis de nervios y gruesos insultos de parte de los ferroviarios y ocasionales transeúntes que repudiaron la actitud de "la portera".

De retorno a la Plaza y con los ánimos todavía caldeados, la Comisión de Enlace ofreció una conferencia de prensa en la que desparramó críticas contra la actitud de la dirigencia sindical frente al paro. Acusaron a Ubaldini por "borrarse", a la cúpula de La Fraternidad por "boicotear permanentemente el conflicto", y al colectivero Juan Manuel Palacios por "sacar ventajas salariales aprovechando nuestra huelga". Al resto del arco sindical se le endilgó "falta de solidaridad", con contadísimas excepciones. (Página/12).

Uno de los más lúcidos periodistas de opinión, Eduardo Aliverti, analizaba en su programa Protagonistas, el final del conflicto, bajo el título "En vías distintas": *Este desenlace de la huelga ferroviaria llega en medio de una sociedad que se había habituado a la ausencia de trenes y entreverada con los nuevos cálculos del alquiler y la pronunciación de con-ver-ti-bi-li-dad. Por eso también, el fin de la huelga encuentra a la mayoría de la prensa mirando para el costado, casi sin más detalle ni opinión que la persistencia en ese mote de "rebeldes" que asimila a huelguistas con carapintadas.*

Los propagandistas gubernamentales ya se encargarán de transformar "nervios de punta" en "exhibición de victoria". Cuentan a favor con varios elementos entre los cuales no es el menor la lógica expectativa favorable que despierta un paquetazo de nuevas medidas económicas, pretendidamente fundacionales, y de su mano, el riesgo que la prosecución del conflicto cambiara simpatía popular con los ferroviarios por enemistad manifiesta.

Es cierto además que un primer vistazo arroja buen saldo para el Gobierno. La huelga fue cediendo de manera progresiva hasta llegar a una sola línea paralizada por completo, y se siguió adelante con la creación de una nueva empresa a ser privatizada con subsidio estatal por medio, donde podrán sumarse los huelguistas, no está claro aún si renunciando o no a los beneficios sociales que tenían en la anterior Ferrocarriles.

Suficiente de todos modos, suficiente en principio, para que el oficialismo se dé por satisfecho.

"Pero solo un razonamiento superficial puede contentarse así". Los resultados de una lucha gremial jamás pueden ser analizados, juzgados, bajo lupas exclusivamente técnicas, en la que todo se reduce a lo que gana o lo que pierde cada parte de acuerdo a las reivindicaciones laborales del conflicto en sí mismo.

Además, "y más que eso", una huelga es el grado de inserción social alcanzado, el objetivo de conmover a la sociedad frente al salario del miedo, y la bandera que se planta o no se planta ante el resto de la clase trabajadora.

Abandonadas por ambas CGT, presionadas por los traidores de sus cúpulas sindicales, e insertas en un plano general de luchas inorgánicas, las bases ferroviarias condujeron, lo que teniendo en cuenta estas características, "es un milagro".

Devolvieron una mística que algunos estúpidos supusieron sepultada por la post-modernidad. Lograron como nadie advertir a los ideólogos del ajuste que pueden tener el camino cubierto de piedras, y encima quedó espacio para que "cierta dirigencia" del campo popular reflexiones sobre sus "cositas", con alguna sindicalista del peronismo avivando en la plaza fantasmas de izquierda, y alguna izquierda estrecha y vociferante que se proclama vanguardia revolucionaria. "Es mucho, vaya, para los tiempos que corren".

El Gobierno podrá interpretar que quebró la huelga saliéndose con la suya en la batalla gremial, pero dudosamente pueda sentirse seguro cuando mire hacia adelante y observe "que hubo un ejemplo, el de estos ferroviarios, capaz de cundir".

Todo hacía pensar que este era el desenlace del tan prolongado conflicto. Aunque lo aceptaban, los ferroviarios sentían que no era ése el epilogo anhelado. Probablemente también ese era el sentir o el pensamiento de las autoridades, o al menos de algunos funcionarios gubernamentales.

Con voluntades tan enfrentadas era improbable que las cosas quedaran así, y efectivamente, eso fue lo que pasó. No, las cosas no quedaron ahí, ese no fue el final. Ciertamente trabajadores y autoridades estaban "en vías distintas".

Ferroviarios en Huelga de Hambre en Plaza de Mayo. Foto diario Clarín

26: Vade retro (28–29/03/91)

"Te paramos de nuevo, te rompimos el c..., sos un hijo de p..., vos no echás a ninguno". Eran miles los ferroviarios que dictereaban a Menem después de cada asamblea. Una fuerza renovada, arrolladora, se desprendía de cada garganta, de cada pecho henchido, de cada mano levantada. Nadie diría que estos eran los obreros que venían de pelear una huelga de 44 días, parecía que estuvieran en el primer día.

No se había practicado todavía el levantamiento del paro, cuando se decretó de nuevo. Usuarios, periodistas y algunos funcionarios incautos se preguntaban qué había sucedido.

Asegura Lucita: *Nadie sabe a ciencia cierta si se trató de un error involuntario, desinteligencias administrativas, la pícara intención de algún funcionario de rango menor o una orden expresa del más alto poder político o sindical. Pero lo cierto y concreto es que alrededor de las 20 horas del jueves 28, cuando los huelguistas se presentaron a trabajar, primero los despedidos como era costumbre, se encontraron con "una serie de sorpresas".*

Página/12 comentaba algunas de esas "sorpresas": *El Jefe de Recursos Humanos del ferrocarril Sarmiento les comunicó que no tenía orden de reincorporar a los operarios despedidos del área metropolitana. A los guardas de Castelar se les exigía la firma previa de la cesantía (aun de los que no habían recibido el telegrama de despido), para luego atender el recurso administrativo. En el San Martín, al único despedido de Huinca Renancó (Córdoba), se le negó la reincorporación, y de los 84 sancionados de Justo Darac (San Luis), solo uno había sido reintegrado. En otras filiales se produjeron circunstancias similares.*

Los dirigentes del conflicto dijeron que funcionarios de Ferrocarriles adujeron "ordenes de altas esferas" para justificar las trabas.

Con la piel hipersensibilizada, las asambleas y comunicaciones internas entre las seccionales rebeldes determinaron la reanudación de la huelga por tiempo indeterminado. Esta vez con 44 filiales. Ese número bastó para que el paro, casi agonizante pocas horas antes, recobrara nuevos bríos provocando el cese total de las líneas Roca y San Martín, servicios condicionales en las líneas restantes y circulación de pocos trenes de larga distancia. Todo disimulado por la menor actividad del fin de semana largo.

Ante el nuevo cuadro de novedades – dice Lucita *– La Comisión de Enlace se reunió prontamente en la sede de la Unión de Trabajadores de Prensa de Buenos Aires y declaró la vuelta al paro de inmediato, resolución que ya había sido tomada por las diferentes asambleas seccionales.*

Por las propias características de dispersión geográfica, con problemas de comunicación debido a la falta de medios, tratándose de día no laborables (jueves santo) y la imposibilidad de ubicar a muchos delegados del interior que estaban regresando a sus bases; se registraron algunos casos de trabajadores que se presentaron a tomar servicio, en lo que algunos medios creyeron ver el no acatamiento a la resolución de la dirección del conflicto de retomar la medida. Pero la realidad es que la inmediata reacción de esos dirigentes originó la aclaración del Ministerio de Trabajo, "Sólo pudo haber errores de procedimiento, pero de ninguna manera engaño", dijo Enrique Rodríguez, Subsecretario de Trabajo.

También Página/12 rescataba declaraciones del funcionario: *El subsecretario Rodríguez sugirió "intenciones poco santas de la dirigencia huelguista". Llegó a hablar incluso de "apresuramiento, irracionalidad y mala fe" por no haber planteado en los despachos oficiales las eventuales trabas, que los huelguistas prefirieron denunciar ante las cámaras de televisión y los micrófonos radiales. Por las dudas, gestionó que el propio subinterventor de Ferrocarriles se encargara de despejar cualquier dificultad en la aplicación del acuerdo.*

La versión oficial sostiene que los huelguistas no podían denunciar incumplimiento a cinco minutos de haber levantado el paro y que en realidad el problema radicó en que las seccionales pretendían establecer quienes serían los primeros maquinistas en tomar servicio, para asegurarse que se trataba de cesanteados.

Esta metodología de los ferroviarios, utilizada durante más de un siglo, era conocida por todos y seguramente también por el funcionario laboral que poco tiempo antes se había desempeñado como asesor de la Unión Ferroviaria. Pero al margen de ello, lo concreto es que a los cesantes no se los reincorporó en la mayoría de los casos, el autor fue uno de ellos.

Desde Córdoba, el interventor de Ferrocarriles y subsecretario de Transporte, Edmundo Soria, que no se sabe qué hacía en aquella ciudad en lugar de estar cumpliendo sus funciones en momentos así, declaró a la prensa que "el paro está quebrado y debe levantarse sin condicionamientos", lo que contradecía las declaraciones de Rodríguez, ya que dejaba entrever un marcado grado de intencionalidad, y además develaba una fanatizada y descolocada interpretación de la realidad.

Por su parte Ernesto Sábato y las demás figuras garantes del acuerdo pusieron el grito en el cielo cuando se enteraron de su violación. El primero dijo que se trataba de "una canallada funesta", mientras que Augusto Conte aseguró que "jamás se hubiera esperado una traición semejante de un Gobierno democrático". En igual sentido se manifestaron los legisladores Storani, Lázara, Raimundi y Di Caprio.

A las 4 de la madrugada del viernes 29, la Comisión de Enlace recién pudo tener un panorama acabado de la situación, casi 50 seccionales habían retomado la lucha y el cuadro de paralización era generalizado. La reacción había sido contundente.

Durante la mañana la Comisión de Enlace realiza presentaciones ante la Empresa y el Ministerio de Trabajo, bajo un clima de mucha tensión y en compañía permanente de la prensa. En tanto que Ferrocarriles Argentinos emite un comunicado en el que ratifica la vigencia del mecanismo acordado, pero no aclara por qué no lo cumplió. Finalmente se llega a un acuerdo: el paro quedaría suspendido a las 20 horas si al presentarse los despedidos y demás trabajadores a cumplir tareas se les da trabajo normalmente.

Los huelguistas con los cesantes a la cabeza se presentan a tomar servicio a la hora convenida sin que se produzcan nuevos inconvenientes, quedando por lo tanto la huelga congelada en **"45 gloriosas jornadas"**.

Ésta pulseada final modificó sustancialmente el cuadro de situación. Más allá de que haya sido un error involuntario o no, y creemos que no, las autoridades quedaron sumamente desprestigiadas y no pudieron concretar los propósitos que supuestamente tenían que era la de filtrar la reincorporación de los trabajadores para lograr que algunos "indeseables" quedaran afuera.

En los ferroviarios en cambio se produjo un vuelco total del estado de ánimo. De sentir el final de huelga como un imperio de las circunstancias desfavorables, ahora lo sentían como un retroceso del Gobierno. También se dieron cuenta que la estrategia de recurrir a figuras públicas como garantes del acuerdo había resultado una maniobra acertada.

Ese estado de exaltación llevó a que los afiliados de la seccional Retiro resuelvan correr un tren desde Caseros hasta Palermo sede de la Jefatura del ferrocarril. El tren salió a las 21. En Santos Lugares es abordado por integrantes de la Comisión de Enlace que lo conducen a destino. Con la locomotora repleta de pancartas y banderas argentinas, recibió en el trayecto conmovedoras muestras de simpatía de la población.

En Haedo, los trabajadores saltaban y cantaban alrededor de una de las pocas mujeres ferroviarias que adhirieron al paro y también la única cesanteada. Afiliada a la Unión Ferroviaria, bajita, delgada, con grandes ojos celestes, una sonrisa interminable y toda la ternura, "Claudita" le pusó un toque distintivo a la huelga. Con humildad y sacrificio cumplió como la mejor con todas las tareas de la lucha, pero se la recuerda especialmente por haber sido "la peluquera de los rebeldes"; desde los integrantes de la Comisión de Enlace hasta los hijos de los huelguistas no hubo cabellera que se le resistiera, a pesar que en la seccional sólo había una tijera casi inservible.

Así había concluido la huelga del riel más grande de la historia, un dechado de lucha y organización, un emblema para el movimiento obrero argentino, pero de ninguna manera habrían de concluir los desvelos para los trabajadores ferroviarios.

27: Todo pasa y todo queda (30/03/91–15/04/91)

Vivir una huelga de la magnitud y características de ésta, es una experiencia única, profunda, tremenda; que marca a fuego y para siempre a sus protagonistas. No es tarea sencilla describir lo que siente un trabajador en el transcurso y luego de una lucha semejante. Durante la misma, una palabra lo sintetiza, "el coraje". Hay que estar 45 días jugándose todo lo que tiene, el salario que no va a cobrar; el trabajo, que además de ser su medio de sustento, es también su vocación; y el futuro suyo y de su familia. Se necesita mucha fortaleza para afrontar ese desafío. Hay que ser muy valiente para soportar las tremendas amenazas, presiones y sanciones que llegaban día a día durante un mes y medio, a él y sus compañeros. Hay que ser muy íntegro para hacer frente a las necesidades de uno y de los suyos. La fuerza para enfrentar todo eso surge de la convicción en la justicia de la lucha. Pero un hombre, por más valiente e íntegro que sea, no puede llegar lejos sólo. La fuerza proviene entonces de la acción mancomunada de los compañeros, de la "solidaridad", de la persuasión de que "todos juntos podemos". Esto es conocido por quienes ostentan el poder, por eso las presiones, las amenazas y las sanciones, "quebrar la moral y destruir la solidaridad" es el medio para imponerse, dividir es el modo de dominar. Esto, que se manifiesta tan crudamente en una lucha gremial, es en realidad una estrategia permanente hacia el conjunto de la sociedad, por eso el culto al individualismo, al materialismo y a la competitividad que se influye desde los medios.

Después de la lucha, el trabajador vuelve a enfrentarse a su mundo doméstico, ahora agravado por nuevos problemas, el descuento de los días de paro, deudas por doquier, una economía familiar deteriorada con todo lo que ello implica, cansancio físico y moral, deterioro de las relaciones familiares. Mientras enfrenta esas dificultades, va madurando su propia evaluación de la experiencia de lucha vivida.

La visión sobre el conflicto que tiene el obrero, independientemente del grado de actividad que haya desarrollado en el mismo, es global y parcializado al mismo tiempo, aunque parezca contradictorio. Es global porque tuvo un conocimiento de lo que ocurría con el conflicto a lo largo del país en líneas generales. Pero también es parcial porque su experiencia se desarrolló principalmente dentro de un grupo limitado, una seccional, y esporádicamente algún acto o manifestación con otras. Si bien en todos los lugares las situaciones que se vivieron fueron similares en un contexto amplio, en una visión más específica no fueron exactamente iguales, cada sector vivió su propia experiencia. Lo ideal sería juntar todas las experiencias y las evaluaciones particulares y colectivas de cada sector, y elaborar un balance colectivo de la huelga, algo prácticamente imposible por la magnitud geográfica del conflicto.

Sin embargo puede intentarse un acercamiento a ello. A ese efecto, resulta interesante el balance que hizo un sector de la Comisión de Enlace, que fue volcado en un documento, y que sintetiza desde la visión de la dirigencia, las limitaciones, errores, solidaridades y traiciones vividas durante la huelga:

Dice el documento: *Una de las grandes contradicciones del conflicto fue que a medida que éste crecía y adquiría carácter nacional, se correspondía con una débil organización para abarcarlo; se hacía muy difícil la información y consulta permanente con las filiales alejadas de la Capital Federal (no existía internet ni telefonía móvil).*

A la vez, las seccionales que se iban sumando al plenario, lo hacían con ciertas prevenciones, acusando los golpes propagandísticos del Gobierno y la burocracia, lo que provocaba enfrentamientos que derivaban en intensos debates que no se condecían con la urgencia del conflicto.

El trabajo de las distintas comisiones fue deficiente, desbordadas por la magnitud y extensión del conflicto. La de Prensa consiguió solamente sacar cuatro Boletines de Huelga, que fueron más bien una documentación del conflicto, que un vehículo de ágil comunicación a toda la base y a la sociedad en general. Las circulares con la que se pretendió suplir ese bache no siempre llegaban a las seccionales del interior, ya que los correos que se usaban fueron boicoteados. La gran disposición de los medios de comunicación masivos no estuvo bien aprovechada con un mensaje uniforme y sistematizado a la sociedad.

La Comisión de Finanzas, pese al esfuerzo de centralizar los recursos utilizando una cuenta bancaria, nunca lo logró, dispersándose el esfuerzo económico entre las seccionales, de las cuales, algunas por razones geográficas o de mayor concentración del activismo, resultaron más favorecidas que otras.

La Comisión de Organización directamente no funcionó, pese a lo claro de su tarea; que fue tomada por los compañeros individualmente o por la Comisión de Enlace o de Prensa.

Quizás debió plantearse la ocupación física del sindicato desplazando a la burocracia, y establecer en los hechos la nueva relación de fuerzas. La base empujaba permanentemente en esa dirección, pero eso no se plasmó en propuesta concreta en los plenarios; y desde la conducción del conflicto se pensó que era abrir un nuevo frente que traería implicancias internas con algunas seccionales y una nueva argumentación del Gobierno para justificar que el conflicto se generaba por otros intereses. Se daba por descontado, erróneamente, menospreciando el aparato burocrático, que si la lucha terminaba triunfante como pensábamos, las conducciones serían barridas institucionalmente. Eso no ocurrió.

La posición traidora de la CGT Azopardo aisló el conflicto.

Los numerosos mensajes de solidaridad de organismos obreros de Brasil, Uruguay, Paraguay, Bolivia, Chile, Canadá, España, Francia, Italia y Australia, fortaleció mucho la moral.

Todo el espectro social atacado o perjudicado por el Gobierno giró en simpatía y apoyo al conflicto, desde sindicatos y agrupaciones gremiales, pequeñas y medianas empresas, centro de estudiantes, cooperativas, sociedades de fomento, organismos de derechos humanos, o la simple contribución individual; lo que se plasmó enseguida en solidaridad activa, contribución de alimentos y dinero, aunque no llegaron a cubrir las necesidades afectivas del conflicto en la perspectiva de larga duración.

El conjunto de la oposición política al Gobierno se acercó al conflicto, algunos con intención meramente oportunista, otros, sobre todo la izquierda, dando un apoyo importante al paro.

De todas las organizaciones no partidarias que se acercaron destacamos muy particularmente a Las Madres de Plaza de Mayo, y en el plano individual a Ernesto Sábato, León Gieco, Augusto Comte y al Premio Nobel de La Paz Adolfo Pérez Esquivel.

Las esposas y familiares de los compañeros se organizaron para dar apoyo en las tareas prácticas y fueron una contribución importante.

El activismo nucleado en las seccionales fue el motor de la huelga. Con la experiencia adquirida, son el capital más importante que dejó el conflicto.

No puede dejar de considerarse la honrosa actitud que tuvieron todos los integrantes de la Comisión de Enlace y demás organismos interseccionales. Cada uno, viniendo de experiencias personales y realidades seccionales diferentes, se encontraron de pronto ante la enorme responsabilidad de ser cabeza visible, y de alguna manera orientadora, de un conflicto inédito y enorme. Y la supieron asumir con capacidad, sajando las lógicas diferencias, respetando la decisión de las bases, buscando el asesoramiento y la orientación correctos en cada circunstancia; y soportando por su exposición, las peores presiones, amenazas, y los más perversos intentos de extorsión. Después de la huelga además debieron afrontar sanciones institucionales, demandas judiciales y una campaña de desprestigio tan falaz como descarnada.

La consigna **"Esta vez no habrá traición, esta vez dirigen las bases"**, se cumplió con absoluta propiedad, y eso le da al movimiento una trascendencia imponente, lo ubica entre los más importantes de la historia argentina.

28: El eterno frangir (16/04/91–28/05/91)

Frangir significa romper, dividir; esto es "desunir"; y desunir es casi siempre un acto trágico, una suerte de muerte virtual. Aunque nadie lo hubiera sospechado, ese eterno fantasma, "don Frangir", acecharía a los ferroviarios que llevaron adelante semejante lucha, como acecha a las fuerzas progresistas desde que se formó la república.

Cuando había que asegurar los logros y cosechar los frutos, cuando había que capitalizar la experiencia vivida y proyectarla hacia el futuro, preservar el espacio conquistado con tanto esfuerzo, apuntalarlo y ampliarlo, cuando había que seguir construyendo sobre la base del camino nuevo, algo falló, afloraron las debilidades y las cosas fueron diferentes. Quizás el cansancio, quizás la frustración de no poder desplazar a la burocracia del gremio, quizás la impotencia de no poder revertir la implementación de las políticas neoliberales.

Sostiene Lucita: *La huelga había concluido, sin embargo faltaba aun el último capítulo. La proximidad del Día Internacional de los Trabajadores y la posibilidad de concretar un acto de características inéditas en muchas décadas, dio lugar a un intenso debate y también a que se manifestaran con aguda crudeza las diferencias que se habían manteniendo latente durante todo el conflicto.*

Desde los primeros días de la huelga de hambre, había comenzado a circular entre los huelguistas y activistas la idea de que la dirección ferroviaria de la huelga convocara al conjunto de los trabajadores a la conmemoración del primero de mayo.

La propuesta era impulsada por el grupo de "los independientes", que interpretaba, con toda justicia y certeza, que la autoridad ganada por la Comisión de Enlace brindaba la oportunidad histórica de convocar a un acto obrero, en la fecha obrera por excelencia, ocupando un espacio que décadas de populismo y usurpación burocrática habían dejado vacante.

Sin embargo la propuesta escondía la intención de ganarle la partida a la izquierda orgánica, particularmente a Izquierda Unida (MAS, PC y otros), cuya convocatoria se encontraba demorada tanto por disputas entre los partidos, como por la crisis que se desarrollaba en el interior de los mismos; pero que a su vez estaba condicionado por el recuerdo del imponente acto realizado el año anterior para la misma fecha que se conociera como "la plaza del NO".

Finalmente el problema fue puesto a discusión en el Plenario de Seccionales realizado en Avellaneda el 16/4/91. Allí, los delegados que respondían a la izquierda orgánica plantearon una convocatoria y un acto conjunto "de los trabajadores y la izquierda". El sector "ubaldinista" por su parte planteó que cada seccional hiciera su propio acto, con lo que se lo descentralizaba y se le quitaba todo valor político. Al ser rechazada de plano esta proposición, cambiaron por hacerlo en un lugar cerrado y confortable, "...para que no nos pase lo que nos pasó en el acto del 14 de marzo en Plaza de Mayo, donde fuimos llevados de las narices...". Esto produjo la reacción de numerosos delegados sintetizada en el representante de la seccional Tolosa "... a los fraternales no nos lleva de las narices nadie, nos fuimos de la Plaza porque quisimos..." por lo que de hecho y tal vez sin buscarlo, quedó saldada la discusión en torno a la controversia con Mary Sánchez y la dirección de CTERA. Otra propuesta, sostenida por la mayoría, proponía convocar a Plaza de Mayo. Finalmente la moción más votada, 17 a 6.

Paralelamente la Izquierda Unida, saliendo de su quietismo, resolvió realizar una convocatoria conjuntamente con el Partido Obrero y la Corriente Nacional Patria Libre, también a Plaza de Mayo.

A partir de aquí las negociaciones se intensificaron y las discusiones fueron subiendo de tono. Dos convocatorias para el mismo día y en el mismo punto geográfico era todo un problema.

Por el lado de los partidos, se proponía organizar conjuntamente el acto, invitando a todo los trabajadores en lucha y dándole a los ferroviarios un lugar de privilegio entre los oradores y en la ubicación de la plaza. Sin embargo no renunciaban a cerrar el acto, fundamentalmente por presiones del MAS, lugar que obviamente quedaba reservado para la máxima figura pública de la izquierda, el diputado nacional Luis Zamora.

Por el lado de los ferroviarios, con la obvia excepción de los que se referenciaban con la izquierda orgánica, había un punto central de acuerdo, "el acto debía ser obrero". Pero a partir de allí no había un criterio uniforme. Para algunos independientes, pero especialmente para el sector que se referenciaba con el ubaldinismo y el PPT, se trataba, tal como decían gran cantidad de pintadas especialmente en las líneas Mitre y San Martín, "un 1° de mayo de los obreros, sin camisetas políticas, las bases deciden...", éstos no ocultaban la ilusión de poder concretar un acto con la presencia de Mary Sánchez, De Genaro, Piccinini, entre otros.

Otras vertientes de los independientes no descartaban la presencia de los partidos políticos, por el contrario, lo consideraban indispensable para garantizar la masividad de la concentración. Incluso algunos aceptaban la participación de oradores partidarios, pero ninguno estaba dispuesto a ceder que el cierre lo hiciera un integrante de la Comisión de Enlace. Posición correcta, no sólo porque ese organismo era el punto en torno al cual podía comenzar a organizarse el activismo antiburocrático, combativo y clasista, sino también porque esencialmente se trataba de la fecha obrera por excelencia y era la oportunidad de colocar al movimiento obrero en el centro de la escena política nacional.

Finalmente, unos y otros privilegiaron las diferencias por sobre la unidad de clase y "hubo tres actos".

La izquierda orgánica realizó una convocatoria a Plaza de Mayo, congregando a unas 20.000 personas, con una composición obrera importante, a la que asistió una delegación de los metalúrgicos de Villa Constitución en lucha, y una columna de unos 400 ferroviarios que tuvieron su orador.

La mayoría de la Comisión de Enlace concretó su acto en Plaza Miserere, convocando a unas 2.000 personas, con un número similar de ferroviarios y rodeados de grupos políticos pequeños, aportando el Acuerdo Popular de Luis Brunatti la columna más nutrida.

Los dirigentes de ATE, CTERA, UPBA y el Grupo de los 8, abandonaron a los ferroviarios y fueron a Villa Constitución, a llevar su solidaridad a un conflicto metalúrgico importante, protagonizando allí un acto minoritario, sin ninguna trascendencia política nacional ni local.

Los partidos políticos de izquierda privilegiaron sus políticas de autoconstrucción por sobre las necesidades de clase. Disputaron el "último orador" como si eso tuviera más valor que las ideas.

La mayoría de la Comisión de Enlace se obnubiló. No alcanzo a comprender la importancia de su presencia en un acto multitudinario, que más allá del lugar en la lista de oradores, la huelga ferroviaria era el centro insoslayable de ese primero de mayo, y que le daba una perspectiva política diferente.

Inexperiencia, falta de visión política, por un lado. Fanatismo, patriotismo de partido, por el otro. Oportunismo, sectarismo, individualismo, en la generalidad de los casos; terminaron truncando una oportunidad histórica importante.

El resultado era inevitable: la liquidación de la Comisión de Enlace y del Plenario de Seccionales, el último sesionó el 28 de mayo en la sede de la seccional Kilometro Uno del Roca.

"El eterno Frangir", ese maldito fantasma, otra vez volvía a carretear sobre las vías y a sobrevolar el campo popular, como casi siempre.

29: Epítome (29/05/91)

La huelga ferroviaria del 91, por sus características, por la dimensión que alcanzó y el momento histórico en que se desarrolló, fue sin dudas uno de los movimientos sociales-sindicales más importantes en la historia argentina, y también un hito, un suceso significativo que define mejor que nadie la realidad imperante del momento. También, esta huelga, como momento cumbre del movimiento de lucha que se inició en 1989, fue el acto de resistencia más firme de todo el país al proyecto neoliberal implementado con absoluta insensibilidad social por el menemismo, mientras otros sectores con mayor poder miraron para el costado o se hicieron cómplices. Ello le otorga también un halo de patriotismo. Todo eso amerita un balance político, social y sindical exhaustivo. En ese sentido, el realizado por Eduardo Lucita resulta de gran importancia, ya que se trata de alguien con gran capacidad de análisis, que pudo conocerlo y analizarlo de cerca por su carácter de ferroviario.

Dice Lucita: *En medio del más profundo proceso de reestructuración capitalista, (que impulsa cambios y transformaciones en el orden local e internacional con su secuela de recesión, desempleo, caída de salarios reales, fuerte concentración de los ingresos, modificación de las normas laborales, etc.), los primeros días del 91 alumbraron una nueva crisis política y económica, con el desborde inflacionario, la escalada del dólar y de las tasas de interés y la emisión descontrolada.*

El recuerdo del caos económico provocado por la hiperinflaciones del 89 y 90, la perspectiva del fracaso del programa de ajuste estructural de la economía con sus inevitables consecuencias políticas, y la ausencia de un eventual recambio presidencial, como sí ocurriera en el 89, aceleraron la crisis política y los cambios en el gabinete de Gobierno. Paralelamente las encuestas ordenadas por el Gobierno nacional lo mostraban con una fuerte pérdida de credibilidad y un deterioro de la imagen presidencial, que anticipaban una debacle electoral para el oficialismo en el curso del año 91.

La nueva crisis de ajuste encontraba un Gobierno sin apoyatura parlamentaria clara, un partido Justicialista sin orientación política definida y un creciente descontento en las estructuras sindicales y en las bases de la sociedad. Sin embargo el nombramiento de Cavallo al frente del Ministerio de Economía significaba un vuelco en la situación. No se trataba solo de la continuidad y profundización del programa de ajuste estructural, sino de un mayor grado de coherencia de la reconstitución del poder político y del emblocamiento de las distintas fracciones del Capital.

El Plan Cavallo de convertibilidad, sancionada por ley el 27/03/91, redefinía los términos del ajuste estructural. El acento se pondría ahora en cerrar el déficit fiscal. Esto tendría consecuencias directas para las reivindicaciones ferroviarias.

La ley de Convertibilidad daba respaldo en dólares a la totalidad del circulante emitido. Como va acompañado de una paridad cambiaria fija, en la práctica se convertía en un corset para el gasto público y hacía que la emisión monetaria se viera reducida a su mínima expresión.

El Plan refinanció la deuda con contratistas y proveedores del estado, congeló los contratos y continúo la paralización de las obras públicas. Sólo restaba actuar sobre los salarios, que fueron congelados a sus valores nominales, a lo que se agregó un plan para reducir la masa salarial global. Para esto se intensificaron los distintos planes de retiro voluntario, jubilaciones anticipadas, etc.

Complementariamente se aceleraron las privatizaciones. Estas ya no sólo jugaban un rol ideológico, sino uno táctico y coyuntural, ya que servían al objetivo de cerrar el déficit fiscal.

Paralelamente las políticas de Relaciones Exteriores (busca de apoyos en los organismos financieros internacionales) y de Relaciones Laborales (limitación del derecho de huelga, aumentos selectivos por productividad, disciplinamiento al modelo de la burocracia sindical), comenzaban a funcionar en la misma frecuencia que la política económica.

Esto da una idea del grado de enfrentamiento con el Gobierno que significó el movimiento huelguístico ferroviario. Este cuestionaba la política salarial para el sector público, las privatizaciones y transgredía la legislación laboral restrictiva impuesta por el Estado como un avance duradero del Capital sobre el Trabajo, funcional al nuevo modelo de acumulación capitalista.

En este contexto el conflicto confrontaba: por un lado a uno de los destacamentos históricamente más importantes del movimiento obrero argentino: "los ferroviarios", hegemonizados por las más importantes seccionales de La Fraternidad, las filiales más concentradas de la Unión Ferroviaria y de la Asociación de Señaleros, y el apoyo no activo de las bases de APDFA. La simpatía y solidaridad de los usuarios y de capas medias y sectores populares de la sociedad. El apoyo y la participación activa y militante de los partidos de la izquierda de base marxista (PC, MAS, PO, PL y CPL). La solidaridad de organismos de derechos humanos y agrupaciones sindicales estatales y legisladores socialistas.

Por el otro el Gobierno, la burocracia sindical, la Iglesia, los medios de comunicación, el gran capital y los partidos del sistema.

Se expresó también una tercera franja que operó como bisagra entre los dos anteriores, que brindó, con matices, apoyo mediatizado al conflicto. Se inscriben aquí pequeños agrupamientos políticos, cuya presencia es fundamentalmente superestructural (PI, PDP, Grupo de los 8, Encuentro Popular, núcleos desgajados del PC, algunos legisladores radicales). Y expresiones sindicales como ATE, CTERA, UOM Villa Constitución, ATPBA, que apoyaron el conflicto en sus aspectos reivindicativos pero sin compartir la creación de una dirección alternativa por fuera de las estructuras orgánicas.

Mantenían relaciones con el PPT (Piccinini) y sectores cercanos al Gobierno a través de los legisladores del PJ de extracción ferroviaria Lorenzo Pepe y Oraldo Britos, (también podría mencionarse a Mary Sánchez y Saúl Ubaldini a título personal). Es este sector quien con mayor fuerza impulsaba una rápida salida negociada, manteniéndolo dentro de los marcos sindicales.

El Saldo:

El movimiento huelguístico no alcanzó el incremento salarial solicitado, no obstante el aumento conseguido superó ampliamente lo ofrecido inicialmente por la Empresa y el Gobierno.

El movimiento se amplió a los otros gremios ferroviarios sacudiendo la anquilosada estructura burocrática de la UF e hizo aflorar una numerosa camada de activistas en los tres gremios involucrados.

Siendo desde sus orígenes antiburocrático, el conflicto se desarrolló por fuera de las estructuras tradicionales. Los trabajadores se dieron formas organizativas propias (Plenario de Delegados, Comisión de Enlace) y recuperación de viejos métodos de la democracia directa (estado asambleario, consulta permanente a las bases, control de éstas) y antiguas formas de lucha (piquetes, cortes de vías, etc.).

La burocracia sindical fue desbordada en los tres gremios. En La Fraternidad no solo se la desbordó, sino que en la práctica se la desplazó, asumiendo sus funciones la Comisión de Enlace.

No obstante el desborde, la burocracia de la Unión mantuvo el control de su gremio y la suficiente capacidad de maniobra para trabar todo lo que pudo las negociaciones, buscando impedir el reconocimiento de la Comisión de Enlace. Por otra parte todo indica que las cesantías y disponibilidades fueron producto de sus presiones y no de la acción deliberada del Gobierno y la Empresa. Otro tanto puede decirse de las expulsiones de ASFA.

Se abrió la posibilidad que el núcleo dirigente de la huelga se efectivizara como dirección alternativa de La Fraternidad. Esto no se logró, a pesar que en algún momento se planteó convocar a una Asamblea Extraordinaria para desplazar a la Directiva.

El conflicto tuvo su costo social: 9 miembros de La Fraternidad quedaron a disponibilidad, 22 afiliados a la Unión Ferroviaria de la seccional Rosario quedaron cesantes y 40 de la seccional Victoria. En todos los casos corresponden al ferrocarril Mitre (a filiales que suspendieron la huelga antes). Por otra parte la Directiva de ASFA intervino las seccionales que adhirieron a la huelga y una vez concluida la misma expulsó a los dirigentes rebeldes.

El conflicto se politizó tempranamente y el enfrentamiento antipatronal y antiburocrático se rebasó llevando al movimiento a enfrentarse con el Gobierno y el Estado.

A la par que se politizaba el conflicto, se politizaba también el movimiento huelguístico. Los debates en la Comisión de Enlace y en el Plenario de Delegados; la interrelación de la vanguardia política y los principales activistas y dirigentes; las formas de organización y los métodos de lucha alcanzados; señalan un crecimiento político del conjunto. Expresión de esto es que el movimiento se haya planteado (más allá de su viabilidad) convocar a una huelga general desde la base, o los debates en torno al acto del 1° de mayo. Daniel Tronconi, uno de los principales referentes de la huelga, rescataba como saldo del conflicto estos debates "... más allá de la división - decía- cuantos años hace que el movimiento obrero no discute el 1° de mayo.

El Gobierno fue obligado a ceder en la mayoría de sus posiciones: negoció sin que los huelguistas levantaran el paro, no cerró los ramales parados, no pudo aplicar el decreto de limitación del derecho de huelga, fracasó en sus intentos de quebrar el conflicto, no pudo implementar la movilización militar de los trabajadores ni la intervención de La Fraternidad, tuvo que reconocer a la Comisión de Enlace y aceptar la presencia de figuras políticas como garantes. Finalmente el aumento salarial concedido fue superior al previsto y se reincorporó a los cesantes. Su deterioro político fue notable.

Hubo un efecto irradiación al beneficiarse otros gremios cuando el Gobierno se vio obligado a conceder aumentos salariales para evitar la generalización de las medidas. El caso de los choferes de micros fue el más notorio, pero no el único, también docentes, estatales, judiciales, bancarios, Gas del Estado y otros, se vieron favorecidos.

A pesar de los esfuerzos, la huelga no pudo extenderse a otros sectores obreros, ni pudo romper el cerco que le tendió la burocracia sindical. (en sus diversas variantes). En este aspecto su aislamiento y su impotencia fueron patéticos. Sólo se conoció la resolución de ATE llamando a convocar asambleas de 15' por sector en solidaridad, que se cumplió muy parcialmente.

El movimiento huelguístico logró imponer importantes condiciones en la negociación: instrumentar un sistema de garantías para la reincorporación de los cesantes, el reconocimiento formal de la Comisión de Enlace, la presencia de un grupo de figuras públicas como testigos de los acuerdos alcanzados.

No obstante el Gobierno logró el objetivo financiero del Ministerio de Economía de diferir el aumento hasta marzo y aprovechó el conflicto para acelerar la política de privatizaciones.

Conclusiones:

El balance de todo conflicto, más aun cuando supera el marco de enfrentamiento original, no puede medirse por sus resultados prácticos inmediatos (aumento salarial, reincorporación de cesantes, pago de los días caídos, etc.) aunque es por demás evidente que un saldo positivo en lo reivindicativo económico no carece de importancia, ya que el mismo tonifica el estado de ánimo colectivo, aporta a la confianza de las propias fuerzas y deja una base más sólida para futuras confrontaciones. Sin embargo, aferrarse a la obtención o no de las reivindicaciones inmediatas como patrón de medida exclusivo puede llevar a peligrosas simplificaciones, que tienden a colocar todo en términos de triunfo o derrota, despreciando aspectos más profundos de la lucha de clases. En última instancia ¿cuál es el saldo en términos de conciencia y organización que deja el conflicto?, es la pregunta a responder que no por ser clásica pierde vigencia.

En este sentido la consecuencia más notable del movimiento huelguístico ferroviario de 1991 ha sido la de operar como amplificador del conflicto social, que larvada y subterráneamente se iba desenvolviendo en la resistencia del trabajo a la ofensiva del capital. Tuvo la cualidad de colocar la cuestión obrera en el centro de la escena nacional, definiendo desde qué lugar hay que pararse, cuál es la coalición de fuerzas que enfrentan a los trabajadores, y de dónde surgen las fuerzas sociales capaces de enfrentar el proyecto de ajuste estructural del capitalismo salvaje.

En el plano político organizativo, si se comparan las experiencias de las últimas huelgas, las circunvecinas en el 89, la Coordinadora Interseccional del 90 y ahora la Comisión de Enlace y el Plenario de Seccionales, es posible observar que el movimiento, en su desarrollo, fue sacando sus propias conclusiones, recuperando experiencias anteriores y en determinados momentos dando avances cualitativos, aunque estos parezcan evaporarse. Es que hay una permanente búsqueda de una nueva síntesis de unidad social para el conjunto del gremio que supere antiguas divisiones corporativas y ocupe el espacio dejado vacante por las viejas direcciones y la propia CGT, totalmente cooptadas por el aparato del Estado y sumadas al proyecto del gran capital.

Estas formas propias de organización alcanzadas no hubieran podido funcionar eficazmente, como sí lo hicieron, a pesar de las enormes dificultades, si no se hubieran recuperados los métodos de la democracia directa y las viejas formas de lucha; sobre toda la ruptura de los que luchan por un lado y los que deciden y negocian por otro. Esa autonomía hizo que en este conflicto, nada ni nadie, ni el Estado, ni las Iglesias, ni las estructuras sindicales, ni los partidos (aun los que dicen representarlos), pudieran reemplazar la capacidad de pensar, decidir y de hacer de los trabajadores por su propia cuenta.

El abrupto enfrentamiento con el Estado y el Gobierno colocó como una cuestión central la ampliación del conflicto, no solo para romper el aislamiento, sino para dar una salida a la politización creciente.

De ahí la importancia que se haya planteado la posibilidad de un llamado a la huelga general desde la base. No se trataba solo de agitar en el resto del movimiento obrero la necesidad de apoyo solidario, sino de extender la confrontación a sectores cada vez más amplios que buscaban una salida y de esa manera mejorar las condiciones de lucha.

No puede obviarse la presencia de la izquierda (orgánica o no) en este conflicto. Su presencia fue decisiva tanto en la orientación, como en la organización y sostenimiento, poniendo a disposición del movimiento todos los recursos de que disponía. La práctica demostró que aun en condiciones desfavorables es posible desarrollar una política independiente, sostener una confrontación que no necesariamente concluya en una derrota sin atenuantes, o que su resultado final resulte capitalizado por la burocracia histórica o negociado por burocracias alternativas.

Sin embargo no pueden ocultarse las diputas por pequeñas parcelas de poder, producto de prácticas políticas basadas en la imposición de "la línea" (línea elaborada por las estructuras partidarias y que el movimiento debe aceptar), que confundió espacios colectivos con personales y partidarios, que concluye debilitando el frente de clase.

El debate sobre el 1° de mayo resulta emblemático. Una vez más queda planteado el cómo se construye el espacio para que los trabajadores manteniendo su unidad en la diversidad con debate, avancen en su organización democrática constituyéndose con voz y peso propios.

Por último nos parece que la conclusión final del movimiento huelguístico de 1991, por sus implicancias e inserción social alcanzado, puede caracterizarse como un logro importantísimo de los trabajadores, que deja enormes experiencias para los ferroviarios y el resto del movimiento obrero. Que no se haya podido capitalizar en lo inmediato es producto de la situación política general, de un momento de inflexión donde el Gobierno recompuso su política. Que el movimiento obrero se apropie de ellas, que saque sus propias conclusiones y las proyecte hacia el futuro es algo que solo pueden realizar los propios trabajadores.

Piquete en la vías en Haedo, Foto Página/12

Cuarta parte: La nueva década infame

30: El túnel del tiempo (30/05/91–30/11/91)

Decálogo menemista de reforma del estado, el mandamiento uno dice: "Nada de lo que deba ser estatal, permanecerá en manos del Estado". (Roberto Dromi, Ministro de Obras y Servicios Públicos, 1990)

El llamado "túnel del tiempo" es un recurrido invento de los autores de ciencia ficción, el cual permite que una o varias personas puedan viajar como si nada a una época anterior o posterior a la que viven. El aparatito en cuestión suele presentar diversos aspectos de acuerdo a la imaginación del obrante, desde una enorme jaula desintegradora de partículas a capsulas poco más grandes que un supositorio. "El túnel del tiempo ferroviario" no es ficticio y se parece más a lo último.

En la revista "El documento de Protagonistas" (mayo del 91), la periodista Eleonora Gosman explica: *La historia de los ferrocarriles argentinos describe una trayectoria circular. Radicados a partir de 1857, en 1890 son privatizados, en 1948 Juan Perón los nacionaliza y en 1990 Carlos Menem inicia la reprivatización. La competencia del automotor, la debilitada economía inglesa y la eliminación de importar libremente, hicieron que las empresas británicas abandonaran ese negocio argentino a mitad del siglo 20. Una vez devueltos, los ferrocarriles funcionaron bien por varios años, pero en 1960 Frondizi les da un golpe de gracia: construye rutas paralelas a los principales corredores ferroviarios y levanta miles de kilómetros de ramales. Desde entonces, la Empresa fue botín de contratistas. Las conducciones trazaron sus políticas en base a dos criterios: comprar lo que vendían y no lo que necesitaban, y aceptar el precio que fijaban los proveedores.*

Como ocurrió con las demás compañías estatales, a Ferrocarriles Argentinos le tocó también endeudarse ficticiamente durante la dictadura militar.

Corolario: el déficit se operó en tres direcciones. Echó sus raíces en las malas administraciones, el endeudamiento ilegítimo y en la transferencia de ingresos a la "patria contratista", pagando precios tres veces superiores a los costos que resultarían de su propia producción.

Carlos Menem inicia su gestión con una idea casi fija, si los ferrocarriles son deficitarios hay que privatizarlos; si no se pueden vender habrá que cerrarlos.

Es así como se inicia el proceso de reprivatización ferroviaria.

El corredor Rosario – Bahía Blanca tenía originalmente una extensión de 784 kilómetros. Para los gremios ferroviarios la entrega de éste tramo implicaba beneficios, ya que había quedado inoperable luego de las inundaciones de 1984. Pero "la picardía" del ministro Dromi multiplicó por siete la cantidad de vías férreas licitadas, de golpe aparecieron 5.800 kilómetros en plena explotación, (incluidos los poderosos ramales Huinca Renancó – Bahía Blanca y Bragado – Toay, que habían sido totalmente renovados a un costo millonario durante la presidencia de Alfonsín, a lo que se sumó la cesión de 40 locomotoras GR12 reconstruidas a nuevo en los Talleres Liniers y 2.000 vagones tolva también remodelados).

El entramado ferroviario adjudicado al consorcio liderado por Techint hasta el año 2031, está tendido sobre la zona cerealera más rica del país, que cosecha el 60 por ciento de los granos argentinos y representa un movimiento anual de 6.000 millones de dólares.

Para entender la dimensión del negocio basta con señalar algunas características:

En el corredor cedido, el ferrocarril es el medio más apto para transportar económicamente grandes cantidades de cereal a largas distancia.

El camión no puede competir, aún si no se tomara en cuenta el costo de peajes y los precios de los combustibles desregulados.

Si el productor recurre al transporte automotor debería incrementar sustancialmente los precios finales o absorber mayores costos. en cualquiera de los dos casos quedaría marginado del mercado.

Las conclusiones son inmediatas: el ferrocarril se convierte, en este caso, en un cuasi monopolio. No se entregó una red ferroviaria, se cede el negocio de comercialización de granos. Techint (del grupo Pérez Companc) y sus socios, Chase Manhattan Inverstment, IOWA Interstate Railroad, Riobank Internacional, EACA (Empresa Argentina de Cemento Armado), Gesiemes SA y Sociedad Comercial del Plata (del grupo Soldati), se aseguraron el negocio contra cualquier riesgo. El Estado garantiza cubrir los costos y una rentabilidad adecuada sobre la inversión a realizar. Este seguro es independiente de las causas, ya se trate de una caída en la demanda, del derrumbe del precio de los cereales o la ineficiencia en la gestión.

Para concederles semejantes beneficios, el ministro Dromi se vio obligado a cometer lo que eufemísticamente se denomina "desprolijidades". Modificó cuatro veces los pliegos de licitación y en la última introdujo cambios en las condiciones que no figuraban en la preclasificación de ofertas.

Esas "desprolijidades", en cualquier país civilizado serían motivo más que suficiente para declarar la nulidad de la concesión y el procesamiento del funcionario.

Techint recibió además la concesión de algunas de las principales rutas de la región, con lo que redondeaba un excelente negocio.

El presidente Menem modificó por decreto la reglamentación de la Ley 2.873 (general de Ferrocarriles), para permitir que los concesionarios operaran libremente a su criterio. Así se cambió todo el sistema de señalización y de regulación de tráfico, recurriéndose a sistemas más económicos y menos seguros.

También el criterio de funcionamiento empresarial se modificó sustancialmente. El transporte de granos por ferrocarril se basaba en la circulación de "trenes operativos", que consiste en formaciones de 30 vagones tolva, con capacidad de transportar 2.500 toneladas. En manos del Estado, estos trenes tenían orígenes distintos: "carga completa" en estaciones importantes, o provenientes del "tráfico difuso". Este último sistema tenía por objeto beneficiar a pequeños y medianos productores, que podían cargar pocos vagones en estaciones menores, cerca de sus campos, los que después eran agrupados en los grandes centros, donde se completaban los operativos para llevarlo a destino, principalmente el puerto de Ingeniero White, en Bahía Blanca.

Techint abandonó ese sistema y cerró todas las estaciones menores, por lo que los productores se ven obligados a transportar su producción por ruta a las plazas importantes, donde deben venderlas a las grandes firmas acopiadoras de granos, debiendo afrontar mayores costos y a la vez obtener menor ganancia; y ante una caída internacional de éstos o condiciones climáticas desfavorables, quedan en bancarrota.

Para asegurar ése negocio a las grandes firmas acopiadoras, Menem liquidó la Junta Nacional de Granos, que hasta ese entonces se encargaba de la comercialización de granos y regulaba la exportación y la producción agropecuaria.

Si en la concesión de estos ramales se había retrocedido 50 años o mas en la historia, en la relación con los trabajadores no podía ser menos. Ferroexpreso Pampeano (FEPSA), que así se dio a llamar la nueva empresa, eligió su personal, unos 600 agentes, siendo el resto, unos 6.000 despedidos e indemnizados mediante créditos externos. No es que sobrara personal, sino que FEPSA quería operar desde el principio aplicando la "flexibilización laboral"; para lo cual arregló con los dirigentes gremiales, principalmente de La Fraternidad, las nuevas pautas laborales. Estas pautas de trabajo eran, ni más ni menos, que las existentes antes de 1917, cuando se firmó el primer convenio colectivo de trabajo; con jornadas a destajo, sin la obligación de otorgar los descansos correspondientes, y la polifuncionalidad de la tarea. Ahora el conductor, además de manejar la locomotora, debía enganchar y desenganchar vagones, operar los cambios de vías, proteger las barreras e informar al control de tráfico. Así se renunció lisa y llanamente a todos los beneficios del convenio colectivo, con la firma de lo que se dio a denominar "Marco Acuerdo Laboral", envuelto en paquete como para regalo, lleno de eufemismos, donde nada se permitía pero nada se prohibía. La Empresa ya se encargaría, a través de presiones económicas o de otro tipo, de lograr que los trabajadores cumplan las pautas que no están vedadas y se olviden de las otras.

Además FEPSA formó una bolsa de trabajadores temporarios, obreros golondrinas, que son empleados eventualmente cuando los necesite, generalmente en época de cosechas.

Ahora los trabajadores del riel ostentaban otro triste record, eran los inauguradores de la flexibilización laboral, antes de que se tratara en el Congreso de la Nación; una forma que se iba a convertir en emblema del neoliberalismo en los años subsiguientes.

El túnel del tiempo ferroviario había funcionado demasiado bien… para mal de muchos.

Fotografía, Jorge Cirigliano

31: Represión y paro (01/12/91–16/03/92)

La lógica desmovilización luego de un conflicto tan duro, agravado por la disolución del Plenario de Seccionales y la Comisión de Enlace; más la frustración de no poder desplazar a la burocracia de la dirección del gremio y el retiro voluntario que se llevó a miles de valiosos activistas; permitió que el Gobierno y la burocracia recompongan sus líneas.

El primer signo de ello fue la entrada en operaciones de Ferroexpreso Pampeano con las nuevas pautas laborales.

El segundo se planteó en diciembre del 91, cuando FEMESA, la empresa metropolitana de trenes formada durante la huelga, dispuso la implementación de un nuevo diagrama de trenes, donde se eliminaba numerosos servicios. Esto fue rechazado por las seccionales mediante presentaciones, sin llegar a aplicarse medidas de fuerza, pero se logró que su aplicación fuese suspendida.

El tercer signo provino de la burocracia que, quizás adelantándose a los tiempos, decidió cerrar los policlínicos de la zona metropolitana. Esto también fue resistido por las seccionales. La filial Tolosa de La Fraternidad dispuso paros de una hora por día como protesta. En Haedo se formó la Comisión Intergremial de Defensa del Policlínico con trabajadores activos y jubilados, que ocuparon el centro asistencial y lo mantuvieron en funcionamiento con la colaboración del personal del mismo que siguió trabajando ad honorem.

En febrero sesiona la 68° Asamblea General de La Fraternidad y aquí también se habría de notar el avance de la burocracia y el retroceso que habían experimentado las seccionales democráticas.

Allí se discute el acuerdo laboral firmado con FEPSA, que no se logra revertir, quedando por lo tanto ratificado. Se trata también la actitud de la Comisión Directiva durante la huelga. El sector que apoyaba la burocracia sostiene que el congreso no tenía atribuciones para imponer su destitución. No pudiendo revertir esa postura, los representantes de las seccionales aprueban pedirle a los dirigentes "un gesto de grandeza" que por supuesto no lo tuvieron.

Finalmente se debate la situación salarial, aprobándose "darle al cuerpo directivo el mandato de implementar un plan de lucha respetando el decreto de reglamentación del derecho de huelga".

Concluido el Congreso, la Comisión Directiva dispone un paro de 24 horas para el día 13 de marzo. La situación planteada era similar a la del año anterior, pero se había comprobado en el Congreso que el margen de acción y fortaleza de las seccionales era mucho menor.

Estas, superando los desencuentros, se venían reuniendo y debatiendo la cuestión. Habían analizado que resultaba necesario resistir porque si no se iban a perder numerosos derechos y puestos de trabajo. Se llegó a la conclusión que el Gobierno no iba a deponer sus propósitos de ninguna manera, y que consideraba que para ellos las seccionales democráticas resultaba un estorbo; y por lo tanto la lucha se iba a dar de una u otra manera. Basado en esos fundamentos ser habían efectuado sondeos entre los afiliados de las distintas seccionales circunvecinas, en algunas en forma de votaciones secretas, habiendo en todas una demostración de voluntad combativa.

Luego se comenzó a analizar las medidas que se podrían ejecutar de acuerdo a las posibilidades reales, llegándose a la conclusión que objetivamente no se podía plantear una lucha frontal como la del año anterior, impulsada desde las bases, porque difícilmente iba a tener la masividad de aquella. Entonces se comenzó a debatir el paro dispuesto por la Directiva, concluyéndose que seguramente ésta lo iba a deponer al primer amague del Ministerio de Trabajo, con lo que se dilataría la solución en el tiempo, mientras el Gobierno avanzaba a pasos agigantados en su política de avasallamiento. Se debatió qué hacer en esa circunstancia, barajándose la posibilidad que las seccionales no acaten el levantamiento del paro, aunque se reconocía lo peligroso que podía resultar esa jugada. Ante el grado de incertidumbre no se tomó ninguna determinación, quedando abierta la posibilidad de accionar de acuerdo a como vayan dándose las circunstancias.

El jueves 12 de marzo, el Ministerio de Trabajo impone la conciliación obligatoria a La Fraternidad, la que es acatada de manera inmediata por la Comisión Directiva, suspendiendo la medida de fuerza programada para el día siguiente. Quedaba entonces a las seccionales resolver si acataban o no esa determinación.

Las asambleas de las filiales Retiro del San Martín, y Castelar, Haedo, Caballito, Lujan, Mecha, Lincoln y Pehuajó del Sarmiento aprobaron "rechazar el levantamiento del paro", siempre y cuando las seccionales del Roca acompañen la determinación; quedando en estas últimas definir los pasos a seguir.

En el Roca el debate entre las seccionales era muy intenso, por lo que deciden reunirse en plenario desde las 15 horas en la sede de Remedios de Escalada. Allí, después de largas discusiones y ante la negativa de las seccionales del interior de salir a la lucha sin la dirección nacional, alrededor de las 21 resuelven "aceptar la conciliación obligatoria y suspender la medida de fuerza"; actitud que asumen de inmediato las filiales del Sarmiento y el San Martín.

Una vez concluida la asamblea, algunos trabajadores se dirigen a Constitución a tomar servicio o abordar los trenes para retornar a sus bases. En ese ferrocarril todo estaba en paz… o debía estarlo… pero no era así, había guerra y en ella estos ferroviarios no tenían nada que ver.

Comenta Eduardo Lucita: *Mientras esto ocurría, un incidente aparentemente ajeno a la cuestión tuvo lugar en la propia línea Roca. En efecto, sobre el mediodía del lunes 9 de marzo, un tren eléctrico que salía de la estación Gerli, al cerrar automáticamente sus puertas aprisionó el brazo de un pasajero que intentaba subirse a último momento. En condiciones normales este hecho no hubiera tenido mayor trascendencia, pero dadas las deficiencias del mantenimiento a causa de los recortes presupuestarios, se convirtió en un accidente mortal. Conviene señalar que en el moderno (para Argentina) sistema de trenes eléctricos de la línea Roca, habilitado poco años atrás, en caso de cerrarse imperfectamente una puerta, un circuito eléctrico preventivo corta la tracción e impide arrancar a la formación, indicándole al conductor la existencia de una anormalidad. Paralelamente una luz exterior (roja) se enciende, advirtiendo al guarda que la puerta no está cerrada y por lo tanto no puede despachar el tren. Es decir, existe un doble sistema de seguridad para impedir accidentes del tipo señalado. En esta ocasión el sistema no funcionó. Por un lado, porque si bien las puertas mantenían aprisionado un brazo del pasajero, la existencia de burletes rotos hizo que el circuito eléctrico no percibiera la anomalía. Por otro lado, la luz roja no encendió, pues la lamparita estaba quemada y no se la había reemplazado. Por lo tanto, ni el conductor ni el guarda, máximo responsable del servicio, se enteraron de que un pasajero con el brazo aprisionado y todo su cuerpo afuera, era arrastrado al ponerse en marcha el tren, hasta que finalmente fue literalmente aplastado contra una defensa existente al final del andén, lo que provocó su deceso inmediato.*

El jueves 12 de marzo, el guarda del tren en el que sucedió la tragedia fue citado por el juez interviniente en la causa, por considerarlo responsable del accidente. Frente a esto, sus compañeros de servicio (todos guardas afiliados de la Unión Ferroviaria) deciden negarse a despachar los trenes que no cumplieran con las normas reglamentarias. Esta decisión trajo aparejado que una formación que debía partir hacia Burzaco a las 18 horas, quedara demorada en la estación Constitución. La falta de información a los pasajeros, que deambulaban por el andén y el hall central en una hora pico, dio origen a un pequeño disturbio, grupo de pasajeros increparon a los empleados ferroviarios encargados del sector Informes; hasta que intervino personal de la Superintendencia de Seguridad Ferroviaria de la Policía Federal, uniformados y de civil, que intentó desalojar al público que se agolpaba y protestaba, a fuerza de empujones, palos y ostentación intimidatoria de armas de fuego. La gente cambió la orientación de sus críticas, resistió primero y respondió después a la violencia policial, acorralando a los agentes que, ante la inferioridad numérica, se debieron refugiar en la oficina.

De pronto, como por arte de magia, aparecieron en la estación unos 300 efectivos de la Brigada Antimotin de la Policía Federal que, lejos de disuadir y prevenir mayores incidentes, rápidamente bloquearon los accesos al hall central y comenzaron un bombardeo cruzado de gases lacrimógenos y balas de goma. El desorden fue total, los pasajeros corrían para cualquier lado tratando de protegerse o hallar una salida, se empujaban, los que caían eran pisoteados por la multitud enardecida, y los que llegaban a las puertas eran rechazados a bastonazos por los policías. Estos luego avanzaron sobre la multitud desatando una represión feroz, que dejó machucados a decenas de usuarios y atónitos a miles que lo vieron directo por televisión. Porque la represión duró dos horas y dos de las transmisoras televisivas de aire tienen su sede muy cerca.

Finalmente la policía se replegó y los castigados pasajeros pudieron ganar la calle y respirar aire puro. 40 personas debieron ser atendidas en los nosocomios cercanos y muchos más optaron por irse cuanto antes de ese infierno con los moretones a cuesta y una indignación descomunal. No hubo detenidos entonces, los detenidos vendrían después.

Alrededor de las 21,30 comienzan a llegar los maquinistas que habían participado de la asamblea de Remedios de Escalada y se encuentran con ese panorama convulsionado. Algunos se dirigen a las locomotoras a tomar servicio o al cuarto de guardia, ante la eventualidad que se reanude la actividad. Ahora si se producen las detenciones. Entre las 22 y las 24 horas, personal jerárquico de Ferrocarriles "marcan" las personas que debían ser apresadas. Así resultan detenidos una docena de conductores, algunos recién llegados de Remedios de Escalada, otros que se habían presentado a tomar servicio y hasta uno que había ido a despedir a su esposa, que son acusados de "promover disturbios". En las detenciones participan algunos policías de civil que la gente reconoció como activistas que estuvieron al principio incentivando la bronca.

El viernes 13, la Empresa cursa telegramas de despido a los maquinistas detenidos que todavía no habían sido indagados por el juez, contraviniendo todas las normas legales.

Los representantes seccionales se entrevistan con la dirección del gremio, pero esta se niega a asumir la defensa de los trabajadores.

Luego se dirigen a las autoridades de la Empresa, donde le manifiestan lo injustificado e ilegal de los despidos, pero encuentran su total intransigencia a reverlos.

Posteriormente hacen una presentación en el Ministerio de Trabajo, sin obtener respuesta alguna.

Por la tarde el juez interviniente toma declaración a los trabajadores detenidos disponiendo su liberación. No obstante quedan en calidad de procesados debido a una denuncia en su contra que presentó Ferrocarriles Argentinos.

La brutal represión de la víspera había producido una conmoción pública enorme. Los diarios mostraban fotos y testimonios desgarradores, y no eran menos dramáticas las imágenes que repetía la televisión.

Numerosos legisladores nacionales salieron a pedir explicaciones al Gobierno. Todo esto llevó a que el flamante Ministro del Interior, José Luis Manzano, brinde una conferencia de prensa donde reconoció que "las fuerzas de seguridad cometieron excesos" y aseguró que "todos los agentes involucrados serán suspendidos y sumariados"; y prometió que "los hechos serán exhaustivamente investigados". Nunca más se tendría noticia alguna de estos anuncios.

La cantidad de efectivos intervinientes en la represión, la rapidez conque se presentaron en la estación, la calidad de los mismos (brigada antimotin), y la fiereza con que actuaron, demuestra claramente que se hallaban en las cercanías del lugar preparados para ese fin. Por otro lado, la detención de los conductores que no habían participado de los incidentes y que fueron señalados por los propios jerárquicos, más la presencia de agentes infiltrados entre los usuarios incitando la bronca; dan la pauta que tanto la represión como las detenciones formaban parte de una estrategia fríamente planificada, aunque cueste creerlo.

Todo esto lleva a inferir que las autoridades daban por seguro que las seccionales fraternales iban a implementar la medida de fuerza por su cuenta, y con el objeto de desprestigiar a los trabajadores y predisponer la opinión pública en su contra, montaron ese operativo siniestro. La decisión de las seccionales a último momento de acatar la conciliación obligatoria, sorprendió a los funcionarios que no pudieron frenar la represión; con lo cual se encontraron con un efecto exactamente contrario al buscado, la opinión pública se puso en su contra.

Supuestamente los mentores de tan brillante estrategia fueron el propio Manzano y el nuevo ministro de Trabajo, Enrique Rodríguez, un viejo conocido de los ferroviarios por su actividad en la huelga del año anterior.

El sábado 14 las seccionales vuelven a insistir ante la Empresa para revea las cesantías, sin obtener la mínima respuesta.

El domingo 15 las filiales del Roca efectúan una asamblea conjunta en Remedios de Escalada, y luego de un arduo debate, ante la falta de respuestas de las autoridades, resuelven implementar "paro por tiempo indeterminado desde la medianoche hasta lograr la reincorporación de los compañeros despedidos".

32: Paro y bomba (17/03/92–30/04/92)

El lunes 16 adhieren a la medida la seccional Castelar del Sarmiento y otras del Roca, sumando 16 las filiales en lucha, quedando paralizados los servicios de la zona metropolitana del Sarmiento y casi todo el Roca; con lo que el paro comenzó a tener repercusión pública.

El martes 17 se suman a la huelga sin límite Haedo, Caballito, Lujan, Mecha, Lincoln y Pehuajó del Sarmiento, mientras que Retiro del San Martín resuelve una medida por 24 horas.

El mismo martes por la tarde las filiales realizan un plenario en Remedios de Escalada para evaluar la situación del conflicto.

Mientras estas deliberaban, a 20 kilómetros de distancia acontecía un hecho terrible. En Barrio Norte de la Capital Federal, una tremenda explosión reducía a escombros media embajada de Israel, cobrándose 29 vidas.

Otra vez el Ministro Manzano prometía una exhaustiva investigación, que pasaría a ser otra deuda enorme que este controvertido funcionario, que según él "robaba para la Corona", dejaría pendiente ante la sociedad argentina antes de marcharse a una vida de abundancia en los Estados Unidos.

El atentado a la embajada de Israel conmocionó a la sociedad y mantendría ocupada a atención pública y la de los medios durante días, sepultando a la indiferencia la represión de Constitución y el paro ferroviario.

La primera sensación que tuvieron los ferroviarios fue la de aislamiento y soledad. La solidaridad de los que estaban parados era la única que existía. Después todo era indiferencia, en los despachos oficiales, en los funcionarios de la Empresa, en la cúpula sindical, en los camaradas del riel, en la prensa, en los demás sindicatos, en los legisladores, en las dos centrales obreras, en la Justicia, en todo el mundo. O en casi todo, porque las Madres de Plaza de Mayo no los abandonaron, como tampoco algunos partidos de izquierda y el diputado socialista Luis Zamora.

La segunda sensación fue la de impotencia. Desde los primeros días de la huelga se hizo evidente que la burocracia había asimilado la derrota sufrida un año atrás y actuado en consecuencia. Empezaron a aparecer brigadas de carneros en casi todas las seccionales, formadas por afiliados traidores que habían sido cuidadosamente seleccionados, tentados y organizados por los directivos.

No obstante todas esas contras, los fraternales, con toda dignidad, trataron de organizarse y llevar adelante la lucha. Se realizaron plenarios. Se formó una Comisión Coordinadora con los mejores hombres, que evitó llamarse Comisión de Enlace por respeto al paro del 91. Se fue a los medios para difundir el conflicto. Se recurrió a los más diversos lugares en busca de apoyo, recursos y alimentos. En fin, se utilizó al mango toda la experiencia adquirida, pero no fue suficiente.

El 20 de marzo el Gobierno dispuso la clausura del ferrocarril Roca por 75 días, y suspendió sin cobro de haberes a todos los conductores de esa línea; obviamente vulnerando todas las normas jurídicas.

El mismo día aprobó un aumento en los pasajes de colectivos del 20 %, con lo cual cerraba un buen negocio para las empresas del sector.

El 24 las seccionales realizan una masiva manifestación frente al Congreso de la Nación, con el apoyo de algunas organizaciones sociales y políticas.

El 25 se lleva a cabo el acto de reunificación de la CGT en el cual es ovacionado a Menem. Millones de nuevos desocupados miraban azorados desde la ventana de la vida, llenos de interrogantes, sin encontrar respuestas.

El mismo día, directivos de La Fraternidad irrumpen intempestivamente, apoyado por un grupo de matones, en la sede de la seccional Remedios de Escalada y decretan su intervención. Mientras, FEMESA convoca a los maquinistas del Roca a que se presenten a trabajar, bajo la velada promesa de otorgarles ventajosos beneficios. Sólo se presentaron 9.

El secretario de Transporte, Edmundo Soria, dice a la prensa que los huelguistas eran activistas de izquierda, supuestamente con la finalidad de descalificarlos. El mismo argumento sería utilizado una y otra vez por los funcionarios y la burocracia, lo cual amerita algunas consideraciones que, aunque conocidas, conviene recordarlas:

La definición formal de izquierda y derecha en las posturas políticas deviene de la Revolución Francesa donde, en la Asamblea Nacional, se sentaban a la izquierda los representantes del pueblo que sustentaban las consignas "solidaridad, igualdad y fraternidad"; mientras que a la derecha se ubicaban los representantes de la aristocracia que pretendían conservar los privilegios de las clases acomodadas y el cuadro de desigualdad social.

Los trabajadores poseen como única riqueza para procurar su sustento, su fuerza de trabajo, por lo tanto están ubicados formalmente a la izquierda de la sociedad. Mientras que quienes poseen el capital, es decir recursos para obtener ganancias utilizando la fuerza de trabajo de otros, componen por definición la derecha.

La definición del funcionario Soria para con los ferroviarios excedía de obviedad, cualquier sector laboral estaba a la izquierda del Gobierno menemista de neto corte derechista.

Por otro lado, si los trabajadores abrazaran doctrinas políticas no tendría absolutamente nada de malo, por cuanto la propia constitución nacional otorga a todos los ciudadanos el derecho de conciencia y reconoce a los partidos políticos como instituciones fundamentales de la República. Además todos los funcionarios públicos son políticos, ¿por qué sólo ellos podrían tener simpatías ideológicas? Lo que ocurre es que los gobernantes a veces defienden intereses antipopulares, e incluso antinacionales, entonces prefieren que los ciudadanos carezcan de cultura política y capacidad de análisis, para poder manipularlos más fácilmente. Por eso también los descalificativos ideológicos

En los trabajadores fraternales no había cuadros políticos reconocidos. Algunos tenían alguna militancia o simpatías de las más variadas tendencias, y otros no tenían ningún tipo de encuadramiento partidario. Lo que todos tenían en común es que eran militantes sindicales de La Fraternidad y respetaban los principios de esa escuela por encima de todo, independencia política, apartidismo, democracia horizontal, solidaridad, respeto asambleario.

Por último, si bien cada individuo puede abrazar la idea política que guste, justamente para proteger la diversidad ideológica y preservar la cohesión de la organización sindical, sería un grave error someter a ésta a los designios de un partido político. La independencia es un valor del gremialismo, que en nuestro país muchas veces se dejó de lado.

Ajenos a descalificaciones, los obreros ferroviarios seguían con heroicidad su lucha. En varias oportunidades se dispuso en forma conjunta de todas las seccionales la suspensión de la medida, pero cuando los obreros se presentaban a trabajar se despedía una gran cantidad de ellos, con lo que la situación se agravaba y las asambleas disponían la continuidad de la huelga.

La situación más dramática se vivió en semana santa, cuando en su víspera el Gobierno implementó ese accionar. La ausencia de trenes provocó el congestionamiento de la ruta 2 a Mar del Plata, aún angosta, produciéndose múltiples accidentes, entre ellos un choque de micros donde murieron 40 personas.

Aprovechando la coyuntura del conflicto, la burocracia envió al Policlínico Ferroviario de Haedo varios camiones y una docena de matones que amenazaron a los pocos trabajadores que estaban cuidando las instalaciones tomadas, y procedieron a desguazarlo, cargando en los camiones todos los aparatos y muebles, dejándolo destrozado. Para esto contaron con la complicidad de quien ejercía el cargo de Administrador del mismo, el maquinista de Haedo, Flavio Cicconi.

Finalmente el 22 de abril, después de 40 durísimas jornadas de huelga, cuando los trabajadores ya estaban hastiados de soportar tantas humillaciones, tanta soledad, y de pasar por mil necesidades; cuando algunas seccionales ya habían desertado, y en otras eran más los afiliados que trabajaban que los que estaban parados, la mediación de algunos legisladores logró que las autoridades acepten la finalización de la huelga y la vuelta al trabajo; por lo menos la vuelta de algunos. Alrededor de 2.000 trabajadores fueron despedidos. Todos los dirigentes y delegados seccionales fueron suspendidos indefinidamente, para luego ser cesanteados una vez vencida la tutela sindical, entre ellos el autor. Lógicamente todo se hizo dentro de la mayor ilegalidad.

Inmediatamente de concluido el conflicto, la dirección de La Fraternidad impuso la intervención a las seccionales rebeldes. Remedios de Escalada fue borrada del mapa. Castelar fue incendiada misteriosamente. En Haedo se nombró delegado normalizador a un afiliado de ésa, Daniel Accomo, alcahuete de Caminos, que no pudo asumir porque los delegados y trabajadores cesantes mantuvieron ocupada la sede por el lapso de 8 meses resistiendo la intervención.

En el transcurso se realizó la elección para directivo, donde el único candidato, Horacio Caminos, puso la urna en su automóvil y recorrió los domicilios de los afiliados jubilados tratando de conseguir votos a su favor. Los trabajadores activos no pudieron votar. De otra manera jamás hubiera vuelto a ser electo.

Esta fue sin dudas la huelga ferroviaria más heroica, por las circunstancias que la rodearon; y también la más significativa porque fue la última, la que marcó un hito. Después de ella nada fue igual. La solidaridad y la dignidad se perdieron por completo. La Fraternidad pasó a ser un gremio minúsculo, totalmente burocratizado, sin democracia interna ni respeto por la tradición ni los principios, gobernada por carneros, perdió todo prestigio.

El ferrocarril se quedó sin los mejores hombres. Los que se fueron, voluntaria o compulsivamente, eran los más capacitados intelectual y profesionalmente, en general con fojas de servicios impecables y una honestidad a toda prueba. Con el tiempo algunos tendrían la suerte de volver, la mayoría no. El movimiento obrero perdió uno de los sectores más dinámico y homogéneo, un baluarte histórico de lucha y resistencia.

El contraste de los ferroviarios era un síndrome de la época, donde no se buscaba la excelencia y la capacidad, sino el avasallamiento de los obreros; donde la corruptela, los negociados desfachatados, la destrucción aviesa del Estado, la miseria y la desocupación de millones de compatriotas, eran la constante de moda.

Festejo al final de la huelga. Foto diario Clarín.

33: De fantasmas y demonios (1992–1993)

A pesar del duro contraste sufrido por los trabajadores ferroviarios en abril del 92, en agosto de ese año se formó la "Comisión Nacional de Defensa del Tren", que tenía por objeto enfrentar la resolución del Gobierno de eliminar los trenes de pasajeros a las provincias previsto para el 13 de noviembre por el decreto 1168/92. Esta comisión fue impulsada por la dirección de APDFA, pero su constitución era amplísima, desde la cúpula de los jerárquicos, pasando por representantes seccionales, activistas, cesantes, Comisiones de Solidaridad con los Ferroviarios, usuarios, partidos políticos y organizaciones intermedias.

Se efectuaron plenarios en lo que se delinearon una amplia cantidad de tareas, donde el esclarecimiento público era el principal. Así se organizó una conferencia con debate en el salón de actos del Congreso de la Nación el 30/09/92, al que luego siguieron actos similares en clubes barriales, sociedades de fomento y centros culturales. Luego se retomó la iniciativa de correr los "trenes de la resistencia", como en la Coordinadora del 90, y si bien se notaba el debilitamiento de la fuerza para organizarlos respecto a aquella, y mayores trabas por parte de la Empresa y las fuerzas de seguridad, las tareas se cumplieron bastante bien.

Cuando se acercaba el 13 de noviembre, plazo en que iban a ser eliminados los trenes, los ánimos se ofuscaron. El hecho más fuerte y dramático se vivió en el ferrocarril San Martín. Comenta Dante Miranda, afiliado de La Fraternidad y uno de los protagonistas del suceso: *El sábado 14, un grupo de compañeros ferroviarios de distintos gremios nos aprestamos a coordinar lo que sería el inédito fruto de un plan de lucha: la toma y corrida del tren "El Cuyano"; que el viernes 13 había corrido oficialmente por última vez por orden emanada del Gobierno a través del Ministerio de Transporte. Cada gremio debió ocuparse de diferentes tareas. La gente de la Unión aseguró que la formación esté lista en el andén. Esteban Coria y yo nos encargaríamos de conducir el tren, pero antes debimos conseguir la locomotora. No estando disponible la asignada al servicio, optamos por relevar una de maniobras, que logramos que sea reabastecida en los galpones. Los señaleros hicieron que la locomotora sea puesta en cabeza de tren.*

Como la orden de cancelación del tren "se había perdido en algún lugar" a las 20 horas se nos dio la orden partida. Con 500 pasajeros a bordo, "El Cuyano" se puso en marcha, bajo una intensa lluvia, con la locomotora bramando furiosa y el silbato estruendoso que develaba la tensión y emoción del momento.

Circulamos casi sin inconvenientes por la sección metropolitana, pero las señales nos detienen a la entrada a Pilar. Allí aparece la policía de la provincia de Buenos Aires y personal jerárquico de Ferrocarriles con la explícita orden de hacer regresar el tren a Retiro. Se realiza una asamblea entre pasajeros y trabajadores donde se decide resistir esa medida y lograr la continuación del tren. Se resuelve hacer un piquete sobre las vías interrumpiendo el servicio en ambos sentidos. Ante esta determinación, después de casi una hora, las autoridades policiales y de Ferrocarriles acceden a permitir la continuación del tren.

En Junín somos nuevamente detenidos. En este caso por la Policía Federal Ferroviaria. Nuevamente los pasajeros y personal nos ponemos firmes y después de duras disputas con las autoridades podemos continuar.

A primeras horas de la mañana, en Rufino, se presenta la policía de la provincia de Santa Fe que rodea el tren, y la Empresa se niega totalmente a que continúe viaje. Se hacen presentes entonces en la estación los medios locales, radio, TV y prensa escrita, dirigentes políticos y gran cantidad de público, constituyéndose una verdadera manifestación popular. Después de 3 horas, ante la presión generalizada, la Empresa autoriza la salida del tren, pero sin otorgarle la vía libre y el correspondiente relevo de personal. Esto produce nuevas manifestaciones de los presentes, por lo que la Empresa decide finalmente otorgar la vía libre y el relevo del personal para que el tren pueda seguir.

Así, con la total colaboración de los compañeros de Cuyo, el tren pudo continuar hasta su destino San Juan, donde fue recibido con una fiesta popular, regresando al día siguiente a Buenos Aires, quedando como un símbolo de la resistencia ferroviaria.

Todos estos hechos, la presión popular, a pesar del silencio cómplice de los grandes medios, lograron que el Poder Ejecutivo nacional suspenda transitoriamente la medida de suprimir los trenes hasta el 10/03/93.

Nueve días después de conmemorarse el 45° aniversario de la nacionalización de los ferrocarriles, el 10 de marzo del 1993, cuando los trenes circulaban por última vez, se vivió una jornada de duelo nacional. En cada pueblo, en cada estación, por donde pasaba el tren, poblaciones enteras se agolparon en el andén, aún a altas horas de la noche, para verlo por última vez, tocarlo por última vez, con los ojos llorosos y las manos temblando; sin entender por qué, "por qué el tren, si el tren es de todos, el tren es Argentina".

El Ejecutivo nacional, para tratar de atenuar el efecto negativo que la medida producía en la población, había anunciado que se dejarían los trenes a las capitales provinciales cuyos costos sean asumidos por las provincias. La mayoría de los estados provinciales manifestaron que no estaban en condiciones de asumir los costos puesto que se habían tenido que hacer cargo de las escuelas y hospitales transferidos por la Nación. Sólo aceptaron la propuesta Buenos Aires, La Pampa y Tucumán. Luego, por presiones de los pobladores, se agregaron Santa Fe, Mendoza, Córdoba y Rio Negro.

La provincia de Tucumán, gobernada por el cantautor melódico Palito Ortega, adhirió al pacto con el Gobierno nacional; pero Santiago del Estero, provincia muy empobrecida, no. Entonces los trenes unían las ciudades de Buenos Aires y Tucumán atravesando la provincia de Santiago de Estero de punta a punta sin parar en ninguna estación. Los santiagueños no veían pasar trenes, para ellos eran fantasmas.

Otro convoy de características fantasmagóricas es el que se conoció como "el Expreso de la Pobreza", que se inició en Resistencia, provincia de Chaco, cuando un centenar de personas, matrimonios con muchos hijos sin trabajo ni vivienda, se instalaron en unos vagones abandonados, los acondicionaron y allí se quedaron, a guarecerse del clima y soñar con una vida mejor. Pero el señor gobernador del Chaco decidió que daban mal aspecto a la ciudad de las esculturas esas estatuas vivientes y ordenó acoplarles una locomotora y enviarlos sin escalas a la vecina Santa Fe. El gobernador de ésta, tan veloz como un corredor de Fórmula 1, dedujo lo mismo y ordenó su regreso. No había recursos para mantener los trenes de pasajeros, pero si para fletar uno con una pesada carga de desocupados. Es probable que el Expreso de la Pobreza esté todavía dando vueltas por las vías desiertas, buscando un destino que nunca llega, como un fantasma errante y taciturno que emerge de la niebla en la mañana y se sumerge en la inmensidad del horizonte bajo el silencio de la noche, como un mensaje trascendente, como un símbolo de lo que pasó y nunca debió haber pasado.

Pero no solamente había trenes fantasmas, también estaciones y pueblos, más de 800 en todo el país, ciudades fundadas y crecidas alrededor del ferrocarril que, con las vías vacías, se quedaron sin comunicación, sin actividad, sin porvenir, sin vida. En algunas el ferrocarril era el único medio por donde llegaba el agua para los pobladores, los víveres, las noticias y la atención sanitaria. Y junto a las estaciones, miles de familias ferroviarias se convirtieron asimismo en fantasmas. Generaciones de trabajadores se quedaron sin porvenir, no pudieron proyectarse al futuro como trabajadores, como personas o como nuevos dirigentes. Pasar a ser un desocupado es una experiencia tremenda, es perder la identidad y el modo de pertenencia, es como estar muerto en vida. El autor puede dar testimonio de ello. La palabra marginalidad adquiere una dimensión enorme, uno se ve obligado a mirar el mundo desde afuera, a vivir casi clandestinamente, a ser un extraño en su propia existencia, a humillarse permanentemente, a sufrir el socavón de la soledad y la desidia, a llevar como una mochila insoportable el peso de la impotencia, la desesperanza y la angustia infinita.

Pero mientras los trabajadores se enfrentaban con esos fantasmas, otros se enriquecían impunemente. José Pedraza y los demás dirigentes de la Unión Ferroviaria formaron una falsa mutual llamada MUCOVIF, que recibió de las autoridades la concesión gratuita de todos los locales y puestos comerciales en las principales estaciones de la región metropolitana, que a su vez subalquilaba, consiguiendo así un negocio millonario doblemente redituable, ya que MUCOVIF, por su carácter de mutual, no abonaba impuestos.

La dirección de La Fraternidad en cambio, copada por una nueva generación de dirigentes como Maturano y Caminos, juzgados por "carneros" por asambleas, o espías de la dictadura como Julio Sosa, reformó el Estatuto Social, eliminando el artículo 3 que impedía las cuestiones partidarias y se impuso la elección por listas nacionales, reduciendo la capacidad de decisión de los afiliados. Y hasta cambió el nombre de la entidad, dejó de llamarse "Sociedad del personal ferroviario de locomotoras La Fraternidad", para llamarse solamente "sindicato La Fraternidad". Sociedad del personal sonaba demasiado democrático.

Esta Dirección, no sólo avanzó sobre el estatuto y el nombre, sino que pisoteó los principios centenarios de la organización que la hicieron grande, como la democracia participativa y la independencia política con la abstención partidaria. Además trató de redondear un gran negocio vendiendo las numerosísimas propiedades diseminadas por todo el país, que había acumulado la institución por más de un siglo. Incluso algunas que no le eran propias, como los terrenos de Villa Luzuriaga que habían sido cedidos por el ferrocarril a los afiliados de Haedo para construir viviendas. Esos terrenos fueron ocupados por los vecinos oponiéndose a la construcción de edificios privados y constituyeron la plaza comunitaria Echeverry.

Tanto La Fraternidad como la Unión Ferroviaria, comenzaron a funcionar como apéndices de las empresas, traicionando la orgullosa tradición de los trabajadores ferroviarios. Aparecieron las famosas "listas negras" y el disciplinamiento mediante extorsiones. En la dirección de los gremios también pululaban los fantasmas, pero estos eran de almas negras, guantes blancos y facha de vampiros, por lo que más que fantasmas eran auténticos demonios. Estos demonios finiquitaron la Obra Social Ferroviaria. Vaciaron y cerraron los policlínicos ferroviarios dispersos en todo el país. El esfuerzo de generaciones y generaciones de trabajadores fue liquidado sin compasión. Y ahí quedó, como muestra de esa abominable obra, el esqueleto vacío del Hospital Ferroviario Central, en el barrio de Retiro, detrás de la Casa de la Moneda. El que fuera uno de los centros asistenciales sindicales más importantes, orgullo de todos los ferroviarios, pasó a convertirse en un mero fantasma, un fantasma triste y doliente que duele con el dolor más tremendo, el dolor que los ferroviarios conocen mejor que nadie, el dolor del despojo y la traición.

Todo lo acontecido en el ámbito del riel y lo que habría de venir es sumamente emblemático, ya que revela mejor que nada los pormenores de la época, la implementación de un modelo socio-económico perverso, la forma en que se puso en práctica, sus consecuencias nefastas, la corrupción política, el cinismo de los funcionarios, la perversidad de los dirigentes sindicales, el avasallamiento de los derechos populares, el avance del capital sobre las fuerzas del trabajo; y en contraposición la dignidad irreductible de los trabajadores y el pueblo.

El hijo de un ferroviario de Córdoba canta con emoción infinita y en su canto se hacen presentes esos dolores y esos fantasmas:

Yo soy el ladrón de trenes / que está en la fotografía / buscado vivo o muerto / por toda la policía. / Mirando bien el retrato / no salgo favorecido, / llevo la barba crecida / parezco un hombre jodido. / No crean lo que están viendo / y vayan a preguntar, / en el barrio me conocen / yo soy un tipo legal. / Mi abuelo, mi padre y yo / los tres fuimos ferroviarios, / pero pararon los trenes / porque eran deficitarios. / No se anduvieron con vueltas / dejaron todo desierto / el Mitre quedó vacío / y el Belgrano medio muerto. / ¿Qué es lo que hace un ferroviario / cuando le quitan el tren? / Primero se vuelve loco / después empieza a beber. / No sé si estaba borracho/ la noche que decidí / robar la locomotora / y volverla a conducir. / La pinté de azul y blanco / le saqué brillo al cromado / cualquier ferrocarrilero / estaría emocionado. / Llevo diez días fugado / me sigue la policía / ellos rodean Hernando / yo estoy en Jesús María. / Cuando se acaben las vías, / tendrán que leer los diarios / yo no pienso recular / palabra de ferroviario / palabra de ferroviario / de ferroviario.

"Ferroviario", interprete Jairo, autores Jairo y Salzano.

Foto Satélite Ferroviario

34: El oprobio (1993–1994)

Para facilitar, para posibilitar mejor dicho, la venta del ferrocarril; la operación fue precedida por una intensa campaña de descrédito. Se comenzó por endeudarlo, se irritó a los usuarios con malos servicios y encarecimientos, consecuencia de la organización planificada, empezaron a producirse déficit cuya resonancia la propaganda periodística extendió y multiplicó sin explicar las causas". De esta manera comentaba Raúl Scalabrini Ortiz la privatización del ferrocarril Oeste ocurrida en 1890. Sus palabras precisas y severas adquirían dramática actualidad un siglo después. Destruida la organización de los trabajadores del riel y apoyado logísticamente por un bombardeo propagandístico perverso, el Gobierno de Carlos Menem avanzó en su proyecto de privatización de los ferrocarriles.

El proceso en esta segunda etapa estuvo comandado por el mismísimo Domingo Cavallo. Los pliegos y contratos de concesión fueron elaborados por el factótum y sus asistentes, con la colaboración de "expertos", que no eran otros que representantes de los grandes grupos económicos amigos del Gobierno que a la poste resultarían adjudicatarios de las líneas. En este círculo vicioso se pergeño un conveniente negocio para esos grupos y un perjuicio enorme para la Nación. Se concesionaron las 6 líneas por separado, descabezadas, ya que la zona metropolitana de cada una pasó a conformar FEMESA.

Al Roca y al Mitre se le sacaron además algunos ramales, que junto con casi todo el Sarmiento, fueron entregados a Ferroexpreso Pampeano.

Lo que quedó del Roca fue entregado a la empresa Loma Negra, de Amalita Fortabat, que pasó a denominarse "Ferrosur Roca".

El Mitre fue entregado a la Aceitera General Deheza, que lo denomino "Nuevo Central Argentino" (NCA).

El grupo Pescarmona resultó favorecido con la concesión de la línea San Martín. Que lo designo "Buenos Aires al Pacífico" (BAP); y también con la línea Urquiza, que fue bautizada "Ferrocarril Mesopotámico".

La línea Belgrano no tuvo oferentes. Con posterioridad fue dado a la administración de la Unión Ferroviaria por decreto y bajo graves irregularidades, sin inventario de los bienes concedidos.

Todos los concesionarios clausuraron de hecho la mayoría de los ramales, manteniendo en funcionamiento sólo los principales. Cerraron centenares de estaciones pequeñas, dejando sólo una mínima actividad en las más importantes. Modificaron el sistema de funcionamiento y circulación de trenes, similar al adoptado por Ferroexpreso Pampeano. Del mismo modo, aplicaron similar sistema en las relaciones con los trabajadores casi sin derechos ni beneficios para estos.

En los contratos de adjudicación no se estipuló la corrida de los trenes de pasajeros a las capitales provinciales que aún quedaban, por lo que los operadores privados los cancelaron ni bien se hicieron cargo, a pesar que los costos eran asumidos por las provincias. Los operadores alegaron que no tenían personal ni equipos para asegurar tales servicios. Ante esto, la provincia de Buenos Aires formó su propia compañía ferroviaria denominada UEPFP, para asegurar los servicios de pasajeros de las ex líneas Roca y Sarmiento a distintos destinos del distrito bonaerense y La Pampa, para lo cual adquirió al Estado nacional locomotoras y vagones.

El proceso de privatización se complicó en el caso de FEMESA. La red ferroviaria metropolitana se abre como un abanico sobre una superficie de 10.000 kilómetros cuadrados que tiene como epicentro el microcentro porteño. En esta región residen unos 12 millones de personas, un tercio de la población del país. En ella el ferrocarril es fundamentalmente transportista de pasajeros. Tiene 13 ramales principales, de los cuales 7 están electrificados; y transporta casi 3 millones de personas por día.

Al conformarse FEMESA, durante la huelga del 91, se repartieron los cargos de la nueva empresa entre los seguidores de Cavallo, como el presidente Laguingue; y gente del grupo Madanes, cuyas empresas estaban ligadas al ferrocarril estatal como proveedoras y contratistas (Materfer, GMD, CAT, IGESA, etc.). A este grupo pertenecía el ex Interventor de FA Eduardo Nava, que luego de renunciar, también durante la huelga del 91, negoció con Cavallo la nominación de su gente en puestos claves de FEMESA. Así quedó como vicepresidente el conocido Guillermo Crespo (ex Materfer), como Subgerente de Prensa el licenciado Yangossian (ex GMD) y como responsable de la confección de los pliegos para licitar FEMESA, el ingeniero Bilotti (ex Materfer) entre otros.

De esta manera la gente de Madanes intentó preparar las licitaciones para adjudicar todo el sector a Trainmet, consorcio integrado por Materfer, Omas, FATAP, Román Marítima, EACSA, DGT Electrónica, Conminter, Trainmet, Toronto Transit y Jarts. Esto chocaba con los intereses del consorcio Metrovias, compuesto por el grupo Benito Roggio como principal accionista, asociado a Cometrans (grupo Plaza), Burlington y Morrinson-Knudsen, que son apoyados por Cavallo, quien les da finalmente prioridad a éstos. Pero ante la amenaza de Trainmet de recurrir a la Justicia, se llega a un acuerdo y se divide FEMESA en tres:

A Trainmet se le adjudica el Roca, Belgrano Sur y San Martín.

A Metrovias el Sarmiento, Mitre, Urquiza y la red de Subterráneos de la ciudad de Buenos Aires. El principal miembro de este consorcio, Benito Roggio, ya había recibido la concesión de 1719 Km. de rutas y acceso a la Capital Federal.

El Belgrano Norte es adjudicado al consorcio Ferrovías, integrado por Devi Construcciones, Transporte Automotor de Cuyo, Kantek, Seminara, Gaglia-Pico y asociados, y Caminhos de Ferro Portugueses.

Pero luego se producen nuevas disputas por las concesiones, por lo que Metrovias renuncia hacerse cargo del Sarmiento y el Mitre, que son entregados al consorcio Trenes de Buenos Aires (TBA), cuyos principales accionistas son Cometrans y Morrinson, socios de Metrovias. Esta adjudicación se efectúo de manera absolutamente irregular, mediante el decreto presidencial 730/95 que aceptó "cambios en la composición del adjudicatario", cuando en realidad se trataba de un nuevo consorcio, burlando las pautas legales que preveía una nueva convocatoria licenciataria.

Por otro lado, Materfer y las empresas del grupo Madanes entraron en crisis, y pasaron a ser controladas por Sergio Taselli, socio menor de Trainmet, que paso a tener el control mayoritario de ese consorcio adjudicatario de las líneas San Martin, Roca y Belgrano Sur, que paso a denominarse Metropolitano. Taselli había recibido, gracias a sus vinculaciones con el Gobierno, la concesión de la explotación de la mina de carbón de Rio Turbio, y la explotación y fundición de hierro de Zapla.

Por su parte el consorcio Ferrovías, adjudicatario del Belgrano Norte, pasó a ser controlado por el grupo Emepa. Este grupo, liderado por Gabriel Romero, originalmente era un taller radicado en Chascomús, dedicado a la reparación de vagones, que tuvo un crecimiento explosivo merced a convenios con el Estado nacional durante las presidencias de Alfonsín y de Menem, llegando a tener un holding de 15 empresas.

Mientras se concretaban estos negociados, uniones, divisiones, fusiones y absorciones; el Gobierno clausuró y desmanteló los talleres ferroviarios dispersos por toda la geografía nacional, perdiéndose el rastro de las sofisticadas maquinarias y repuestos que estos tenían. Estos talleres fabricaban y reparaban todo tipo de material ferroviario con altísima calidad, y formaban profesionales en las diversas especialidades de la industria.

De todo este proceso se pueden efectuar algunas consideraciones relevantes:

- En Manos del Estado las 6 líneas férreas integraban una sola empresa, Ferrocarriles Argentinos, que en forma coordinada explotaba una red de 33.000 Km. que llegaba con servicios de carga y de pasajeros a todos los rincones del país, con tarifas sociales que permitían el acceso universal irrestricto.
- Para privatizar, el Estado despidió 80.000 trabajadores, indemnizados mediante préstamos externos; con lo que no sólo se produjo desocupación, sino que perversamente se incrementó la deuda externa para producirla.

- El Estado se hizo cargo de los pasivos que tenía Ferrocarriles. Deudas sospechosas y nunca investigadas por créditos externos y con los mismos contratistas y proveedores que a su vez resultaron adjudicatarios de las líneas.
- El mismo Estado dispuso, anterior a las adjudicaciones, la supresión de servicios; con lo que abandonó la obligación de asegurar y mejorar esos servicios en función de las necesidades reales de cada región.
- Los adjudicatarios privados no asumieron ningún riesgo empresario. Recibieron las empresas montadas y en funcionamiento, con clientela y personal y sin sus pasivos. Se les exigió un mínimo aporte de concesión y la atribución de incrementar en forma inmediata las tarifas. Además el Estado se hizo cargo de los costos operativos y de las inversiones que se realicen. Así, además de no asumir riesgos, los adjudicatarios tenían asegurado el margen de ganancia.
- Por lo tanto, sumando las inversiones que hizo el Estado en indemnizaciones y reparaciones, la absorción de los pasivos, el compromiso de pago de gastos operativos e inversiones, la baja recaudación de fondos por adjudicaciones, y agregando que dejó de percibir las tarifas; se puede decir que el proceso resultó un negocio muy poco conveniente para la Nación. Si a eso se suma el costo social que conllevó la supresión de servicios y la desocupación, más el renunciamiento a controlar un sector económico estratégico, se puede concluir que la privatización de los ferrocarriles es lo más parecido a una gigantesca estafa, un verdadero oprobio.

Cuadro museo ferroviario Estación Navarro

35: Las nuevas líneas (1994)

En medio del ensombrecido panorama de las concesiones ferroviarias, paradójicamente surgieron dos líneas nuevas. Pequeñas, con objetivos exclusivamente comerciales, sin injerencia en el sistema de transporte masivo, pero con inversiones privadas genuinas.

La primera es "el Tren de la Costa", impulsadas por empresas del grupo Soldati, que consiguieron la concesión del ramal de la Costa, de la línea Mitre. Este ramal hacía décadas que estaba inactivo y une la estación Mitre, en Olivos, con la ciudad de Tigre, corriendo cerca de la ribera de Plata. La concesionaria renovó la infraestructura y las estaciones, electrificó las vías y adquirió trenes nuevos. En la terminal Tigre construyó un parque de diversiones de dimensiones gigantescas.

El ferrocarril tiene finalidades turísticas y comerciales, en medio de un hermoso paisaje urbano ribereño. Lo criticable de esta obra fue el cambio de trocha ancha por media, lo que eliminó la vinculación con la línea Mitre que existía.

La línea fue inaugura con el presidente Menem conduciendo una tren, cosa que hasta entonces no había podido hacer por la negativa de los trabajadores. El Gobierno lo presentó como un ejemplo de reactivación ferroviaria, y nada más alejado de la realidad.

La otra línea nueva también tiene fundamentos turísticos, no fue inaugurada con tanta pompa, y detrás suyo se esconde una historia personal que está ligada con todo lo demás. Comenta Gabriel Giubelino (revista Viva, 15/11/94): *En 1989 Oscar Urrutia vivía en Rio Colorado, 700 kilómetros al sur de Buenos Aires. La noche del 10 de diciembre, lo recuerda bien, fue de esos momentos que marcan un antes y un después, estaba mirando televisión, un noticiero. Fue entonces que escuchó la frase del presidente Carlos Menem, "ramal que para, ramal que cierra". Le sonó a condena, a condena de muerte. Urrutia era nieto e hijo de ferroviarios, y además del amor y los hijos, nada le había dado más placer, y orgullo, también orgullo, que conducir una locomotora. Pero en ese entonces las empresas del Estado y el demonio eran la misma cosa, y terminar con ellas se había convertido en poco menos que una cruzada. Todo el proceso privatizador se parecía a una locomotora imparable, y los ferroviarios, que no sólo eran estatales, sino que querían seguir siéndolo, habían optado por hacer huelgas con la esperanza de descarrilarla. Fue esa circunstancia la que dio pie al ultimátum presidencial.*

Oscar se había criado sobre locomotoras de la mano de su padre que paleaba carbón a las calderas para saciar el hambre. Pero cuando ese padre decidió desaparecer, Oscar trasladó su resentimiento de hijo herido a los trenes, no quería ni oír hablar de ellos. Hasta que se le colaron por la ventana. Recién casado con Sandra Navarro, en 1982, fue ella la que le dio coraje para que presentara la solicitud de ingreso a Ferrocarriles Argentinos.

El amor de Oscar por los trenes se forjó lavando máquinas, controlando el aceite a las locomotoras y cuidando hasta la obsesión una foja de servicios que, cuando más impecable, más pronto lo acercaba a su nuevo sueño: llegar a conductor.

Cuando le tocó el turno de intentar la carrera no quiso cometer un solo error. Sandra siempre se burló de su obsesión por la limpieza de su camino profesional. Le decía: "dale alcahuete del ferrocarril, enférmate, faltá, dejate de joder con esa famosa foja de servicios y quedate una vez en casa".

"Cuando hacés lo que te gusta", dice Oscar, "ponés tu parte, chiquita o grande, para que todo salga bien. Yo sentía que tenía que hacer todo para que el tren funcione y lo hacía".

Aunque él se resiste a contarlo, una vez llegó a un pueblo con una pieza de la locomotora rota y pagó de su bolsillo para hacerla arreglar. Otra, condujo 170 kilómetros entre Juan de Garay y Darwin, sin luces ni frenos y atestado de pasajeros, solo para evitar que la gente se desesperara en medio de la pampa pelada.

De allí el horror cuando oyó las palabras del Jefe de Estado. Lo único que sabía hacer era conducir el tren hasta su destino, y le estaban quitando las vías a mitad de camino.

Los hechos dicen que el matrimonio de Oscar y Sandra creció con Marcelo y Natalia, y recorrió durante su común aventura media provincia de Buenos Aires. Donde había una vacante que implicara progreso, allá iban, a vivir en barrios de arquitectura inglesa a metros de las vías.

El penúltimo de esos destinos fue Tolosa. Miles de habitantes del conurbano sur se subieron entre 1989 y 1991 al Roca que une La Plata con Constitución, en vagones conducidos por Oscar.

El fragor de la época terminó convirtiendo al conductor en gremialista. "En el 91 me meto a fondo a averiguar el porqué de cada cosa. En tiempos de mi padre cargaban sal en las salinas y ahora, de buenas a primeras, no había locomotoras ni vagones, y el ramal más redituable daba pérdidas. ¡Vamos! Ya veíamos lo que iba a pasar, lo que pasó, las mentiras que se dijeron del ferrocarril, el sabotaje que hubo. Pero yo no me metí ni por política, ni por ideología, tenía un trabajo y no sabía si iba a seguir teniéndolo".

El regreso a Rio Colorado, provincia de Rio Negro, fue su última parada. Un lugar apetecido por los empleados, el sueldo se engrosaba un 40 por ciento por tratarse de una zona fría patagónica, con la ventaja de estar a sólo 200 kilómetros de Bahía Blanca. Urrutia ya era secretario gremial de La Fraternidad. Fue entonces que escuchó un rumor que lo partió en dos. Al recordarlo Sandra se pone tensa, "un día anunciaron que...". "Anunciaron nada", la interrumpe él, "era un rumor apenas, decían que iba a correr el último tren de pasajeros"

El rumor finalmente se convirtió en verdad y llegó el turno del último tren, y todo el pueblo de estatales, de Gas del Estado, de YPF, se acercó para tocarlo por última vez. La TV llegó entonces hasta ellos. Oscar fue uno de los entrevistados. "Terminó la nota llorando", recuerda Sandra, "aunque en realidad lloramos todos". Fue el 10 de marzo de 1993, el día que no pudo hacer más que firmar su retiro voluntario. Con los 10.000 pesos que le dieron se fue a Tierra del Fuego, buscando un destino que se le había puesto esquivo.

En el fin del mundo, encerrado en una fábrica, Oscar soldaba placas y soñaba con trenes. Cuando estaba a punto de darse por vencido, le llegó un rumor. Así como había sido un rumor que lo precipitó al abismo, tenía que ser otro que lo sacara de él. "Lo están construyendo", le dijeron, "se trata de un tren turístico en Ushuaia, sobre el mismo camino que recorría el llamado Tren del Presidio", que llevaba y quitaba hombres de la cárcel de reincidentes, creada en 1902 y cerrada para siempre en 1947. Se comunicó inmediatamente con los responsables del proyecto. Hasta se puso cargoso, llamaba a Ushuaia dos veces por semana, y el menos una vez al mes viajaba desde Rio Grande para corroborar que el tren todavía estaba ahí. Urrutia era, después de todo, un hombre de fe, confiaba en el milagro. En una de esas visitas conoció a Enrique Díaz, el dueño del Ferrocarril Austral Fueguino. "Fui maquinista del Roca", le dijo. Díaz todavía no sabe explicar bien porqué terminó dejándolo subirse a su locomotora, "puede ser por su experiencia", arriesga.

Como todo hombre de fe Oscar es agradecido, no para de rendir homenaje a Dios por su suerte. Cuando manejó la locomotora del Austral Fueguino por primera vez, el paisaje lo conmovió. Un paisaje profundo, de silencios, en las antípodas del horizonte de cemento que recorrió durante tanto tiempo.

Pero no se engaña, sabe que lo que hoy conduce no es una poderosa locomotora del Roca, sino poco más que un tren de juguete diseñado para complacer a turistas maravillados. Pero a veces no importa que uno deba comprarse un modelo a escala de los años, siempre que se respete el diseño original.

Aunque no todo es perfecto, no hay farmacia sindical, ni hospital ferroviario, y el maquinista está obligado a cambiar la zapata, arreglar el caño de escape o encarrilar un vagón, no le dan ganas de quejarse. Después de todo, sus amigos de Rio Colorado están bastante peor, allá ya no hay trenes.

El Ferrocarril Austral Fueguino (FAF), recorre 8 kilómetros, desde el viejo presidio, hoy museo de la base naval de Ushuaia, hasta el bosque de lengas en el Parque Nacional Tierra del Fuego, un punto de vista privilegiado para apreciar el increíble paisaje del confín del continente.

36: En vía muerta (1995 –1997)

El presidente Carlos Menem se dio ayer "el gran gusto". En la sede del Jockey Club se reunió con una treintena de empresarios representantes del establishment.

La convocatoria no tuvo intermediarios que menguaran el protagonismo presidencial. Empresarios, embajadores y Menem, acompañado solo por Eduardo Bauzá. Ni siquiera fue Domingo Cavallo, que está de gira por Europa promoviendo la privatización de YPF.

Pero más allá de los giros que el presidente Menem pretende imponer a la historia justicialista, ayer no pudo desprenderse de cincuenta años de vida partidaria. El presidente bajó del auto. Lo esperaban Enrique Ruette Aguirre, Juan Munro y Martín Lagos. Cuando subía la escalera que lo acercaba a los recoletos salones del Jockey, desde la esquina de Alvear y Libertad, la voz de Hugo del Carril se empecinaba en recordar aquello de "combatiendo el capital". Desde un camión del archicandidato permanente Juan Ricardo Mussa, los altoparlantes propalaban la versión original de la marcha peronista.

Fueron los integrantes del Consejo Empresario Argentinos los que quisieron homenajear al presidente y brindarle el más firme respaldo a la gestión económica. Eligieron esta reunión sin agenda previa para "testimoniar su agradecimiento por la transformación que Menem realiza en el país".

Esa era la intención de los empresarios, pero el presidente seguramente sacó un tema en las rondas de conversaciones: "la reelección". Una obsesión que requiere del respaldo del establishment para materializarse. Pero los intentos de la prensa por conocer el resultado de la propuesta no tuvieron eco.

Los miembros del gabinete que ayer intentaban analizar la reunión querían creer que en el transcurso de la cena los empresarios le manifestaron el respaldo a la reforma constitucional. Pero Armando Braun les cortó el aliento cuando por radio manifestó que "la reforma no es tan importante y que faltan muy pocas cosas para que el modelo se torne irreversible". Una forma indirecta de afirmar que el actual Presidente no es imprescindible para el proyecto que sustenta el Consejo Empresario Argentinos y que Carlos Menem lleva a la práctica.

Ruette Aguirre (Banco Roberts), Munro (Philips Morris), Luis María Flyn (Cargill), Norberto Murita (Bemberg), Eduardo Casabal (Perez Companc), Santiago Soldati (Comercial del Plata), y los ex ministros de economía (de regímenes de facto), José Alfredo Martinez de Hoz, Roberto Alemann y Adalbert Krieger Vasena, fueron algunos de los famosos que se dieron cita. Hubo también un invitado que sorprendió a más de cuatro, algunos recuerdan lo de Malvinas, el embajador de Gran Bretaña Humphey Maud. Todos juntos para hablar de economía y reelección (Clarín – 12/5/93).

Menem debe haber cumplido bien los deberes ya que logró la reforma de la constitución y su reelección presidencial en 1995, para lo cual hizo falta además de la complicidad de los empresarios, un pacto secreto con el principal líder de la oposición, el ex presidente Raúl Alfonsín, conocido como "el Pacto de Olivos". Aunque el factor más importante que permitió su reelección fue el miedo implantado en la población, ganó con el "voto-cuota". Ahora Menem tenía cuatro años más para completar su obra de desguace del Estado y reestructuración capitalista. Pero sus consecuencias se harían visibles mucho antes, sobre todo en el ferrocarril.

Cuando se decidió la privatización y reestructuración del sistema ferroviario nacional, dos objetivos se plantearon como prioritarios: terminar con las grandes pérdidas que afrontaba el fisco y mejorar la deteriorada calidad de los servicios. Los resultados de la gestión privada muestran la complejidad que presenta el sector ferroviario para satisfacer tales objetivos.

En el esquema de privatización elegido para los trenes y subtes metropolitanos, todas las obras físicas y los trabajos de mantenimiento y renovación de flotas de locomotoras y coches están a cargo del Estado. Las inversiones son ejecutadas por los concesionarios pero pagadas por el estado mediante subsidios. Por su parte, los gastos operativos que demanda la explotación también son compensados por el Estado con subsidios previamente pactados, que deberían ir disminuyendo con el paso de los años.

Con la gestión privada se reconoce una mejora en la limpieza y regularidad del servicio y, especialmente en la recaudación. No obstante, si se compara con los primeros años de los 90, la cantidad de servicios es casi la misma. Ello significa que más que la cantidad de pasajeros transportados, lo que aumentó es el número de los que pagan pasajes.

El esquema de privatización ferroviaria presenta algunos problemas. Por una parte, mientras antes el aporte fiscal era de todos los contribuyentes del país y, a su vez, los trenes llegaban a casi todas partes; ahora lo siguen pagando todos, pero éstos atienden sólo el área metropolitana.

Por otra parte, si bien el Estado retuvo la responsabilidad financiera, no es sólo el gerenciamiento se traspasó, sino también la capacidad de decidir sobre las inversiones en infraestructura. Esto implica la necesidad de contar con un órgano de control efectivo que fiscalice el ritmo y la calidad de las inversiones, y la variación de los gastos operativos. Uno de los déficit más notorios se da precisamente en el funcionamiento de la Comisión Nacional Reguladora del Transporte, que es la encargada de ejercer el control del sector. (Nota editorial, Clarín, 12/12/97).

El panorama en las concesiones en los rieles se presentaba tan grave, que era motivo de preocupación de los legisladores nacionales: *Los diputados quieren seguir con lupa los pagos y los destinos donde se aplican los subsidios de las concesiones ferroviarias metropolitanas; e impulsan un control más efectivo y estricto de las obras y de los montos en juego.*

Los principales diputados bonaerenses, que responden al gobernador Eduardo Duhalde, presentaron un proyecto para crear una "Comisión especial de control y seguimiento de las concesiones ferroviarias". La iniciativa fue elaborada por los diputados Héctor Lence, Pascual Rampi, Jorge Telmo Perez y Ángel Abasto.

Luego de analizar los números del presupuesto nacional, los legisladores advirtieron que en 1997 los operadores privados recibirán casi un 55 por ciento más de subsidios que el año anterior. En 1996 cobraron 220 millones y en 1997 percibirán un aporte estatal de 338 millones de pesos.

Al comparar las cuentas con las de años anteriores, los diputados "descubrieron que ahora el Estado gasta en los trenes más recursos que cuando los manejaba Ferrocarriles Argentinos".

El mantenimiento de las líneas urbanas y los subtes le costará al Gobierno cerca de 1 millón de pesos por día. Es casi la misma cifra que tenían como "pérdida" diaria los ex ferrocarriles estatales. Pero mientras que el subsidio actual se utiliza para cubrir los servicios metropolitanos de pasajeros, donde trabajan 10.000 personas, el subsidio anterior a FA servía para darle ocupación a 90.000 empleados, mantener los trenes de pasajeros a las provincias y operar una red integrada de cargas en todo el país.

Los legisladores radicales también consideran que el negocio de las concesiones ferroviarias está cada vez más turbio. Según los datos obtenidos por el diputado Juan Carlos Passo, UCR, La Pampa, ex empleado ferroviario, los incumplimientos de obras de los concesionarios han provocado una marcada "descapitalización" de la infraestructura ferroviaria, sin que se redujeran los subsidios a cargo del estado, por el contrario estos se incrementaron.

Además de las explicaciones por los subsidios, los diputados opositores quieren saber qué medidas adoptó el Gobierno para corregir las dos irregularidades más importantes que detectó la Auditoria General de la Nación: "Retrasos en la ejecución de las obras de inversión en la mayoría de las líneas, e incumplimientos en las obligación de enviar en tiempo y forma la información sobre la aplicación de los subsidios". (Antonio Rossi, Clarín, 23/3/97).

Si en la región metropolitana la situación de los ferrocarriles privatizados era turbia, no difería demasiado en las demás líneas.

Las concesiones de los trenes de carga quedaron en terapia intensiva. A pesar que el Gobierno impulsa una amplia revisión de las reglas de juego de las privatizaciones; los incumplimientos de los concesionarios han puesto en riesgo la continuidad de los contratos.

Las autoridades de Transporte intimaron a todas las compañías ferroviarias de carga a ponerse al día con los cánones que deben pagar todos los meses.

El canon es una especie de alquiler por los inmuebles y los materiales que fueron entregados en concesión. En total los cinco concesionarios, Ferroexpreso Pampeano, Ferrosur Roca, Nuevo Central Argentino, Buenos Aires al Pacífico y Mesopotámico, deben casi 20 millones en cánones.

Tras tomar nota de las intimaciones, las empresas salieron a plantear "recursos administrativos de reconsideración" para ganar tiempo y poder discutir las deudas. Una vez que reciba todas las contestaciones, el Gobierno deberá decidir que hace con las cuestionadas privatizaciones.

Además del atraso en los cánones, los operadores arrastran una larga lista de incumplimientos en las obras e inversiones comprometidas. Las faltas más marcadas se registraron en la conservación de las vías y en que no incorporaron a todos los trabajadores que figuraban en los contratos. En promedio, los concesionarios apenas cumplieron un 50 por ciento de las obras e inversiones que tenían que hacer en forma obligatoria. En su descargo, las empresas dicen que no pudieron captar las cargas proyectadas y que se equivocaron al calcular las inversiones.

Si el Gobierno aplicara los castigos previstos, más de una concesión tendría que ser rescindida. Pero ésa no es la intención oficial. Para salvar las concesiones, los funcionarios echaron mano del decreto 605 que autorizó la renegociación de los contratos.

Si las empresa cancelan las deudas atrasadas, las autoridades canjearían la eliminación del canon por rebajas tarifarias en los fletes.

En el caso de las inversiones no cumplidas, la idea de los negociadores oficiales sería condonarlas y pasarlas como nuevas obligaciones para el futuro.

Otro de los puntos polémicos sin resolver es el referido al "peaje". A pesar de que no efectuaron las obras mínimas de mantenimiento y de que en varios ramales no se puede ir a más de 20 km/h, las empresas insisten en cobrar peaje a los que usan sus vías. El problema más serio está planteado con la compañía ferroviaria bonaerense, UEPFP, que rechazó todas las facturas privadas y se limitó a efectuar pagos a cuenta, con el aval de la Fiscalía provincial. Tras denunciar "el mal estado de las vías", la empresa provincial solicitó una redefinición del peaje que le cobra Ferroexpreso Pampeano que promedia los 5 pesos por kilómetro, para adecuarlo al valor internacional de 50 centavos que se paga en los corredores que tiene una velocidad comercial superior a los 100 kilómetros por hora (Antonio Rossi, Clarín, 28/9/97).

A escasos años de las concesiones, los ferrocarriles privatizados se encontraban virtualmente en "vía muerta", lo cual dejaba entrever un futuro muy incierto.

37: Los laberintos del poder (1998–1999)

En 1998, la Auditoría General de la Nación (AGN) emitió informes muy severos sobre la mala gestión que se estaba operando en los ferrocarriles, siendo la empresa TBA la más cuestionada.

El diputado provincial bonaerense Sebastián Cinquerrui elaboró un detallado informe sobre la empresa TBA. En él sostiene: *El diario Página/12 denunció que TBA realizó compras a sobreprecios cercanos al 4.000 por ciento, como fue el caso de la reparación de coches eléctricos Toshiba, de origen japonés, fabricados en la década del 60. Dice el informe: "TBA propuso el programa de recauchutaje de coches y el Estado lo refrendó. En ese plan constaban precios hasta un 3926,70 por ciento superiores a los valores promedio de mercado. Ese fue el caso de los grifos de bronces, presupuestados a 138,90 pesos cada uno, contra 3,45 del valor de plaza. El Estado también pagó 1.782 pesos por cada ventana de costado de los coches, seis veces más de lo que cuesta en mercado. Y 89 pesos por cartelitos con la leyenda "Prohibido fumar"... Ante la denuncia del diario intervino la Justicia y se realizaron una serie de allanamientos a cargo del juez Urso. Tanto en las oficinas de la empresa, como en las oficinas de FEMESA, de la Nacional Comisión Reguladora del Transporte (CNRT), del Ente Nacional de Administración de Bienes del Estado (Enabief) y del Organismo Nacional de Bienes del Estado (Onabe), fueron allanadas y se retiró documentación vinculada.*

Otra denuncia fue la que hizo Américo Victoria, integrante del MONAREFA (Movimiento Nacional de Recuperación de Ferrocarriles Argentinos), donde, bajo el título "Los bienes del ferrocarril no son chatarra", dice: En el caso de TBA, Trenes de Buenos Aires, concesionario del Mitre y Sarmiento, ellos en los primeros días, sacaron de los talleres Victoria varios tornos de primera línea, los cuales hoy no figuran en la empresa, y ni hablemos del levantamiento de vías, por lo cual TBA tiene una denuncia por robo de rieles. La empresa a cara descubierta levantó, en varios tramos, kilómetros de vías laterales o de terceros andenes, como en la estación Mitre, donde no dejaron ni los durmientes. Estas vías siempre estuvieron en funcionamiento, en una época no muy lejana, para los trenes lecheros y más reciente como vía de uso para los trenes urbanos; claro está que hoy con la reducción de los servicios no se usaba, pero eso no da derecho a que saquen los rieles.

En Lujan y Liniers han cometido el mismo acto de levantamiento de kilómetros de vías, como en los galpones de la estación San Martín, que durante unos días salieron varios camiones cargados de durmientes que tenían destino para los negocios del dueño de TBA, Claudio Cirigliano. Y así podemos enumerar desde cosas claves para el ferrocarril, hasta materiales de las estaciones como campanas y relojes que hoy han desaparecido.

En 1999, ante el eminente recambio presidencial, los adjudicatarios ferroviarios comenzaron a presionar al Gobierno para blanquear sus irregularidades. Esto llevó a que los funcionarios de Menem den el último paso sobre la cuestión, renegociando los contratos de concesión y condonando deudas y otras faltas. Pero esos acuerdos requerían la aprobación del Congreso para tener un viso de legalidad. Fue así que: *Ferroexpreso Pampeano "consiguió del Congreso un amplio perdón", por las inversiones que no cumplió y un nuevo contrato de concesión que "le reduce las exigencias para el futuro".*

Tras haber criticado durante varios meses los alcances de las modificaciones, los legisladores del oficialismo y de la oposición se unieron en la Comisión Bicameral de Reforma del Estado, para aprobar la renegociación contractual que acordaron el Gobierno y el concesionario.

Con las nuevas reglas de juego, Ferroexpreso, que transporta algo más de 3 millones de toneladas de cargas anuales, se beneficiará con un virtual blanqueo de los incumplimientos que acumuló por obras no efectuadas, cerca del 65 por ciento de lo prometido, y por los cánones no pagados por más de 10 millones de pesos.

A pesar que en varias ocasiones tanto la Auditoria General de la Nación (AGN) como la Comisión Nacional Reguladora del Transporte (CNRT) pusieron de manifiesto fallas de la empresa, la Secretaría de Transporte decidió salvar la concesión con la introducción de condiciones "más flexibles".

El nuevo contrato que aprobó la Bicameral determina los siguientes cambios:

Eliminación de las inversiones originales. A partir de ahora Ferroexpreso sólo estará obligado a volcar el equivalente al 15 por ciento de su facturación anual en las obras que considere más convenientes.

La responsabilidad del mantenimiento de las vías reduce de los 5.800 kilómetros que tiene la concesión, a apenas 1.500 que forman "la nueva red principal de cargas".

Desaparece el pago del canon al estado. Sólo se mantendrá el 30 por ciento destinado por ley al ANSES y el resto quedará como compromiso de inversiones.

Mantiene sin solución el problema de los peajes para los trenes de pasajeros provinciales, que deberán pagar 10 veces más que los valores internacionales por usar vías que no permiten ir a más de 40 km/h.

El sorpresivo dictamen de la Bicameral, que fue avalado por la mayoría sin disidencias, dejó dos hechos llamativos. En primer lugar, la actuación del nuevo titular de la Bicameral, Claudio Sabatini (ex presidente de Unión Industrial Argentina), que se incorporó a la Comisión el martes por la mañana, y a la tarde votó a favor, presumiblemente sin haber tenido tiempo para leer (y analizar) las 200 fojas del expediente.

Se destacan también los apoyos del frepasista Pedro Del Piero y del radical

José Garola Arecha, quienes mutaron la postura crítica que tenían al principio y restaron respaldo a los aliancistas que impulsaban en el Congreso una Comisión investigadora de las renegociaciones ferroviarias. (Antonio Rossi, Clarín, 26/6/99).

La resolución de la Comisión Bicameral desató una verdadera tormenta, tanto en la opinión pública como en el Congreso de la Nación, en los legisladores oficialistas como de los bloques opositores. Así fue que: *Por los cuestionamientos de los senadores y las críticas de los propios legisladores de la Bicameral, el polémico dictamen quedó sin sustento y ahora el Gobierno deberá decidir si sigue adelante sin tener en cuenta la opinión del Congreso o si renegocia con otras condiciones.*

La pelea en el Congreso surgió tras la aparición del dictamen que fue votado sin disidencias por 8 de los 12 miembros de la Bicameral.

Entre los que no firmaron se encuentran los diputados radicales Juan Pablo Baylac y Edgardo Barberis, y el demoprogresista Alberto Natale. Los tres reclamaron la revisión de la resolución y cuestionaron públicamente a sus colegas porque no les dieron "la oportunidad de expresar sus posiciones".

En tanto, para amortiguar los reproches que recibieron en la Alianza por haber suscrito la resolución, los senadores Arecha y Del Piero salieron a pedir la convocatoria a una "audiencia pública" para "ampliar o rectificar el dictamen".

Por el lado del oficialismo, la presión de los diputados se hizo sentir y Claudio Sebastiani, presidente de la Comisión, retiró su voto favorable al dictamen.

En el Senado, un grupo de 16 legisladores que encabeza el cuñado de Menem, Jorge Yoma, presentó un proyecto para dejar directamente sin efecto el controvertido dictamen. En cambio, la menemista Martha Alarcia, la otra integrante de la Bicameral que no firmó la resolución, salió a promover un nuevo dictamen que exige la rescisión del contrato con Ferroexpreso, "por sus reiterados incumplimientos". (Antonio Rossi, Clarín, 4/7/99).

Similar situación a la que se produjo con los trenes de carga, se dio en los ferrocarriles metropolitanos. Para aprobar modificaciones en los contratos de concesión, y vistos los inconvenientes planteados en el Congreso, el Gobierno echó mano al mecanismo de "Audiencia Pública" aunque no de la manera más clara precisamente.

La audiencia donde se iba a debatir la renegociación de las concesiones ferroviarias de las líneas Roca, San Martín y Belgrano Sur a cargo de Trainmet, "pareció planeada para restringir el análisis y la participación ciudadana". Y su fracaso no sorprende, ya que los términos contractuales y la forma prevista para la recepción de críticas impidieron que se alcance un consenso político mínimo, por lo cual la audiencia tuvo que ser suspendida.

De esta forma no alcanzó a consumarse un intento de desvirtuar una de las instancias claves para la fijación de nuevas condiciones en la explotación de los servicios públicos.

Pero evidenció la intención de desalentar la participación y de limitar el conocimiento y la crítica a los términos de la renegociación. La convocatoria a esta audiencia fue publicada en el Boletín Oficial cuando ya se hallaba vencido el plazo de inscripción de participantes. Se exigió que los inscriptos contaran con un correo electrónico. (Algo poco común en esta época). Además, se otorgó un plazo de tan sólo nueve días para presentar objeciones a los tres extensos contratos que debían ser consensuados.

De esta forma, encontraría corroboración la objeción que suelen recibir los procesos de renegociación cuando se producen desalentando la discusión, con poca transparencia y de espaldas a los ciudadanos. Se trata de la asunción de compromisos que afectan al erario público y los bolsillos de los usuarios.

Justamente en el caso de esta renegociación se persigue aprobar un sustancial aumento de tarifas, que llevaría a su duplicación en el plazo de cinco años; para financiar, con dineros de los usuarios, la realización de algunas obras de infraestructura.

Además, se extendería el plazo originario de las concesiones, lo cual no parece compatible con el cercano cambio de Gobierno.

Cuando las audiencias son concebidas como mera formalidad, se incrementa la desconfianza ante el contenido de aquello que se quiere aprobar con premura y sin debate. (Editorial, Clarín, 3/8/99).

Hubo también otros intentos por imponer dudosas renegociaciones de contratos del riel. La forma en que se manejaban las concesiones ferroviarias, no era demasiado diferente a como se hacía en otros sectores públicos transferidos a manos privadas, y eso indudablemente lleva a pensar las verdaderas razones de su puesta en práctica.

El periodista Néstor Restivo realizó una acertada síntesis de lo que resultó "La paradoja privatizadora" durante el gobierno de Carlos Menem (Clarín, 4/7/99), donde sostiene: *Muchos Gobiernos en la historia debieron vender posesiones para financiar guerras o reformas. Napoleón vendió Luisiana a Estados Unidos, y el Zar de Rusia, Alejandro II, hizo lo mismo con Alaska. La presidencia de Menem no tuvo tierras de ultramar para vender. En el resto se sintió obligado a avanzar con todo.*

Contó para eso con un fuerte consenso en una sociedad perpleja por la crisis hiperinflacionaria, que identificó a las compañías públicas como grandes responsables del caos fiscal. Y sin duda su manejo en los distintos Gobiernos dejó mucho que desear.

Desde 1989, petróleo, gas, agua, teléfonos, usinas, bancos, puertos, trenes y subtes, buques y astilleros, aviones y aeroparques, rutas, acerías, oro del Banco Central y otros bienes fueron vendidos o concedidos al control privado.

Sólo resistió la venta el Banco Nación y queda Yaciretá y las centrales nucleares. En el Ministerio de Economía añaden 14.000 inmuebles de ex empresas del estado que siguen en los papeles como propiedad estatal.

Rápida y audaz, la gestión de Carlos Menem y Domingo Cavallo hizo en tres años el grueso de la cirugía. Con dos leyes, la de "Reforma del Estado", en cuyo proyecto se pedía "desprendernos del atraso y el subdesarrollo", y de "Emergencia Económica", que igualó el trato entre capital nacional y extranjero; logró concentrar el poder necesario para ir a fondo.

El cuadro se completó con un resguardo jurídico, ampliación del número de jueces de la Corte Suprema de Justicia, reforma del Tribunal de Cuentas y "renuncia" del titular de la Fiscalía Nacional de Investigaciones Administrativas; que amparó la velocidad del cambio. Algunas veces le alcanzó, Aerolíneas Argentinas en la Corte; y otras no, como pasó con Gas del Estado que requirió el voto de un "diputrucho", o con ventas hechas por decreto.

Pero quizás el record mayor del proceso fue que el déficit y la deuda pública siguieron creciendo, cuando un argumento central de la venta de activos estatales era que con la recaudación se atenuarían.

Con la presidencia de Menem "la deuda externa se duplicó". Era de 64.000 millones de dólares en 1989. Bajó al rescatarse bonos en pago por las privatizaciones, y luego comenzó a subir hasta los 120.000 millones, sin contar unos 50.000 millones de deuda privada.

Deuda y déficit crecieron unidos. Porque la emisión de billetes que la convertibilidad erradicó con éxito, fue reemplazado, en verdad, por la emisión de bonos del estado para cubrir el rojo fiscal que, salvo en dos años, creció hasta convertirse en un paradójico final para un Gobierno cuyos funcionarios predicaban ajuste y austeridad.

Igual que la deuda y el déficit fiscal, la desocupación y la pobreza también crecieron descontroladamente, producto de las privatizaciones, la apertura desmedida de las importaciones, y la consecuente desindustrialización y recesión.

Contrariamente a lo que se intentó hacer ver desde las usinas de opinión, así como los ferroviarios, casi todos los sectores perjudicados por las políticas neoliberales de Menem, las resistieron dentro de sus posibilidades. Los gremios, tanto estales como privados, de los más diversos sectores, sostuvieron duras luchas, en la mayoría de los casos al margen de las conducciones orgánicas compradas por el poder.

Los sectores no sindicalizados también resistieron. Hubo puebladas muy fuertes en Santiago del Estero, Catamarca, Tartagal, Plaza Huincul, Zapla, Sierra Grande y Corrientes. Junto con ello se produjo la aparición de un fenómeno inédito, los movimientos de desocupados o "piqueteros", que utilizan el corte de rutas como principal método de protesta.

Sin embargo, a pesar de todo, las luchas populares tuvieron poco éxito en esta época. Ello se debió al accionar del Gobierno que actuó con mucha determinación para burlar las leyes y con cierto grado de astucia. La astucia estuvo en golpear a los diferentes sectores por separado, impidiendo la confluencia de las luchas y la masividad de la resistencia, de cualquier manera, presiones, extorsiones y sobornos por medio, o la represión.

La ilegalidad la demostró en la permanente vulneración de toda la legislación, desde la constitución nacional, pasando por convenios colectivos de trabajo y leyes específicas. En este aspecto el Gobierno se comportó como una dictadura.

Finalmente, la sociedad se hartó de tanta corrupción y autoritarismo. En las elecciones de octubre del 99, el partido peronista sufrió una aplastante derrota, resultando electo presidente de la República el candidato de La Alianza (UCR- FREPASO), Fernando de la Rua, que asumió en diciembre de ese año.

El sufrimiento de los pasajeros. Foto diario Clarin.

38: Que se vayan todos (2000 – 2002)

Los preceptos electorales de la Alianza eran humanizar la economía, combatir la corrupción, reducir la desocupación y revisar las privatizaciones, entre otras cosas. Pero fue muy poco lo que se hizo de todo ello, por el contrario, se siguió la misma orientación económica del Gobierno anterior.

Una de las primeras leyes que impulsó la nueva administración fue la que se conoció como "de Flexibilización Laboral", aprobada en medio de fuertes sospechas de sobornos, lo que produjo la renuncia del Vicepresidente de la Nación, Carlos "Chacho" Álvarez, que no pudo avanzar en la investigación de esos ilícitos, y el alejamiento de los funcionarios señalados como responsables, el ministro de Trabajo Alberto Flamarique y el titular de la SIDE (Inteligencia del Estado) Fernando Santibáñez. La ley, dijeron sus impulsores, serviría para disminuir el desempleo, pero éste se mantuvo incólume.

El nuevo presidente demostró también su total sometimiento al poder económico, y después de un año terminó nombrando como Ministro de Economía a un viejo conocido, Domingo Felipe Cavallo, a quien además se le otorgaron superpoderes, por lo que volvió a convertirse en un factótum, como en la época de Menem, a pesar de arrastrar varias causas por corrupción pendientes, como la percepción de sobresueldos durante su gestión pública anterior, el desfalco IBM – Banco Nación, el contrabando del oro del Banco Central, el tráfico de armas a Ecuador y Croacia, varios casos de irregularidades en las privatizaciones y mencionado en el lavado de dinero por la Comisión Investigadora del Congreso de la Nación. Solamente la ineficiencia de la Justicia explicaba su libertad, y la del Presidente de la Nación, su designación.

Era de suponer que con Cavallo en el gabinete, el Gobierno delarruista no iba a revisar las privatizaciones del riel, y así fue: *El Gobierno salió en auxilio de los ferrocarriles privados de carga, pese que hace tres años que no pagan cánones y que no hicieron todas las inversiones que figuraban en los contratos. Economía concedió a los operadores de trenes cargueros los "beneficios impositivos de los planes de competitividad".*

Con el nuevo acuerdo los concesionarios ferroviarios alcanzaron un doble objetivo. Por un lado, lograron ingresar al "club de los sectores con ventajas fiscales". Y por otro, mejoraron su posición "frente a los camiones" que ya venían operando bajo ese paraguas.

Con las nuevas reglas de juego, las empresas ferroviarias podrán tomar los aportes patronales como pagos a cuenta del IVA. Además quedan exentos del impuesto a la renta mínima presunta y a los intereses.

En materia crediticia, los funcionarios se comprometieron a gestionar ante el Banco Nación préstamos a tasas promocionales del 7 % anual.

La medida beneficiará a las empresas Ferroexpreso Pampeano, Nuevo Central Argentino, Ferrosur Roca, y ALL (América Latina Logística, grupo brasileño que adquirió a Pescarmona la explotación de las ex líneas San Martín y Urquiza). También fue incluido el Belgrano Cargas, cuya concesión controla la Unión Ferroviaria.

Más allá de las ventajas que aporte el marco de la "competitividad", los problemas de fondo de los trenes de carga siguen sin resolverse. Las empresas tienen pendiente las renegociaciones de sus contratos desde 1998. Ya acumulan una deuda de cánones impagos de casi 100 millones de pesos y una larga lista de inversiones incumplidas. (Antonio Rossi, Clarín, 14/10/01).

En el 2001 la situación socioeconómica ya era gravísima, transcurrían cuatro años consecutivos de creciente recesión, inexplicable para muchos. En nuestro país no hubo una guerra devastadora, ni tremendas catástrofes naturales, ni escases de recursos naturales o humanos, ni sobrepoblación. El colapso argentino obedecía a la implementación de un modelo económico perverso, insuflado desde el exterior, y ejecutado por funcionarios ineptos y corruptos; que ni nos metió en el primer mundo, ni nos modernizó, ni nos enriqueció; sino todo lo contrario, nos endeudó hasta el cuello, empobreció a las mayorías, debilito a la mínima expresión el Estado y sus instituciones, nos puso al nivel de los países más pobres del planeta y nos colocó al borde del caos y la desintegración social. O, como decía la gente, "se robaron todo".

En octubre hubo elecciones legislativas, donde el oficialismo resultó derrotado. Ganó el peronismo con un caudal de votos muy empobrecido. Hubo un marcado crecimiento de los partidos de izquierda y centroizquierda y el segundo lugar absoluto en todo el país lo ocupó el "voto bronca", (en blanco o intencionalmente nulo), con casi un 30 %, donde personajes de historietas como Mafalda y Clemente, y héroes legendarios como José de San Martin y el Che Guevara, pelearon cabeza a cabeza el favoritismo, obteniendo cada uno más votos que la mayoría de los legisladores electos. Todo esto era una muestra del grado de descontento de la población respecto del desempeño de la dirigencia política, que no se dio por aludida; y de la situación socioeconómica, que no fue modificada.

La convertibilidad, puesta en marcha 10 años antes, se basó en el sostenimiento de la paridad cambiaria con el dólar mediante el respaldo de recursos no productivos, financiamiento externo y la venta de bienes del Estado. A eso se sumó la indiscriminada apertura de la economía que produjo el desbalance del comercio exterior y la destrucción de la industria nacional. Cuando los recursos se agotaron, la convertibilidad entro en crisis, no tuvo una producción fuerte que la sustentara y los capitales golondrinas (especulativos), que supuestamente eran la salvación, abandonaron el barco, se fugaron. Nuestro país quedó con una deuda tremenda, sin crédito externo, con una industria desarticulada, millones de nuevos pobres y desocupados y el sistema financiero vaciado.

En esas circunstancias el factótum echó mano a las reservas federales para pagar la deuda externa y dispuso el 3 de diciembre medidas extremas que incluían "la bancarización obligatoria y la restricción de retirar salarios y depósitos", popularmente llamado "corralito bancario". Es decir, se secuestró el dinero de todos los ciudadanos para ir entregándolo de a puchitos. Esto produjo la paralización de todas las actividades económicas, lo que derivó en una formidable reacción de la población que empezó el 19 con el saqueo generalizado a supermercados, probablemente incentivada en un principio por la oposición política. El Gobierno respondió decretando el Estado de Sitio, soberbiamente desobedecido por la población civil, que entrada la noche se volcó a las calles golpeando cacerolas y levantando banderas argentinas. Cortaron las principales avenidas de Buenos Aires y el conurbano, y ocuparon la Plaza de Mayo y las adyacencias del Congreso Nacional. Rodearon la quinta presidencial de Olivos y el domicilio particular de Cavallo, siempre haciendo oír el golpeteo de las cacerolas vacías.

La rebelión popular produjo en primera instancia la renuncia del factótum y de todo el gabinete. Pero la gente quería más, siguió en las calles.

Al mediodía del 20 comenzó una represión tremenda en Plaza de Mayo, resistida por los manifestantes, desatándose una desigual batalla prolongada durante horas que terminó con siete muertos civiles y decenas de heridos, que se sumaron a otras 30 víctimas fatales provocada por la represión en diversas provincias.

Finalmente a la tarde, de la Rua presentó su renuncia al cargo de presidente de la Nación y huyó de la Casa Rosada en helicóptero; mientras Cavallo infructuosamente intentó abandonar el país.

Esta gesta popular, llamada "Argentinazo" por el pueblo, constituye un hito trascendente en la historia nacional, un quiebre en el orden político social con muy pocos precedentes a nivel mundial. Ya nada podría ser igual después de ella.

Asumió interinamente la presidencia de la Nación el titular del Senado, Raúl Puerta. Luego una asamblea legislativa designó al gobernador de San Luis, Adolfo Rodríguez Saá, como presidente interino por 3 meses.

Mientras en la calle la gente gritaba "que se vayan todos", Rodríguez Saá asumió como si estuviera de joda, cantando la marcha peronista y quizás burlándose o desafiando a la ciudadanía, nombró entre sus colaboradores a cuestionados ex funcionarios de Menem como Carlos Grosso y José Luis Manzano, "por su inteligencia y no por sus prontuarios", se justificó. Esto desató la ira de la gente que protagonizó un nuevo cacerolazo masivo el 28, que sumado a la oposición de los caudillos políticos, y del poder económico que cuestionaba su discurso populista y el anuncio de default, provocaron el alejamiento del nuevo mandatario a 7 días de haber asumido.

Sin duda, para normalizar la situación institucional de la Nación hubiera sido conveniente y necesario convocar a elecciones para elegir nuevos integrantes del Ejecutivo, como estaba previsto cuando se nombró a Rodríguez Saá. Pero los políticos astutos, viendo las escasas posibilidades que tenían, buscaron artimañas legales para preservar el poder.

El presidente de la cámara de diputados, Eduardo Caamaño, se hizo cargo del Ejecutivo, hasta que una nueva asamblea designó al senador Eduardo Duhalde presidente hasta el 10 de diciembre del 2003, fecha en que debía concluir su mandato de la Rua.

Duhalde había sido vicepresidente de Menem cuando se efectuaron la mayoría de las privatizaciones y se consolidó el modelo económico que produjo la crisis. No eran esos precisamente los mejores antecedentes para conducir un país sumido en una de las crisis más graves de su historia.

Duhalde prometió que se investigarían las responsabilidades de funcionarios, empresas y personas que provocaron el vaciamiento económico, y "si tiene que caer algún banco, caerá", dijo con tono muy seguro; pero no dio un solo paso en ese sentido.

El nuevo mandatario, a pesar de asumir como un Gobierno de transición y sin el aval del voto popular, tomó medidas que comprometieron el patrimonio y el futuro de todos los argentinos. Profundizo el corralito bancario implementando "el corralón", agravando las medidas evidentemente inconstitucionales dispuestas por de la Rua y Cavallo. Dio por concluida la convertibilidad, que en la práctica ya se había caído, devaluó la moneda nacional y pesificó todos los contratos, en ese orden. Se hizo todo al revés, y no por casualidad. Tampoco fue casual la manera en que se efectuó la devaluación, con un desentendimiento total por parte del Estado del control de precios, lo que produjo verdaderos excesos, como el caso de alimentos, medicamentos y combustibles que en poco tiempo triplicaron su valor. Todo esto produjo una pronunciada inflación y la consecuente pérdida del poder adquisitivo de la población, principalmente de los sectores más bajos.

Algunas empresas que fueron abandonadas o vaciadas por sus dueños, fueron ocupadas por los trabajadores que las mantuvieron en actividad bajo la figura de cooperativas, constituyendo un fenómeno inédito en el mundo.

Además surgió con mucha fuerza otro fenómeno nuevo, las asambleas barriales, donde los vecinos se reunían para debatir desde los temas cotidianos hasta la política nacional.

Ese estado de movilización permanente, de asamblea participativa y democracia directa, por casualidad, o quizás por las mismas razones, se asemejaba mucho a la metodología que habían tenido los trabajadores ferroviarios una década antes, aunque con la lógica ampliación social.

"Que se vayan todos… que no quede ni uno." decía la consigna más severa de la historia argentina y que el pueblo hacía escuchar en todos los rincones, que ponía de manifiesto la crisis de representatividad de los dirigentes políticos, jueces, empresarios y sindicalistas que, a pesar del desprestigio, pujaban por contener la furia popular y preservar su poder y privilegios.

En el pueblo sobró coraje cívico para salir a defender sus derechos, enfrentando con heroísmo la represión. Pero lo masivo y espontaneo del movimiento se correspondió con una falta de organización y de núcleo dirigente. Faltó la determinación de dar el último paso e instalarse en el poder, faltó el planteamiento de las estrategias organizacionales y los objetivos superadores del "que se vayan todos". Las asambleas barriales trataron de suplir esas falencias, pero su consolidación y coordinación llevó tiempo, y cuando se avanzó en ese terreno aparecieron los grupos políticos oportunistas que quisieron hegemonizarlas provocando su disgregación. Con el tiempo las asambleas se fueron diluyendo quedando sólo unas pocas en pie.

Pero a pesar de la firmeza de los reclamos, la clase política no se fue, por el contrario se abroqueló. Se enrejó el Congreso de la Nación y se plantó en medio de Plaza de Mayo un horrible muro metálico de tres metros de altura que la parte en dos, para tener a los manifestantes alejados de la Casa de Gobierno. Quienes habían creado el "corralito" para el pueblo, ahora erigían en el mayor solar histórico de la Nación, su propia jaula, "el corral de los políticos". Un símbolo de autoenjuiciamiento, un monumento a la máxima manifestación ciudadana de la historia, un testimonio de que el verdadero poder sigue siendo del pueblo, cuando decide ejercerlo.

Dicen que cuando uno se acerca al muro con el alma atenta, los metales se estremecen; que se puede percibir un temblor en el piso que son dolores; que se escucha tumulto en queja que viene desde el tiempo.

Dicen que cada veinte de diciembre le crecen cacerolas y banderas, que entonces dispara cintas celestes y blancas como serpentinas, y que el tumulto se vuelve grito de multitud enarbolada.

Dicen que una consigna se destaca entre los gritos, "que se vayan todos… que no quede ni uno solo…", que se va silenciando el veintiuno, cuando llega el solsticio de verano, con la certeza de regresar inclaudicable cada año, ¡¡¡hasta que se cumpla la sentencia!!!

Dicen que entonces el muro se derramará fundido, que en su lugar crecerán flores de colores, que de las flores saldrán palomas volando y trenes silbando hacia los cuatro vientos.

Dicen que entonces el aire será luminiscente, que los muertos tendrán su monumento, los desocupados trabajo, y el conjunto un aura de armonía.

Dicen… los que sienten… (Roberto Manuel Vecchi)

39: A rio revuelto... (2002)

Como tantas otras veces, la crisis económica impactó directamente sobre la situación de los ferrocarriles, o mejor dicho, la hicieron impactar.

A más de 8 años de las concesiones menemistas que habían prometido la "modernización ferroviaria", el Gobierno de Eduardo Duhalde enfrenta ahora una crítica situación con varias compañías operadoras que están a punto de descarrilar. En los últimos días de diciembre del 2001, el grupo Metropolitano, que presta servicios en las líneas Roca, San Martín y Belgrano Sur, sacudió el tablero al presentarse en convocatoria de acreedores. Ahora, la que seguirá ese camino es la empresa Ferrovías, concesionaria del Belgrano Norte, que anticipó que no podrá hacer pago de sus deudas. En el caso de TBA (Mitre y Sarmiento), el panorama tampoco se presenta alentador. Si bien por el momento aseguró que no se presentará en convocatoria, la empresa no descarta acudir a esa vía si no se revierte la situación económica en los próximos meses. En tanto Metrovías, (subte y Urquiza), encaró un ajuste de gastos en todos los niveles para acomodarse a la nueva realidad. Si bien confían en que no caerán en default, en la empresa sostienen que se requiere una urgente redefinición de los contratos para adecuarlos a la postconvertibilidad.

En el caso de Metropolitano, la convocatoria de acreedores llegó al no poder afrontar una deuda de 25 millones de pesos. Según sostuvo la empresa, que transporta cerca de 20 millones de pasajeros por mes, uno de los principales motivos que la llevaron a pedir el reordenamiento judicial de los pagos fue "el recrudecimiento de la industria del juicio que alcanzó más de 1.200 demandas". Por su parte Ferrovías confirmó que solicitará el "paraguas judicial" para reordenar los pagos. La concesionaria del Belgrano Norte, que está bajo el control del grupo Emepa, arrastra una deuda de casi 40 millones de pesos, de los cuales 15 millones corresponden a obligaciones fiscales tributarias. Este ferrocarril, junto al Belgrano Sur, tenía asignado un subsidio operativo anual de casi 20 millones de pesos. Según indicaron los responsables de Ferrovías, el Estado "dejó de pagarlo hace más de un año, sin ese aporte la prestación de servicios se torna inviable, ya que los ingresos sólo alcanzan para cubrir el 50 % de los gastos operativos". Junto con la convocatoria, la empresa se apresta a disponer dos medidas conflictivas: por un lado, achicará el plantel de 650 a 520 empleados; y por otro, reducirá la cantidad de servicios diarios en un 20 por ciento.

Por el lado de los trenes de carga, también asoman problemas. Ferroexpreso Pampeano insiste en su amenaza de abandonar la concesión. Para poder continuar, la empresa exigió un drástico cambio que apunte a: flexibilizar las inversiones, perdonar incumplimientos y anular el pago del canon. Lo mismo salieron a reclamar los otros concesionarios. Ferrosur Roca, NCA y All, solicitaron una urgente renegociación de los contratos para no tener que seguir el mismo camino que Ferroexpreso. (Antonio Rossi, Clarín, 31/01/02).

Duhalde intentó designar como secretario de Transporte a Elio Cipollatti, hombre ligado a Domingo Cavallo, que se desempeñó como titular del Ente Regulador del Transporte cuando aquel estaba al frente del Ministerio de Economía durante la presidencia de Menem. Ni bien se conoció esa denominación, gremios y empresarios y otros sectores sociales salieron a cuestionar su anterior desempeño, por lo que el Gobierno desistió de su nombramiento, designando en su lugar a Guillermo López del Punta, con la evidente consigna de beneficiar a los concesionarios de trenes.

El nuevo secretario de Transporte anticipó que se decretará la "emergencia ferroviaria", para que los operadores de los trenes de pasajeros puedan enfrentar los efectos de las crisis y la recesión económica. "La decisión sigue la línea de emergencia económica general que aprobó el Congreso, y apunta a preservar la continuidad de los servicios y el mantenimiento de las fuentes de trabajo", señaló Guillermo del Punta.

El funcionario anticipó que la aplicación del "paraguas legal de la emergencia económica" provocará la "suspensión de las subas de boletos", que se había agendado para el transcurso de este año y el próximo, un 15 por ciento promedio en cada periodo.

Para los trenes de pasajeros el 2001 fue el primer año que cerró con pérdida en la cantidad de pasajeros transportados. En todas las líneas se registra una caída anual del 9,6 %. Pero en diciembre se superaron todos los pronósticos y la baja en los boletos vendidos oscilaron entre el 22 y el 32 %, respecto al mismo mes del 2000, y en enero alcanzó el 52.

Según sostuvo del Punta, junto con el "congelamiento" de los ajustes tarifarios, se establecerá una "reprogramación integral que alcanzará tanto a la cantidad de servicios como a las obras que estaban incorporadas en los contratos, y evitar los despidos que tienen en carpeta los concesionarios, "no queda otra salida que barajar y dar de nuevo", destaco el secretario de Transporte. (Antonio Rossi, Clarín, 17/02/02).

Durante todo el año se estuvo debatiendo esta cuestión en medio de una sociedad convulsionada por la crisis, con demandas durísimas todos los días. Finalmente en noviembre, el Ejecutivo Nacional firmó el decreto 2075/02 declarando el "Estado de emergencia ferroviaria".

Tras haber conseguido el paraguas legal de la "Emergencia ferroviaria", los concesionarios metropolitanos de trenes y subtes salieron a impulsar una reducción de los servicios que promete afectar tanto a la cantidad de trenes diarios que deben correr por contrato, como a la composición de las formaciones. Comparado con los datos del año 1999, la oferta de asientos que pretenden brindar las empresas a partir del 2003 resulta, en promedio, un 30 % más baja. Además de achicar el tamaño de los trenes (los de 9 coches pasarían a 7 y los de 6 a 4 o 3 vagones según los días), las ferroviarias reclamaron la potestad para reducir las formaciones a la mitad en los meses de verano en que baja la demanda.

La nueva estructura de servicios que diseñaron los concesionarios generó una fuerte disputa entre los funcionarios y los gremios ferroviarios.

Mientras la Comisión Nacional de Regulación del Transporte (CNRT) salió a darle el "visto bueno" al nuevo esquema de servicios, la Subsecretaría de Transporte Ferroviario que comanda Alberto Treza (ex interventor de Ferrocarriles Argentinos en 1990), rechazó el diagrama y le exigió a las empresas que repongan los servicios nocturnos que levantaron a fines del 2001.

Por su parte los sindicatos de la Unión Ferroviaria y La Fraternidad también salieron a cuestionar la reducción de servicios por "injustificada y violatoria de los compromisos anunciados por las empresas a principios de año".

Ahora la decisión final sobre el achicamiento de los servicios la tiene que tomar el ministro de la Producción Aníbal Fernández, quien ya tendría en su escritorio la resolución que elaboró el secretario de Transporte Guillermo López del Punta, para convalidar los cambios.

Además de la reducción de servicios, el proyecto que está en danza prevé otras medidas polémicas.

En primer lugar, promueve la aprobación de los denominados "Programa de emergencia de obras y trabajos indispensables" para cada una de las concesiones. Las obras para el periodo 2003-2005, que fueran identificadas por las mismas empresas, llegan a casi 750 millones de pesos y según el decreto de emergencia, deben ser solventadas por el Estado. Entre las propuestas que recibieron las bendiciones de la CNRT, sobresalen "varias obras insólitas" que no tienen relación con el "estado de emergencia". Por ejemplo, "renovación de vías que ya se hicieron, arreglo de estaciones, cuotas de leasing, compra de repuestos y tratamiento de efluentes".

El segundo aspecto crítico es que, pese a que el Estado es el que paga las obras, "las licitaciones quedarían en manos de los propios concesionarios". Por esa tarea se les reconocerá una comisión de hasta el 8,25 por ciento del valor de las obras, unos 62 millones de pesos.

En tanto, el tercer punto que tiende a apuntalar los ingresos de los operadores está relacionado con la "cláusula automática de indexación de costos". Según la resolución que preparó la Secretaría de Transporte, los costos de explotación de las empresas se actualizarán en forma inmediata cada vez que "cualquiera de los rubros" que componen la estructura de gastos, aumente más de un 6 %. Para no tocar las tarifas, las compensaciones que arroje este mecanismo serían cubiertos con más subsidios del Estado. (Antonio Rossi, Clarín, 13/12/02).

Si las demandas de los operadores ferroviarios metropolitanos eran excesivas, la de los concesionarios de trenes de carga no se quedaba atrás: *Las renegociaciones de los trenes de carga desataron una nueva polémica en el Gobierno. La Comisión Renegociadora, que controla el Ministerio de Economía, llamó a una "consulta pública" con el fin de modificar las concesiones ferroviarias de carga, sin tener en cuenta a la Secretaría de Transporte que ya estaba piloteando una negociación anterior para encarrilar los contratos.*

Economía puso en marcha la semana pasada el "procedimiento de consulta" para analizar los planteos de Ferroexpreso Pampeano, Nuevo Central Argentino, Ferrosur Roca, América Latina Logística y ALL Mesopotámica. Las propuestas que elevaron a la Comisión Renegociadora contemplan, entre otros cambios significativos, los siguientes:

La supresión de todas las inversiones que figuran como obligatorias. De ahora en adelante, las empresas quieren atar inversiones al nivel de facturación anual. Proponen destinar sólo el 10 por ciento de lo que recauden, para obras que ellas mismas definan como prioritarias.

La eliminación de los pagos al Estado de los cánones comprometidos en las ofertas y de los alquileres por los equipos que no forman parte de las concesiones.

Transformar todas las multas impagas y las deudas por cánones, en compromisos de inversión a largo plazo.

La lista de pedidos se completa con dos medidas claves. Por un lado, las empresas reclaman que las obras de infraestructura y los arreglos de las vías para rehabilitar las zonas inundadas "queden a cargo del Estado". En total las inversiones para recuperar los ramales que están bajo el agua superarían los 100 millones de pesos.

Por otro lado, quieren que el Gobierno "deje de integrar las sociedades concesionarias". Actualmente el 16 % de las acciones son propiedad del Estado Nacional y cualquier aumento de capital debe ser cubierto íntegramente por los accionistas privados. Ahora las empresas quieren "librarse" de esa obligación contractual, y "exigirle al Estado que ponga su parte ante cada ajuste de capital", si no lo hace, entonces se irá achicando su participación. como en el caso de Aerolíneas.

A diferencia de otros servicios que se están renegociando con la participación de todas las áreas; la Comisión Renegociadora, que preside en cavallista Gustavo Simeonof, dejó de lado en este caso a la Secretaría de Transporte, que es la autoridad de aplicación de las concesiones ferroviarias. (Antonio Rossi, Clarín, 23/12/02).

Aprovechando la coyuntura de la crisis que atravesaba el país, la debilidad del Gobierno surgido del acuerdo entre partidos sin el aval popular, y la postura favorable de éste; los concesionarios de los ferrocarriles presionaron ruinmente para obtener beneficios excepcionales, que ya venían pretendiendo desde mucho antes, prácticamente desde el inicio.

La crisis afectó a todos, no solamente a este sector que justamente no fue uno de los más perjudicados. ¿Pero a qué ciudadano común se le condonaron las deudas y las faltas contractuales, se le eximió del pago de tributos y se les premió con más subsidios?

Como consecuencia de la crisis del 2001, muchísimos quedaron sin trabajo o endeudados, perdieron bienes y recursos, o descendieron a las esferas más bajas de la pobreza y la indigencia; pero tuvieron que seguir cumpliendo sus obligaciones. ¿Es que acaso la ley no es igual para todos? ¿Es que hay sectores privilegiados? Entonces hay pescados y pescadores. Y ya sabemos lo que pasa: "a rio revuelto...".

Tren cartonero, un símbolo de la época.

Quinta parte: En Pampa y la vía

40: La vergüenza y el curro (2003)

Cuando miro los trenes de la Argentina, prefiero viajar por otro medio. Dice sin anestesia el periodista Horacio de Dios, La Nación, 18/05/03, y agrega: *Basta un recuerdo, la primera vez que viajé en el Marplatense, cuando todavía los chicos usaban pantalones cortos, tardé menos que hoy, porque tardaba sólo cuatro horas. Y podía leer mis historietas a bordo sin que se me cayera la revista de las manos por el temblor de la marcha.*

El Shinkansen, en Japón, comenzó a correr a 210 Km por hora hace casi 40 años. Y andaba tan suavemente entre Tokio y Kioto que creí que no había acelerado. Cuando le pregunté al guarda (de guantes blancos) me indicó que mirara el velocímetro que estaba en el bar. Lo único que veía moverse eran los árboles.

En 1981 se inició en Francia el servicio TGV con una velocidad crucero superior a 270 Km/h. A bordo, entre Paris y Poitiers, pude tomar apuntes como si estuviera en mi escritorio, parecía suspendido en el aire.

En 1987 se firmó el contrato para unir Londres con Paris bajo el Canal de la Mancha. En 1994, el Eurostar era una realidad. Hoy es un servicio de rutina para llegar de centro a centro de ambas capitales en sólo 3 horas y 20 minutos.

Desde 1992 se hizo costumbre desayunar en Madrid y almorzar en Sevilla, porque se cubre la distancia en solo 2 horas. Y ahora el AVE va de Madrid a Barcelona en 2 horas y media, uniendo 500 kilómetros a 350 km/h. Me pongo colorado de vergüenza cuando pienso que para llegar a Mar del Plata en el siglo XXI, necesito 5 horas para atravesar 404 kilómetros sobre llanura.

En Europa los servicios de alta velocidad ferroviaria se han ido extendiendo exponencialmente y en un año sumarán 3.600 kilómetros entre varios países, porque nadie se quiere quedar atrás, con frecuencias continuas a todo tipo de destino. Y podemos agregar que los trenes comunes no vuelan, pero no son tortugas.

Hasta en los Estados Unidos, que subestimaron el ferrocarril en beneficio del avión y del automóvil, ahora cambiaron de parecer. Ya empezaron con el Acela Express para unir Washington con Nueva York y Boston a 240 Km/h.

En cualquier trayecto menor de 700 kilómetros, le ganan a los aviones en ahorro de tiempo. El largo camino al aeropuerto, la anticipación al vuelo para los trámites, las revisaciones de seguridad, etcétera; no pueden compararse con los 15 minutos que bastan para subir al tren.

Un caso muy reciente es el de Shanghái, donde una fábrica alemana, con la presencia del primer ministro chino, inauguró un tren a 430 km/h (que literalmente vuela, ya que funciona a levitación magnética). Pero el record mundial lo tienen los franceses con una marca de 515 Km/h.

Sería una utopía pensar en algo tan veloz, paro sería razonable tener en nuestro país trenes seguros, limpios y confortables, aunque fueran lentos, y que lleguen a donde llegan las vías.

Sin considerar los supertrenes, el ferrocarril posee varias ventajas respecto a los demás medios de transporte: es más económico, rápido y seguro; ocupa menor espacio geográfico, posee mayor capacidad, requiere menos mantenimiento y personal, y tiene la posibilidad, por ahora casi exclusiva, de funcionar íntegramente con energía eléctrica, que es más barata, no contamina y puede provenir de fuentes renovables como el agua, el viento o el sol, recursos que nuestro país posee en abundancia.

En Argentina, por sus características geográficas, gran extensión, dispersión de regiones y recursos, y la posibilidad de llegar a casi todas por terrenos llanos, sin grandes accidentes físicos, el ferrocarril es fundamental para planificar el desarrollo económico integral. Pero no es ese el criterio que se siguió, y por eso el atraso económico. En vista de los hechos, los trabajadores del riel tenían razón cuando se oponían a la reestructuración, o desestructuración como se prefiera, de los trenes. No fue ningún beneficio para la Nación, ni para el sistema de transportes, ni para la producción económica, ni para la sociedad. Mientras en el mundo se está redescubriendo el ferrocarril, revalorizándose sus ventajas comparativas, invirtiéndose enormes sumas en su desarrollo y modernización, en la mayoría de los casos en manos del estado, acá se los tiró al bombo. Y encima se dijo que era para su mejoramiento y modernización en la onda globalizadora, para eficientizar el funcionamiento del estado, reducir el déficit fiscal y tantas falencias más que muchos tragaron con total ingenuidad.

La principal empresa provincial de ferrocarriles Ferrobaires (UEPFP) de la provincia de Buenos Aires, debió suspender la prestación de numerosos servicios debido a que la mayoría de los ramales, dependientes de Ferroexpreso y Ferrosur, quedaron inoperables debido a las inundaciones y la falta de mantenimiento.

En febrero del 2003 explotó el tema ferroviario. El cuadro deplorable de los servicios produjo la reacción de la gente que en gran número comenzó a demandar soluciones; acompañado por asambleas barriales y sectores antiburocrático de la Unión Ferroviaria que ganaron varias seccionales de la línea Sarmiento.

Todo esto llevó a que intervenga la Justicia. El juez federal de Lomas de Zamora, Ángel Di Matteo, emplazó tanto a la empresa Metropolitano operadora de la línea Roca, como al Gobierno nacional, a que en un plazo de 40 días subsanen las deficiencias y "brinden un servicio digno y eficiente".

El Poder Ejecutivo dispuso un plantel de 65 inspectores para que elaboraran un informe, el cual ratificó las deficiencias denunciadas por los usuarios y el juez. Pero en lugar de sancionar a la empresa o quitar la concesión, dispuso mayores subsidios.

A raíz de la represión a una manifestación de piqueteros en Avellaneda, donde fueron asesinados por policías los militantes Kosteki y Santillán, Duhalde debió adelantar las elecciones presidenciales para mayo, donde el pueblo, asumiendo la experiencia del voto bronca y el poco caso que hicieron los dirigentes políticos, votó positivamente en forma contundente.

Ningún candidato obtuvo la mayoría necesaria y el tren de la historia le pasó por encima al ex presidente Menem que, abrumado por el rechazo generalizado de la sociedad, desistió de presentarse en la segunda vuelta electoral, a pesar de obtener la mayor cantidad de sufragios en la primera. Resultó electo otro peronista, el ex gobernador de Santa Cruz, Néstor Kirchner.

La asunción de Kirchner produjo en principio una especie de sigiloso optimismo generalizado. Las primeras medidas del nuevo mandatario en materia económica, social y de derechos humanos resultaron interesantes. La economía creció con el beneficio de la devaluación y el boom de la soja. Pero no lo hizo en la misma medida la ocupación y menos aún la redistribución de la riqueza. No se revisaron las privatizaciones, al menos no en la forma que se esperaba. Tampoco mejoró la situación de los ferrocarriles, aunque se hicieron algunas investigaciones.

El periodista Eduardo Videla, publicó en Página/12 un categórico informe donde daba cuenta que "El desguace ferroviario tuvo su segundo capítulo": *El desguace del Estado no terminó en la década del '90. Así lo determinó una investigación que permitió descubrir que se vendió como chatarra una importante cantidad de material ferroviario en condiciones de uso, que luego fue comprado por empresas concesionarias del servicio. En uno de los casos, entre una operación y otra la diferencia fue del 1800 por ciento. El titular del Organismo Nacional de Administración de Bienes del Estado (Onabe), Fernando Suárez, abrió un sumario administrativo y se dispone a hacer una denuncia penal para que se determine si funcionarios de esa dependencia cometieron una defraudación al Estado.*

El desmantelamiento y venta del patrimonio estatal se llevó a cabo mediante una subasta pública en octubre del 2001, durante los últimos meses del Gobierno de Fernando de la Rúa. La investigación se inició cuando la Gendarmería secuestró una partida de tres toneladas de rieles en condiciones de ser utilizados, en la localidad de Fores y Beltrán, en el interior de la provincia de Santiago del Estero.

El hallazgo no fue casual. Se inició a partir de una disputa "comercial" entre dos particulares: el que compró el lote de rieles en la subasta del Onabe a 34 pesos la tonelada y el que lo revendió a 630 pesos por tonelada a la empresa Nuevo Central Argentino (NCA), concesionaria del servicio de cargas del ex Ferrocarril Mitre. El comprador es Juan Carlos Viola y el vendedor, Rodolfo Alejandro Villegas. Una denuncia sobre esa intermediación derivó en la intervención de la Gendarmería.

Al establecerse que el material era originario de la ex empresa Ferrocarriles Argentinos, y ante la posibilidad de que se hubiera producido un delito en perjuicio del Estado, intervino en el caso el juez federal de Santiago del Estero, Ángel Jesús Toledo. El magistrado sobreseyó a Viola y a Villegas del delito de hurto, por el que estaban investigados. Y le entregó los rieles secuestrados a Nuevo Central Argentino. Y finalmente notificó del hallazgo al Onabe.

"Me resulta extraña la naturaleza de las causas que pudieron transformar la chatarra o rezago en rieles usados en mejor estado que los que habrán de ser reemplazados", afirmó el juez Toledo en la nota dirigida al director ejecutivo del Onabe, Fernando Suárez.

Los números, por otra parte, indicaban que entre una y otra operación, en un lapso de apenas 10 meses, hubo una variación de precios de 1800 por ciento. ¿Quiénes son los que se quedaron con esa diferencia? ¿Hubo algún funcionario o empleado estatal que se benefició con una parte a cambio del negocio? Eso es lo que intenta averiguar en el sumario administrativo que inició el titular del organismo.

El material hallado en esa causa pertenecía a dos lotes. A partir del informe judicial, el Onabe descubrió que en total se habían subastado 195 lotes con material en desuso, disperso a lo largo de casi todo el territorio nacional, todo entre setiembre y octubre del 2001. El monto total obtenido en esa subasta es de 299.125 pesos. Si se le aplica el mismo margen de ganancia que se obtuvo por los rieles de Santiago del Estero, el valor de mercado del material vendido sería de 5,5 millones de pesos. "Con esa subasta se habría blanqueado el robo de material ferroviario, que fue impresionante, especialmente en Santiago del Estero", dijo Suárez a Página/12.

Al examinar los expedientes, el asesor letrado del Onabe, Luis Desalvo, notó que "no existían fotografías del material subastado que permitieran acreditar su calidad". Según la disposición 723/01 del Onabe, la subasta se convocó para "la venta de máquinas, herramientas, vehículos, chatarra general, rezago de material rodante y ramales de trocha angosta, ubicados estos últimos en la provincia de Santiago del Estero". Otros bienes estaban ubicados en la Ciudad de Buenos Aires y en las provincias de Buenos Aires, Córdoba, Chaco, Entre Ríos, Jujuy, La Pampa, Mendoza, Neuquén, Río Negro, Salta, Santa Fe, San Juan, San Luis, y Tucumán. El detalle de material subastado incluye locomotoras, vagones de pasajeros y de carga, rieles y durmientes. En el caso de la subasta de Santiago del Estero, se trata varios kilómetros de rieles que estaban colocados pero en desuso, entre las localidades de Tintina, Tilimpa, Patay y Lalo Viejo, del ex ferrocarril Belgrano.

En el momento en que se realizó la subasta, la dirección ejecutiva del Onabe estaba en manos de María Eugenia Márquez Miranda, y el organismo funcionaba en la órbita del ministro de Infraestructura de de la Rúa, Nicolás Gallo.

"Esta causa puede ser la punta de un iceberg. Voy a convocar a los gremios ferroviarios para que acerquen información para evaluar todas las ventas de material ferroviario que se llevaron a cabo en el pasado, tan necesario para el proyecto de reactivación ferroviaria que se está llevando a cabo", afirmó Suárez.

La posible intervención de los gremios no sería una garantía, a juzgar por los antecedentes que constan en el Onabe. Meses atrás se descubrió que la empresa Belgrano Cargas –administrada por la Unión Ferroviaria– alquilaba a un mercado de frutas y verduras, a un valor de 8.000 pesos mensuales, un galpón de 10 mil metros cuadrados de superficie en la estación Saldías, que no estaba bajo su jurisdicción.

El mismo medio publicó el 29/08/03 otro artículo, firmado por Martin Granovsky, donde informaba sobre un hecho similar pero más reciente:

Después del robo de cables de teléfono, de postes de luz, de placas de bronce y de tapas para las bocas de tormenta llega una nueva estrella: el robo de kilómetros de vías. Lo insólito es que, si se comprueba una acusación del Estado a la que tuvo acceso exclusivo Página/12, el robo fue cometido por concesionarios que debían explotar el ferrocarril en lugar de desguazarlo.

La denuncia partió del Organismo Nacional de Administración de Bienes (Onabe), que se encarga de cuidar las propiedades del Estado nacional. El Onabe centraliza los bienes que quedaron en manos del Estado luego de la privatización de los ramales ferroviarios y la totalidad de los bienes fiscales en desuso o con necesidad de un aprovechamiento más racional o un proceso de venta transparente y ventajosa para el Tesoro.

Cuando se hizo cargo del Onabe su nuevo director ejecutivo, Fernando Suárez, a quien acompaña en la gestión Carlos Lorges, decidió observar detalle por detalle cómo era cada una de las operaciones, según explicaron ayer funcionarios del Ministerio de Planificación Federal a cargo de Julio De Vido.

Lo que seguramente no imaginaron era que el despiece del Estado que comenzó con las privatizaciones de los años '90 no era solo un modelo sino una labor permanente y concreta que llega hasta el último rincón de la Argentina.

Así surge de la denuncia hecha por el Onabe, con firma de su gerente de Asuntos Jurídicos Rafael Enrique Llorens, ante el juez federal de Paraná Aníbal Ríos.

El 23 de julio, la policía entrerriana descubrió que un camión transportaba 75 rieles de seis metros de largo como promedio levantados de la Estación Belgrano, en Santa Fe. Cuatro personas fueron detenidas.

Luego, funcionarios del Onabe constataron que en María Grande, Entre Ríos, grupos que aparentemente no tenían contacto con el gobernador, estaban levantando vías y durmientes en nombre de la empresa Servicios Ferroviarios de Chaco (Sefecha).

La Gendarmería detuvo a un camión cargado de material ferroviario en el puente Victoria-Rosario, la construcción nueva sobre el río Paraná. Para sorpresa de los gendarmes, el chofer exhibió un remito primitivo, como si transportara cartón usado en lugar de rieles. Y para sorpresa del Onabe cuando conoció la noticia, el material no viajaba al interior para ser utilizado en otro ramal sino a una chatarrería de la ciudad de Buenos Aires.

De acuerdo con un contrato al que tuvo acceso Página/12, Sefecha, representada por Manuel Emilio Vecchi, y la cordobesa Ferrocarriles Mediterráneos, Femed, de Julio Leónidas Badra, firmaron un acuerdo por el que Femed fue autorizada ilegalmente a levantar un ramal entero, que en la jerga ferroviaria se llama "El Pingo-Crespo", para entregarles las piezas a Sefecha.

La sospecha apareció cuando el organismo constató que había diferencias entre el material levantado del ramal y el material efectivamente trasladado a Fontana, Chaco, sede de Sefecha. Cuando Daniel Pires, coordinador de Resguardo y Seguridad del Onabe, investigó la existencia de un posible desvío, registró que la mayoría del material era trasladado a Buenos Aires. Solo una pequeña parte iba al Chaco.

Un funcionario del Ministerio de Planificación Federal, Inversión Pública y Servicios informó a este diario la proporción. Cuando se descubrió la irregularidad los autores del robo habían levantado ya 12 kilómetros sobre 40 totales. Cargaron el material y mandaron solo cinco al Chaco, mientras 12 camiones llegaron a dos chatarrerías de la Capital Federal.

El negocio es interesante porque los rieles que llegaron a las chatarrerías no estaban en desuso. Se trata de rieles de última generación, de acero, colocados hace alrededor de 20 años y, según los técnicos, con poco más de un año de uso real porque el ramal dejó de funcionar. La secuencia del robo, el blanqueo y el reciclado del material era así:

- *El ladrón vendía el material a 125 pesos la tonelada de chatarra*
- *Un kilómetro de vía pesa 74 toneladas.*
- *Un kilómetro podía venderse a 9.250 pesos.*
- *Cuarenta kilómetros representaban un valor de 370 mil pesos.*
- *Cuando el Onabe cortó el robo ya se habían vendido 12 kilómetros por un valor de 111 mil pesos.*
- *Un kilómetro de riel instalado, incluidos los durmientes, cuesta 100 mil pesos, casi diez veces más que el kilómetro a precio de chatarra.*

El Onabe aún no estableció el valor real de un riel casi nuevo. Con situarlo a mitad de camino entre el valor de chatarra y el del riel instalado se estaría llegando a un precio de 50 mil pesos el kilómetro, dos millones de pesos para los 40 kilómetros.

La Justicia busca determinar ahora si de las chatarrerías el material, como casi no tenía uso, seguía su marcha hacia alguna de las grandes acerías, de donde a su vez podía ser reciclado o revendido a un concesionario de otra región del país.

El abogado del Onabe dijo al juez que "el material no utilizable es de propiedad del Estado nacional" y que "solo puede considerarse material de rezago una vez realizada la pericia correspondiente por parte del personal del Onabe conforme lo establece la normativa vigente".

El 19 de diciembre, la Auditoria General de la Nación emitió la actuación N° 17/03, ocupándose de la situación de los ferrocarriles. En ella emite un juicio muy severo sobre la actuación de las autoridades y el concesionario TBA. El documento dice: *El concesionario, no ha presentado los programas de mantenimiento anuales correspondientes a los años 2001, 2002 y 2003, en los rubros señalamientos e infraestructura. A su vez, la CNRT, a través de su accionar, no ha logrado revertir esa situación.*

La inexistencia de dichos programas le impide al Órgano de Control verificar el cumplimiento de las distintas rutinas de mantenimiento. El programa de mantenimiento del material rodante presentado por TBA para el año 2001 fue reiteradamente rechazado por la CNRT, quien solicita adecuarlo al cumplimiento del régimen de rutinas establecidas contractualmente.

El kilometraje fijado contractualmente para las reparaciones generales de los coches eléctricos es de 741.000Km, contemplando una tolerancia del 15 % en concepto de elasticidad de ingreso de los coches, con el objeto de no resentir el servicio, no pudiendo superarse dicho límite en ningún caso. De la documentación analizada se desprende el reconocimiento, por parte del Concesionario, de diferimientos de kilometrajes ocurridos en los años 1999 y 2000 para los coches Toshiba que ascienden al orden de los 15.800.000 Km. de reparación general al finalizar el año 2000, y de 5.083.000 Km diferidos de reparaciones numerales para el total de la flota (rutinas de mantenimiento específicas previstas contractualmente.).

En una segunda presentación del programa anual 2001 el Concesionario adoptó, para reparaciones generales, un kilometraje tope de 875.000 Km. Que representan los 741.000 Km fijados contractualmente más el 15 % de tolerancia. Esta tolerancia fue utilizada en forma sistemática. Además, 45 unidades superaban el kilometraje tope fijado.

Los programas de mantenimiento correspondiente a material rodante para los años 2002 y 2003 no fueron presentados por el Concesionario. Por su parte la CNRT no ha utilizado sus facultades para exigir dicha presentación. Si bien los informes de avance mensual de las tareas ejecutadas son presentados regularmente por TBA, la CNRT, habida cuenta la inexistencia de un programa de mantenimiento, se ve imposibilitada de verificar el cumplimiento de las rutinas de mantenimiento y de establecer sus desvíos, objeto de estos informes.

En este sentido, no existen constancias en los expedientes relevados de que la CNRT exigiera al Concesionario el cumplimiento de esta obligación:

TBA no proporciona la respuesta técnica suficiente para efectuar las reparaciones de las deficiencias constatadas por la CNRT.

Los distintos componentes del sistema de vía a cargo de TBA se encuentran en estado deficitario.

Las deficiencias en el mantenimiento de vías inciden directamente en la seguridad operativa del sistema y en la calidad del servicio.

El estado general del mantenimiento edilicio de las estaciones que forman parte de las Líneas Mitre y Sarmiento es deficitario.

Los coches inspeccionados presentan deficiencias de mantenimiento que afectan la seguridad operativa del servicio.

El Concesionario TBA no realiza las reparaciones de las deficiencias detectadas en las inspecciones realizadas por la CNRT.

Los Planes Trimestrales presentados por TBA sólo enumeran someramente las tareas a ejecutar careciendo de especificaciones técnicas, tanto de trabajos como de materiales a utilizar.

Los coches eléctricos Toshiba–Kinski de origen japonés, que se utilizan en las líneas Mitre y Sarmiento, fabricados en la década del 50/60, originalmente no fueron diseñados para operar en superficie, por eso no tienen miriñaque, lo que lleva a que cualquier objeto que se encuentre en las vías se meta debajo del tren, en lugar de ser expulsarlo fuera de ella. Además tienen muy expuestas las tomas de aire de los compresores, con lo que papeles y bolsas plásticas que vuelan son chupadas por éstas. Como el tren funciona con corriente continua de 800 voltios tomada en superficie del tercer riel, es común que se produzcan chispas y de esa manera se desarrolle un incendio. Cuando los ferrocarriles los administraba el Estado, existían en las terminales y estaciones importantes los Revisadores de Vehículos, que tenían por función detectar anomalías mecánicas o de otro tipo y prevenir siniestros. Estos fueron eliminados por los concesionarios privados, para ahorrar en salarios. Ahora los trenes operan todo el día sin ese control y por lo tanto están expuestos a cualquier tipo de siniestro. Además se cambió el revestimiento interior y los asientos por otros de material plástico, y el piso cerámico por alfombras de goma; todos elementos altamente inflamables cuya combustión produce gases tóxicos; sumado a ello el pésimo mantenimiento. En función de un criterio de lucro se dejó de lado la seguridad. Los pasajeros viajaban en auténticas bombas que, cuando se combinaran las circunstancias, indefectiblemente iban a estallar.

Por su parte, la periodista Silvia Peco, publicó un informe en Ámbito Financiero, referido a otros aspectos del consorcio TBA: *(...) Otro dato llamativo es que TBA, después de haber repartido dividendos en 2003 por 80 millones de pesos, en abril de ese año entró en convocatoria de acreedores. Pero además, la accionista de la concesionaria es Cometrans, una sociedad que en los papeles nuclea a pequeñas y medianas empresas del autotransporte de pasajeros, pero que en la práctica está controlada por Claudio Cirigliano, uno de los principales empresarios de colectivos de Buenos Aires.*

Como empresario del transporte, Cirigliano también es beneficiario de otra parte de lo recaudado por la tasa al gasoil y por el precio diferencial del combustible, que queda a cargo del Estado ya que a las petroleras se las compensa vía retenciones a la exportación.

El periódico Página/12, con la firma de Irina Hauser, develaba el manejo del tema ferroviario, en particular de los subsidios, por parte de las autoridades nacionales y la intervención de la Justicia: *La Cámara Federal ordenó reabrir una causa penal contra el actual secretario de Transporte, Ricardo Jaime, y el subsecretario de Transporte Ferroviario, Julio Tito Montaña. Es por el pago de subsidios millonarios a empresas concesionarias de ferrocarriles a pesar de que seguían sin cumplir con las mínimas condiciones de seguridad y confort exigidas por contrato. La investigación, impulsada por la Oficina Anticorrupción (OA), había sido archivada por decisión del fiscal Gerardo Pollicita y el juez Rodolfo Canicoba Corral. Ahora cambiará de juzgado.*

En su fallo, los camaristas de la Sala II declararon la nulidad de la resolución por la cual el expediente había sido enviado al archivo. El tribunal explicó en dos carillas que cuando un fiscal no impulsa una causa —algo poco frecuente, pero que ocurrió en este caso— es obligatorio por ley dar intervención a la Fiscalía Nacional de Investigaciones Administrativas, un paso que se omitió. También advirtió que Canicoba Corral "adelantó opinión" al cerrar el caso dando como un hecho la inexistencia de delito sin antes haber ordenado pruebas claves. Por eso dispuso apartarlo y sortear un nuevo magistrado.

La primera denuncia sobre el tema la hizo el ex coordinador de Transporte Ferroviario Pedro Cóndori. Fue a comienzos del gobierno de Néstor Kirchner, cuando elaboró un informe alarmante sobre los trenes: puertas, pisos, vidrios y asientos destruidos en la línea Sarmiento, limpieza nula en el mismo ramal, fallas en el sistema de ventilación de la línea Mitre, falta de iluminación y disminución de los servicios en el tren San Martín, en la línea Roca se detectaron coches que circulaban casi a oscuras y con ventanillas de madera, contra las normas de seguridad. A pesar de que las concesionarias no hacían nada por revertir el pésimo estado de los ferrocarriles seguían cobrando los subsidios públicos. En junio del 2003, el Gobierno entregó algo más de 13 millones de pesos.

En un principio, Montaña recomendó por escrito suspender el pago de la ayuda estatal, pero según denunció la OA el subsecretario enseguida reformuló y suavizó su planteo: lo sustituyó por una intimación para mejorar los defectos del servicio. Jaime aprobó la ejecución del pago y Condori fue despedido. Este ex funcionario atribuyó su desplazamiento a que se negó a un pedido de sus superiores de modificar el informe lapidario que había confeccionado.

En el expediente penal se juntaron dos presentaciones: una del abogado Juan Carlos Iglesias, que apuntaba al empresario Sergio Taselli, como accionista de Transportes Integrados Metropolitanos, y otra posterior de la OA, el organismo que actualmente conduce Abel Fleitas Ortiz de Rozas. El organismo anticorrupción, que es querellante, pidió que se investigue a los funcionarios por violación de documentos, negociaciones incompatibles con la función pública y defraudación. Son delitos excarcelables. Pero lo que complica, sobre todo a Jaime, es la sumatoria de causas: arrastra otras por sobreprecios, contrataciones directas y pagos dudosos.

Mientras tramitó la causa nunca hubo llamados a indagatoria. Sólo declaraciones espontáneas, testimoniales, de algunos de los involucrados. En mayo Pollicita y Canicoba Corral coincidieron en mandar las actuaciones al archivo. La OA apeló y acaba de ganar la pulseada con el fallo de los jueces Horacio Cattani, Eduardo Luraschi y Martín Irurzun.

Cuando se presentó ante la Cámara Federal, la OA sostuvo que la actitud del fiscal y el juez implicaba "avalar el incumplimiento de cláusulas contractuales asumidas voluntariamente por las partes, beneficiar económicamente de manera ilegal a quienes violan aquellas normas contractuales y tolerar que los funcionarios públicos en pos de garantizar la artificial 'operatividad del sistema' incurran en conductas delictuales graves". El texto de la apelación también decía sin rodeos que "el Sr. secretario y el Sr. subsecretario son responsables de que subsidios improcedentes hayan sido deliberadamente abonados a sabiendas de su ilegalidad". "Lo que se estaría autorizando es que las concesionarias de transporte ferroviario pasen directamente a beneficio empresarial los fondos que deben destinarse a la prestación del servicio", advertía.

41: Furia y fuego (2004–2006)

El 23 de junio del 2004, el presidente Néstor Kirchner y sus ministros, firmaron el decreto 798/04, por el cual se resindía el contrato de concesión del ferrocarril San Martín a cargo de la empresa Metropolitano, que también controlaba las líneas Roca y Belgrano Sur, fundado en los gravísimos cuestionamientos debido a la deficiencia del servicio y reiterados accidentes. Sin embargo el ferrocarril recuperado es entregado a la operación del UGOFE (Unidad de Gestión Operativa Ferroviaria de Emergencia), integrada por los demás operadores ferroviarios de trenes, igualmente cuestionados.

El 27 de septiembre, el Gobierno firma el decreto 1261/04 por el cual se derogaba el decreto 1168/92 de Menem, que suprimía los servicios ferroviarios de pasajeros a las provincias.

Comenta María Giselle Castro (La Nación, 29/09/04): *El proyecto del Gobierno es rehabilitar, a partir del próximo año, los tendidos que considera clave. En una primera etapa, focalizará las tareas en el mejoramiento de los ramales que unen Buenos Aires con Tucumán, Mendoza, Neuquén, Bariloche, La Pampa y Posadas.*

Algunos de estos trayectos hoy son operados con permisos precarios y los trenes circulan sobre vías en avanzado estado de deterioro, que Kirchner ahora se compromete a mejorar.

La red ferroviaria nacional tiene 33.000 kilómetros (incluye los ramales provinciales, los interurbanos y los de carga) y el objetivo es rehabilitar, a partir del próximo año y en un plazo no superior a 24 meses, los 7.000 km de recorrido que conforman los destinos mencionados.

Reinstalar el tren como un modo de transporte hasta en los lugares más recónditos del país es una promesa que Kirchner hacía desde su época de campaña presidencial y que hasta ahora no concretó.

"Acá, la noticia central es que el Estado recuperó un sistema de transporte esencial porque no puede desentenderse de la prestación de un servicio que para nosotros es vital. Por eso se derogó un decreto nefasto", dijo a La Nación el secretario de Transporte, Ricardo Jaime.

Para cumplir con la reapertura de los ramales, la Secretaría de Transporte destinará el próximo año $ 400 millones. Y dispondrá de 100 millones de dólares de un préstamo del Banco Mundial, para el mejoramiento de la infraestructura pesada, y de otra partida del BID por 200 millones.

La intención del Gobierno, dijo el funcionario, no es quedarse con el manejo de ningún ramal, sino que serán concesionados a inversores privados por medio de licitaciones públicas, aunque el control será estatal. También podrán participar los Gobiernos provinciales que se interesen en manejar algún servicio.

El decreto dictado durante la primera presidencia de Menem dispuso suprimir los servicios ferroviarios que operaba la empresa Ferrocarriles Argentinos. Daba la opción a las provincias que quisieran retener algún ramal a que lo hicieran. Por esta opción pasaron a la órbita de las provincias no más de seis ramales, el resto se cerró.

"Con esa decisión, en aquellos años el Estado dejó sin conexión a una cantidad enorme de pueblos en el interior (...) y ese abandono causó el cierre de fábricas, talleres y comercios, con el inevitable crecimiento de la desocupación y el consecuente deterioro de la situación social de sus habitantes", se lee en los considerandos del decreto difundido ayer.

En el transcurso del año pasado, el Poder Ejecutivo promocionó la reapertura de ramales o la extensión hacia otras localidades de tendidos ya existentes. La experiencia, sin embargo, no fue buena: por el desastroso estado de las vías los trenes de pasajeros deben transitar a bajísima velocidad, lo que provoca la pérdida de viajeros y que prácticamente no cumplan el fin que se propuso el Gobierno.

El secretario de Transporte admitió que el deterioro de las vías dificulta la prestación de un servicio normal, pero dijo que el Gobierno negocia con los operadores de carga el mejoramiento del tendido para que los trenes circulen a una velocidad constante. "Los operadores de carga son responsables del estado de las vías, por eso en la renegociación de los contratos, el Estado está acordando con los prestadores que realicen obras para mejorarlas. Eso ya se acordó con Ferrosur y Ferroexpreso Pampeano", dijo Jaime.

Los trenes se adjudicaron, con subsidios por medio, interviniendo nuevos y viejos operadores. Se realizaron actos fastuosos en algunas capitales con la llegada de los primeros trenes, pero el resultado fue catastrófico debido a las dificultades para transitar por vías en estado calamitoso. Si se dispusieron todos los recursos que anunció el secretario de Transporte, entonces alguien se quedó con el vuelto, porque la reparación de ramales no se realizó en lo más mínimo.

En el 2005 el Congreso otorgó superpoderes al jefe de gabinete Alberto Fernández, para que este utilice a discreción algunas partidas presupuestarias importantes. El funcionario derivó fondos destinados a la radicación de fuentes de energía alternativas, a las concesiones ferroviarias. Ello hubiera sido provechoso si hubiera servido para mejorar la situación de los ferrocarriles, pero no fue así.

El Defensor del Pueblo de la Nación y organizaciones gremiales y sociales denunciaron reiteradamente las deficiencias en que se prestaban los servicios de trenes, pero el Gobierno hizo oídos sordos. Entonces pasó lo que tenía que pasar.

Dice el informe del diputado Cinquerrui: *A principios de marzo se produjo un serio accidente en la estación Castelar de la línea Sarmiento, cuando se* incendió uno de los coches como consecuencia de un desperfecto en el sistema eléctrico. Los pasajeros lograron escapar por sus propios medios, y no hubo ayuda ni guía por parte del escaso personal presente en la estación en el momento de los hechos.

El incidente ocasionó la paralización por varias horas del funcionamiento de la línea, con consecuentes molestias para los pasajeros. Ante este accidente los sindicatos y agrupaciones ferroviarias realizaron denuncias sobre el deficiente mantenimiento que TBA brinda a sus formaciones, y sobre las graves condiciones de inseguridad. El siguiente es un comunicado difundido por la agrupación ferroviaria "La Chispa Ferroviaria": "Los ferroviarios venimos advirtiendo al Gobierno, periodismo y pasajeros que la empresa Trenes de Buenos Aires (TBA) podía ser la nueva Cromagnon. Hoy se demuestra en forma concreta nuestras denuncias a esta empresa dirigida por la familia Cirigliano, protegidos del Gobierno. Una formación en Castelar tuvo un incendio, voló una de las tapas del piso del vagón, hubo mucho fuego, mucho humo y desesperación. Por supuesto la empresa se borró y dejo a la gente que se arregle como pueda.

En los trenes de TBA no hay salidas de emergencia, ni matafuegos, ni tampoco esta empresa tiene una cuadrilla de emergencias para actuar en estos casos, todo esto llevó a que hoy casi pase una tragedia. Si se continúa con esta política sobre los trenes, mucho lucro y poca inversión, seguro que van a volver a suceder estos episodios".

El jueves 10 de marzo se produjo un nuevo accidente cuando chocaron dos formaciones de trenes en Palermo del ferrocarril Mitre, ocasionando 140 heridos. Ante las cámaras, que registraban la penosa acción de la policía y de los bomberos evacuando víctimas, los trabajadores de la empresa TBA denunciaron que "El accidente se produjo debido a que en el lugar, de las cuatro vías presentes, solo funcionaban dos; y que por la misma vía circulan los trenes hacia Tigre y José León Suárez, cuando lo normal es que funcionen por vías separadas. Lo que ocurrió es que en ese momento se estaban realizando tareas de mantenimiento en las otras dos vías. La irregularidad reside en que las tareas de reparación, mantenimiento y obras deben realizarse por la noche, cuando la frecuencia de los trenes es menor o cuando se corta el servicio. Esta modalidad operativa es la correcta y es la usada por todo el mundo, incluso era la norma antes de la privatización. Los trabajos se realizan en horario diurno y con el servicio funcionando porque la empresa TBA no está dispuesta a abonar a sus trabajadores las horas extras y el suplemento por horas nocturnas. Por una política de reducción de los costos operativos se pone en peligro la vida de las personas con absoluta irresponsabilidad."

También los empleados denunciaron que "Lo peor es que de 19 señales que hay entre Retiro y el Km 5, donde ocurrió el accidente, sólo funcionaban 4.

Esto es sabido hace años por la empresa y fue denunciado por los trabajadores al Gobierno. El cabin del Km 2 fue totalmente desmantelado apenas se privatizó".

Pero el hecho más impactante ocurrió en Haedo. Fue el 1° de noviembre. Comenta el periodista Carlos Rodríguez en Página/12: *Un mural del artista plástico Carlos Terribili remite a obreros de puños alzados y un verso de la poetisa Teresa Moreno habla de tiempos apacibles con "veredas sombreadas de viejos jacarandáes". Esas imágenes y palabras son las únicas que se salvaron del incendio. A partir de las nueve de la mañana, y hasta las tres de la tarde, miles de pasajeros-manifestantes, enervados por una demora en el servicio y la posterior cancelación de un tren procedente de Moreno, les prendieron fuego a 15 vagones y a la estación de Haedo, mientras la Policía Bonaerense se limitaba a hacer un cordón en torno del área ocupada por un aluvión humano que se llevó todo por delante.*

La protesta, que al comienzo se centró en el ataque a los bienes que administra la concesionaria Trenes de Buenos Aires (TBA), a cargo del ex ferrocarril Sarmiento, derivó luego en el accionar aislado de un grupo de unas 100 personas que saquearon comercios y destrozaron los vidrios de los bancos Itaú y Superville. Hubo 113 detenciones y 29 personas sufrieron heridas, ninguna de gravedad. Las autoridades nacionales y provinciales aseguraron que se trató de "un acto deliberado cometido por activistas de izquierda" que siguió a lo que en principio era una "exasperación colectiva".

El origen de los incidentes es confuso. Un testigo aseguró que hubo fuego en un vagón antes de que el tren llegara a la estación de Haedo y que el guarda demoró en abrir las puertas. Según esa versión, los pasajeros salieron en estampida y empezaron a protestar con violencia. La policía arrojó entonces balas de goma y gases lacrimógenos, aunque luego tuvo que retroceder porque los civiles los superaban en número.

Al comienzo, los bomberos no pudieron llegar a la estación y por eso, la destrucción de los 15 vagones fue total. Dos bomberos fueron golpeados. También fueron destruidas las boleterías –previo robo del dinero que había allí–, la sala de espera, el lugar destinado a las encomiendas y el resto de las instalaciones. Los manifestantes volcaron y quemaron dos patrulleros. Hubo robos y saqueos en los comercios cercanos, vidrieras rotas. Una y otra vez, los grupos más exaltados prendían fuego a los vagones que iban quedando sin quemar. De la furia no se salvaron ni los periodistas: dos de ellos terminaron en el hospital, varios móviles fueron dañados y casi todos fueron increpados y amenazados.

Recién pasado el mediodía la relación de fuerzas fue cambiando, con el retiro de muchos de los pasajeros y con la llegada al lugar de más de 40 móviles de las policías Federal y Bonaerense y de la Gendarmería Nacional.

El más duro al calificar lo ocurrido fue el ministro del Interior, Aníbal Fernández, quien sostuvo que se trató de "un delito preparado y pensado para producir el desmán", del que hizo responsables a "grupos de sindicalistas y a la agrupación Quebracho". El ministro de Seguridad bonaerense, León Arslanian, reconoció que hubo una reacción de "exasperación colectiva" frente al "inconveniente serio" de los pasajeros para llegar "a sus lugares de trabajo". A la hipótesis de una supuesta jugada política, Arslanian le aportó un dato: testigos dicen haber visto, en el tren que venía de Moreno, a un hombre que llevaba un bidón con nafta que habría sido usado para quemar los vagones. Otro elemento señalado por Arslanian fue que dos de los detenidos llevaban "chalecos negros con la inscripción MTP", en alusión al Movimiento Todos por la Patria, agrupación con escasa (o nula) participación en la actualidad. La posible connotación política de lo sucedido no fue alimentada, sin embargo, por los funcionarios que se hicieron presentes temprano en el lugar de los hechos y con los cuales dialogó Página/12. El subsecretario de Seguridad bonaerense, Martín Arias Duval, negó a las dos y media de la tarde la presencia de "infiltrados" entre la multitud que le prendió fuego a todo, incluyendo algunos viejos árboles que están sobre el andén norte de la estación Haedo. Para Arias Duval, los incidentes fueron generados por "pasajeros comunes, en su mayoría trabajadores, que reaccionaron de esta manera frente a la incomodidad que, supongo yo, debe ser frecuente en la manera que viajan". En los mismos términos se manifestó el jefe de la Policía Bonaerense, comisario Héctor Iglesia. Dos horas después, el ministro Arslanian planteó, en conferencia de prensa, la posibilidad de un complot, tal como había señalado antes el ministro del Interior.

Los primeros pasajeros entrevistados por la prensa, a minutos de la explosión de ira generalizada, aseguraron frente a todos los micrófonos que el estallido se había producido "por la gran demora que llevaba acumulada el tren" del ex Sarmiento que había partido a las siete de la mañana desde la estación Moreno, y a las nueve recién estaba en Haedo. Lo mismo explicó a este diario una mujer llamada Nélida, que esperaba el tren en esta estación y ante los graves incidentes, resolvió "dejar para otro día los trámites que tenía que hacer en la Capital". Nélida comentó que "cuando dijeron que el tren se había cancelado y todos tenían que bajar para esperar al siguiente, la gente se puso loca y empezó a quemar todo". Lo mismo le dijo a Página/12 Claudio Carreño, secretario adjunto de la seccional Victoria de la Unión Ferroviaria. "En el tren demorado venían miles de personas que habían estado dos horas para recorrer cuatro estaciones; cuando les dijeron que había que cambiar de tren, se dirigieron al que había llegado a la estación, pero muchos no pudieron subir. Los que se quedaron abajo se pusieron sobre la vía, para que el nuevo tren no pudiera salir y allí empezó todo." Según Carreño, sobre lo ocurrido en Haedo "no hay ninguna razón para crear fantasmas".

El defensor del Pueblo de la Nación, Eduardo Mondino, recordó que un informe producido en julio del año pasado "calificó de pésimo al servicio de trenes en general". Los más cuestionados fueron los ex Roca y Sarmiento.

Una vecina, al observar las brasas rojas en las que se habían convertido los bancos de madera, los marcos de las ventanas y los pilotes del techo, recordó conmovida: "¡Qué desgracia! Pensar que pedimos que no la tiraran abajo en los noventa y nos construyeran una estación a puro cemento".

Evidentemente eran otros tiempos y las políticas neoliberales y antipopulares habían dejado huellas. En 1991 los usuarios se bancaron 45 días de paro ferroviario, y más aún, lo apoyaron abiertamente. Ahora, 14 años después, dos horas de atraso y el maltrato cotidiano produjeron una reacción arrasadora. Era un claro síntoma del descontento de la población sobre la forma en que se estaba manejando el trasporte ferroviario y un cuestionamiento a la gestión privada. Lamentablemente bronca mal encausada, que termina destruyendo los bienes del país, de todos, necesarios para todos, que además le da argumento a quienes pretender seguir manteniendo esta situación.

Quienes tenían que interpretar el potente mensaje de los hechos, lo leyeron al revés, o así lo quisieron ver. A los pocos días del incidente, el propio Gobierno puso de manifiesto que la causa de ese desastre era el pésimo estado en que se prestaban los servicios. Pero en lugar de imponer sanciones a la empresa, la premió con mayores subsidios. "Subsidios a prueba de incendios" rotuló Maximiliano Montenegro su nota en Página/12, donde expresa: *A una semana de los incidentes en la estación Haedo de la línea Sarmiento, el Gobierno volvió a aumentar los subsidios para los concesionarios privados de trenes, incluida la empresa Trenes de Buenos Aires (TBA), cuestionada por la deficiente calidad del servicio prestado a los usuarios. Mediante la decisión administrativa 611, publicada en el Boletín Oficial, se otorgan 208 millones adicionales en subsidios para trenes y subtes, con el argumento de "atender el reconocimiento de mayores costos de explotación en el rubro personal, el pago de deudas originadas en subsidios, diferencias de costos de explotación y deudas derivadas de la ejecución de los planes de inversión". Así, hasta el 9 de noviembre, los subsidios a los concesionarios de trenes ascienden a 477 millones de pesos. Es decir, 1,5 millón de pesos por día.*

El incendio de la estación Haedo, puso en la mira a TBA. La compañía es controlada por el Grupo Plaza, de los hermanos Cirigliano, empresarios de colectivos que desde 1995, gracias a sus vínculos con Menem, explotan la concesión de las líneas Mitre y Sarmiento.

Después de los disturbios, el secretario de Transporte, Ricardo Jaime, anunció que se abriría una investigación para determinar "si los inconvenientes que se registran en los servicios se deben a falta de mantenimiento o a problemas operativos". Evidentemente, Jaime no leyó los últimos cuatro informes de la

Auditoría General de la Nación sobre los flagrantes incumplimientos de contratos por parte de los concesionarios ferroviarios. Sobre TBA, un informe fechado el 19 de diciembre de 2003, calificaba a la concesionaria como "ineficaz", denunciaba el "estado de deterioro de los trenes" y alertaba sobre que se veía comprometida la "seguridad operativa" del servicio por la falta de inversiones. Además, afirmaba que el órgano de control (la CNRT, dependiente de la Secretaría de Transporte) era "permisivo, al no ejercer sus facultades a fin de exigir el cumplimiento de los contratos". Con los últimos subsidios queda claro que el Gobierno está más preocupado por saldar cuentas con los concesionarios ferroviarios que en atender los reclamos de los usuarios por las penurias que padecen durante las travesías cotidianas.

A través de la decisión administrativa 611, firmada por el jefe de Gabinete, Alberto Fernández, a TBA se destinan 59 millones extra, con lo cual durante 2005 las transferencias del Estado a la compañía de los Cirigliano alcanza a los 130 millones de pesos. Para Metrovías, con la última resolución, se transfieren 51 millones de pesos. Así, en lo que va del año, el concesionario de subtes y Urquiza, controlado por el Grupo Roggio, ya recibió casi 90 millones de pesos.

Nadie sabe bien a dónde van a parar los subsidios que, con mano generosa, entrega el Estado. Primero, porque hasta ahora el Gobierno no transparentó en el Congreso cuáles son las verdaderas estructuras de costos de los concesionarios y sus márgenes operativos. Segundo, porque, como señala un comunicado emitido por la ASAP (Asociación de Presupuesto Público), los aportes estatales se entregan a sola firma de una decisión administrativa del jefe de Gabinete, en uso de sus "superpoderes" y salteando normas de transparencia presupuestaria.

La Secretaría de Transporte emitió ayer un comunicado, similar al que circularon las empresas concesionarias. Allí se dice que de los 208 millones, 108 millones son para cancelar deudas con los concesionarios por "mayores costos de explotación en concepto de personal, reparación de coches y sistemas de señalamiento", 50 millones para el pago de los "costos mensuales de explotación del período octubre-diciembre" y 50 millones al pago de inversiones ferroviarias".

42: La endiablada (2007–2008)

El 4 de marzo del 2007 el servicio de trenes del ferrocarril Roca estuvo demorado desde las 19,30 horas hasta las 22. Hubo protestas muy duras de los usuarios, pero las cosas no pasaron a mayores.

Once días después, el 15 de marzo se reitera la situación. En esta ocasión la empresa, Metropolitano, cerró las boleterías y oficinas, y no dio ningún tipo de informe ni explicación. Los usuarios, superados por el hartazgo, no encontraron nadie que dé la cara, se sintieron burlados y reaccionaron violentamente. Fueron 4 horas de furia, de enfrentamiento descarnado entre los sufridos pasajeros y la policía. Los usuarios desbordaron las fuerzas del orden, y asaltaron y quemaron la dependencia de la Policía Federal en la estación. 21 personas resultaron heridas y 16 fueron detenidas.

A raíz de estos sucesos, el Gobierno dispuso la recisión del contrato a Metropolitano, concesionario de las líneas Roca y Belgrano sur, poniéndolos bajo la operación del UGOFE. No se hizo lo mismo con TBA a pesar que los accidentes y faltas fueron mucho más graves.

Meses después se hicieron elecciones presidenciales, resultando electa presidenta de la Nación la esposa del mandatario saliente, Cristina Fernández de Kirchner. En materia ferroviaria no se notó ningún cambio significativo respecto a las políticas que se venían aplicando.

En Basavilbaso, provincia de Entre Ríos, los vecinos se movilizaron contra la empresa ALL Mesopotámica, obligando la intervención de los ediles de esa ciudad, que convocaron a una audiencia pública donde invitaron a funcionarios de la empresa para entregarles un documento con las demandas.

Comenta Silvio Gorge, Diariojunio: *Los concejales de Basavilbaso entregaron a las autoridades de ALL un petitorio con los temas urgentes que ésta debiera resolver. Los vecinos adelantaron que si no hay respuestas positivas a los planteos reclamaran que se dé por concluido el contrato con la empresa y no descartaron hacer cortes de vías. Según expresiones recogidas en la asamblea, en los contratos de concesión, la empresa ALL recibió aproximadamente 1.800 vagones y 60 locomotoras, como así también bienes muebles e inmuebles ubicados en las estaciones de la línea, incluyendo las vías del ferrocarril y el monopolio del negocio del transporte de cargas ferroviarios en la Mesopotamia. Como contrapartida debía pagar un canon y mantener el estado de las vías, como mínimo en las mismas condiciones y velocidades de circulación que lo recibiera. Esto es la velocidad que transitaba Ferrocarriles Argentinos, que la ubicaba en el orden de los 100 km/h promedio de velocidad.*

Un grupo de veteranos ex ferroviarios aseguró que desde que se hicieron cargo de la concesión no se cumplieron con estos requisitos, sino que aumentaron la cantidad de toneladas por eje en los vagones, como así también la cantidad de vagones por formación, con casi un nulo mantenimiento de las vías y el material rodante, generando muchas precauciones que conllevan a la disminución evidente y constante de la velocidad. Seguidamente apuntó que ALL es la empresa con mayor índice de descarrilamientos del país y que en los talleres Concordia puede observarse desde la estación un verdadero cementerio de locomotoras y que es muy común ver al costado de las vías vagones descarrilados, eran muchos más pero fueron desguazados y vendidos como chatarra. Más del 80 % de las estaciones fueron abandonadas, desmanteladas y/o intrusadas. El resto en su mayoría fueron salvadas por los municipios para resguardar su patrimonio cultural e histórico. Fueron levantadas segundas vías y postes telegráficos como negocio de chatarra. Descuidaron la señalización ferroviaria, anularon barreras en zonas urbanas y dejaron de hacer el desmalezamiento de los cascos de estación y cruces de calles y rutas.

"Es una verdadera desgracia lo que ocurre con el ferrocarril. Esta empresa clausuró 1.300 Km de vías en la línea Urquiza con el pretexto que no eran rentables" aseguró otro vecino, que detalló los ramales. Se perdieron cientos puestos de trabajo y se destruyó el patrimonio nacional que fue creado por nuestro pueblo", exclamó.

En varios pasajes de la reunión los vecinos plantearon "¿Qué servicios cumple ALL?", ya que la mayoría de las cargas transportadas están vinculadas a tráfico internacional, "en nuestros pueblos no cargan ni bajan nada"; y aseguraron que los pequeños y medianos productores no tienen acceso al transporte por ferrocarril debido a que los mismos no cumplen con los requisitos exigidos por la compañía.

"Mi abuelo y mi padre fueron ferroviarios, yo también fui ferroviario, y puedo decir que lo que está haciendo ALL es una vergüenza nacional, por supuesto que facilitado por los políticos de turno, pero es una vergüenza. Ustedes son una vergüenza. Si no hay soluciones, los vecinos de Basavilbaso, con todos los vecinos de los municipios por donde pasa la vía central, vamos a hacer corte de vías. Y tomen nota de esto porque lo vamos a hacer. No van pasan los trenes de pasajeros, pero los de carga tampoco van a pasar", exclamó un vecino ante los aplausos de la concurrencia.

Seguidamente los concejales entregaron el petitorio, que de palabra los representantes de la empresa se comprometieron solucionar.

El documental "ALL, símbolo de la impunidad", dirigido por el periodista y ex empleado ferroviario, Juan José Cornú, es elocuente. Muestra el desastroso estado de los ramales operados por la empresa ALL en la Mesopotamia, la desidia conque se maneja y el destrozo y abandono del material rodante.

En el otro punto cardinal del país, en la región de Cuyo, los mismos-otros protagonistas volvieron a protagonizar otro encuentro-desencuentro. El ámbito el mismo, el riel, los trenes, los ferroviarios, la gente; pero las circunstancias diferentes. Ocurrió el 27 de diciembre en la estación Palmira, provincia de Mendoza. Allí los fantasmas y demonios ferroviarios nuevamente se entrecruzaron en una trama insólita. El escritor ferroviario Juan Carlos Cena, autor de "El Ferrocidio" entre otras importantes obras, se ocupó del tema:

Dice la empresa que todo comenzó a las 9,40, cuando la locomotora de maniobras 5557 modelo GA8W salió del complejo de carga "sin ningún maquinista autorizado", pero tampoco visible. Es por eso que desde la firma hablan de "sabotaje", "es imposible que se haya puesto en marcha por accidente", sostienen. No entienden de fantasmas.

Así, una vez en carrera, fue imposible parar la máquina y la policía, advertida de la insólita situación, se dedicó a lo que pudo, tratar de despejar de vehículos los cruces ferroviarios por los que iba pasando la locomotora.

"La vi a eso del mediodía y me extrañó que fuese sola, porque generalmente esas máquinas van tirando una fila larga de vagones", comentó, muy serio y observador Deolindo Sosa, vecino de Santa Rosa.

Todo era especulación en los poblados por donde marchaba "La María", tal el apodo ferroviario de esa locomotora. Se escuchó decir que la descarrilarían en La Paz, luego que sería en Desaguadero y más tarde que lo harían apenas entrara a San Luís. Sin embargo, "La Endiablada", como la bautizaron algunos parroquianos de un bar paceño, siguió su carrera libertaria. Fue precisamente en La Paz donde la desviaron por un ramal secundario con rumbo a Justo Darac, porque es una zona con altas pendientes, para tratar de disminuir su velocidad y la ilusión de pararla.

Después de cruzar el puente del Desaguadero, ya en la provincia de San Luis, la amotinada locomotora entró al pueblo ferroviario de Beazley. "Pasó como a las dos de la tarde, iba muy rápido y nadie se le pudo subir encima", contó emocionada Jimena Moya de 14 años, que a esa hora andaba buscando unas cabras que había largado a pastar.

Finalmente pudo ser detenida, o mejor dicho cazada, justamente en la estación Cazador, entre Zanjitas y Alto Pelado, o podemos decir entre el Abismo y el Cielo, 40 kilómetros al sur de la ciudad de San Luís. Se trata de un paraje de jarillares, algarrobos y montes bajos, totalmente despoblado, donde nunca ocurre demasiado, rara vez pasan trenes y más raro aún que se detenga alguno. De hecho hacía más de una década que eso no ocurría, desde que se privatizó la línea. Allí la empresa colocó otra locomotora de mayor porte delante de la rebelde cansada en repechaje, y poco a poco, arrancándole chisperío a las ruedas, logró frenar su marcha. La batalla duró más de 10 kilómetros. "No hubo que lamentar víctimas, heridos, ni daños materiales", informó la compañía. Tampoco entienden de las heridas del alma.

La María que se rajó de Palmira, la tierra del subsecretario de Transporte de la Nación y dirigente de La Fraternidad Antonio Luna, paradojal ocurrencia; a una velocidad promedio de 60 kilómetros por hora, que en más de una ocasión superó los 80, atravesó tramos de vías en pésimo estado y cruzó medio centenar de pasos a nivel que existen a lo largo del recorrido, la mayoría de ellos sin barreras, y nada ocurrió. Pregunto: ¿Quién la protegió? Porque hay que andar una pila de kilómetros sola, sin accidentes y encima que la aplauden y le saquen fotos a cada paso. ¿La solidaridad operaba invisible? ¿Era la voluntad popular imperceptible a la vulgaridad? En el año 92, los compañeros que protagonizaron las huelgas contra las privatizaciones menemistas, se afanaron un tren y lo llevaron por las mismas vías, casualidad o causalidad fantasmal. Entonces, en todo ese recorrido los andenes se colmaron de paisanos de cada lugar, es decir, hubo una complicidad popular, ya existía lo real maravilloso en aquellos conjurados.

¡Qué sorpresa! La 5557, cansina, comenzó su andar rebelde, hastiada del mal trato, despintada, oxidada, sin grasa que lubrique sus ejes y movimientos, sin aceite, sucia, despreciada, trajinada sin descanso utilizada para uso doméstico, durmiendo a la intemperie, enganchando y desenganchando vagones sin pausa noche y día. Y así, súper explotada, ante tanta utilización descarnada "la María" se enancó en rebeldías y complicidades y silenciosamente se rajó de Palmira. Un libertario maquinista invisible aceleraba su jadeo casi asmático en ese acto de rebelión contra la explotación oxidante de la empresa concesionaria.

ALL, América Latina Logística, es la concesionaria explotadora de esta línea San Martín y el ferrocarril Urquiza, entregados en un principio por obra y gracia de Menem al industrial nacional Pescarmona que, ante el fracaso eficientista, vende su paquete accionario. ALL es la empresa con mayor cantidad de accidentes, es la que más ha destruido la infraestructura ferroviaria. Es una empresa brasilera que recorre gran parte de la geografía argentina, desde la Mesopotamia a Los Andes, transportando sus mercancías sobre una infraestructura que le costó a los argentinos sangre, sudor y lágrimas. Dueña de todos los aires y soles de su recorrido, su zona de influencia es irrespirable por el despotismo. Despóticamente esta empresa dejó a 16 carnales ferroviarios cesantes justo antes de fin de año, todo un aguinaldo maligno. ¿Que han dicho los sindicatos frente a esos despidos? Nada. Todos están preocupados por los aumentos salariales mientras dejan cesantes a compañeros y destruyen los bienes ferroviarios, una concepción política economicista los une. Y ni siquiera han tenido el tino de refutar la figura del sabotaje como tampoco ocurrió en los accidentes de la zona metropolitana, como en Haedo y Constitución entre otros incidentes protagonizados por el hartazgo colectivo de los pasajeros.

La locomotora se rajó de Palmira, mejor dicho, salió pitando silencios, sin conductor, dicen. Acontecimiento fantasmal, fue la primera noticia. Asombro y la invención inmediata de los ejecutivos de la empresa: "sabotaje". El país está plagado de saboteadores, todos los habitantes de Palmira están bajo sospecha, todos los ferroviarios que trabajan en el tren y los desocupados también. Las acusaciones es la mejor manera de ocultar las falencias operativas de los concesionarios. En el caso de ALL, no controló o no sabía de las pérdidas de aire en el sistema de frenado de la 5557, o la falta de juntas en su tanque de reservas de aire comprimido, o la de prever el declive de la playa de maniobras colocándole calzas de contención como se estila. Porque es dable señalar, quizás ALL no lo sepa, que Mendoza está al pie de la cordillera, a más de 600 metros sobre el nivel del mar, y rumbo al puerto todo es pendiente.

Por otro lado ¿Estaba encendida o apagada? Si esas prevenciones no ocurrieron, entonces ¿Quién la puso en marcha? ¿Quién aflojó los frenos? ¿Quién alineó los cambios y señales a través de 230 kilómetros? ¿Quién? ¿Quiénes la vivaron en su gallardo andar? ¿Quiénes se alegraron porque no la pudieron montar para detenerla? ¿Quiénes festejaron su corcoveo insurrecto? ¿Quiénes? ¿Eran saboteadores los habitantes de los pueblos formados a la vera de las vías festejando su paso?

Este es el misterio del adiós que guarda el tren. Ese fenómeno es lo real maravilloso que está anidado en el corazón del pueblo. La María se levantó como un caballo endiablado contra este concesionario malévolo, se ha manifestado contra las concesiones perversas. Es su mérito. Ha decidido desobedecer la continuidad de esta política antipopular ferroviaria. Es una rebelión de carácter nacional ese relincho silencioso, insubordinación popular que anuncia que se aproxima el 60 aniversario de la nacionalización de los ferrocarriles y que se expresa desde los subsuelos enrielados del terraplén. La 5557 nos advierte que el sendero del riel nacional por el que debemos transitar para luchar por la liberación del encorsetamiento privatista ferroviario, aún está vigente. Es el anuncio de lo real-maravilloso, la conjunción carne-fierro, y el lenguaje aquel del ferroviario y el tren que retorna. Porque todos esperamos el tren y la María parada en el andén, en una estación que nadie sabía que existía, nos invita a subirnos a él.

Este hecho, cargado de misterio, tan real como fantástico como toda la historia ferroviaria, tuvo una consecuencia inesperada, comentada por el diario Los Andes de Mendoza:

El caso de la locomotora que anduvo sin control desde Mendoza a San Luis ha derivado en el enfrentamiento político entre ambas provincias. El gobernador puntano Alberto Rodríguez Saá, salió a decir que está enojado con su par mendocino Celso Jaque. El motivo del enfado es nada menos que la locomotora sin maquinista. Rodríguez Saá asegura que no puede creer que desde Mendoza nadie le avisara que un tren sin control se dirigía a su provincia, cosa de montar un operativo de seguridad acorde. Se enteró por los medios.

Y agregó: "Estoy aún más molesto porque siento que el Gobierno de Mendoza, la empresa privada y los responsables del Gobierno nacional que siguieron el operativo, se sacaron el problema de encima y se lo pasaron a San Luis, dejando a la locomotora correr como si no les importara un eventual siniestro en los poblados por donde pasa ese ramal". Pero el gobernador dice que el colmo del desatino fue que: "Ninguna autoridad mendocina se comunicó para agradecer el desempeño de nuestra Policía, Defensa Civil y Seguridad Comunitaria que gracias al valor puesto evitaron una tragedia", y anunció que "dará un reconocimiento público a los operarios de la provincia que colaboraron con la caza de la locomotora descontrolada".

Pero por más que los cacen como a plaga maligna, los trenes volverán:

Los trenes volverán, como vuelven los días, los meses, las estaciones...
Los trenes volverán, para seguir uniendo pueblos, regiones y ciudades...
Los trenes volverán, como van y vuelven los pasajeros, las cargas y mensajes...
Los trenes volverán, simplemente, por el placer de viajar;
como el agua, la luz o el amor, no es posible vivir sin ellos.

Con estas palabras esperanzadoras termina Fernando "Pino" Solanas su film "La próxima estación", una obra maestra del cine documental argentino, donde denuncia con aguda crudeza la estafa operada en la privatización de los ferrocarriles y sus consecuencias desastrosa. Dice Solanas: *Argentina es el único país donde el Estado paga para que se maltrate a los pasajeros. A comienzos de los años 90, las empresas del Estado se privatizaron con la promesa de modernizar sus servicios y brindar mejor atención: los trenes interurbanos fueron suprimidos; miles de pueblos quedaron aislados y un millón de habitantes emigró hacia las capitales. El maltrato al pasajero se hizo norma. Los robos y accidentes se multiplicaron. Con la privatización de las aerolíneas también se eliminaron rutas provinciales y los pasajeros son abandonados en los aeropuertos. Jamás se vivió en el país una crisis del transporte semejante. Al suprimir el 80% de los trenes, el transporte de cargas y pasajeros pasó al automotor. Las carreteras quedaron saturadas y los accidentes fueron en aumento: solo en el 2007 la "guerra del automotor" provocó más de 8.000 muertos y miles de heridos.*

La confusión sobre lo público y lo privado sigue vigente. Los trenes se privatizaron porque daban pérdidas, pero los servicios públicos ¿están para dar ganancias o para servir a la comunidad? ¿Acaso deben dar renta las escuelas o los hospitales públicos? Si los ferrocarriles perdían 1 millón de dólares por día, hoy cuestan 3 millones diarios pero sólo funciona el 20% de los trenes que teníamos antes. Desde entonces siguen los mismos concesionarios: Cirigliano, Romero, Roggio, Urquía, Macri, Techint, la Unión Ferroviaria y las brasileras Camargo Correa y ALL. El Gobierno paga hasta el último salario ferroviario, y todas las roturas y reposiciones de material. Por cuenta del Estado, los concesionarios reparan vagones, locomotoras y estaciones: lo que vale 1 peso es facturado varias veces más. El negocio es cobrar el subsidio estatal.

El ferrocarril no tiene reemplazo:" es el único transporte que puede llegar a destino en las peores condiciones climáticas". Es el medio de transporte más seguro, menos contaminante y más económico. Es 8 a 10 veces más barato que el transporte automotor: una locomotora arrastra la carga de 50 camiones o de 20 ómnibus de pasajeros. Para financiar el "tren bala", que sólo servirá a las capas pudientes de Buenos Aires, Rosario y Córdoba y no transfiere tecnología, el Gobierno pretende endeudar al país por 30 años. Con la mitad de lo que costaría la obra, se pueden reconstruir a nuevo los ferrocarriles interurbanos a las provincias del país, con 7.000 km. de vías para trenes de pasajeros, 11.000 km. para los cargueros y 310 locomotoras nuevas.

La reconstrucción de los ferrocarriles y su industria, es una urgencia económica y una batalla cultural. Después de tanto fracaso, hay que avanzar hacia un modelo de gestión que incluya a los pasajeros, los trabajadores y los transportistas de cargas para construir el "tren para todos": un tren público, cuidado por todos y al servicio de todos.

Paradójicamente, en el tema ferroviario, el Gobierno que ostenta aire de progresista, parece ir exactamente en tren con dirección contraria a lo que la lógica, el sentido común y los intereses nacionales y populares indican. Se estatizó el Correo, Aerolíneas, Aguas Argentinas, la fábrica de aviones, el espacio radiofónico, la administración de los aportes previsionales y el 50 % de las acciones de YPF. Son determinaciones ponderables, pero la reestatización de los ferrocarriles ni siquiera es considerada, siendo un tema tanto o más importante que los demás, que afecta directamente a millones de ciudanos y pequeños y medianos productores, que usan o necesitan sus servicios y es un medio imprescindible para lograr el desarrollo armónico del país. Por el contrario, en este sector se siguen incrementando los subsidios y defendiendo las concesiones, avalándose todo tipo de arbitrariedades y abusos. La gestión privada tiene como único objeto el lucro, esto significa obtener la mayor ganancia con el menor costo. Ésa es la ecuación mas antipopular que existe y justamente va en contra de la naturaleza misma del ferrocarril que es un servicio público masivo y popular.

Los ferrocarriles fueron concesionados pero siguen siendo propiedad del Estado, de todos los argentinos. ¿Por qué un particular tiene que lucrar con los bienes públicos? ¿Por qué, por administrar los ferrocarriles? Si cuando los administraba el Estado lo hacía mejor, a pesar de los negociados, sabotajes y corrupción política que hubo. La prueba está en que con menos recursos llegaba a todo el país con servicios de carga y pasajeros, los ramales se mantenían transitables y los trenes en buen estado, cosa que los privados nunca pudieron hacer; y ocupaba el mil por ciento más de personal, casi nada.

Argentina es un país que necesita que los trenes lleguen a todo el territorio nacional, para que todas las regiones y todos los pueblos tengan las mismas oportunidades de vivir y desarrollarse.

En la actual organización de los ferrocarriles, los subsidios estatales cubren "holgadamente" los gastos operativos, de mantenimiento, reparación, inversiones y sueldo del personal. Por lo tanto, la percepción de pasajes resulta un beneficio neto e inmediato para los concesionarios, y hablamos de más de 3 millones de pasajeros por día, más de mil millones de pasajes vendidos al año.

Pero eso es sólo una de las patas del negocio. Los mismos concesionarios son adjudicatarios de las obras de infraestructura y de la reparación de los vehículos ferroviarios, sospechadas de sobrevaluación en muchos casos. También tienen injerencia en el transporte automotor de pasajeros, igualmente subsidiados por el Estado nacional o el cobro de peajes en las principales rutas. Todos los cuales se vieron beneficiados con la desafección de los servicios ferroviarios.

Los concesionarios de los trenes de carga antes tenían que pagarle al Estado para transportar por ferrocarril, como cualquier vecino, o utilizar medios alternativos más caros. Ahora es el Estado el que les paga para que lo usen a discreción y en exclusividad, ya que no prestan un servicio público, sino que transportan lo que quieren, lo que sirve a sus intereses comerciales, y así obtienen ventajas preponderantes con respecto a los demás sectores.

Los concesionarios metropolitanos de trenes, al manejar los diversos sistemas de transporte, tienen el poder de disponer discrecionalmente porqué medio viaje el grueso de los pasajeros, según su conveniencia. Como también pueden manejar la conflictividad para presionar por mejores tarifas o mayores subsidios en uno u otro medio. Además son contratistas y proveedores al mismo tiempo, pero con los recursos estatales. Es un mecanismo perverso.

Los subsidios y beneficios de todo tipo vienen en continuo aumento desde las concesiones, correspondiéndose con un permanente deterioro de los servicios, las unidades y la infraestructura; producto de la desidia de las empresas, preocupadas únicamente por obtener más y más ganancias con los medios y recursos de todos los argentinos. Tienen una urgencia de saqueo y vaciamiento. Sin duda sus verdaderos intereses están en otro lado, y ésta es nada más que una herramienta de rápida acumulación.

Un ejemplo es el grupo Cirigliano. En el 90 era propietario de dos líneas de colectivos, la 61 y la 62, que hacen el mismo recorrido en sentido contrario, enlazando las terminales ferroviarias de Once, Constitución y Retiro. El grupo, concesiones y subsidios por medio, llegó a tejer un verdadero emporio empresarial: TBA (líneas Sarmiento y Mitre, 77 %), Cometrans (ómnibus y ferrocarriles), Metrovías (ferrocarriles y subtes entre 1994 y 2000), Oppotrans (metro de Rio de Janeiro, entre 1998 y 2007), EMFER (material ferroviario),

TATSA (carrocerías de micros), Transporte Automotores Plaza (líneas,61, 62, 104, 114, 124, 133, 140, 142, 143 y larga distancia), Línea 107, Mayo Transporte Automotor (línea 141), Transporte Mariano Moreno (línea 36), Ecotrans (líneas 136, 153, 163, 253, 317, 321, 322, 503 y 635), Transporte San Vicente (líneas 51, 74, 79, 177, 263A, 385, 403, 435), Transporte Vuelta de Rocha (línea 64), Servicios a la Costa Atlántica, Dumas Cat, Plus Ultra Mercobus, El Rápido Argentino, Expreso Singer, Pasaje Express (agencia de viajes), SIG S.A. (servicios informáticos), Transmedios (publicidad callejera), Lua La Porteña Seguros, Lua Vida, Lua Salud, Lua Mandataria, Invertar (inversiones), Southern Winds (aerocomercial), New Tronic (televisión digital), BCAUSTRAL (inversiones), Yaniel S.A, (agropecuaria), Inveda Inversora S.A: (inversiones), Ibancor S.A. (trasacciones inmobiliarias) y Travel Shop S.A. (marketing).

Importa señalar que Ecotrans efectúa servicios de pasajeros entre Caballito, Merlo y Las Heras, paralelo a las vías del Sarmiento, con varios ramales subsidiarios, cumpliendo la empresa Plaza otros tantos, con lo que el grupo Cirigliano tiene un cuasi monopolio del transporte de pasajeros hacia el oeste del conurbano, todo bajo subsidio nacional.

El crecimiento económico de este grupo, como el de otros, pone en duda la justificación de algunos subsidios estatales, ya que parece más un perverso mecanismo de transferencia de los recursos públicos a privilegiados sectores privados, que un sistema que aporte al beneficio social.

Un dato relevante es que los ramales que explotan los concesionarios privados, los servicios metropolitanos de pasajeros y los principales ramales de carga, eran rentables cuando los administraba Ferrocarriles Argentinos. El déficit que éste tenía obedecía a la explotación de los servicios promocionales, que fueron abandonados, y el pago de deudas internas y externas, sospechadas de indebidas, que fueron absorbidas por el Estado.

La Endiablada

43: El enigmático entramado (2008 –2010)

El diario Crítica de la Argentina, el 08/05/08, con la firma de Damián Glanz, informaba: *El ministro de Planificación, Julio De Vido, con la venia presidencial, reglamentó los estatutos de las sociedades del Estado que se harán cargo de la infraestructura ferroviaria del país. Desde ahora, un funcionario designado por el propio ministro tendrá plenos poderes para disponer, a su criterio, del servicio de trenes. Podrá concesionar nuevos ramales sin llamar a licitación, hacer obras sin concursos públicos de precios, estará autorizado a comprar, alquilar e incluso desprenderse de los millonarios inmuebles que pertenecieron a Ferrocarriles Argentinos y que están distribuidos en todo el país. Todo eso, sin ningún control, salvo el propio: ese mismo funcionario será el encargado de elegir su cuerpo de auditores.*

Bajo el decreto 752/2008, el Gobierno dio a conocer cuáles serán las facultades que tendrán las dos empresas públicas que creó el Congreso durante el verano a pedido de Néstor Kirchner, con el objetivo declarado de reordenar y reactivar el sistema ferroviario. Con esta norma, el Ejecutivo avanzó en su plan para desafectar esos bienes y los servicios que prestan de los controles públicos al que se someten los demás gastos del Presupuesto Nacional.

La Administración de Infraestructura Ferroviaria Sociedad del Estado (ADIF S.E.) y la Operadora Ferroviaria Sociedad del Estado (SOF S.E.) estarán exentas de respetar las leyes de contabilidad, de obras públicas y de procedimientos administrativos. Es decir que podrán disponer de los fondos y los bienes públicos sin que medie la aprobación del Congreso, y sus responsables, por ejemplo, no podrán ser acusados de favorecer a empresas amigas, incluso si lo hacen. Ocurre que el formato de Sociedad del Estado los habilita a contratar en forma directa, con los mismos criterios que las empresas privadas.

La ADIF podrá "otorgar licencias, autorizaciones, permisos o concesiones totales o parciales de sus obras o servicios". En 1989, cuando el ex presidente Carlos Menem impulsó la privatización de los ferrocarriles, fue necesaria una ley del Congreso. La firma de Juan Pablo Schiavi (presidente de la ADIF) estará por encima de las mayorías parlamentarias.

El kirchnerismo destinó en los últimos tres años más de cuatro mil millones de pesos para desarrollar su política ferroviaria, a través de subsidios a las licenciatarias. Y para este año están previstos otros dos mil millones más. La discrecionalidad sobre el destino de ese presupuesto ferroviario ya fue motivo de múltiples quejas por parte de los organismos de control. Desde 2004, la Auditoría General de la Nación objetó en reiteradas oportunidades la utilización de esos fondos. En uno de sus informes, la AGN sentenció: "Se ha verificado la inobservancia de procedimientos adecuados en la gestión de contratación tendiente a garantizar la concurrencia y la igualdad de oferentes; se realizaron contrataciones de bienes y servicios sin el concurso de precios y las rendiciones de cuentas no exponen toda la información requerida". Para saldar los cuestionamientos, el Gobierno resolvió obviar los controles.

¿Quién auditará la actividad ferroviaria? Según el oficialismo, la AGN podrá ejercer su autoridad sobre las nuevas empresas. El problema es que ese organismo sólo revisa las cuentas una vez que los hechos ya ocurrieron. Los controles on line sólo corresponden a los recursos alcanzados por las leyes de contabilidad, obras públicas y procedimientos administrativos. Según la norma, los síndicos que fiscalizarán las actividades de las sociedades serán designados por los funcionarios que responden a De Vido. Además del control contable y de gestión, las nuevas empresas asumirán potestades que pertenecen al ente regulador de la actividad ferroviaria, la Comisión Nacional Reguladora del Transporte: "la gestión de los sistemas de control de circulación de trenes sobre la infraestructura ferroviaria".

El 3 de septiembre del 2008 se producen nuevos incendios e incidentes en el ferrocarril Sarmiento, que tuvieron como epicentro las estaciones de Merlo y Castelar. Los pasajeros enardecidos por las demoras, cancelaciones y maltrato, atacaron a piedrazos la jefatura operativa de TBA en Castelar. Aníbal Fernández, ahora Jefe de Gabinete de la presidente Cristina Fernández de Kirchner, salió a hablar de complot y sabotaje, responsabilizando por los incidentes a partidos de izquierda y hasta a Pino Solanas que justamente estrenaba su película. El funcionario, como tantas otras veces, no aportó elementos que fundamentaran sus acusaciones y la Justicia tampoco los encontró. En realidad los incidentes se originaron por desperfectos operativos de un tren sobreexplotado, sin el debido mantenimiento que el Estado, (es decir todos los argentinos), pagó para que se realice.

Informaba La Nación el 6 de septiembre: *El estado deficitario del sistema de vías, inaccesibilidad para pasajeros discapacitados, irregularidades en la señalización, pasos a nivel en mal estado de conservación y falta de mantenimiento adecuado. Entre otras, éstas son algunas de las observaciones que se mencionan en un informe realizado por la Auditoría General de la Nación (AGN) sobre la empresa Trenes de Buenos Aires SA (TBA), que actualmente opera los ferrocarriles Sarmiento y Mitre. Si bien el estudio fue publicado a mediados de marzo, hoy adquiere una significativa relevancia. Se trata de los mismos reclamos que efectúan a diario miles de pasajeros que utilizan los servicios del ferrocarril Sarmiento y que cobraron actualidad anteayer en una jornada que terminó con graves incidentes, vagones quemados, saqueos y más de una docena de detenidos. Según los datos del estudio de la AGN, "la gestión del concesionario puede caracterizarse como ineficaz, dado que no se observa para el mantenimiento una respuesta técnica acorde al estado en que se encuentran los bienes concesionados".*

Sobre la seguridad pública, el documento señala: "En distintas estaciones de las líneas Mitre y Sarmiento, TBA ha cerrado o anulado accesos preexistentes. Asimismo, se ha detectado la existencia de pasos a nivel no habilitados y en la protección del tercer riel". "A lo expuesto -continúa el informe-, se le suma la circulación de formaciones en la línea Sarmiento con sus puertas abiertas debido al mal funcionamiento de su enclavamiento", una situación que pone en peligro la vida de los pasajeros y que, en consecuencia, también ha sido denunciada por los usuarios en más de una oportunidad.

De hecho, para los auditores de la AGN, "cada una de estas situaciones constituyen riesgos que atentan directamente contra la seguridad de los usuarios del servicio y de aquellos que, de algún modo, tienen contacto con el sistema".

El documento precisa que los pasos a nivel "evidencian déficit en su estado de conservación, observándose que el concesionario no efectúa la normalización de la totalidad de las falencias constatadas por la Comisión Nacional de Regulación del Transporte [CNRT]".

Por otra parte, estima que "el estado general de mantenimiento edilicio de las estaciones que componen las líneas Mitre y Sarmiento, así como el estado de los cerramientos perimetrales es deficitario".

En cuanto al material rodante, la Auditoría apunta que la empresa TBA "no realiza un mantenimiento adecuado" y tampoco "brinda respuesta técnica, en tiempo y forma, a las irregularidades detectadas por la CNRT mediante sus inspecciones de seguridad".

En octubre del 2009, una patota sindical de La Fraternidad agredió a un grupo de integrantes del MONAFE, Movimiento Nacional Ferroviario, que desde hace años viene bregando por la recuperación de los ferrocarriles junto a otras organizaciones sociales y sindicales. El diario Página/12, rescataba las declaraciones del diputado nacional electo Fernando Pino Solanas denunciando el hecho: *"El viernes pasado, la patota del señor Maturano, treinta patoteros, golpearon a cadenazos y patadas a los muchachos, a Dante Miranda y todo un grupo de maquinistas de La Fraternidad que repartían volantes en la estación Retiro"* por oponerse al gremio, sostuvo el cineasta.

Miranda es maquinista de la línea Belgrano y estaba repartiendo volantes con unos 50 compañeros en protesta por los "despidos persecutorios" que vienen sufriendo en la empresa Ugofe y fue atacado por un grupo de personas armadas con palos, cadenas y armas blancas, según se denunció en la comisaría 46 de Retiro.

El líder de Proyecto Sur señaló que en el sector del transporte es todo "tan impúdico" que el estudio privado del procurador general de la Nación Esteban Righi, "que lo lleva adelante su hijo, es quien defiende al secretario general de la Unión Ferroviaria, José Pedraza de las innumerables causas penales que tiene".

"El señor Ricardo Jaime es increíble, ha tenido decenas de denuncias y nueve procesos penales en curso, y seguía siendo secretario de Transporte de la Nación", añadió Solanas, y advirtió que "se denuncian cosas y todos miran para otro lado, esto hay que preguntarle al señor Kirchner, cómo mantuvo a semejante hombre vinculado al delito, vinculado al tráfico de drogas". "¿O nos olvidamos que la Southern Winds era la línea aérea que él apadrinaba, y volaba a una ciudad del sur de Perú que lo único que tiene es exportación de cocaína, y esas valijas iban derecho a Madrid todas las semanas? Todo esto es un escándalo, como todo el manejo del transporte y el manejo de Aerolíneas", planteó.

Consideró que "Argentina puede salir de esto, pero a condición de acabar con las actitudes mafiosas y con una dirigencia que le parece lícito seguir haciendo negocios privados escandalosos con bienes públicos".

El cuestionado Ricardo Jaime había dejado la Secretaría de Transporte después de las elecciones legislativas de junio, donde el oficialismo resultó derrotado. En su lugar se designó a Juan Pablo Schiavi, que venía desempeñándose como presidente de la ADIF, de origen montonero pero parece que bastante pragmático, ya que trabajó con caudillos políticos de todos los signos, Luder, Grosso, De La Sota, Bordon, Macri y Telerman, hasta anclar en el Gobierno de Kirchner de la mano de Julio De Vido, ministro de Planificación Federal.

Schiavi pronto puso como asesor internacional al arquitecto Raúl Kalinsky, quien se desempeñó como Secretario de Obras Públicas del cuestionado ex intendente de la ciudad de Buenos Aires, Carlos Grosso. Kalinsky fue procesado junto a Grosso y otros funcionarios por la causa de la "escuela shopping", al haber convertido en un centro de compras un establecimiento educativo público para niños del barrio de Once, y además es sindicado como uno de los ideólogos del negocio inmobiliario de Puerto Madero. Luego se desempeñó como secretario de Planificación Urbana de la ciudad de Salta, puesto que tuvo que dejar debido a los cuestionamientos de los ediles de aquella ciudad que lo acusaban de aprobar obras vulnerando el código de edificación y el medio ambiente, y haber construido ilegalmente viviendas en terrenos fiscales que luego vendió particularmente con documentación adulterada.

La designación de Kalinsky en la Secretaría de Transporte sería una suerte de devolución de favores, ya que éste, cuando era funcionario de Grosso, designó a Schiavi como secretario de Planeamiento Urbano. A pesar de sus antecedentes, fue comisionado para negociar en Europa la adquisición de trenes usados, algo que se venía haciendo desde el año 2005, para reemplazar las unidades radiadas, que no pudieron ser reparadas por la clausura de los talleres ferroviarios, o fueron vendidas como chatarra dudosamente.

Los periodistas Diego Cabot y Alejandro Rebossio hicieron una pormenorizada investigación en el diario La Nación (19/10/09), donde clarifican sobre esas gestiones: *En el 2005, el entonces secretario de Transporte, Ricardo Jaime, anunció que llegaría material ferroviario rodante usado desde España y Portugal, a cambio de unos 1500 millones de pesos. El dinero se pagó y los trenes llegaron. Sin embargo, los pasajeros que quieren viajar mejor tendrán que tener paciencia. La mayoría de las locomotoras y de los vagones usados no funcionan porque no sólo vinieron en mal estado, sino que, además, hubo dificultades para adaptarlos a la red ferroviaria local.*

De los 150 vehículos que el Gobierno de Néstor Kirchner le compró al de José Luis Rodríguez Zapatero, sólo 29 están en uso; los 121 restantes están parados. Y de los 148 que Kirchner y Jaime le compraron al Gobierno portugués de José Sócrates, únicamente 57 están rodando y 91 permanecen quietos, pese a que arribaron a la Argentina entre aquel año y el 2007. Boulogne, Remedios de Escalada, Gerli, San Martín, Retiro y Chascomús son algunos de los lugares donde se pueden ver los armatostes de acero, muchos de ellos en pésimo estado, que esperan algún destino útil.

No es una tarea sencilla tener un inventario del material ferroviario que se compró. "Recién ahora estamos realizando un listado de todo lo que se compró. Lo está haciendo la Administración Nacional de Infraestructura Ferroviaria (ADIF)", dijo a La Nación una alta fuente oficial.

El relevamiento sobre lo que se usa y lo que está parado responde a una exhaustiva investigación que los especialistas Sergio García y Carlos Skerk publicaron en la última edición de la revista Todo Trenes. La publicación, un medio especializado que lleva 10 años en el mercado, realizó la investigación durante cuatro años, con la ayuda de 10 colaboradores, entre aficionados a los rieles y empleados de las concesionarias ferroviarias. Algunos vagones no se usaron porque eran chatarra; otros, por retrasos en las reparaciones; en ciertos casos no se adaptaron a las condiciones de la red local porque, por ejemplo, se usaron coches de larga distancia para recorridos metropolitanos. Hubo locomotoras que debieron desarmarse para abastecer de repuestos a otras de las que se compraron.

"Es así: no anda nada de lo que se trajo. Además, no hubo ninguna planificación para aceptar los trenes. Hay algunos coches que son fáciles de reparar, pero otros requieren una inversión importante. Y, como si fuera poco, varios de estos vagones o locomotoras están discontinuados en Europa", dijo una fuente que conoce los vericuetos de la operación.

El desbarajuste es tal que en la reciente visita del secretario de Transporte, Juan Pablo Schiavi, a Madrid, el intercambio ferroviario fue uno de los principales temas de conversación. Cuentan que el sucesor de Jaime tiene intenciones de enviar a Madrid a uno de sus colaboradores, Raúl Kalinsky, a negociar una salida para el asunto. "Va a tratar de lograr un compromiso para que España arregle algunos de los coches que ya están acá. Además, se intentará modificar el contrato para que algunos coches lleguen en condiciones de prestar servicios inmediatamente", dijo una fuente oficial.

"La investigación es muy rigurosa", comenta el director del Museo Ferroviario Argentino, Jorge Waddell. "El Gobierno no tiene una política ferroviaria definida y no compra material adecuado. De lo traído de España poco se usa, pero es lo mejor que se compró porque es General Motors. En cambio, de Portugal se trajeron locomotoras English Electric, con tecnología antigua y poco poder de tracción, y las Alstom, que dieron mal resultado. Los coches motores se usan poco y los remolcados, también porque son para larga distancia, y no urbanos o suburbanos. Siempre se criticó la falta de estandarización de los trenes en la Argentina: ahora se compró una variedad de marcas y tipos, pero a cada concesionaria les dieron dos, tres o cinco unidades, con lo que el mantenimiento se hace más oneroso. Todo es parte de los negocios de Jaime para hacer demagogia y arreglar los trenes con empresas amigas", finalizó.

Para el ingeniero con experiencia en empresas ferroviarias Jorge Contestí, del Movimiento Tren para Todos, las compras no fueron en función de una necesidad o un plan. "Fueron compras al voleo", opinó.

En las concesionarias de trenes, que a su vez son dueñas de los talleres ferroviarios más importantes, prefieren mantener la cautela a la hora de hablar de las adquisiciones de Jaime. "Se pueden arreglar. Además, hay algunas que están en buenas condiciones. Otras, directamente, están canibalizadas", comentaron en una de las empresas.

Ramón Duarte, conductor del ferrocarril eléctrico Mitre, describe como "obsoletos" los 70 vehículos estacionados en San Martín o las nueve locomotoras que descansan en Remedios de Escalada. Dice que se han desmantelado locomotoras para conseguir repuestos y ratifica la falta de adaptación de coches con pocas puertas por ser de larga distancia, con diferentes trochas, diámetro de llanta o voltaje.

Carlos Salgado, director de Crónica Ferroviaria, cuenta que hay formaciones "tiradas" en talleres de Gerli, Chascomús, Pérez , Salta y Tucumán. "Hay que poner mucho dinero para hacerlas andar.

Un alto ejecutivo de una de las concesionarias confirmó la información de Todo Trenes: "Mandamos ingenieros a España para ver los coches y nos anticiparon que estaban hechos pelota. Trajeron duplas (dos coches motores) y triplas (dos coches motores y uno remolcado) a las que había que cambiar los motores, pero cuyas fábricas no existían más, había que adaptarles la trocha o cambiar su disposición interna. Pero el Estado no les está pagando a las empresas para hacer las reparaciones, cuyas cotizaciones se hicieron en 2005 y ahora hay que ajustarlas".

En Gerli, por caso, descansan 10 locomotoras plateadas con vivos amarillos. Lucen bien, si se las mira desde un puente que cruza las vías. Pero a no confundirse: a las relucientes máquinas les falta lo principal: el motor que les da potencia.

Cuando el ingeniero Schiavi pasó a desempeñarse como secretario de Transporte de la Nación en lugar de Ricardo Jaime, se designó presidente de la ADIF a José Nicanor Villafañe, quien era hasta ese entonces vicepresidente del organismo. Villafañe proviene del sindicato La Fraternidad, igual que el gerente de Explotación de la ADIF Mario Zamora, hijo de Carlos Roberto Zamora, ex dirigente menemista del gremio.

Según los considerando de su constitución, la ADIF S.E. "tendrá a su cargo la administración de la infraestructura ferroviaria actual, la que se construya en el futuro, su mantenimiento y la gestión de los sistemas de control de circulación de trenes". Pero parece que los muchachos le habrían encontrado otra veta. Un especialista en temas ferroviarios, Carlos Alberto Salgado, relataba en el portal "Crónica Ferroviaria" una nueva mala noticia: "Vuelven los remates" (26/01/2010): *Hace unos días realizando una visita por la página web de la ADIF SE, me pude enterar del llamado a licitación pública realizada por dicha Administración para la "Venta de Material fuera de servicio, en desuso, de rezago, chatarra, material "desmantelado, etc. ubicado en depósitos, almacenes, talleres playas de maniobras, lugares de acopio, obradores, etc. de ADIF en todo el país.*

Leyendo los artículos de dicho llamado a licitación, me detuve principalmente en lo referente a coches y locomotoras, expresando los mismo, lo siguiente:

"Coches": Corresponderán a este ítem todos los coches de transporte de pasajeros y coches de servicio, sin importar el estado en que se encuentren, catalogados como material no recuperable económicamente para la prestación de servicio y aquellos radiados del servicio u obsoletos.

"Locomotoras diesel eléctricas o hidráulicas, coches motores, Locotractores diesel o hidráulicos, coches eléctricos": Corresponderán a este ítem los vehículos, sin importar el estado en que se encuentren, catalogados como material no recuperables económicamente para la prestación del servicio y aquellos radiados del servicio u obsoletos.

"Locomotoras y guinches a vapor": Corresponderán a este ítem las locomotoras y guinches a vapor, sin importar el estado en que se encuentren, y aquellos radiados del servicio u obsoleto".

Si bien se podría estar de acuerdo con la venta de material cuyo estado se encuentra muy deteriorado o por tener mucha antigüedad y por ello ser inconveniente su recuperación por falta de repuestos, etc., y que la recaudación sea destinada al medio de transporte ferroviario; pero creo que hay otro que puede muy bien ser rescatado y modernizado sin que la inversión sea muy grande. Ejemplos hemos tenido muchos, como los trabajos de reacondicionamiento que se realizan en los talleres Junín donde se ha rescatado un coche restaurant (Ferrocentral) que estaba prácticamente desecho y hoy está cumpliendo servicios en dicha empresa. Ni que hablar de la dupla de coches motores Fiat modelo 7131 que fuera recuperado por la empresa Trenes Especiales Argentinos (T.E.A.) en los talleres ferroviarios Paraná por cuenta de la misma. Estos son algunos de los ejemplos que podemos traer, para demostrar que hay material ferroviario en el país que bien puede recuperarse a bajo costo e integrar formaciones que brinden servicios de pasajeros hacia y desde el interior del país, por una infraestructura de vía que en su mayoría se encuentra en pésimo estado y que bien podrán aguantar hasta que se pueda realizar la modernización de los ferrocarriles.

Observando este llamado, espero que el material que se ha traído principalmente de España y que se encuentra estacionado desde hace muchos meses en la playa de Kilo Cinco o en algunos talleres ferroviarios, no esté dentro de la Licitación Nacional que la ADIF puso en marcha, porque la mayoría está en las mismas condiciones que el material nacional que hoy se quiere rematar. Digo, me pregunto, ¿qué diferencia económica hay poner en servicio un material u otro?

Además de las cuestiones que plantea Salgado, habría que preguntarse también sobre las propiedades ferroviarias vendidas por la ADIF, como en la provincia de Santa Fe: ¿Se justificaban las ventas?, ¿Se hizo un estudio para determinar su utilidad o no?, ¿Cuánto se recaudó?, ¿Qué destino tuvieron esos fondos?. Todas las dudas que se plantean, la autonomía desmedida, la falta de control, el vínculo de la dirección de la ADIF con las cuestionadas cúpulas sindicales, constituyen una combinación muy poco fiable. Cuando se confunde la "función de administrar" con la "vocación de vender" la cosa se vuelve peligrosa, porque se trata, ni más ni menos, que del patrimonio nacional de todos los argentinos, que puede comprometer nuestro futuro. Tomemos un ejemplo: El ferrocarril Sarmiento, en la zona metropolitana, tenía 4 playas de maniobras utilizadas a pleno cuando la línea era del estado. Haedo, la más importante, Caballito, Merlo y Moreno, más 4 vías de escape entre Liniers y Villa Luro. Todas hoy prácticamente han desaparecido, ya que no eran utilizadas por el operador privado TBA. Si el ferrocarril se reactivara, entonces esas instalaciones serían imprescindibles, pero ya no estarán, y no será posible su reconstrucción porque los terrenos fueron cedidos para ser utilizados con fines ajenos al medio. El caso de Haedo es emblemático porque es el nudo de intercambio de todas las líneas. Son daños irreparables, como lo son también el desguace irresponsable de las unidades tractivas y remolcadas, como lo fueron el levantamiento de ramales y el desmantelamiento de los talleres ferroviarios.

44: La mafia en el riel (2010 –2011)

El 20 de octubre del 2010, un centenar de trabajadores ferroviarios terciarizados de la línea Roca, que habían sido despedidos y que desde julio venían protagonizando protestas reclamando su reincorporación y pase a planta permanente, resolvieron efectuar un corte de vías en la estación Avellaneda, apoyados por partidos de izquierda. Pero no pudieron concretar su cometido debido a la presencia de policías y una agresiva patota de la Unión Ferroviaria que lo impidieron. Ante esto decidieron marchar por las calles hacia la Capital federal, cruzando el puente Bosch siendo hostigados permanente por la patota sindical que arrojaban piedras desde el terraplén del ferrocarril y la policía que sacudía con balas de goma.

A la altura de la estación Hipólito Yrigoyen deciden alejarse unas cuadras de las vías a los efectos de librarse del hostigamiento y poder realizar una asamblea para decidir los pasos a seguir. La patota también abandona las vías y persigue a los manifestantes, pero se topan con un cordón de la Policía Federal que los detiene. Los manifestantes resuelven desmovilizarse marchando hacia la avenida Vélez Sarsfield. En ese momento la policía se abre permitiendo que los patoteros avancen emboscando a los manifestantes, entonces algunos de sus integrantes extraen armas de fuego y efectúan disparos a mansalva sobre los manifestantes hiriendo a cuatro de ellos. Mariano Ferreyra, de 23 años, con un tiro en el abdomen, muere cuando era trasladado al hospital Argerich, Elsa Rodríguez, de 60 años, madre de 7 hijos, recibió un impacto en la cabeza, siendo internada en estado de coma con pronóstico reservado, Nelson Aguirre y Ariel Pintos recibieron heridas sin peligro para sus vidas.

Mario Wainfeld escribió en Página/12 sobre este gravísimo hecho: *Mariano Ferreyra, un estudiante y militante popular de 23 años, fue asesinado a plena luz del día ante cientos de personas, en la Capital, con policías federales cerca o al lado. Demasiada sangre ha corrido en la Argentina, en especial de jóvenes*

Estremece la repetición, induce a pensar en regresiones eternas, en prioridades absolutas que no se garantizan. Un homicidio tiene autores materiales y eventuales instigadores, urge identificarlos. En ese sentido fueron correctas las prontas declaraciones de la presidenta Cristina Fernández de Kirchner y del jefe de Gabinete, Aníbal Fernández. El Gobierno condenó inmediatamente el crimen y se comprometió a dar pronto con sus "autores materiales e intelectuales". De cualquier manera, esa respuesta, imprescindible, sería parcial e imperfecta. Cumplir con la ley penal no bastará: no ocurrió un crimen común, sino uno político, respecto del cual rigen otras reglas, presunciones y exigencias.

Claro que es imperioso dar con los autores del homicidio y someterlos a proceso, en el que regirán todas las garantías para los acusados. Pero también estarán bajo la lupa los sospechosos de responsabilidades gremiales, empresariales, públicas o de gestión. Para ellos no valen las normas penales: Si se los acusa con algún fundamento deben probar su inocencia. En la arena pública se invierte la carga de la prueba. Los líderes de la Unión Ferroviaria (UF), los sindicalistas que son sus aliados, la Policía Federal y las autoridades que la conducen deben demostrar que obraron con apego a la ley, que no coadyuvaron ni instigaron el ataque armado, que no fueron negligentes para evitarlo.

Todas las pruebas conducen a la patota de la Unión Ferroviaria (UF). Los testigos, las imágenes difundidas por televisión, las crónicas periodísticas, los muestran en plan de ataque. Un dirigente de la UF, Pablo Díaz, se autoinculpó con brutal franqueza, seguramente sin quererlo. Reivindicó para un gremio el uso de la violencia legítima (que es monopolio del Estado) al proclamar que no dejarán cortar las vías. Esa conducta es ilegal, un ejercicio "justiciero" por mano propia. El comunicado de la UF también perjudica a sus firmantes. Nula contrición y autocrítica, sólo para empezar. Y una "confesión" inverosímil: se asume haber portado elementos agresivos pero no armas de fuego. La excusa es, a la luz de los hechos, una cínica afrenta a la inteligencia. Se pretende que hubo un enfrentamiento entre dos grupos: uno calzado, el otro con palos. Pero todas las balas, lanzadas con ímpetu homicida, impactaron en el cuerpo de los presuntos agresores.

El sentido común, que hace sinergia con la trayectoria de los sospechosos, pone en el banquillo a los hombres de la UF. ¿Militantes, barrabravas, trabajadores puestos a matones? A veces la línea entre esas categorías es menos clara que su enumeración. De cualquier forma, tanto da: en este trance obraron como una patota más profesional que enardecida.

Los popes de la Unión Ferroviaria, empezando por su secretario general José Pedraza, son sospechosos de primer nivel. Es la suya una historia de decadencias, que los llevó del sindicalismo combativo contra la dictadura al entreguismo en los noventa, de la presencia en las calles a sillones de directorio, de poner el cuerpo a escudarse en grupos de choque, de ser representativos a perder legitimidad, defendiéndola con chicanas legales o con manoplas.

Cuesta creer, porque es disparatado, que los "muchachos" de pechera verde que se dejaron ver, ostentando prepotencia y aguante, fueran una patrulla perdida. La conducción gremial es responsable por las personas que encuadra, por quienes la representan o invocan su autoridad.

Menos ostensibles, los empresarios del sector también deben ser escudriñados. La tercerización, la supresión de garantías legales básicas son herramientas habituales, de las que se valen para potenciar su lucro y disminuir sus responsabilidades legales y sociales. Sus cómplices y eventuales socios, los sindicatos amarillos y vaciados, tienen más culpa porque abandonan a sus compañeros de clase. Pero las patronales que se valen de ilegalidad y apañan la violencia que los favorece también deben ser puestas en cuestión.

Muchos manifestantes denunciaron que hubo una "zona liberada" por la Policía Federal para dejar hacer a los atacantes homicidas. Otros observadores, más cautelosos, mencionan una grave negligencia al no tener efectivos suficientes para impedir el enfrentamiento, como sí se hizo en las vías, en provincia. La negligencia o las zonas liberadas son conductas recurrentes de los uniformados. Las fuerzas de seguridad dejan mucho que desear en su comportamiento cotidiano, las sospechas aluden a conductas preexistentes, no a una fantasía ocasional. Los federales deben ser investigados, seguramente por autoridades ajenas a la fuerza donde prima un nefasto espíritu de cuerpo. El propio Gobierno, que en general le concede a la Federal una confianza que no se corresponde con sus desempeños visibles, deberá extremar el activismo y comprender que, cuando se derrama sangre de argentinos, rige la máxima de la mujer del César. Toda muerte joven es una tragedia, todo asesinato lo es por partida doble. Ninguno cobra sentido merced a acciones ulteriores, porque cada persona es única y cada vida irreparable.

Pero conmociones atroces suscitan, en sociedades complejas y vivaces como la Argentina, cambios postergados. Así sucedió con el asesinato del conscripto Omar Carrasco y el servicio militar obligatorio, por ejemplo. El homicidio del joven Ferreyra debe, necesariamente, reavivar el debate sobre el sistema sindical argentino, la dudosa legitimidad de algunos de sus emergentes, la imperiosidad de reconocer nuevas formas de representación o agremiación, centrales alternativas. Y también desmadejar la perversa trama de la actividad del transporte de pasajeros, en la que gremialistas, patrones y empresarios suelen usar "los tres sombreros", demasiado entreverados, demasiado cercanos. La vida humana es un límite infranqueable, deslinda fronteras.

Intervinieron en la causa la fiscal Cristina Caamaño, reemplazada luego por el fiscal Fernando Fiszer, y la jueza Wilma López. Se tomaron declaraciones, recolectaron numerosas pruebas, realizaron varios allanamientos y ordenaron la detención en primera instancia de Pablo Díaz, dirigente nacional de la UF que habría comandado el grupo agresor y a Cristian Favale, barrabrava del club Defensa y Justicia, y a los afiliados de la Unión Ferroviaria Juan Carlos Pérez, Jorge Daniel González, Francisco Pipita, Gabriel Sánchez y Guillermo Uño, como partícipes primarios, habiendo varios sospechosos más y la probable imputación de asociación ilícita.

En su comunicado oficial, según Página/12, la empresa UGOFE sostuvo que *"agrupaciones políticas hostiles intentaron ocupar las vías en la estación Avellaneda con el objeto de interrumpir el servicio de trenes, y fueron disuadidos por empleados y la fuerza policial, luego de lo cual ocurrieron incidentes fuera del ámbito de jurisdicción ferroviaria"*. La empresa no habla de trabajadores despedidos que se manifestaban sino de agrupaciones políticas que califica de "hostiles", dice que fueron disuadidos, pero a piedrazos y balas de goma y de plomo, y avala el accionar de los trabajadores, no afectados a tareas de seguridad, para reprimir la manifestación, lo cual la convierte en cómplice importante de los delitos cometidos; ya que además habría otorgado "licencia gremial" a los agresores, que salvo en contadísimos casos, no tenían ningún tipo de representatividad legal para corresponderles ese beneficio. UGOFE, con participación de los operadores privados de las otras líneas, es una empresa con injerencia pública bajo directa responsabilidad de la Secretaria de Transporte de la Nación.

Clarín, con la firma de Daniel Santoro, mencionaba que: *Los negocios familiares y las complicaciones judiciales del titular de la Unión Ferroviaria, José Pedraza, son como el telón de fondo del asesinato de Mariano Ferreyra. Estos negocios permiten crear una caja para mantener afiliados y financiar la vida política del sindicato.*

Cooperativa Unión Mercosur: El delegado opositor Flavio Bustillo afirmó a Clarín que Maximiliano Pedraza (hijo de José Pedraza) "integra esta cooperativa que reemplaza durmientes y vías en la línea Roca". Sus contratos son avalados por la Unión de Gestión Operativa Ferroviaria de Emergencia (UGOFE) que administra el Roca y otras líneas. La cooperativa fue creada en el 2007 y la preside Raúl Castellano (directivo nacional de la Unión Ferroviaria).

Belgrano Cargas: El diputado de la Coalición Cívica, Horacio Piemonte, denunció a Pedraza, junto con el ex secretario de Transporte Ricardo Jaime, en una causa por el manejo irregular de subsidios del Estado El fiscal Gerardo Pollicita ya imputó a Jaime y aún debe resolver la situación de Pedraza y otros denunciados. Se investiga el pago de subsidios por más de 10 millones de pesos para obras cobrados en base a facturas truchas detectadas por la AFIP. Son facturas pagadas entre el 2003 y el 2005. La denuncia incluye a Claudia Isabel Coria, actual mujer de Pedraza y secretaria del consejo directivo del Belgrano Cargas.

Caso sepelios: La Cámara del Crimen porteña procesó a Pedraza y a otro directivo de la UF, Adolfo Argüello, entre otros, por la retención indebida de dinero de los ferroviarios para pagar futuros servicios fúnebres y el desvío de 30 millones de pesos entre 1993 y 1998. El procesamiento por administración fraudulenta se dictó en el 2000 en base a una denuncia del entonces fiscal general Norberto Quantín y la fiscal Graciela Gils Carbó. Pedraza retenía 5 pesos (o dólares) de los sueldos de los ferroviarios para un fondo de sepelio en base a un contrato firmado con la Asociación Mutual Intersindical de Recíproca Asistencia y Protección Integral (AMIRAPI). Esta, a su vez, subcontrató a Parcelas Privadas. En las indagatorias, uno de los imputados habló del "pago de retornos" por los 55 millones de dólares que cobró AMIRAPI. Pero, según el fiscal, "AMIRAPI jamás contrató un cementerio parque pero sí a la empresa de taxis aéreos "Líneas Aéreas CAS". Sin embargo, "ningún muerto pudo darse el gusto de viajar en avión ya que nunca proveyó un servicio". El fiscal sospechaba que el avión, en realidad, se usó para llevar directivos de la Unión Ferroviaria a Punta del Este.

Mafia de los medicamentos: La ex ministra de Salud Graciela Ocaña confirmó anoche a este diario que la administradora Nosal, manejada por Néstor Lorenzo, "de la obra social bancaria es la misma de la Unión Ferroviaria". Casualmente, el juez federal Norberto Oyarbide ayer allanó Nosal por el caso de la Bancaria.

Caso Banco Mundial: En el 2007, el fiscal Carlos Stornelli denunció irregularidades en el uso de un crédito de 285 millones de dólares del Banco Mundial para la reconversión de las obras sociales. Entre las obras sociales denunciadas estaba la de la Unión Ferroviaria que usó parte del dinero para pagar tareas de asesoramiento de empresarios conocidos o amigos de los sindicalistas.

El 21 de febrero del 2011, José Pedraza fue detenido en su departamento de un millón de dólares en Puerto Madero, siendo detenido también el segundo de la Unión Ferroviaria, Juan Carlos "el gallego" Fernández, requisándose documentación en el domicilio de ambos. Pedraza cargó además con otra acusación, intento de soborno a un juez para zafar de la cárcel.

Tren nacional por la paz y la no violencia. Foto Satélite Ferroviario.

45: Vías que matan (2011)

El 16 de febrero del 2011 se produjo un serio accidente cerca de la estación San Miguel de la línea San Martín, cuando una formación de la empresa Ferrobaires con destino a Junín chocó a otra de atrás de la empresa UGOFE, resultando fallecidos cuatro pasajeros y 70 heridos, 15 de ellos de gravedad. Inmediatamente el Ministro de Planificación Federal, Julio De Vido, acusó a la empresa Ferrobaires.

Trascendió que la locomotora de Ferrobaires tenía un poder de frenaje del 60 %, y además 2 sistemas de frenos anulados, el de emergencia del conductor conocido como Hombre Muerto y el de emergencia del ayudante trabado con candado. Pero además las muertes y la mayoría de los heridos se produjeron en la formación de UGOFE, dos vagones más delante de donde colisionó la locomotora. Allí los coches se arrugaron como papel porque estarían refaccionados con material de inferior calidad a los recomendados por el fabricante. Sin embargo el juez Juan Manuel Yalj responsabilizó casi exclusivamente a los conductores de Ferrobaires, salvando la culpabilidad de los concesionarios de UGOFE y del Gobierno que debía controlar.

El 2 de mayo del 2011 descarriló un tren eléctrico de la línea Sarmiento cerca de la estación de Flores. Los pasajeros hartos, reaccionaron con ferocidad quemando 10 vagones de 5 formaciones en las estaciones de Haedo, Ramos Mejía, Ciudadela y Liniers. El jefe del Gabinete nacional, Aníbal Fernández, coincidiendo con la empresa TBA, salió a decir que se trataba de un sabotaje, responsabilizando del mismo al Movimiento Proyecto Sur que lidera Pino Solanas y a sindicalistas del riel. Según el funcionario y la empresa, alguien sacó la unión entre rieles (eclipsas) de una vía durante la noche para provocar el descarrilamiento.

Para sacar las eclipsas tienen que intervenir varias personas muy prácticas en la tarea, tener herramientas especiales y una temeridad a toda prueba para trabajar en plena noche, a oscuras y en vías electrificadas con 800 voltios. Además el tren no debería descarrilar por eso, si los soportes a los durmientes estuvieran en buen estado. Es más razonable suponer que el siniestro se produjo por el pésimo estado de las vías debido a la falta de mantenimiento adecuado, como lo denunciaron los empleados del ferrocarril que son los que conocen y padecen esa situación.

El periodista Nacho Girón realizó en el programa La Cornisa, América TV, 08/05/11, un informe determinante, donde muestra el riel roto donde se produjo el accidente que literalmente se descabezó por fatiga del material, rescatando además el testimonio de los trabajadores, y mostrando el estado calamitoso de las vías con rieles del año 1929, y eclipsas y durmientes que resultaban terroríficos de solo verlos.

Además del peligro a los que sometía diariamente a los pasajeros por su desidia, TBA le agregó otro, tanto o más grave, que atentaba no solo contra usuarios y trabajadores, sino también contra todo ser vivo cercano a las vías, lo que fue denunciado por el Diario El 1 que publica la Universidad Nacional de La Matanza (06/06/2011): *Una amenaza silenciosa e imperceptible, casi invisible. Eso es lo que esconden los terrenos que atraviesan la ex línea Sarmiento, medio de transporte que diariamente utilizan más de 300.000 pasajeros. Es que, para desmalezar esas parcelas, TBA, empresa concesionaria del servicio, rocía los terrenos con glifosato, un herbicida que puede acarrear graves consecuencias sobre la salud de quienes entran en contacto con él.*

Aunque la empresa aplica el producto en zonas urbanas, el glifosato es un agroquímico pensado para ser usado en el campo. El problema es que estudios científicos recientes demostraron que este herbicida puede resultar nocivo para las plantas y los animales cercanos a los lugares en donde se utiliza e, incluso, para la salud humana. "Las aplicaciones se hacen en las vías para evitar que se desarrollen malezas, que se compacte la piedra y que se tapen señales, lo que podría causar accidentes. La periodicidad en el uso es de veinte días, durante los meses más críticos", esgrimieron a El1 desde TBA. "Los productos que utilizamos están autorizados por el SENASA, y la Secretaría de Agricultura y la Organización Mundial de la Salud (OMS) no los tienen señalados como riesgosos", completaron. Siguiendo esta lógica, este medio se contactó con integrantes del Servicio Nacional de Salud Animal (SENASA), quienes negaron el argumento de la empresa ferroviaria. "SENASA no autoriza a emplearlo, sino que registra el producto, pero, luego, la aplicación corre por cuenta de quien lo usa, que tiene que cumplir con las condiciones adecuadas. Si TBA dice que SENASA autoriza el uso de glifosato, está mintiendo. No es un producto apto para zonas urbanas", desmintieron desde ese organismo nacional.

En el caso del uso de glifosato por parte de TBA, la acción de la asociación civil Centro Oeste de Estudios Políticos y Socioambientales (COEPSA) fue protagónica. "Nosotros nos enteramos del problema con este tóxico porque se filtró en las napas que iban a parar a las cuencas de los arroyos, entonces, decidimos actuar", explicó Adriana Córdoba, una de sus integrantes. A raíz de estos descubrimientos, COEPSA presentó, en julio de 2009, un proyecto de ordenanza en Ituzaingó, Morón y Hurlingham para que se prohíba el uso de ese herbicida y de otros agroquímicos derivados. "Como ONG, propusimos los fundamentos de esa ordenanza para generar conciencia en las autoridades, pero hay cosas que dependen de los Ejecutivos municipales y de distintas leyes nacionales y provinciales que, también, están durmiendo, porque no hay decretos reglamentarios para su aplicación", criticó Córdoba.

Teniendo en cuenta esta situación, El1 dialogó con las comunas afectadas por las fumigaciones que se efectúan en los terrenos ferroviarios administrados por TBA. Ordenanzas inconclusas y un vacío legal constituyen el panorama general.

Andrés Carrasco es especialista en biología molecular, investigador principal del Consejo Nacional de Investigaciones Científicas y Técnicas (CONICET) y director del Laboratorio de Embriología Molecular de la Universidad de Buenos Aires (UBA). Este científico, con una carrera de más de 30 años, fue quien en 2009, confirmó el efecto letal que el glifosato causa en embriones. En diálogo exclusivo con El1, Carrasco explicó los alcances tóxicos de esta sustancia y criticó el "criterio desalmado" de la empresa al elegir este método de poda: "Me parece que no hay que jugar con estas cosas en zonas pobladas, porque se están usando sustancias que pueden producir intoxicaciones agudas y daños a las personas, en lugares en donde no tiene ninguna justificación hacerlo. Es absolutamente innecesario y responde a una economía de recursos, porque así, necesitan menos gente trabajando y no utilizan maquinarias, ahorran dinero y lo hacen más rápido. Aquí, lo que aparece es que el factor económico es lo que prima. Se puede utilizar otros métodos, no hay necesidad de usar estos venenos. La inhalación puede traer trastornos agudos y problemas respiratorios, de dermatitis y digestivos. Sé de personas del Conurbano que han sufrido el impacto, que han visto cómo se destruyen sus jardines, y otras consecuencias que demostraban que, en esos lugares, se estaba empleando veneno" (Melisa Marturano y Gaspar Grieco).

El mismo hecho fue denunciado por organizaciones y vecinos de otras zonas servidas por TBA, como Mercedes y Vicente López. El portal FOCO dice: *El glifosato, es un herbicida de amplio espectro, no selectivo, utilizado para matar malezas (pastos anuales y perennes, hierbas de hoja ancha y especies leñosas). Creado en la década del '60, es el principio activo del Roundup (nombre comercial del herbicida de Monsanto) con la que se fumigan cultivos transgénicos de soja, maíz y algodón. Este tipo de cultivos resisten al compuesto, sólo porque están preparados genéticamente para hacerlo. Es absorbido por las hojas, y ejerce su acción herbicida a través de la inhibición de varias enzimas, impidiendo de esta forma que las plantas elaboren tres aminoácidos aromáticos esenciales para su crecimiento y supervivencia. Para aumentar su eficacia, el glifosato debe ir acompañado de otras sustancias que no están especificadas en la etiqueta que producen mayor toxicidad aguda.*

El glifosato mata plantas autóctonas y en peligro de extinción, contamina el suelo y las aguas superficiales y subterráneas, y además a los seres vivos. La Agencia de Protección del Medio Ambiente de Estados Unidos (EPA) determinó que tras llegar al suelo, el glifosato es fuertemente absorbido. De allí que si bien es altamente soluble en agua, la sustancia permanece en las capas superiores del suelo y tiene una vida media de más de 60 días (lo que tarda en ser descompuesto por microorganismos), hallándose incluso hasta un año después.

Las plantas que no mueren, absorben el glifosato y se encuentran en las partes utilizadas como alimento (fresas, moras azules, frambuesas, lechugas, zanahoria y cebada, etc.)

La toxicidad de estos productos (glifosato puro y fórmulas compuestas-Roundup) es mayor en casos de exposición dérmica (la piel tiene la capacidad de absorber sustancias) e inhalatoria (respirando en ambientes intoxicados por glifosato), aunque también en casos de ingestión.

Para la salud humana los mayores riesgos que trae el glifosato son: daños genéticos (en células sanguíneas), trastornos reproductivos (reducción de espermatozoides, abortos, malformación fetal), toxicidad subaguda (lesiones en glándulas salivales), toxicidad crónica (inflamación gástrica, problemas respiratorios, alergias), efectos cancerígenos y contaminación de alimentos. Los síntomas de envenenamiento que produce el glifosato incluyen náuseas y mareos, irritaciones dérmicas y oculares, edema pulmonar, descenso de la presión sanguínea, reacciones alérgicas, dolor abdominal, pérdida masiva de líquido gastrointestinal, vómito, pérdida de conciencia, destrucción de glóbulos rojos, cardiopatías y complicaciones renales.

En la actualidad, el glifosato es el agrotóxico pilar de la industria sojera. En el año 2007, Argentina fue el segundo productor mundial de cultivos trans-génicos con 19.1 millones de hectáreas.

En las zonas rurales del país el glifosato es aplicado a través de fumigaciones terrestres y aéreas, lo que conlleva un gran peligro para la salud de las personas que viven allí, las cuales son rociadas junto a sus casas, el agua, la tierra y los cultivos no transgénicos. Por otro lado, el viento esparce el tóxico en largas distancias.

Cuando el Centro de Investigaciones en Biodiversidad y Ambiente (Ecosur), el Hospital Italiano Garibaldi de Rosario, la Universidad Nacional de Rosario, el INTA, el Colegio de Ingenieros Agrónomos y la Federación Agraria Argentina, emitieron un informe acerca de las consecuencias sobre la salud se comprobó la fuerte correlación entre los casos de cáncer, leucemia, lupus y otras graves afecciones halladas en seis pequeños pueblos del área sur y central sojera de Santa Fe, con la localización de las máquinas de fumigación, depósitos de agrotóxicos, silos.

Desde hace varios años, la empresa de ferrocarriles TBA está utilizando agroquímicos tóxicos para los humanos (entre ellos el glifosato) con el fin de mantener desmalezados los terrenos próximos a las vías del ramal Retiro-Tigre y es muy probable que en otros.

Los terrenos fumigados son adyacentes a viviendas, comercios y plazas a las que habitualmente asisten niños, los cuales están más expuestos que los adultos. Como mueca trágica, tiempo atrás se crearon plazas (como el de la calle San Martín y las vías o la calesita de la estación de Vicente López) con "juegos ecológicos" cercanas a las vías. La nube tóxica generada por las fumigaciones atraviesa el alambrado depositándose en la superficie de los juegos. Los bebés los tocan y se llevan sus manos a la boca. De esta forma el veneno viaja al tubo digestivo.

Las plantas y animales también se ven perjudicados. La vegetación verde, que normalmente crecía a los costados de las vías, se transformó primero en hilos negros y luego desapareció misteriosamente, se desintegró. La Municipalidad de Vicente López denunció que el glifosato alcanzó a dos ombúes con más de ciento cincuenta años y se han secado, fuera de otros árboles, flores y plantas en general. Está sucediendo un impacto ambiental que afecta a la biodiversidad del ecosistema urbano y a la cadena trófica.

Vecinos y organizaciones de Vicente López, amparándose en el Artículo 41 de la Constitución Nacional, el punto 10.5 del Contrato de TBA, la Ley de Pesticidas 10.699 y el decreto reglamentario Nº 499. Exigen un Recurso de Amparo donde se prohíban las fumigaciones, tanto terrestres como aéreas, en zonas pobladas.

El 13 de septiembre, nuevamente TBA y el Sarmiento fueron noticia. En la estación Flores a la madrugada, se produjo uno de los accidentes más tremendos de los últimos tiempos. Un tren proveniente de Once atropelló un colectivo aplastándolo contra el andén, descarrilando y chocando de frente con otra formación que se estaba deteniendo en la estación. Tanto los trenes como el colectivo llevaban gran cantidad de pasajeros. Hubo 11 muertos y 230 heridos. Milagrosamente no fueron más considerando la magnitud de la colisión. En esta ocasión, la empresa TBA responsabilizó al conductor del colectivo, fallecido en el accidente, asegurando que la barrera funcionaba perfectamente. El secretario de Transporte de la Nación, Juan Pablo Schiavi, inmediatamente reafirmó por todos los medios lo manifestado por la empresa.

Sin embargo luego los canales de televisión transmitieron las imágenes tomadas por las cámaras de seguridad de la Policía Metropolitana en momento del accidente donde claramente se ve que la barrera donde se produjo el siniestro estaba a 45 grados. La barrera solo puede estar baja (horizontal) o elevada (vertical). A 45 grados no indica nada, es señal de que funciona mal. Sin dudas ese debe haber sido el motivo por el que el chofer del colectivo la traspasara, presionado además por la rigidez horaria que le impone la empresa. Los vecinos manifestaron que hacía días que se daba esa situación.

El secretario de Transporte, como funcionario público, primero debió haber esperado que se expida la Justicia y colaborar con esta en la investigación, antes de emitir una aseveración pública. Por otro lado, tratándose del mayor responsable del transporte, su deber era controlar que las empresas cumplan las pautas de seguridad, y procurar la protección de los usuarios.

Quizás todo esto esté relacionado con la sospechosa detención del dirigente de la Unión Ferroviaria del Sarmiento Rubén "el Pollo" Sobrero y otros, el 30 de septiembre. Dice Página/12 (01/10/11): *En la causa por los incendios de trenes en Haedo, Ramos Mejía y Ciudadela (el 2 de mayo), hubo en su momento dos personas procesadas: Alan Skrobacki y Víctor Martínez. El primero se habría presentado ante el juez el 14 de septiembre (un día después del accidente de Flores), declarando que fue contratado para producir el incendio por Leonardo Portorreal, un dirigente que fue vocero de la lista de delegados del Sarmiento, pero hace 5 años se recibió de docente y ya no trabaja más como ferroviario ni milita en el gremio. No está claro si el juez Juan Manuel Yalj incorporó otro elemento a la pesquisa, pero sobre esa base ordenó las detenciones.*

Sobrero es delegado y líder desde el 2001 de la lista Bordó de la UF. El centro de su actividad siempre fue el sindicalismo y, en especial, el enfrentamiento con la corriente conducida por Pedraza. Ningún antecedente lo vincula con la quema de trenes, siempre planteo un duro repudio frente a los atentados.

Más allá de las pruebas que surjan del expediente, de todas maneras llama la atención los procedimientos. El juez ordenó la detención el viernes, estando de licencia, y de inmediato anunció que le tomará declaración recién el lunes. O sea, que la intención del magistrado era tenerlo preso todo el fin de semana, incomunicado. Era obvio que Sobrero, uno de los sindicalistas de oposición más reconocidos, no desaparecería de su lugar de trabajo y actividad, como no lo hizo en la última década. Según fuentes del Ministerio de Seguridad, el propio juez ordenó que el procedimiento fuera hecho por efectivos de Delitos Complejos de la Policía Federal, que "no usa uniforme, sino que actúa de civil". Y además, también ordenó que fuera a las seis de la mañana "para asegurar la discreción". Sorprende la lógica del magistrado: ¿por qué recurrir a personal de civil y prácticamente de noche? (Raúl Kollmann)

Desde 2001, Sobrero y la lista Bordó fueron reelegidos cada dos años por amplia mayoría, y tras diversas luchas lograron que los salarios pasaran de ser de los más bajos de la historia a los mejores pagos del sector y además no hubo más despidos en el Sarmiento. Y adjudican las conquistas logradas al hecho de que impusieron la elección por asamblea de sus representantes paritarios, cargo que ganó Sobrero en todas las ocasiones. En los intensos conflictos de 2003 y 2005 en defensa del convenio colectivo, la Bordó se negó a firmar los acuerdos si no eran votados en asambleas.

Hace 6 años Sobrero fue acusado por Aníbal Fernández de haber protagonizado los incidentes derivados de la furia de los pasajeros por el mal funcionamiento de los trenes, pero al momento de los desmanes Sobrero estaba en Mar del Plata en las marchas de repudio al ex presidente norteamericano George Bush y nunca se probó la responsabilidad del delegado en los hechos. (Adriana Meyer).

El Jefe de Gabinete, Aníbal Fernández, elogió que el juez Yalj haya tramitado la denuncia que el Gobierno nacional radicó contra dirigentes sindicales por la quema de vagones del ferrocarril Sarmiento. (Página/12). Fernández aseguró que la detención de Sobrero se produjo porque el juez "tiene pruebas suficientes" para hacerlo y deslizó que "tampoco Fernando "Pino" Solanas es ajeno al hecho" (NA).

En principio, la acusación de alguien, aunque sea el jefe de Gabinete, no sería razón suficiente para detener a personas, sino la existencia de "semiplena prueba" como lo establece la ley, y además la sospecha firme que pueda profugarse, entorpecer la investigación o resultar peligroso para la sociedad, condiciones que no parecían concurrentes en este caso. Por otro lado surge el interrogante de cómo el funcionario conocía la causa habiendo secreto de sumario.

Sectores sindicales y políticos de todos los signos repudiaron duramente las detenciones, acusando al Gobierno nacional de pretender criminalizar la protesta social. El comunicado de la CGT fue tajante: *"Llama la atención la facilidad con que la Justicia actúa sobre los dirigentes gremiales cualquiera sea su trayectoria o ideología política en un país donde los narcos, los apropiadores de bebés, los abusadores de menores, los que saquearon a la Argentina, los que hace espionaje a los vecinos, los traficantes de armas, los corruptos, los que defraudan al Estado y al pueblo parecen tener otra consideración y otra suerte".*

Finalmente el martes 4 de octubre los detenidos fueron liberados. El fiscal de la causa, Jorge Sico, calificó las pruebas contra Sobrero y los demás detenidos como "muy endebles".

A raíz del accidente de Flores, las autoridades nacionales anunciaron por tercera vez el soterramiento del ferrocarril Sarmiento para eliminar los pasos a nivel entre Once y Moreno. El proyecto, que resulta necesario ya que en zonas urbanas de tráfico intenso no tendría que haber cruces a nivel, tiene sin embargo sus facetas controvertidas. Plantea la construcción de un túnel con vía doble debajo del trayecto actual, cuando en realidad tendría que prever vías cuádruples, como existe actualmente, pero en todo su recorrido, para permitir la corrida de trenes rápidos, semirápidos y generales, como así también andenes para formaciones de hasta 12 coches. Sino sería una solución parcial, no habría cruces a nivel, pero al no poder circular trenes rápidos e incrementarse el número de formaciones, el servicio sería más lento que el actual y habría saturación de pasajeros en las horas pico. Considerando lo oneroso de semejante obra y que reduce la capacidad de transporte del ferrocarril, la ecuación costo-beneficio resulta absolutamente negativa, por lo que habría que considerarse soluciones alternativas.

Otra medida que resulta paradojal es la puesta en funcionamiento de un servicio de tren en la línea Urquiza que une Pilar (Buenos Aires), con Salto en la república del Uruguay, con operador privado (casualmente TBA) y subsidio por medio. Es paradojal porque la ciudad de Salto de Argentina, a solo 180 kilómetros de la Capital Federal, servido por el mismo ferrocarril, sigue esperando incansablemente los trenes, o al menos un tranvía a caballo como en el siglo 19; igual que más de un millar de pueblos y ciudades del país.

Incendio de trenes en la estación de Haedo.

46: La próxima estación (2012...)

Cuando todos pensaban que en el tema ferroviario ya se había visto lo peor, TBA sorprendió una vez más, rompiendo todas las barreras. El miércoles 22 de febrero de 2012 a las 08,32 de la mañana, el tren 3772 que entraba al andén 2 de la estación Once con 1.500 pasajeros a bordo, no frenó, chocando con el paragolpes al final del andén, provocando un verdadero desastre. Hubo 703 heridos, 100 de gravedad y 50 muy graves, y 52 fallecidos, el último fue encontrado en la formación 48 horas después del siniestro.

Dice Emilio Ruchansky en Página/12 (23/02/12): *La tercera mayor tragedia de la historia de los ferrocarriles argentinos sucedió en hora pico, a la vista de miles de pasajeros y quedó registrada por varias cámaras.*

Según informó el secretario de Transporte de la Nación, la causa habría sido "un desperfecto con los frenos". El maquinista, agregó Juan Pablo Schiavi, es un hombre joven, que estaba descansado y permanece en terapia intensiva. "

A la altura de Caballito se notaba que desaceleraba demasiado antes de llegar a cada estación, como que no podía frenar y el tren iba repleto, vi gente lastimada por el piso, por todos lados", contó Marcelo, un sobreviviente.

Anoche, cientos de personas peregrinaban por los hospitales y las morgues.

El Gobierno nacional y el porteño declararon dos días de duelo y la Presidenta envió un mensaje de condolencia a los familiares de las víctimas.

Schiavi reveló que, de acuerdo con el equipo GPS instalado en el tren, a 10 cuadras de la terminal la velocidad de la formación pasó de 47 a 39 kilómetros por hora; luego, cuando faltaban 300 metros, bajó a 27 y al entrar al andén iba a 26. El último registro muestra que a 40 metros del tope desciende a 20 kilómetros por hora. "Eran velocidades habituales. Ahí está la parte de incógnita y de responsabilidad. No sabemos qué pasó porque el conductor estaba en su lugar de trabajo y el tren no paró", dijo Schiavi.

Tras el impacto y luego de que la mayor parte de los pasajeros bajara, las tareas de los bomberos, agentes de Defensa Civil y de la Policía Federal se centraron en el primer vagón, 2149, y el segundo, 2618, donde la mayor parte de las víctimas falleció aplastada. Entre las escenas más desesperantes estuvo la de un joven de remera azul, aprisionado entre cadáveres, que aguardaba ser rescatado mientras tomaba el agua que le alcanzaban los rescatistas. También se veía personas con medio cuerpo fuera, que luego saldrían en camilla, con las piernas fracturadas.

Con el panorama más definido, varios dirigentes sindicales plantearon que hay deficiencias del servicio de trenes operados por la empresa TBA. El delegado Rubén "Pollo" Sobrero aseguró que la formación que chocó fue revisada en el taller un día antes. Por el mismo medio, Facundo Moyano, titular de la Juventud Sindical, consideró como "macabro" lo ocurrido y denunció que "la falta

*de control estatal y la desidia empresaria costó 50 trabajadores muertos".
Ambos pidieron que el Gobierno nacional quite la concesión a la empresa.*

*El delegado de la Unión Ferroviaria Rubén Sobrero criticó "el estado de los
trenes, las vías y las señales". "Habíamos anunciado esta tragedia", alcanzó a
denunciar en una frustrada conferencia de prensa que intentó ofrecer en la
estación de trenes de Once.*

En su conferencia de prensa, el secretario de Transporte dijo que si no fuera
porque los primeros coches llevaban mayor cantidad de pasajeros y porque el
accidente se produjo en día laborable, la tragedia hubiera sido menor, como
si no fuera una tragedia igual aunque hubiera un solo pasajero muerto o
lesionado.

Explica el periodista Sebastián Premici, (Página/12): *El siniestro de Once
puso en escena la falta de inversión de los concesionarios de los ferrocarriles,
privatizados en la década del '90.*

*TBA (operadora de la línea Sarmiento y Mitre) está constituida por un grupo
de empresarios que forman el Consorcio Metropolitano de Transporte S. A.
(Cometrans S. A.). El principal accionista es el grupo económico de la familia
Cirigliano, que posee, además de los trenes, al Grupo Plaza (colectivos), Tatsa
(carrocerías) y Emfersa (material ferroviario), entre otras. Como dato significativo, el Grupo Plaza acaba de perder su concesión en Bahía Blanca, luego
que su intendente, Gustavo Bevilacqua, decretara la emergencia de transporte.*

*En su sitio web, la empresa TBA dice que las privatizaciones llegaron por la
falta de inversión y los problemas de seguridad para los pasajeros. "La falta
de programación, la desinversión y los serios deterioros en la seguridad del
transporte, sumados al déficit que ocasionaba la operación ferroviaria y la
ausencia de una política clara de transporte, llevaron a que las autoridades
nacionales tomaran la decisión de llamar a licitación para el gerenciamiento
de la empresa de servicios públicos de transporte", sostiene. Paradojas del
discurso hegemónico privatizador. A 18 años de la transferencia de los activos
del Estado a los sectores privados, la supuesta ineficiencia del sector público,
argumento utilizado para la privatización, cambió de cara.*

*El grupo Cirigliano pasó de explotar dos líneas de colectivos porteñas, la 61
y 62, a tener una presencia mayoritaria en el transporte de pasajeros de corta
distancia en el área metropolitana. Parte de su apalancamiento financiero
devino de los ingresos generados a partir de la empresa LUA Seguros La Porteña.
Con esta aseguradora, asociada al fondo Century, que se quedó con Omega,
se convirtió en la representante exclusiva de sus propias empresas y de sus
competidoras. La lógica empresaria del grupo Cirigliano apostó por el crecimiento horizontal y vertical. Por eso abrió su negocio para construcción de
material de transporte por encargo. Por ejemplo, a través de la empresa
Emfersa se dedica a construir vagones de dos pisos. Detrás de sus otras*

empresas como desde TBA, siempre está presente el financiamiento del Estado, ya sea a través de licitaciones para construir vagones o por las transferencias directas vía subsidios. En el 2011, TBA recibió 133,3 millones de pesos en subsidios de Sistema Ferroviario Integrado, a los que habría que sumarle las subvenciones al gasoil. En enero de este año, TBA ya recibió 76,9 millones de pesos, según figura en la página web de la Secretaría de Transporte. (Es decir, el primer mes del año recibió mas del 50 % del subsidio que percibió en todo el 2011).

La periodista Mariana Carbajal informaba en el mismo medio: *Falta de mantenimiento en las formaciones o mantenimiento deficiente, incumplimiento de las normas de seguridad por parte de la compañía TBA, y la "vista gorda" por parte del Estado frente a esa política empresaria. Ese sería el combo que favoreció que se produzca la catástrofe en la Estación Once, para tres especialistas consultados por Página/12: "Es una casualidad que no haya más muertos en el transporte público si tenemos en cuenta lo mal que viajamos tanto en trenes como en colectivos. ¿Qué logró el Estado a cambio de los subsidios? Lo único que consiguió fue mantener la tarifa plana. Pero no hubo mantenimiento. Faltan inversiones y controlan sólo para las cámaras de televisión", consideró Sergio Levin, padre de uno de los adolescentes fallecidos en la tragedia del colegio Ecos, y reclamó la renuncia del secretario de Transporte, Juan Pablo Schiavi, "por no hacer nada" para mejorar la seguridad en el transporte público.*

El ingeniero Norberto Rosendo, presidente de la ONG Salvemos al Tren, tiene una mirada similar, pero disiente en un aspecto. A su entender, hay controles desde la Comisión Nacional de Regulación del Transporte (CNRT), organismo encargado de monitorear las concesiones, pero se archivan. "Los inspectores de CNRT están cansados de hacer informes. Los he visto y dicen que el mantenimiento está mal hecho. Concluyen que hay que aplicar multas, pero no pasa nada. El grupo empresario que controla TBA se gastó los subsidios en comprar flotas de colectivos a través de la empresa Plaza en la provincia de Buenos Aires", objetó Rosendo, ex ferroviario, viejo conocedor de la problemática en los diversos ramales.

El arquitecto Carlos Badell, especialista en transporte urbano e integrante de la Fundación Instituto Argentino de Ferrocarriles, destacó que "el ferrocarril es el medio de transporte más seguro en el mundo". "En la Argentina lo fue, pero la falta de mantenimiento y la eliminación de normas de seguridad a partir de su privatización derivaron en la repetición de accidentes", denunció. En los últimos doce meses hubo por lo menos tres choques fatales con trenes —que se suman a este—, además de otros accidentes y descarrilamientos que dejaron heridos de distinta gravedad.

"Usan chapa de baja calidad y por eso se arruga al chocar", advirtió Rosendo. Otra hipótesis sobre la tragedia en Once es que el tren se haya quedado sin aire comprimido suficiente para que funcionen los frenos, señaló el experto de Salvemos al Tren. "Si no tiene aire comprimido el tren no frena. Pero hay una válvula que evita que el tren se mueva ante esa situación. ¿Por qué no anduvo ese mecanismo automático? El problema es la falta de mantenimiento o el mantenimiento mal hecho. Es gravísimo. Además, a los trenes la empresa los aliviana, con asientos de menor calidad, sin acojinamiento, para poner más pasajeros. Por eso se arrancan con el impacto y aumentan la probabilidad de lastimar o matar gente, al ser menos mullidos se ponen filosos, se clavan en los pasajeros. Y eso es parte de la seguridad ferroviaria. El mayor problema es que TBA, es operado por el Grupo Cirigliano que es propietario del Grupo Plaza, dueño de enormes flotas de colectivos", agregó Rosendo.

Badell también puso énfasis en el conflicto de intereses entre los rubros que explota el mismo grupo empresario. "Si los trenes anduvieran bien estarían compitiendo con los colectivos de la propia empresa que maneja la concesión", observó, críticamente Badell. "TBA es el peor concesionario", coincidió el arquitecto. Igual que Rosendo piensa que "los resultados de las inspecciones de la CNRT no se toman en cuenta". "El tema se maneja no técnicamente sino por amiguismo entre las autoridades que deben controlar y la concesionaria", cuestionó.

En otro artículo, Página/12 mencionaba que: *El titular de la Auditoría General de la Nación (AGN), Leandro Despouy, consideró que el accidente ocurrido en Once fue "consecuencia directa del incumplimiento de normas básicas" de la concesión que usufructúa Trenes de Buenos Aires (TBA) sobre el ferrocarril Sarmiento, por lo que el Estado puede terminar con el contrato. Despouy indicó que la AGN realizó, en 2008, un informe sobre "la situación desastrosa" que presentaba el servicio ferroviario en el ramal y destacó que "no ha cambiado demasiado".*

"A la luz de las observaciones que ya hemos formulado, si la autoridad política, la autoridad del Estado, no ha actuado en consecuencia y no ha aplicado sanciones graves y ha tenido un comportamiento diligente, la responsabilidad en última instancia quedaría en manos de la autoridad", apuntó Despouy.

El funcionario dijo que "no hay ninguna duda de que el Estado tiene una responsabilidad mayúscula en lo que concierne a la concesión de un servicio público, que sigue estando en manos del Estado: sólo se concede en la medida en que la empresa cumpla estrictamente con las condiciones que el propio Estado establece en el contrato de concesión", insistió, en declaraciones a Radio Mitre.

Despouy manifestó que "TBA ya ha protagonizado varios incidentes y, en algunos casos, accidentes graves. En cuanto a la responsabilidad, se trata de las máximas autoridades del Ejecutivo, en este caso la secretaría de Transporte. Hemos hecho señalamientos muy graves con respecto a esto ya en la gestión de Jaime" .

El auditor sostuvo que "está demostrando de manera palmaria el fracaso de la política de subsidios, que no tienen por destino mejorar la calidad del servicio ni los mantenimientos, y que desembocan en situaciones tan dramáticas como esta".

Trascendió que los primeros peritajes habrían determinado que los frenos de los últimos 4 coches de la formación funcionaban correctamente, pero los cuatro primeros vagones, los afectados por el choque, no se pudieron peritar debido al grado de destrucción, aunque tendrían 2 compresores anulados. Además se investiga algunos aspectos que resultarían importantes como el no funcionamiento del paragolpes hidráulico de la vía por falta de mantenimiento, desalineación de los vagones por usar rodados de diferente diámetro, fatiga del material estructural de estos y el mantenimiento diferido de las unidades.

El 28 de febrero el Ejecutivo Nacional intervino la empresa TBA, mientras que el juez de la causa, Claudio Bonadío, dictó la prohibición de salir del país a Juan Pablo Schiavi, Antonio Luna, junto a otros funcionarios del estado y a los hermanos Cirigliano, dueños de TBA y otros directores de la empresa.

El 7 de marzo el secretario de Transporte Schiavi renunció alegando problemas de salud, designándose en su lugar a Alejandro Ramos, abogado, intendente de la localidad de Granadero Baigorria, hombre cercano al ministro De Vido, sin ninguna experiencia en transportes. De Vido dijo en el acto de nombramiento, que el Gobierno nacional "no modificará su política de subsidios".

A pesar de haberse alejado de las mayores turbulencias en el seno del Gobierno, el presente del ex secretario de Transporte Juan Pablo Schiavi no parece tener un destino seguro. (informaba el diario Perfil, 12/03/12). Tras una apelación de la Fiscalía, la Cámara Federal deberá definir la suerte del ingeniero, quien podría formar parte del banquillo de los acusados junto a Ricardo Jaime por haber volado a Brasil en aviones pagados por el dueño de TBA.

Según señaló el diario Clarín, la Cámara decidirá "si los dos primeros secretarios de Transporte del kirchnerismo serán enjuiciados juntos por su relación con los empresarios del área en la que ejercían el control en nombre del Estado.

El caso nos lleva al procesamiento inicial de Jaime que hiciera el juez federal Claudio Bonadío. Lo procesó junto al empresario Claudio Cirigliano y al presunto testaferro del ex funcionario Manuel Vázquez "por los viajes de placer realizados en taxis aéreos". Ese procesamiento fue confirmado por la Sala I de la Cámara Federal que benefició a Cirigliano con la prescripción del delito. La decisión fue apelada por el fiscal de Cámara Germán Moldes y ahora la Cámara de Casación debe fallar sobre el dueño de TBA.

A su vez, en 2009, y luego de una denuncia del ex fiscal de Investigaciones Administrativas Manuel Garrido, fueron imputados también Schiavi, junto a Ricardo Cirielli y Laura Gouvert, entre otros.

Bonadío procesó entonces a Jaime y Cirigiliano, pero en diciembre de 2011 sobreseyó a Schiavi por algunos de los 15 viajes investigados. Sin embargo, el fiscal Guillermo Marijuán apeló esa decisión del juez y ahora será la Cámara la que defina si el recientemente renunciado secretario de Transporte será enjuiciado junto con Jaime.

El 24 de mayo el Gobierno dispuso la recisión del contrato de concesión a TBA, aclarando el ministro De Vido que la medida obedecía a los incumplimientos del concesionario y que no tenía relación con la tragedia de Once. Pero el control estaba bajo la supervisión de dependencias de ese Ministerio.

Las líneas quitadas a TBA fueron transferidas a la explotación del UGOFE, con lo que la cosa cambiaba pero no mucho, no de acuerdo a lo que trabajadores, gremios, organizaciones, usuarios y especialistas reclamaban. Con esto, como ocurrió con el Roca, San Martín y Belgrano Sur, se efectuó de hecho una concesión directa, sin llamado a licitación ni intervención del Congreso.

La presidente de la república dispuso que la Secretaría de Transporte pase a la orbita del Ministerio del Interior, supuestamente para lograr una gestión más eficiente del área.

Pocos días después, el 4 de junio, el juez Bonadío dictó la detención del dueño de TBA, Claudio Cirigliano y otros tres directores de la empresa. Según las informaciones periodísticas, los detenidos habrían tratado de obstaculizar la investigación al sustraer y destruir documentación importante, presuntamente para ocultar maniobras dolosas con los subsidios y evadir responsabilidades.

Aseveró la presidente de la Nación en su conferencia televisada el 26 de junio que el subsidio para el transporte en el 2012 se sitúa en los 50.000 millones de pesos. Esto significa que se pagará por cada habitante del país, desde el recién nacido hasta el más anciano, 1.250 millones de pesos en el año, más de 104 millones por mes. Quizás si el subsidio se entregara directamente a cada habitante y las empresas cobraran las tarifas que correspondieran, estos recursos estarían mucho mejor administrados. Un matrimonio con dos hijos recibiría unos 416 millones de pesos al mes sólo para transportarse, esto es 84 millones de dólares al cambio del momento. A juzgar por las cifras, tendríamos que tener uno de los mejores sistemas de transporte del mundo; pero la realidad dista mucho de eso. Evidentemente las cosas no están como debieran y el modelo está lleno de sombras y agujeros.

Los subsidios escandalosos, la desidia de los operadores privados, el contubernio con funcionarios y la falta de transparencia en las concesiones ferroviarias, son problemas gravísimos que se deben terminar. El sistema ferroviario concesionado resultó un fracaso rotundo, que le origina al país el despilfarro de enormes recursos y al pueblo un padecimiento que no merece. Nunca en la historia ferroviaria hubo tanto deterioro en el sistema, tantos accidentes y muertes. Urge terminar con el neoliberalismo que le produjo tanto daño a la nación Argentina. Los funcionarios deberían ponerse los pantalones largos y por el bien de la Nación, dejar de lado falacias y negociados y, de una vez por todas, cortar por lo sano y cancelar todas las concesiones ferroviarias que quedaron inmersas en la ilegalidad debido a los numerosos incumplimientos que arrastran, y que constituye además una de las defraudaciones más grandes que sufrió nuestro país en su historia. Se debe volver al régimen anterior de conformar una empresa única, dentro del ámbito del estado, bajo la administración de gente idónea, recuperando ferroviarios de carrera y especialistas, que los hay y muy capaces, y con la participación de los pasajeros y transportistas.

Otra alternativa sería organizar los ferrocarriles como una gran cooperativa de transporte. La cooperativa tiene la propiedad que es administrada por los propios trabajadores y usuarios de manera democrática y no persigue fines de lucro.

Previamente habría que hacer una profunda auditoría para saber el verdadero estado del patrimonio concesionado y la inversión que se hizo de los subsidios otorgados, como así también si existió defraudación con los mismos por parte de los adjudicatarios como indican algunas investigaciones periodísticas.

Deberían considerarse también otras medidas complementarias a la reestatización como son: la recuperación y modernización de la red, la rehabilitación de los ramales clausurados, la electrificación de otros y la extensión de las vías a otras regiones como la patagónica y la chaqueña. La integración de la red con empalmes transversales y la unificación de las trochas en algunas zonas. Simultáneamente, se debería disponer la rehabilitación de los talleres para reparar el material rodante y fabricar nuevos con tecnología de punta. Argentina tiene recursos humanos y materiales para implementarlo, falta la decisión, compromiso y capacidad de la dirigencia política.

Esta determinación requiere urgencia, porque tres cuartos de la red quedó inoperable, y existe un fuerte deterioro en el resto de la infraestructura y material rodante. Esto no sólo es necesario, sino que también posible y conveniente. Como muestra ahí está, el excelente trabajo del ingeniero ferroviario, Jorge Contestí, expuesto en el libro "La república que perdió el tren", donde demuestra con fundamentos técnicos, económicos y sociales, que se pueden recuperar los ramales y restituir los trenes a las provincias con mucho menor costo que los desbocados subsidios actuales; beneficiando las economías regionales y la integración nacional; creando fuentes de trabajo en todo el país y beneficiando a los sectores más postergados de la sociedad, humildes, trabajadores, PYMES, y pequeños y medianos productores.

En el discurso hegemónico privatizador se sostuvo que el Estado era ineficiente y mal administrador y el accionar privado todo lo contrario, como si ambos fueran entes despersonalizados autónomos. En ambos casos son las personas que los dirigen las que le dan el carácter. La diferencia está en la finalidad. El Estado está para poner orden, control y equidad, y servir a la comunidad. La empresa privada para beneficiar lucrativamente a sus poseedores.

Durante años se recurrió a la falsedad del argumento que los ferrocarriles eran deficitarios y eso fue la excusa para destrozarlos. En la contabilidad de los ferrocarriles se considera el mantenimiento y construcción de la infraestructura, mientras que en el transporte automotor ese rubro, sin duda importante, no es tomado en cuenta. Los ómnibus, camiones y automóviles no pagan la construcción y mantenimiento de calles y rutas, semáforos, iluminación, señalización, seguridad, limpieza, etc. Además habría que agregarle el costo por polución ambiental, sonora, accidentología, consumo de combustibles fósiles y ocupación del espacio público. Por otro lado, el subsidio estatal que recibe el autotransporte es varias veces superior que el ferroviario. Todo eso da al modo ferroviario una ventaja superlativa. Pero el transporte automotor es necesario. Entonces habría que desarrollar un plan estratégico integral de transportes de alcance nacional, que contemple la complementariedad de los diferentes modos, regulando la actividad de cada uno de acuerdo a las conveniencias reales de la república.

Similar situación se produce en casi todas las empresas públicas privatizadas. Los operadores privados, resguardados por todo tipo de beneficios fiscales, han obtenido ganancias extraordinarias que no fueron invertidas en su mejoramiento, exploración o producción. Las exportaciones de hidrocarburos, gas y minerales, producen recursos enormes, que no quedan en Argentina, mientras las reservas se agotan rápidamente, los pueblos asentados en sus cuencas rebalsan de pobres y la Nación gasta importando lo que otros se llevan.

En todo el mundo, en países ricos y pobres, la privatización de los servicios públicos y de los recursos naturales resultaron un fracaso catastrófico para las economías y las sociedades. Por ejemplo, Gran Bretaña, cuna del liberalismo, es el único país desarrollado que privatizó los ferrocarriles y debieron ser reestatizados. Así pasó con el agua en Francia, y el petróleo y la electricidad en Bolivia. ¿Por qué en Argentina se sigue sosteniendo esa situación?. ¿Será que no hay vocación de progreso?

Ningún país creció desindustrializándose, desprendiéndose de sus sectores estratégicos, endeudándose más allá de sus posibilidades, desmejorando la educación, la salud y la justicia, profundizando la desigualdad social, exterminando los bosques naturales, las fuentes de agua y la fertilidad de la tierra. Ese modelo sigue en vigencia, aunque las variables macroeconómicas resulten favorables y se hayan efectuado algunos cambios de forma. En contraste existen en Argentina casi 20 millones de pobres, 6 millones de desocupados y subocupados, y compatriotas que pasan hambre cuando nuestro país produce alimentos para mas de 300 millones de personas. Muchos carecen de viviendas dignas y servicios elementales. Mientras perdure esa situación de injusticia social, la paz no será posible, y sin paz social no hay futuro para nuestra nación.

Quienes ostentan cargos públicos tienen la oportunidad histórica de demostrar altura patriótica, capacidad intelectual y grandeza ética, para acompañar al pueblo en su determinación de hacer de Argentina un país mas digno. De lo contrario, más tarde o más temprano, la historia los pasará por encima, porque desde diciembre del 2001 el futuro está en marcha por decisión del pueblo que asumió ser artífice de su propio destino.

Que la próxima estación sea esa, nuestro despegue definitivo como nación moderna, soberana, equitativa, solidaria y transparente; defensora del medio ambiente y de los recursos naturales, y con ferrocarriles al servicio del pueblo y el desarrollo nacional.

"La obra de recuperación económica y de independencia integral es la gran tarea cuyo perfeccionamiento el pueblo argentino está esperando". (Raúl Scalabrini Ortiz, Historia de los Ferrocarriles Argentinos.).

Fundación Alma: tren hospital no gubernamental solidario, integrado por profesionales de la salud voluntarios, que desde hace décadas recorre la red ferroviaria argentina brindando atención sanitaria pediátrica a poblaciones alejadas de los grandes centros urbanos que no tienen acceso a ese servicio. (Foto Crónica Ferroviaria.)

Homenaje a los ferroviarios desaparecidos durante la dictadura militar. (24/03/2012)

Fuentes y bibliografía:

- *Testimonio y entrevistas personales del autor.*
- *Libro de Actas de Asambleas, Sección Haedo de La Fraternidad.*
- *Archivo documental de la Sección Haedo de La Fraternidad.*
- *Archivo de la Comisión de Enlace de las Seccionales en Lucha, 1991.*
- *Boletín Seccional Punto Ocho, Dirección Roberto Manuel Vecchi, Sección Haedo de La Fraternidad, 1988-1990. 14 números.*
- *Boletines de Huelga de las Seccionales Ferroviarias en Lucha, 1991.*
- *Diario de la huelga ferroviaria, Agrupación "Víctor Vázquez", 1991.*
- *Revistas de La Fraternidad, varias.*
- *Boletín sindical de APDFA, varios.*
- *Memoria y Balance de La Fraternidad, varios.*
- *Libro de actas de Asambleas Generales de La Fraternidad, varias.*
- *Historia de Los Ferrocarriles Argentinos, Raúl Scalabrini Ortiz, 6ta edición, Editorial Pus Ultra. Buenos Aires, 1994.*
- *Cincuentenario de La Fraternidad, Juan Chiti y Francisco Agnelli, 1937.*
- *La Fraternidad en el movimiento obrero: un modelo especial de relación, (1916-1922), Mónica Gordillo, Centro Editor de América Latina, Buenos Aires, 1988.*
- *Rieles de Lucha. Julio Larroca y Armando Vidal. La Fraternidad, 1987.*
- *Combatiendo al Capital, crisis y recomposición de la clase obrera argentina, (1985-1993), Pablo Pozzi y Alejandro Schneider, El Bloque Editorial. Buenos Aires, 1994.*
- *Informes de la Auditoría General de la Nación. Varios.*
- *Oposición Obrera a la Dictadura, Pablo Pozzi. Editorial Contrapunto. Buenos. Aires, 1988.*
- *Estudios Inconformistas Sobre la Clase Obrera Argentina. Patricia Berrotarán y Pablo Pozzi, compiladores. Ediciones Letra Buena. Buenos Aires, 1994.*
- *Historia Argentina, desde la Revolución de Mayo hasta la presidencia de Néstor Kirchner, Héctor E. Recalde, Ediciones Aula Taller. Buenos. Aires. 2008.*

- *La Patria en el riel. Un siglo de lucha de los trabajadores ferroviarios. Eduardo Lucita, compilador. Ediciones del Pensamiento Nacional. Buenos Aires, 1999.*

- *La república que perdió el tren, Jorge Contestí, Grupo Editor del Encuentro, Rafaela. 2009.*

- *Los ferrocarriles en Argentina, Juan Roccatagliata, EUDEBA, Buenos. Aires. 1987.*

- *Robo para la corona, Horacio Verbitsky, Editorial Planeta, Bs As. 1991.*

- *Diarios: Crónica, Sur, La Nación, Página/12, Clarín, Diario Popular, Los Andes, Ámbito Financiero, Diario El 1 y El Tribuno. Varios.*

- *Revistas: Gente, El Porteño, Todo Trenes, La Semana, Clarín, Todo es Historia. Varios.*

- *Publicación Documento de Protagonistas, 1991.*

- *Publicación Centro de Estudios del Trabajo, 1990.*

- *Publicación Periódico Solidaridad Ferroviaria, 1991, varios.*

- *Informe sobre TBA, por el diputado provincial Sebastián Cinquerrui.*

- *Boletín del MONAFE (Movimiento Nacional Ferroviario), varios.*

- *Periódicos y volantes de las agrupaciones políticas: Proyecto SUR, Movimiento Al Socialismo (MAS), Partido Comunista (PC), Partido Obrero (PO), Movimiento de los Trabajadores Socialistas (MTS) y Patria Libre. Varios.*

- *Portales digitales: Diariojunio, Crónica Ferroviaria, Villa Crespo Digital, Crítica de la Argentina, Argenpress, Infobae, Perfil, FOCO. Tren de los Pueblos, Haciendovía, Satélite Ferroviario y Tribuna de Periodistas.*

- *Agencias noticiosas: TELAM y NA.*

- *Película "La próxima estación". Documental. Dirección de Fernando "Pino" Solanas, Argentina, 2008.*

- *"Trenes ¿sabotaje o abandono?", informe de Nacho Girón, programa La Cornisa, América TV, Buenos Aires, 08/05/2011 http://www.youtube.com/user/nachogiron#p/search/o/Rq6tvLhvAVc*

- *Documental "ALL, símbolo de impunidad" I, II y III Producido por A mi gente y Producciones del sur del sur, dirigido por Juan José Cornú, 2009/2010. http://www.youtube.com/watch?v=E4XKfDrH7fc*

Impreso en Argentina
Septiembre de 2012